민경국 교수의

자유론

민경국

서울대학교 문리대를 졸업하고 독일 프라이부르크대학교 경제학 석사 · 박사 학위를 취득했다.
강원대학교 경제학과 부교수, 정교수를 거쳐 정년 퇴직과 함께 현재 같은 대학 경제학과 명예교수다.
하이에크소사이어티 회장과 제도경제학회 회장을 역임했다.
주요 저서로는 『국가란 무엇인가』, 『자유주의의 도덕관과 법사상』, 『자유민주주의란 무엇인가』,
『하이에크 자유주의 사상 연구』, 『경제사상사 여행』, 『자유주의 지혜』 등이 있으며,
역서로는 『도덕감정론』(공역), 『감각적 질서』, 『법, 입법 그리고 자유』(공역) 등이 있다.

민경국 교수의

자유론

2021년 2월 10일 초판1쇄 발행
2021년 4월 10일 초판2쇄 발행

지은이 | 민경국
교정교열 | 정난진
펴낸이 | 이찬규
펴낸곳 | 북코리아
등록번호 | 제03-01240호
주소 | 13209 경기도 성남시 중원구 사기막골로 45번길 14
우림2차 A동 1007호
전화 | 02-704-7840
팩스 | 02-704-7848
이메일 | sunhaksa@korea.com
홈페이지 | www.북코리아.kr
ISBN | 978-89-6324-746-5(93320)

값 23,000원

민경국 교수의

자유론

민경국 지음

TRUE LIBERALISM

북코리아

감사의 말

한국 사회에는 자유론에 관한 연구서가 거의 없다. 특히 유감스러운 것은 자유주의자가 보는 자유론을 찾아볼 수 없다는 점이다. 한국 사회의 자유가 위기에 처해 있다. 족쇄 풀린 민주주의는 한국 사회를 노예의 길로 이끌고 있다. 상황이 절박하다. 자유주의자로서 누군가는 자유론을 써야 했다.

나는 유능한 자유주의 학자는 아니지만 그렇다고 게으른 학자는 더더욱 아니다. 부지런함 하나만으로 이 책을 썼다. 부족한 데가 많지만 그래도 아무쪼록 이 책이 자유론에 관한 한국 사회의 지적인 인프라 구축에 기여함과 동시에 리바이어던에 족쇄를 채워 한국 사회가 더 자유롭고 정의로운 사회로 가는 데 훌륭한 길잡이가 되기를 간절히 희망한다. 나는 이 책을 쓰는 데 문제가 생길 때마다 데이비드 흄과 프리드리히 하이에크, 루트비히 미제스, 제임스 뷰캐넌, 이스라엘 커즈너, 브르스 콜드엘, 데이비드 보아즈, 리차드 에블링 등 자유주의자들을 직간접적으로 동반했다.

나의 부지런함에 부정적인 영향을 받으면서도 불평 없이 나의 연구

생활을 도와주는 사랑하는 가족에게 늘 빚을 지고 있다. 원고를 꼼꼼히 읽고 거친 문장이나 잘못된 표현을 잡아준 분들께 심심한 고마움을 표한다. 이 책의 출판을 흔쾌히 허락하고 수고를 아끼지 않은 북코리아의 이찬규 사장님과 임직원 여러분께 심심한 감사를 드린다.

2021년 1월 4일

저자 민경국

들어가며

왜 자유론인가

누구도 노예로 살아서는 안 된다. 부자나 국가의 노예가 되어서는 안 된다. 노예는 인간이 아니기 때문이다.[1] 스스로 결정할 수도, 주인의 말을 거절할 수도 없는 존재가 어떻게 인간일 수 있는가! 이런 논리를 갈파한 것이 자유론이다. 우리를 노예로 만드는 것은 무엇보다도 국가다.[2] 국가가 내 소득의 100%를 징수하면 나의 100%, 20%의 세금을 내면 나의 20%는 국가의 노예다.

이 수치들은 가상의 예가 아니다. 실제로 우리는 점차 권력에 굶주린 '리바이어던'[3]의 노예가 되어가고 있다는 인상을 지울 수 없다. 그 단

---

1) McCloskey(2019/2020: 8) 참조

2) 국가란 어떤 신비한 존재가 아니라 대통령, 장관, 국회의원 등 권세가들로 구성된 강압기관이다. 이는 강제를 전문으로 하는 공식적 제도다. 거의 모든 사회 · 경제 · 정치 문제는 그 제도에 기인한 것이다.

3) 리바이어던은 토머스 홉스의 『리바이어던』의 표지 삽화에 등장하는 거인이다. 지상에는 그보다 더 힘센 자가 없다. 그것이 주권자로서 국가다.

적인 예가 역사 교과서에 명시된 '자유'를 없애버렸고 헌법에서도 이 단어를 빼는 내용의 개헌을 시도한 일이다. 베네수엘라, 폴란드, 중국, 러시아, 한국 등에서 볼 수 있듯이 경제할 자유, 심지어 언론 · 표현의 자유도 제약하고 있다. 시민은 자유로이 주택을 구입하여 주거지를 바꿀 자유까지도 통째로 빼앗겼다. 기업인들은 첩첩히 쌓여가는 규제 때문에 기업가정신이 위축되어 정치권력의 눈치를 살피는 신세가 되었다. 우리를 국가권력의 노예로 만드는 사례는 차고 넘친다.

중국발 '코로나19'의 확산에 대한 시민의 공포심을 틈타서 영업 · 집회 · 신앙의 자유뿐만 아니라 이동의 자유 등 평범한 일상의 자유까지도 빼앗은 국가는 자신의 권력을 확대하여 전체주의의 독재로 가고 있다. 자유 속에는 겸손, 자율, 평화, 관용, 인내, 진리 등 매우 소중한 도덕적 가치가 들어 있음에도 좌우익을 불문하고 사람들은 자유를 만악(萬惡)의 화신(化身)이라고 착각한다. 그 착각을 이용하여 국가권력을 증대한 결과가 사회주의, 민족주의, 포퓰리즘, 파시즘 등이 아닌가! '이념전쟁'에서 자유주의가 패배한 것도 그런 착각 때문이었다. 법과 법치(법의 지배) 속에는 자유, 질서, 정의, 평등, 인간다움 같은 소중한 가치가 들어 있음에도 법을 규제나 의무, 강제를 뜻하는 명령으로 보는 국가주의적 법관(法觀)[4]도 '자유인'을 국가의 노예로 만드는 데 매우 큰 역할을 했다. 매일 쏟아지는 의회의 입법 가운데 99%가 자유를 억압하여 개인과 기업을 권세가들의 노예로 만들고 있는 현실을 보라!

100% 노예는 50% 노예보다 경제적으로 더 견디기 어렵다. 50% 노

4) Fuller(1968/2015)를 번역한 박은정 교수의 역자 서문 7쪽 참조

에는 완전히 자유로운 사람보다 경제적으로 어렵다. 척박하고 야만적이던 인류사회를 격조(格調) 높은 문명화된 사회로 이끈 것, 문화와 과학 발전의 원동력을 제공한 것은 국가계획의 결과가 아니라 기업가정신을 활성화한 자유였다. 최빈국에서 구출하여 한국경제를 세계 10위권으로 일구어낸 것은 정부활동의 덕택도, 민주주의 때문도 아니었다. 그것은 규제의 틈새기에 남아 있는 자유, 간단히 말해서 '틈새기 자유'의 결과다. 사람들은 이런 엄연한 사실을 잊고 있다.

유감스럽게도 사람들이 믿는 것은 그런 자유 대신에 민주주의다. 좋은 것은 모두 '민주'라고 말한다. 민주주의가 우리를 먹여살릴 것이라고, '민주'가 목표이고 '자유'를 수단이라고 착각하기도 한다. 민주주의가 스스로 위기를 자초하면서 자유를 파먹고 자유의 위기를 야기하는 엄연한 현실을 직시하지 못하는 것은 그래서다. 우리에게는 자유를 대변하는 변변한 정당도 없다. 보수당은 있지만 필요하면 언제나 자유주의와 시장경제를 버리고 좌파의 프레임에 굴복한 것이 보수정당의 역사가 아니던가![5] 자유의 이상(理想)에 대한 확고한 신념이 없으면 이념전쟁에서 패배하기 마련이다.

풍요로운 문명과 번영을 위해서는 자유 이외에는 그 어떤 이념도 성공할 수 없다는 이론적으로나 경험적으로 확립된 사실 앞에서 자유주의가 위기에 처해 있다는 것은 서글픈 일이 아닐 수 없다. 자유에 대한 확고한 신념을 확립하여 리바이어던에 족쇄를 채울 자유론이 절실히 필

---

5) 사람들은 영국 보수당이 살아있는 이유를 이념적으로 유연하기 때문이라고 주장한다. 그런 평가는 옳지 않다. 유연했기 때문에 영국경제가 허물어진 것이다. 정당의 생존 여부는 집권 정당으로서 정당의 정책이 성공했는가의 문제와는 전적으로 상이하다.

요한 때다.

나는 경제학자로서 주제 넘는 일이라는 것을 잘 알면서도 감히 법철학, 윤리학, 정치철학, 인식론 등을 다루었다. 그런 학문분야의 전문가 대부분은 자유, 자유주의, 민주주의 그리고 시장질서를 제대로 이해하지 못하고 있다고 믿기 때문이다.

책의 구성

제1부에서는 수많은 자유 개념을 검토하여 번영된 문명에 영감을 불어넣고 그런 문명의 성취를 가능하게 한, 그래서 우리가 원하는 자유 개념을 찾아낸다. 이것이 강제의 부재(不在)를 의미하는 개인의 자유다. 특히 무시되거나 천대받는 경제적 자유를 논하면서 이 자유야말로 시민적 자유, 심지어 민주주의도 지키는 보루라는 점을 밝혀낼 것이다. 제2부에서는 사회에는 질서 잡는 사람이 있어야 질서가 잡히는 것이지, 그대로 내버려두면 질서가 잡히지 않고 혼란만 있을 뿐이라는 토머스 홉스 전통의 국가주의적-권위주의적 믿음을 검토할 것이다. 자유와 질서의 그 같은 갈등관계 대신에 자유로움 속에서 스스로 만들어지는 질서가 있다는 점을 사상사적 관점에서 설명할 것이다. 그런 질서의 존재는 결코 국가로부터 나온 것이 아니라는 것을 강조하면서 자유의 존재 때

문에 경제학의 인식대상이 존재한다는 것도 보여줄 것이다.[6)]

제3부에서는 척박하고 야만적인 원시적 종족사회 극복을 가능하게 하면서 개인들 상호 간에 자유를 보호하고 지켜주는 자유의 윤리학적 요소를 다룬다. 예의범절, 소유 존중, 약속이행 등 자유를 지켜주는 도덕적 가치는 문화적 진화의 선물이고 그런 도덕의 존재로 인해 인간의 본능적 사회성을 넘어서 초사회성(ultra-sociality)이 가능하게 되었다는 점을 보여줄 것이다. 또한 나눔, 유대감, 집단주의 등 사회주의 도덕의 원천은 현대인의 본능에도 정착되어 있는 원시적 인류가 오랫동안 살았던 석기시대의 정신(stone age mind)이라는 것을 보여줄 것이다. 이런 정신에서 비롯된 본능적 사회성은 자유를 왜곡하고 더럽힌 장본인이라는 것도 거론할 것이다. 법학의 영역에 들어가는 제4부에서는 개인의 자유를 지키기 위해 발전한 법적 제도를 검토한다. 진화의 결과로 생겨난 도덕률이 자유를 지키는 법과의 관련성, 그리고 법의 지배, 법 앞의 평등 같은 자유 원칙들의 참뜻과 진화적 원천을 설명할 것이다. 제5부에서는 민주주의를 오해하고 더럽히고 타락시켜 자유를 억압하다가 결국에는 민주체제가 스스로를 파괴하여 히틀러의 나치즘 같은 전체주의를 불러오는 요인을 설명할 것이다. 그리고 현대사회에서 삼권분립이 실패한 이유와 그 실패를 치유할 헌법에 관해서도 논의할 것이다.

마지막 맺는말에서는 자유론을 자연권사상, 보수주의 그리고 공동체주의와 비교하고 자유론이 제시하는 자유주의가 한국에 더 적합하다

---

6) 스스로 만들어지는 질서의 존재를 부정하는 대표적인 예를 들면, "자유주의의 모델은 시장이 자연발생적으로 만들어진 것이 아니라 국가의 개입에 의해서 만들어졌다는 사실을 안다면 아이러니하다."(이진경, 2015: 38)

는 것을 보여주면서, 우리의 자유론을 한국에 적용할 경우 이는 혁명적 변화도 아니고 오히려 연속적이고 발전적이라는 점을 설명할 것이다. 그렇다고 해서 자유와 자유주의의 미래가 밝은 것은 아니라는 점을 강조할 것이다. 한국 사회는 인간의 초사회성의 원인이 되는 자유주의의 법치정신과 도덕적 기품(ethos)은 상대적으로 취약한 반면 '본능적 사회성'은 상대적으로 강하다는 이유에서다.

요컨대, 자유론은 지적·도덕적 겸손함을 바탕으로 하여 자유와 질서, 도덕, 법, 정의 등을 논한다. 우리는 노자(老子)가 말한 "인간이성의 한계에 대한 각성"과 "무지하다는 사실을 스스로 깨닫는 것이 지혜의 출발점"이라는 소크라테스의 충고를 마음속 깊이 새기고 있다. 따라서 우리의 자유론은 이상적인 정부 계획에 현혹된 나머지 그 계획에 대한 반대를 견디지 못하는 개혁만능주의와 거리가 멀다. 자유주의는 열정적인 개혁가의 야망 혹은 서두름과도 거리가 멀다. 그런 개혁가는 특정한 악에 대한 분개에 눈이 멀어 자신의 계획이 야기할 폐해와 불공정을 보지 못한다.

야망, 자만, 서두름, 추진력은 개인에게 바람직할 수 있지만, 만약 그런 성품이 칼과 총 그리고 형무소와 결부된 강제권을 법적으로 독점한 국가권력을 행사한다면, 그리고 그런 사람들에게 개혁과 정책을 맡긴다면 지금까지 일궈온 경제적·문화적 성과와 품위가 여지없이 파괴된 사례를 우리는 수없이 보아왔다. 한 번도 경험하지 못한 세상을 만들겠다는 야심과 서두름은 선험적 지혜에 대해 주제넘게 아는 체하거나 국리민복에 헌신이라도 하는 척하는 등 지적 자만과 야누스적 위선으로

이어져 수많은 시민에게 참을 수 없는 고통을 안겨주는 것도 목격했다.

우리가 자유와 보편적 번영, 기회의 극대화라는 소수의 한정된 정책목표, 더 많은 참을성, 더 큰 정직성, 더 큰 지적 · 도덕적 겸손함으로 법을 만들고 정책을 추진한다면 물질적으로 훨씬 더 번영된, 정신적으로 문명화된, 그리고 특히 역기능적 양극화란 존재할 수 없는 자유사회에서 살 수 있을 것이라고 확신한다.

CONTENTS

CONTENTS

CONTENTS

CONTENTS

제1부

참된 자유를 찾아서

1. 자유와 강제
2. 다양한 자유론과의 대비
3. 경제적 자유란 무엇인가
4. 경제적 자유는 모든 자유의 보루

"자유 없이는, 그리고 자발적으로 행동할 가능성이 없으면, 인간은 인간이 아니다. 자유는 모든 도덕의 전제조건이다. 자유롭게 행동하는 자만이 의사결정을 할 수 있고, 진정한 의미의 선택을 할 수 있기 때문이다."

- 발터 오이켄[1]

"개인의 자유는 우리의 목적과 복지의 성취를 좌우하는 많은 요인들에 관한 우리 모두의 불가피한 무지의 인식에 기인한 것이다. 만약 전지전능한 인간이 있다면, 현재의 소망뿐만 아니라 미래의 욕구와 욕망의 달성에 영향을 미치는 모든 것을 알 수 있다면 자유가 존재할 의미가 없다. (중략) 우리는 자유로부터 많은 목표를 실현할 기회를 기대할 수 있다는 것을 알기 때문에 그것을 원한다."

- 프리드리히 하이에크[2]

---

1) Eucken(1990: 126)

2) Hayek(1960/1996 I: 61)

1.
자유와 강제

인류 역사에서 도덕론자들이 거의 모두 찬양한 자유란 무엇인가? 독일의 대문호 괴테(1749~1832)는 자유에 대해 이렇게 물었다. "자유란 아름다운 말이야! 하지만 이를 누가 옳게 이해한단 말인가! 자유로부터 무엇을 원하는가? 가장 자유로운 사람의 자유란 무엇인가?"[3] 수많은 철학자가 자유의 진정한 의미를 찾으려고 애썼지만, 혼란만 야기했을 뿐 그런 질문에 대한 참된 답을 주지 못한 것이 우리의 지성사다.[4] "세상은 한 번도 자유라는 말에 대한 훌륭한 정의(定義)를 가진 적이 없다"라고 에이

---

3) 이 질문은 1787년 발표한 사극(史劇) 『에그몬트(Egmont)』에서 괴테가 주인공 알바 공작을 통해 제기한 원칙적인 문제다(Goethe, 1998: 429).

4) 장애물이 없는 상태(토머스 홉스), 간섭이 없는 상태(존 스튜어트 밀), 욕구가 충족된 상태(조지 스티글러), 이기심을 버리고 공동체를 위해 헌신하는 행동(토머스 힐 그린), 가난 · 공포로부터의 자유(프랭클린 루스벨트) 등 자유의 의미는 다양하다. 조선총독부가 펴낸 『조선어사전』(1920)에는 자유를 '사람이 구속을 받지 않는 것'을 의미하는 말로 이해했다. 문세영의 『조선어사전』(1937)에는 "자기가 임의대로 행동할 것을 정하는 것, 남의 구속을 받지 아니하는 것, 제 마음대로 하는 것, 몸에 아무것도 걸리는 것이 없는 것, 법률의 범위 안에서 마음대로 하는 행동" 등으로 풀이했다. 이에 대해서는 송민(2001) 참조.

브러햄 링컨(1809~1865)이 개탄한 것도 그래서였다.[5]

그런 이유에서 이탈리아의 정치철학자 사르토리(1924~2017)가 "자유의 성격과 관련된 불확실성과 혼동만큼 극복하기 어려운 장애물은 없다"라고 말한 것은 결코 과장된 표현이 아니다.[6] 자유 개념이 길을 잃었다. 오늘날 자유주의 이념의 위상과 권위도 그래서 상실된 것이 아닌가!

자유의 가치에 대한 확고한 믿음을 가질 수 있으려면 올바른 자유 개념을 찾는 일이 중요하다. 인류의 문명과 번영을 설명할 수 있는 개념이어야만 참된 자유다. 가난을 몰고 오는 자유는 쓸모없는 자유다. 인류를 원시사회로 이끌어가는 자유는 결코 참다운 자유가 될 수 없다. 대립과 갈등, 또는 분열과 미움을 조장하는 자유 개념, 역사를 왜곡하고 파멸을 가져오는 자유 개념도 쓸모가 없다. 우선 참된 자유 개념을 찾기 위한 첫걸음은 자유의 구분이다. 자유 개념이 제아무리 많다고 해도 그것은 두 가지로 구분할 수 있다. 하나는 자유의 소극적 개념이고, 다른 하나는 적극적 개념이다.

적극적 자유와 소극적 자유

소극적 자유를 중시하는 자유주의에서 중요한 것은 계약의 신성함이다. 계약을 자유로이 체결한 사람은 계약조건이 까다롭다고 해도 자

5) 하이에크에서 재인용(Hayek, 1960/1996 I: 29)

6) 사르토리(Sartori, 1976: 3)

율적인 인간으로 인정받는다. 계약이란 자율적인 당사자의 선택의 결과다. 그래서 법은 노예계약을 제외하고는 모든 계약을 집행해야 한다. 그렇게 하지 않으면 온정주의에서처럼 국가가 각 개인에게 좋은 것이 무엇인가를 알기라도 하는 것처럼 간섭한다. 개인의 자유는 그가 홀로 있게 되는 영역의 함수다. 자유의 영역은 울타리를 통해, 다시 말하면 정의로운 행동규칙을 통해 설정된다. 주목할 것은 개인의 자유는 행동의 도덕적 품질과 관련되어 있지 않다는 점이다.

그러나 적극적 자유는 그렇지 않다. 자유를 개인에게, 스스로에게 맡기는 것으로 끝나는 것이 아니다. 행동의 품질을 따진다. '불합리한' 욕구나 목적, 탐욕적 삶, 정념에 치우친 행동은 자유롭지 않다. 도박 중독자나 알코올 중독자는 부자유하다. 따라서 진정한 자유는 당연히 해야 할 일을 행하는 데 있다. 그런 일을 행하도록 지시하는 법은 인간을 억압하는 것이 아니라 인격을 해방시키고 자유롭게 한다. 적극적 자유에서 흥미로운 것은 자유에 대한 프랑스의 정치철학자 루소(1717~1778)의 인식이다. 『사회계약』에서 그는 진정한 자유는 이기심을 극대화하는 것이 아니라 공동의 이익을 증진하는 행동만이 자유롭다고 한다. 공동의 이해관계를 증진하는 법을 만들도록 민주제도를 설계해야 하며, 그런 법은 인간을 자유롭게 한다는 것이다. 이런 인식에서 생겨난 모순된 말이 '강제된 자유'다.

소극적 자유를 부인하고 적극적 자유를 대변한 인물은 헤겔사상을 추종한 영국의 정치철학자 토머스 힐 그린(1836~1882)이다. 그는 '자유입법과 계약의 자유'라는 강연에서 노동계약의 예를 들어 사용자와 노동자가 자유가 있다고 하지만 힘이 약한 노동자에게는 의미가 없다고 주장했다. 사용자가 저차원의 이기심을 버리고 고차원적 자아에서 노동자를 배려하는 법을 만들어야 한다는 것이다. 자신의 욕구를 억제하여 타인의 욕구충족에 봉사하고 공동체의 목표를 위해 헌신할 때 비로소 인간은 자유롭다고 주장했다. 고차원적 인간이 바로 자유의 조건이다. 적극적 의미의 자유는 인간의 '도덕적 완전성'을 통해 도달할 수 있는 상태다. 도덕적 완전성이란 이기심 같은 정념에 따라 행동하는 자아가 아니라 고차원적인 공동선을 위해 행동하는 자아의 실현이다. 그린은 적극적 의미의 자유가 진정한 의미의 자유라고 목소리를 높였다. 그린이 강연할 당시는 사회주의를 정당화할 필요성이 강력히 대두된 시기였다. 그 정당성을 적극적 자유에서 찾았다.

그린은 적절한 자유는 시장에는 없다고 주장했다. 교환관계는 단순히 주관적 선택을 극대화하기 때문이라는 이유에서다. 그린의 그 같은 생각은 복지국가철학에 강력한 영향을 미쳤다. 복지를 증진하는 국가간섭은 자유를 증진하는 것이라고 믿었다. 그가 시장을 반대하는 것은 불평등 때문만이 아니라 사회가 상업적 본능에 의해 오염될수록 우리의 공적 본능이 억제된다는 까닭에서였다.

자유에 대한 그린의 분류를 유행시킨 인물이 러시아 태생의 영국 정치철학자 이사야 벌린이었다.[7] 그는 폭력과 조작, 위선으로 얼룩졌던 2월 · 10월 혁명과 그 이후 이어진 당시 소련과 동유럽, 그리고 아시아 권역의 억압적 통치를 직접 목격하면서 자유를 위해 일생을 바친 인물이다. 감정, 탐욕, 정념, 무지가 아닌 이성에 의해 또는 '더 높은 차원의

---

7) 1958년 옥스퍼드대학 교수 취임식에서 강연한 주제는 '자유의 두 가지 개념'이었다. 이 강연문은 『벌린의 자유론』에 수록되어 있다. Berlin(1964/2006)

자아'에 의해 행동을 결정하는 한 자유롭다는 것이 적극적 의미의 자유다. 벌린은 적극적 자유에 연루된 위험성을 지적했다. 적극적 자유는 전체주의를 위한 수단인 데 반해 소극적 자유는 자유주의와 연결되어 있다고 주장했다.[8] 사회주의는 시민에게 고도의 도덕성을 지닌 자아를 요구한다. 개인의 높은 차원의 목표를 계급이나 민족 같은 집단의 목표와 동일시하면 그 길은 전체주의다. 이와 같이 벌린은 20세기 전체주의의 원인을 적극적 자유에서 찾았다.

그렇다고 벌린이 시장을 옹호한 것은 아니다. 무제한의 경제적 개인주의가 지배하는 동안에는 빈곤과 질병, 무지로 고통을 당해야 한다고 말했다. 게다가 시장에서 약자 또는 가난한 자가 법적 권리를 향유한다고 말하는 것은 웃기는 일이라고도 했다.

어쨌든 벌린이 적극적 자유의 위험성을 경고했다고 해도 소극적 자유만을 지향한 것은 아니었다. 그는 소극적 자유와 적극적 자유를 그 자체 목적으로 여겼다.[9] 한 사회를 유지하려면 하나의 가치만을 추구할 수 없다는 이유에서다. 그는 가치 다원주의자였다. 그러나 두 가지 자유가 갈등할 때, 갈등을 해결할 규칙이 없다는 점이 다원주의의 치명적 결함이다. 가치다원주의를 인정하면 적극적 자유 자체는 나쁜 것이 아니라서 버릴 수 없다. 예를 들면 사회적 불평등을 영속시키는 사적 교육체제 대신에 누구나 교육서비스를 수용하여 사회적 평등을 가능하게 하는 공교육을 제안할 수 있다. 그런 학교제도는 사립학교를 선택할 학부모

8) 위의 책, 360-361쪽. 더 높은 차원의 자아는 '장기적' 안목에서 결정하는 자아, '이상적 또는 자율적 자아, 최선의 상태에 있는 때의 자아' 등이다(361-362).

9) Groβ/Pitsoulis(2009: 42)

의 자유를 제한하지만, 평등을 위해서는 자유의 희생을 참고 견뎌야 한하다는 것이 벌린의 입장이다.[10] 그러나 평등을 위해서는 자유도 평등도 모두 잃는다는 사실을 직시해야 한다.

소극적 의미의 자유를 옹호한다고 해서 이것이 자동적으로 자유주의와 연결되는 것은 아니다. 국가주의를 옹호한 토머스 홉스는 자유를 '외적 장애물이 없는 상태'라는 소극적 개념으로 사용했다. 그 장애물에는 물리적 성격이 있을 수 있다. 내가 이곳에서 저곳으로 가고 싶지만 높은 장벽이나 건너갈 수 없는 강이 가로막고 있다면, 강이나 장벽은 물리적인 장애다. 그런 것들 때문에 나는 자유롭지 못하다고 말할 수는 있지만, 이런 자유 개념은 인간과 인간의 관계를 말하는 사회관계에 적용할 수 없다. 왜냐하면 사회과학의 핵심은 인간과 인간의 관계이기 때문이다.

소극적이면서 인간과 인간의 관계를 기술하는 '강제(coercion)의 부재'가 다양한 자유 개념 가운데 가장 적합하고 현실적인 자유 개념이라고 본다. 이 자유 개념이야말로 인류문명과 번영의 역사를 제대로 설명할 수 있다. 문명화된 세계를 가능하게 하는 도덕과 법의 원천도 그런 자유 개념이다. 이제 왜 강제의 부재가 참다운 것인가를 논의하기로 한다.

10) 이에 관해서는 위의 논문, 44-45쪽 참조

자유인과 노예

흥미롭게도 '자유'라는 말의 기원은 강제의 화신(化身)인 노예의 존재였다. 자유인과 대비하여 사용된 용어가 노예였다.[11] 노예란 주인의 강제에 예속된 신분이다. 노예는 더 이상 '개인'이, 그래서 인간이 아니다. 주인은 개인일 수도, 집단일 수도, 특히 국가(정부)일 수도 있다. 정부의 강제야말로 시민을 노예로 만드는 최우선의 행위다. 정부가 인기에 영합하거나 시민을 온정적으로 대하는 것, 이[齒]를 드러내고 웃음을 지으며 그들에게 접근하는 것은 궁극적으로 시민을 노예로 만들기 위한 전(前) 단계다. 사회주의는 인류를 필연적으로 노예의 길로 끌고 간다는 점에서 하이에크가 그 이념을 '노예의 길'이라고 불렀던 이유도 그것이 강제와 결부되었기 때문이다. 자유인과 노예의 대비는 그래서 중요하다.

자유인은 노예가 갖지 못한 것, 즉 타인의 의지로부터의 독립, 자주, 자립, 다시 말해 행동의 자율이 있다. 노예는 이런 가치를 결코 가질 수 없다. 노예는 이런저런 일을 하도록 또는 하지 말도록 강제하는 주인의 지시와 명령에 따라 행동할 수밖에 없다. 주인이 아무리 간섭하지 않고 관대하다고 해도 노예는 그에게 예속되어 있으므로 역시 자율적이지 않다. 흔히 자유를 '타인의 간섭이 없는 상태'라고 정의하고 있다. 그러나 이 자유 개념은 아주 관대한 주인의 노예라고 해서 이를 배제하지 않는다. 노예는 노예상태에서 스스로 해방할 자유가 없기 때문이다. 스스로 결정할 자유야말로 인간의 본질이다. 자유 없이는 인간은 인간이 아

11) Hayek(1960/1996 I: 40) 참조

니다. 노예는 인간이기를 거부당한 사람이다. 예속된 사람과는 달리 자유인은 자신이 가진 지식을 동원하여 스스로 정한 목적과 계획에 따라 행동할 수 있다. 인간이 인간다우려면 자유가 있어야 한다. 자유와 존엄은 불가결한 가치다. 자유를 부정하는 것은 개인의 존엄성과 인간임을 부인하는 것과 같다. 인간다운 사회질서의 필수불가결한 기초가 자유인 이유다.

자유는 강제의 부재

참된 자유는 강제의 부재다. 강제할 자유는 어느 누구에게도 없다. 시민이 타인을 강제하지 않는 한 정부에도 시민을 강제할 권한이 없다. 강제란 위협을 통해 타인을 나의 뜻에 예속시키는 의도적 행동이다. 강제는 강제하는 사람이 바라는 특정의 것을 강제당하는 사람으로 하여금 행하지 않을 수 없게 만드는 행위다. 그런 행위는 위협과 의도로 구성되어 있다. 다시 정의한다면 강제란 타인이 자신의 목적을 달성할 의도로 나를 위협하는 행동이다. 자신이 원하는 가격이 아니면 하청업자를 망하게 만들겠다는 원청회사의 위협은 강제다. 기업들의 가격담합으로 인해 소비자가 담합에 의해 정한 값 외에는 다른 가격으로 상품을 구입할 수 없는 경우도 강제에 해당한다.

그러나 이렇게 자유가 침해되면 경쟁의 자유를 확립하기가 어렵다. 타인이 특정의 것을 행하지 못하도록 가로막는 행동이 있기 때문이다.

이웃에 가게를 차리려고 하는데 기존의 가게들이 이를 저지하는 경우도 자유를 위반하는 행동제한이다. 이는 시장진입을 가로막는 행동에 속한다. 달리기 경주에서 경쟁자의 발을 거는 행동과도 같은 행동 방식이다. 타인에 의한 '행동제한(restraint)' 역시 강제다. 행동제한은 타인이 나에게 특정의 것을 행하지 못하게 가로막는 행동이다. 요컨대 어느 한 개인의 부자유한 상태는 그가 특정 방식으로 행동하도록 강요당하는 경우(좁은 의미의 강제)뿐만 아니라 특정 행동을 하지 못하도록 저지당하는 경우(넓은 의미의 강제)도 해당한다.

강제는 강도(强度)에 따라 다양하다.[12] 진정한 강제는 인질범이 인질을 살해하겠다고 위협하여 자신의 목적을 달성할 때, 마피아 집단이 보호를 명분으로 돈을 갈취할 때 등을 예로 들 수 있다. 어느 한 사람의 비행과 비리를 아는 사람이 그를 공갈 · 협박하는 행동도 진정한 강제다. 그러나 대부분의 강제는 총과 칼 그리고 교도소를 독점하는 국가로부터 나온다. 국가가 시민에게 자신의 명령에 따르도록 하기 위해 처벌 및 물리력을 행사하겠다고 위협할 때 야기된다. 기업이 정부 정책에 반대한다는 이유로 행하는 세무사찰, 정부의 여론 · 통계 조작, 허위, 날조 등도 강제다. 사람들에 대해 신체적 위해를 가하겠다는 위협, 재산을 훼손하겠다는 위협 등의 통상적인 강제는 반드시 무력이나 폭력을 수반하는 것은 아니다. 자잘한 장애물을 깔아놓아 자발적 행동을 방해하는 약한 정도의 강제도 있다.

인간 사이의 모든 밀접한 관계는 이익집단, 기업조직 등과 같이 경

12) Hayek(1960/1996 I: 235-237) 참조

제적 필요에 의해 만든 관계에서든, 또는 연구단체, 탐험대나 산악대원, 축구 · 배구 · 야구팀 등과 같은 특수 목적을 위해 만든 단체의 구성원들 간의 관계에서든 어느 정도 강제의 여지가 있을 수 있다. 친구, 회사, 동료, 교회 등과 같은 친분적인 인간관계에서나 혹은 까다로운 남편, 잔소리꾼 아내, 신경질적인 시어머니에게도 강제 가능성은 존재하며,[13] 사람들은 이런 경우에 자신의 자유를 침해받을 위험성을 느끼기도 한다. 강제 가능성이 가장 많은 곳은 하도급 관계, 노동자와 사용자의 관계, 회사의 직무상 상하관계 등과 같이 경제적 필요성에 의해 형성되는 인간관계다. 흔히 그런 관계를 '갑과 을의 관계'로 표현한다. 그 관계는 참으로 교묘하다. 그러나 강제 가능성은 자발적 협력관계로 이어진다. 협력과 분업이 주는 물질적 이익뿐만 아니라 심리적 이익 때문이다. 부품조달을 위한 원 · 하청 관계에서 볼 수 있듯이 강제 가능성이 존재한다고 정부가 개입하면 계약이 결렬되고, 원청회사가 부품생산 기업을 설립하여 계열화할 우려도 있다. 이런 경우 기존의 하청업체를 더 어렵게 만들 뿐이다. 정부개입 없이 내버려둔다면 오히려 그 관계는 생산적이게 된다. 이런 과정이야말로 국가의 강제가 없는 자유가 주는 묘미가 아닌가!

13) 위의 책, 236쪽

강제의 몇 가지 예

국가가 강제를 통해 막아야 할 사적 강제는 클로즈드 숍의 사례처럼 노동조합에 가입하지 않은 노동자의 노동수요 · 공급을 노조가 가로막는 행위다.[14] 노동조합의 의도가 노동자를 노조에 가입시키려는 것이고, 노동자에 대한 위협은 노동의 수요차단이다. 노동조합이 파업하겠다는 위협과 피켓시위도 강제다. 경쟁을 회피하는 기업들의 담합도 소비자가 선택할 자유를 제약한다는 점에서 국가가 나서서 해결해야 할 강제다. 고용주가 해고나 실업이라는 위협으로 노동자에게 권력을 행사하는 경우가 있다. 이것은 강제와 어떤 관련이 있는가? 강제란 강제당하는 사람이 강제하는 사람의 뜻을 따르지 않는 것이 그 뜻을 들어주는 것보다 더 나쁜 결과를 초래하는 경우다. 그런데 노동자는 고용주의 권력에 고개를 숙이는 것보다 고용주의 그런 권력 행사를 피하는 것이 훨씬 유익할 수 있다. 그럴 기회를 제공하는 것이 자유시장이다. 자본주의야말로 고용주의 강제를 회피할 최대의 기회를 제공한다. 이런 점에서 고용주의 권력 행사는 정부의 강제와 다르다. 국가의 강제는 회피할 수 없다.

여러 가지 이유로 심각한 실업난이 존재하는 시기에 경영자들이 해고위협을 통해 그들이 싫어하는 노동자에게 심술궂게 권력을 행사하는 경우도 있다. 또는 광산촌과 같이 사람들이 오도 가도 못할 정도의 악조건에서 어느 한 탄광회사의 경영자가 자신이 싫어하는 사람에게 변칙적

---

14) 클로즈드 숍은 거래를 제약하는 계약이므로 법의 보호를 받아서는 안 된다는 것이 하이에크의 인식이다. 그러나 로스바드는 클로즈드 숍 계약을 금지하는 것은 차별적이고 강제적이라고 주장한다. 왜냐하면 거의 모든 계약은 거래를 제한하는 것으로 해석할 수 있으므로 클로즈드 숍 계약을 금지하려면 다른 모든 계약도 금지해야 한다는 것이다.

으로 압력을 행사하는 강제행동도 있을 수 있다.[15] 그러나 이런 일은 자유시장에서 자주 나타나는 현상은 아니다. 오늘날처럼 기회가 다양하고 번영하는 자본주의 사회에서는 자신의 마음에 들지 않으면 회사를 떠나 마음에 드는 회사로 옮겨갈 수 있다. 또한 악덕 기업은 인터넷을 통해 빠르게 나쁜 평판이 확산되고, 그런 기업은 능력 있는 노동자를 유치하기도 곤란하다. 고용주가 노동자를 자의적으로 해고할 수 없는 것은 그래서다. 기업의 평판은 기업성장을 좌우할 정도로 기업들의 행동을 제약하는 역할을 한다. 생산수단을 독점한 정부가 유일한 고용주인 사회주의국가에서는 노동에 대한 강제가 무제한적이다. 고용에 대한 완전한 독점자가 국가다. 그런 사회에서 국가의 명령에 대한 거역은 굶어 죽는 길뿐이다. 자본주의에서는 일하지 않으면 굶어 죽지만, 사회주의에서는 정부의 명령에 복종하지 않으면 굶어 죽는다. 굶어 죽을 자유도 없는 곳이 사회주의다.

강제가 나쁜 이유는 생각하고 평가하는 인격체로서의 개인을 부정하고 타인의 목적달성을 위한 단순한 도구인 노예로 만들기 때문이다. 따라서 인간의 사회적 관계에서 강제행사는 정의롭지 못한 행동이다. 사회구조적으로 볼 때, 사기와 기만도 강제와 동일한 의미다. 타인 A를 기만하거나 속이는 사람도 기만당하거나 사기당하는 사람 A의 여건을 조작하여 기만하는 자신에게 유리한 방향으로 의사결정을 내리도록 한다. 그러나 강제와 달리 사기와 기만은 말을 듣지 않으면 피해를 주겠다는 식의 위협행위가 결여되어 있다.

15) 광산촌 예는 하이에크가 든 예다.

여기서 강제와 권력을 혼동해서는 안 된다. 인간관계에서 권력과 강제는 서로 밀접하게 붙어 있으므로 이들을 엄격히 구분할 필요가 있다. 권력은 자신이 원하는 바를 성취할 능력이다. 권력 자체는 나쁜 것이 아니다. 사람들은 자신의 의사에 따라 자신의 목적을 위해 기업에 자발적으로 입사한다. 최고경영자가 그들에게 권력을 행사하는 것은 결코 나쁜 것이 아니다.[16] 그것은 문명사회가 지닌 일종의 강점이라고 볼 수 있다. 사람들은 통일적인 지도로 자발적인 노력을 집결하여 기업이라는 조직을 만들어 자신들의 집단적 능력을 증대시킬 수 있다. 기업조직은 위계적으로 구성되어 있지만 생산적이다. 원시사회의 위계조직은 소비적이어서 주어진 자원의 배분에 치중했다. 소비의 위계조직은 한 사람이 많이 가지면 다른 사람이 적게 갖게 되는 영합게임이 발생한다. 소비적 위계를 극복하고 기업이라는 생산적 위계가 형성된 것은 문화적 진화의 업적이 아닐 수 없다.[17] 생산적 위계는 자기능력의 확장이라는 의미의 권력이다. 예를 들어 삼성의 권력, 연세의료원의 권력 등은 좋은 권력이다. 나쁜 권력은 위협을 통해 타인을 자신의 목적에 예속시키는 강제력이다. 이는 부패한 권력이다. 이런 권력은 피지배자에 대한 폭군의 지배와 같이 국가의 권력에서 자주 등장한다. 그런 것이 마르크스가 착각한 기업이다.

그러나 어느 한 생산자가 자신이 원하는 값이 아니면 판매를 거절한다고 해도 이는 강제가 아니다. 제시된 가격이 맞지 않으면 사람들은 다른 판매자에게로 간다. 나와 내 가족에 대한 굶주림의 위협 때문에 낮

16) Hayek(1960/1996 I: 203 이하)

17) Seabright(2010/2019; 38 이하)

은 임금과 마음에 들지 않는 일자리를 받아들일 수밖에 없다고 해도 이는 누구한테 내가 강제당한 것이 아니다. 또는 어느 회사의 사장이 머리를 붉게 염색했다는 이유로 젊은이의 고용을 거부하는 것도 결코 강제가 아니다. 혹은 특정인을 동성애자라는 이유로 고용을 거부하는 것 역시 그 동성애자에게는 강제가 아니다.

홍미롭게도 이승훈 교수는 "공동협력은 참여자들을 상호의존적으로 만드는데, 이 상호의존성이 개인의 자유를 제한하는 것"이라고 주장한다.[18] 공동협력을 자유의 제약이라고 말한다면 혼자 있을 때, 예를 들면 방송 프로그램의 '자연인' 또는 불교의 현자가 가장 자유롭다고 할 수 있다. 이는 은둔을 자유라고 보는 관점이다.[19] 그러나 은둔은 강제가 없는 상태라는 의미에서 자유와 관련이 없는 가치다. 공동협력은 강제 없이 달성한 합의의 결과, 즉 자유를 행사한 결과다. 은둔을 확대 해석하면 매우 위험한 정치적 고립주의, 경제적 자립주의를 의미한다. 이런 태도의 전형은 엄격한 보호무역, 수입대체산업 육성과 함께 등장해 1970년대 남미에서 유행한 해방신학의 기초였다. 북한처럼 국제적 분업과 협력으로부터 격리된 국제적 고립주의도 같은 맥락이다.

18) 이승훈(2019)은 "현대의 사회생활에서 대부분의 개인은 공동협력에 참여하면서 살아간다. 협력에 참여하는 개인은 자신에게 부여된 특정 역무를 수행하는데, 다른 참여자들의 역무 수행과 때를 맞추어야 한다. 그러므로 공동협력에 참여하면 홀로 마음대로 지낼 때보다 자유롭지 못하다. 공동협력은 참여자들을 상호의존적으로 만드는데, 이 상호의존성이 개인의 자유를 제한하는 것이다"라고 말한다.

19) Berlin(1964/2006: 367-368)

왜 강제의 부재가 참된 자유인가

고전적 자유주의에서 자유의 1차적 의미는 '소극적'이고, 그것은 인간 사이의 사회적 관계를 지칭한다. 인간관계를 의미하는 사회를 벗어난 조건에 자유를 적용하는 것은 의미가 없다. 예를 들면 등산가가 크레바스에 빠져 옴짝달싹할 수 없다고 하더라도 비유적으로 부자유하다고 말하는 것은 이를 사회관계에 적용하는 것과 분명히 다르다.[20] 등산가의 예는 어느 한 사람이 자유로운가 아닌가는 의도하지 않게 형성된 타인들의 선택 범위와 아무런 관련이 없다는 점을 말해준다.[21] 대기업과 중소기업, 또는 능력자와 무능력자는 각자의 선택 범위에서 차이가 있다. 선택 범위의 문제는 개인의 삶을 위해 중요한 것은 물론이다. 그러나 선택 범위가 많은 사람에게는 자유가 더 많고, 적은 사람에게는 자유가 더 적다고 말할 수 없다. 어느 누구도 그들의 선택 범위를 강제로 배정한 사람이 없다. 그들이 자유로운가, 혹은 자유롭지 못한가는 그들 자신의 의도에 따라 행동진로를 정할 수 있는 제도적 조건에 달려 있다. 개인이 행동진로를 자신의 의지대로 정할 자유는 그에게 확실하게 보장된 사적 영역, 즉 누구도 침해할 수 없는 영역을 전제한다(제3, 4부).

강제의 부재로서의 자유가 가장 오래된 개념이 된 것도 그런 자유가 적실성이 있기 때문에 그런 자유가 참된 자유다. 즉, 기원전 5~4세기

---

20) Hayek(1960/1996 I: 33)

21) 어느 한 사람(A)에게 네 가지 행동진로 가능성(A1, A2, A3, A4)이 주어져 있는 데 반해 B에게는 두 가지 행동대안(B1, B2)만이 주어져 있다고 가정하자. A가 행동 가능성이 많다고 해서 A가 B보다 더 자유롭다고 말할 수 없다. 행동 가능성을 결정하는 개인의 지적, 신체적 또는 재정적 능력은 강제와 아무런 관련이 없다.

고대 그리스의 자유공동체가 노예를 해방시켰을 때 당시 해방문서가 입증하듯이[22] '자유는 강제가 없는 상태'로 이해하고 있었다. 고대 그리스인이야말로 자유의 이상을 명료하게 표현한 최초의 사람들이었다. 기원전 490년 마라톤 전투에서 아테네군이 페르시아군을 누르고 승리를 이끈 것은 아테네 군인들이 중요하게 여긴 자유 때문이었다는 사실에 주목할 필요가 있다. 자유인으로 구성된 아테네 군인들은 전쟁에서 패배하면 노예가 된다는 것을 잘 알고 있었다.[23] 그들은 '원하는 바대로 살 수 있는 무한한 자유를 허용하는 나라'를, 간단히 말해 노예의 반대인 자유를 위해 싸우고 있다고 믿었다.[24] 우리의 젊은이들이 1950년 한국전쟁에 기꺼이 참전한 것도 국가를 위해서가 아니라 부모, 형제, 친구의 재산과 자유를 지키기 위해서였다. 북한 사회주의의 노예가 되는 것을 증오했기 때문이다. 미국을 비롯한 16개국의 한국전쟁 참전도 공동의 가치인 자유를 수호하기 위해서였다. 같은 인간으로서 한국인이 사회주의의 노예가 되는 것을 참고 볼 수 없었기 때문이다.

22) 첫째로 보호받는 공동체 구성원이라는 법적 지위, 둘째로 임의적 체포로부터의 면제, 셋째로 그가 하고 싶은 일은 무엇이나 할 수 있는 권리, 넷째로 자신의 선택에 의해 이주할 권리다. 이에 관해서는 Hayek(1960/1996 I: 46) 참조

23) 박성희(2019)

24) 하이에크/민경국(1990: 107)

자유와 자유권

우리는 자유 대신에 '자유권'이라는 용어를 아무런 거리낌 없이 사용한다. 예를 들면 헌법에서도 종교, 언론, 출판, 표현의 자유 등을 기본권으로서의 자유권으로 다루고 있다. 경영의 자유 대신에 '경영권'이라는 말도 사용한다. 노동자의 경영참여제도는 자본가의 경영권을 침해하는 제도라는 이유에서 흔히 사람들은 그 제도를 반대한다. 존 롤스에게 정의로운 사회란 개인이 될 수 있는 대로 평등한 '자유권'을 많이 가진 사회다.

주목할 것은 '자유'라는 말에 '권리'라는 말을 붙임으로써 야기되는 문제다. 우리에게 소비하는 행동 또는 신앙을 향유하는 것, 기업이 인사 문제를 스스로 해결하는 것이 자유롭다면 도대체 왜 그런 일을 행할 권리가 필요하단 말인가! 그러므로 사실상 '권리'라는 용어를 붙여서 사용할 필요가 없다. 그럼에도 권리 개념을 무분별하게 사용함으로써 자유라는 본래의 고귀한 가치를 훼손할 위험성이 있음을 직시할 필요가 있다.

자유에 대한 권리를 가지고 있다는 말은 권리가 없으면 경영의 자유도, 종교 · 신앙의 자유 등도 없다는 말이다. 따라서 '자유권'이라는 개념의 바탕에는 자유를 행사할 권리가 허용되지 않으면 경영, 투자, 생산 등 경제적 행동을 비롯하여 신앙, 출판, 표현 등의 정신적 활동에 이르기까지 인간의 모든 행동 하나하나가 전부 금지되어 있다는 전제가 깔려 있다. 요컨대, 특별히 허용되지 않으면 모든 것은 금지된 것이다. 자유란 금지로부터의 면죄 또는 허가를 말한다.

자유가 허가 또는 면허를 의미한다면 누가 자유를 허용 또는 면허하며, 어떤 자유를 허용하거나 금지할 것을 누가 결정하는가의 문제가 제기된다. 그런 주체는 두 가지다. 하나는 권리가 하늘이 준 것(로크)이라는 자연권사상이다. 신앙을 갖지 않은 사람들에게 그런 권리 사상은 의미가 없다. 또는 우리의 이성적 판단에서 나온다는 자연권사상도 있다(노직, 로스바드). 우리의 이성을 사회주의만큼이나 신뢰하는 것이 자연권사상이다. 두 번째는 오늘날 흔히 볼 수 있는 것처럼 국가에 의존하여 그 문제를 해결하는 것이다. 따라서 자유권의 개념에 따른다면 우리의 자유는 국가, 구체적으로 말해 정부 인사들의 기분에 좌우된다. 그 결과, 자유권이라는 개념은 토머스 홉스의 국가주의를 끌어들일 우려가 있다.

동성애, 자유냐 아니면 권리냐

동성애, 어떻게 볼 것인가? 동성애의 원천이 본능이든 후천적으로 습득한 것이든 우리가 흔히 생각하는 것과는 분명히 다른 행동이다. 그런데 그런 행동에 대해 우리는 어떻게 반응해야 할까? 우리의 동료가 비록 합당하다고 생각한 것과 다르게 행동하고 살아간다고 하더라도 그것이 불법행위(tort: 행위자의 고의 또는 과실로 인한 피해)가 아닌 한, 우리가 자유인이라면 마땅히 그런 행동을 감내할 수 있어야 한다. 어떤 일이 마음에 들지 않는다고 해서 즉시 경찰을 부르는 습관에서 스스로를 해방시켜야 한다.[25] 자유주의는 동성애자를 이성애자와 동일하게 취급해야 할 것을, 다시 말하면 그들에게 동일한 권리가 아닌 동일한 자유를 허용할 것을 요구한다. 이는 신분상 평등을 말한다. 인간은 이성(異性)만이 아니라 동성(同性)도 사랑할 자유가 있다. 자유가 지배하는 사회에서 어떤 회사가 동성애자를 고용하든 말든 관계가 없다. 그 관계는 그들 사이의 계약에 달려 있다.

그러나 동성애를 자유가 아니라 소수자라는 이름의 권리라고 가정해보자. 그런 권리가 지배하는 사회에서는 자유로운 행동으로 취급하는 사회와는 전적으로 다르다. 가톨릭 학교라고 해도 권리의 평등이라는 이유에서 동성애자를 채용할 의무가 있다. 이는 자유와 권리의 차이에서 비롯된 것이다. 어느 한 사람의 권리는 타인들에게는 그 권리를 충족해야 할 적극적 의무가 있다. 동성애자가 어린아이를 입양할 권리가 있는 사회에서는 그 입양기관이 가톨릭 단체라고 해도 동성부부의 입양신청을 거부할 수 없다. 주지하다시피, 적극적 권리는 이를 충족시킬 의무만 있을 뿐 거부할 자유는 없다. 동성애의 권리는 종교단체의 자유를 제약하는 결과를 초래한다. 그래서 종교단체가 동성애 권리를 부여하는 정책을 반대하는 것은 충분한 이유가 있다. 그리고 만약 동성애자 또는 미혼부부가 모든 입양기관으로부터 입양할 권리가 있다고 한다면 입양을 거부하는 가톨릭 입양기관의 권리와 충돌한다. 그 결과 동성애를 반대하는 가톨릭 입양기관은 점차 줄어들고, 입양기관의 다양성이 줄어든다.

---

25) Mises(1927/1995: 104)

자유사회에서 가톨릭 단체의 입양기관은 동성부부의 입양신청을 거부할 수 있는 것은 물론이다. 거부할 자유가 있다. 가톨릭 입양기관은 자신이 선택한 사람이 누구든 그에게 입양 서비스를 제공할 수 있다. 그래서 자유사회에서는 종교관과 관련 없이 동성부부의 입양만을 전문적으로 취급하는 기관이 생겨날 수도 있다. 또는 가톨릭 기관처럼 이성부부의 입양만 다루거나 또는 종교적 이유에서가 아니라 심리적으로 동성애를 싫어하는 입양기관도 생겨날 수 있다. 동성부부가 입양할 자유는 타인들에게 그런 자유를 침해해서는 안 된다는 소극적 의무만 있을 뿐이다. 자유는 보편적으로 적용 가능한 반면에 적극적 권리는 일종의 특혜다. 이들은 타인들에게는 자유의 침해다. 자유야말로 갈등 없는 사회의 원윈전략이다. 16세기 종교전쟁을 해결하는 데 탁월하게 기여한 것이 바로 종교의 자유였다. 물론 자유에서 주목할 것은 상호 간 타인들로부터 침해당하지 않을 권리가 있다는 사실이다. 그 권리는 소극적이다.

자유를 확립하기 위한 정치적 과제

강제가 없는 상태로서의 자유 개념만이 위험 없이 사용할 수 있지만, 이것이 절대적이지는 않다. 왜냐하면 수많은 관계로 맺어진 인간 사회에서 모든 강제를 완전히 제거하는 것은 가능하지 않기 때문이다. 앞에서 논의했듯이 신경질적인 시어머니의 행동과 인질범의 위협 등에서처럼 온건한 수준에서 극단적인 수준에 이르기까지 강제는 그 강도(强度)

에 따라 다양하게 표출된다.

게다가 개인 간에 서로 강제를 행사하는 것을 막기 위해 국가는 합당한 강제를 동원해 그들을 위협해야 한다. 물리적 폭력의 정당한 사용에 대한 독점권을 국가에 부여해온 것은 자유주의의 전통이다. 강제조직으로서 국가의 주요 과제는 개인이나 집단이 행사하는 강제를 막고 그들이 자유롭게 협력해서 각자 자신들의 삶을 살 수 있는 조건을 확립하는 것이다. 우리는 국가가 그런 목적을 위해 사용하는 강제가 그 한계를 이탈하여 확대되는 것을 막을 준비가 되어 있어야 한다. 그 역할을 수행하는 것이 헌법이며, 헌법은 법의 지배를 통해 국가권력을 제한한다(제4부).

자유사회는 강제가 전혀 없는 상태를 말하는 것이 아니다. 사람들에 대한 타인들의 강제를 될 수 있는 대로 많이 줄이는 제도적 조건을 확립하는 일이 자유사회의 과제다. "자유사회의 정치적 과제는 강제 또는 강제의 해로운 효과를 완전히 배제할 수는 없다고 하더라도 그것들을 될 수 있는 대로 줄이는 것이어야 한다"[26]라는 하이에크의 주장은 그래서 정곡을 찌른다. 그 제도적 조건의 대표적인 예가 사유재산제 또는 이를 기반으로 하는 시장경제다. '강제'라는 개념에 대한 정의(定義)로부터 법을 도출하여 자유사회에서 강제의 문제를 해결하는 것이 정치의 과제는 아니다. 여기에서 우리가 추구하는 방법은 강제라는 개념을 정의하여 강제의 정당성 문제를 해결하는 로스바드의 방법과는 다르다.[27] 그는 자유를 타인에 대한 공격이 없는 상태라고 정의한다. 그는 자유 개념에

26) Hayek(1960/1996 I)

27) Rothbard(1998/2016: 266 이하)

대한 정의(定義)를 통해 정치이론의 근본 문제인 공격의 정당성, 그리고 행동의 적법성을 도출하고 있다. 그러나 그런 접근법은 그가 선택한 개념의 내용 외에는 얻는 것이 없다.[28] 자유사회에서 강제의 문제를 그 뜻을 통해 해결하려는 것이 우리의 목적은 아니었다.

자유란 무질서를 의미하는 것도 아니고, 만인의 만인에 대한 투쟁 상태도 아니다. 아무 거리낌 없이 제멋대로 함부로 행동하는 방종을 뜻하는 것도 아니다. 방종은 멋대로 행동하는 것이지만, 자유는 멋대로 행동하는 것이 아니다. 사회적 행동은 늘 타인 지향적이기 때문이다. 자유는 인간에게 서로 침범할 수 없는 영역을 똑같이 확립하는 행동규칙을 전제로 한다. 행동 규칙들은 울타리와도 같다. 울타리를 만들어주는 것이 '보편적 정의규칙'이다. 그것은 무엇이 정의로우냐 하는 것을 규정하는 것이 아니라 정의롭지 못한 것으로 분류되는 행동, 그래서 금지해야 할 행동이 무엇인가를 말해주는 규칙이다. 정의로운 행동 규칙은 이유 여하를 막론하고 정의롭지 못하다고 인정되는 행동방식을 제거하는 역할을 한다. 정의의 행동 규칙을 통해 보호된 영역이 자유의 영역이다. 그 영역 내에서 개인은 자유롭게 타인과 권리 · 의무관계를 정한다. 주목할 것은 자유는 존 로크처럼 신(神)이 부여한 것도 아니요, 토머스 홉스처럼 리바이어던 같은 거대한 국가의 이성(국가이성)이 계획을 통해 나누어준 것도 아니라는 점이다. 자유란 인간 이성의 창조물이 아니라는 뜻이다. 그렇다면 그 원천은 무엇인가? 이 문제는 제3부에서 상세히 다룰 것이다.

---

28) 이런 비판에 대해서는 Mestmaecker(1981: 103-104)와 Heuß(1981: 109 이하) 참조

인간에 의한 자의적인 강제와 행동제한이 없는 상태로서의 자유 개념은 소극적 측면이다. 그런데 소극적 측면을 뒤집으면 그 자유는 적극적 의미가 있다. 자유의 적극적 측면이란 타인에 대한 강제와 행동제한을 행사하지 않는 한 개개인에게 그 자유가 주는 혜택을 의미한다. 즉, 자유는 누구나 자신의 목적을 위해 자신의 지식을 사용할 수 있는 상태다. 그가 추구하는 목적이 반드시 이기적일 필요는 없다. 타인을 위해 자신의 욕구 충족을 억제할 수도 있다. 게다가 자신의 행동이 성공을 거두려면 타인의 동감을 얻을 수 있어야 한다. 자유사회야말로 타인을 위해 행동하는 자아를 자유롭게 실현할 기회를 제공하는 사회다. 개인이 구가하는 자유의 적극적 측면은 누구나 자신의 결의와 계획에 따라 행동할 가능성을 의미한다. 그런 가능성을 갖기 위해서는 사적 영역, 즉 불가침 영역의 존재를 전제해야 한다. 그것은 국가는 물론이고 그 어떤 사람도 침해할 수 없는 영역이다.

소유는 사적 영역의 확립을 위해 필수다. 그리고 사적 영역은 타인들의 의견과 행동방식에 대한 관용, 자유로운 선택 대상으로서의 도덕(이타심 같은 적극적인 덕성)과 강제적인 법 구분을 전제로 한다. 불가침 영역은 보편적 · 추상적인 법의 틀을 통해 확립된다. 그 영역 내에서 개인이 무슨 일을 하든, 그리고 그 영역을 어느 정도로 채우든 그것은 전적으로 개인의 문제다. 그래서 사적 영역이 자유의 영역이다. 개인의 자유는 정의로운 행동 규칙을 통해 강제를 최소화하는 것을 일컬을 뿐만 아니라 자신의 생각대로 삶을 구성하는 개인의 자율성을 의미한다. 국가의 역할은 자유 영역을 보편적 · 추상적 법을 통해 제도적으로 보장하는 데 있다.

소결: 자유의 두 가지 전통

스코틀랜드 계몽주의 전통에서는 자유를 경험의 산물로 여긴다. 즉, 사람들이 자유가 주는 편익을 경험하게 되면서 자유가 확장되기 시작했다. 그들은 왜, 그리고 어떻게 자유가 편익을 주는가를 알 수도, 알 필요도 없었다. 자유는 자생적으로 생성 · 확장된 것이었다. 이는 자유가 확장되어온 모든 사회의 특징이다. 한국도 예외가 아니다. 1950년을 기점으로 그 이후 점차 자유가 확장되어왔다. 사람들은 이유를 몰랐지만, 자유가 주는 혜택이 그 확장을 가능하게 했다. 일하고자 하는 의욕, 잘살아보겠다는 의욕을 뒷받침한 것이 사유재산과 자유였다. 혁신적이고 창의적인 정신, 가족에 대한 책임감 등을 북돋아준 것 또한 자유였다.

스코틀랜드 계몽주의 전통에서는 자유를 도덕, 상관습, 상관행, 전통, 제도 등과 관련하여 해석했다. 자유는 방종이 아니며, 반드시 규칙과 결부된 것이다. 그러나 프랑스 계몽주의 전통은 자유가 가져다줄 편익을 예측하여 자유를 확립한 것, 즉 자유를 인간 이성의 창조물로 여긴다. 이 전통의 전형이 제러미 벤담의 공리주의다. 공리주의는 자유가 가져다줄 편익과 피해를 산정하여 최대의 편익을 주는 방향으로 자유를 확보하는 법과 제도를 선택한다. 예를 들면 인허가제에서 흔히 볼 수 있듯이 대기업의 시장진입을 허용할 것인가를 판단하기 위해서는 시장진입이 가져올 편익과 그런 진입이 중소상공인에게 주는 피해를 따져가며 결정한다. 그래서 프랑스 전통에서 자유의 허용 여부는 공권력에 의존한다. 특히 홉스 전통에 따라 절대자에게 예속되는 것을 자유롭게 받아들인다.

사실상 자유는 영국의 역사다. 영국은 경험주의를 바탕으로 하는 자유주의의 산실이었다. 이 전통은 사물에 대한 이해, 옳고 그름에 대한 판단력을 말하는 인간 이성에 대해 비판적 입장이었다. 이에 반해 국민주권사상의 원조였던 장 자크 루소의 전통에 따라 유토피아 건설에 치중한 것이 프랑스 역사다. 이 역사는 민주주의의 역사다. 인간 이성의 무제한적 힘을 신뢰한 역사다. 국민경제계획과 간섭주의는 프랑스 계몽주의가 대단히 우호적인 태도를 보여주는 합리주의와 연관되어 있다. 합리주의란 개인적 · 사회적 삶에 관해 완전히 이해할 수 있는 지적 능력을 의미하는 이성에 따라 행동하는 성향이다. 전통, 감정에 의존하지 않고 외부의 영향도 받지 않으며 오로지 집단적인 목표 추구와 그 실현 속에서만 자유를 누릴 수 있다고 믿는다.

프랑스 전통은 한 사회의 발전과 문명을 특정한 집단의 목적을 달성하기 위해 인위적으로 만든 '조직(Organization)'에서 의미를 찾는데, 이는 결코 우연이 아니다. 프랑스 전통은 국가의 공권력 개입을 통해 고도의 정치적 문명을 찾으려고 한다. 개인의 자유와 대비하여 앞에서 설명한 다양한 자유 개념의 실현은 계획된 질서인 조직에서 찾는다. 그러나 경험주의에서 출발한 스코틀랜드 계몽주의는 자유의 본질을 자생성과 강제의 부존에서, 그리고 자유의 실현을 자생적 질서(spontaneous order)에서 찾는다. 그 전통은 그 질서의 구성요소들이 서로 연관되어 있다는 것을 의미하는 '유기적인' 물질문명의 '의식하지 않은', 따라서 계획되지 않은 성장을 옹호한다. 이에 반해 프랑스의 합리주의는 인간이성의 야심과 자만심에서 비롯된 계획성을 옹호하면서 개선과 개혁을 말할 때, 선대(先代)가 물려준 제도를 무시하고 모든 것을 새로이 설계한다. 이는 프랑스의 유명한 계몽주의 철학자 볼테르의 표현에서 여실히 드러난다. “만일 당신이 훌륭한 법을 원한다면 지금의 법을 불살라버리고 새것을 만들어라!”

프랑스와 영국의 전통 차이는 정원(庭園)에서도 나타난다. “기하학적 프랑스식 정원은 인간의 마음대로 자연을 개조한다는 이성만능주의를 뜻하는 합리주의 철학의 시대사조를 반영하고 있다. 이에 반해 ‘자연의 모습대로 아름답게 보존하려는 것’이 영국식 정원이다.”[29)]

영국과 프랑스의 자유사상은 19세기 자유주의 운동에서 합류했는데, 이때 프랑스와 영국의 전통이 서로 혼재하게 되었다. 두 전통의 차이가 분명함에도 이들이 혼재하게 된 근본적인 이유는 당시 영국의 자유주의를 대표한 휘그파가 제러미 벤담과 제임스 밀 등의 공리주의자가 뒷받침한 철학적 급진주의로부터 큰 영향을 받았기 때문이다. 급진주의는 인간 이성에 대한 무한한 신뢰를, 다시 말해 사회를 계획적으로 만들어낼 수 있다는 믿음을 표현한 것이다. 두 전통의 차이는 더욱더 뚜렷한 방식으로 20세기에 다시 등장했는데, 이것이 바로 자유주의와 사회주의의 차이라는 점을 눈여겨볼 필요가 있다.

---

29) 인터넷 블로그 “프랑스 정원의 역사”(작성자 정량부)에서 인용한 것이다.

2.
다양한 자유론과의 대비

우리는 강제가 없는 자유를 참된 자유라고 믿는다. '강제가 없는 상태'로서의 자유를 데이비드 흄, 애덤 스미스 그리고 오늘날 하이에크 등 스코틀랜드 계몽주의 철학자들이 진지하게 수용했다. 그런 의미의 자유야말로 우리가 살고 싶어 하는 사회가 어떤 사회인가에 관한 문제를 해결하는 데 가장 유용한 개념이라고 믿는다. 하이에크가 주장하듯이[30] 좋은 사회와 나쁜 사회를 구분하는 데 분명한 답을 준다는 것도 그러한 자유가 갖는 강점이다. 한 사람, 한 사람 누구든지 누릴 수 있는 자유라는 차원에서 자유는 개인적이다. 집단적 자유란 의미가 없다. 집단은 생각하고 판단하는 인간이 아니기 때문이다. 그래서 개인에게만 자유가 의미가 있다.

그러나 자유의 지성사는 그런 자유 개념을 그대로 내버려두지 않았다. 철학자들은 그 의미를 개선하거나 정밀하게 만들려고 했지만, 번번

30) Hayek(1960/1996, I: 320)

이 실패하고 결국 혼란만 야기했다. 예를 들면, 이기심에서 하는 행동은 부자유하고 이타심이나 애국심에서 하는 행동은 자유롭다는 식으로 추구하는 행동의 내용과 연관 짓는 것은 선부른 판단이다. 누군가가 냉장고를 구매하도록 나를 강제하거나 구매하지 못하게 방해하는 경우, 나는 자유롭지 못하다. 아무도 그렇게 강제하는 일 없이 구매할 수 있다면 나는 자유롭다. 사람들은 냉장고를 사고 싶지만 돈이 없어서 살 수 없다면 소극적 의미의 자유는 형식적일 뿐 그런 자유는 돈이 없는 사람에게는 의미가 없다고 말한다. 그래서 생겨난 것이 '적극적' 의미의 자유 개념이다. 하고 싶은 일을 할 수 있다는 의미에서 그런 자유를 '실질적'이라고 말한다. 그러나 적극적 의미의 자유도 인간과 인간의 관계와 관련된 사회학적 개념이 아니다. 그런 자유는 프랑스 계몽주의 전통의 자유 개념이다. 프랑스적 자유는 모든 것을 '조직'으로부터 기대하는 반면, 영국적 자유는 조직과 대비되는 '자생적 질서'와 진화를 지향하고 있다. 프랑스 계몽주의 사상에 따른 자유 개념의 몇 가지 예를 들어 개인의 자유와 대비하여 설명하면 강제의 부재가 진정한 개인의 자유라는 점이 확연히 드러날 것이다.

존 스튜어트 밀의 자유론과 대비

영국의 유명한 정치철학자 존 스튜어트 밀(1806~1879)은 영국을 비롯하여 유럽대륙에 사회주의의 문을 활짝 연 인물이다. 밀이 살던 시기에는 산업화를 이끈 자본주의는 사람들이 기대한 만큼 경제적 성과가 없다는 진단이 잇따랐다. 그리고 체제와 관련 없이 빈곤은 인류의 숙명이라는 등 인류의 미래에 대해서도 '음울한' 예측이 난무했다. 사회주의 유령들이 유럽 상공을 배회하고 있었다. 이런 시기에 사회철학자로서 그는 『정치경제학 원리』(1848)에서 자유주의는 절반이나 틀린 이론이라고 선언하면서 분배를 중시하는 좌측을 가리키며, 이것이 인류의 번영을 위한 길이라고 갈파했다.[31]

밀은 『자유론』(1859)에서 본격적으로 자유를 논한다. 그러나 그는 국가권력에 의한 자유의 제한을 논의하는 데 대해 관심이 크지 않았다. 영국의 빅토리아 시대에는 무소불위의 절대적 왕권에 의한 자유의 제한은 철폐되었기 때문이다. 이런 시대상황으로 인해 그의 『자유론』은 경제에 대한 국가의 계획과 간섭의 문제를 다루지 않았다.

당시에는 국가의 간섭에 의한 자유의 제한보다 사회의 도덕적 여론, 인습과 윤리 등으로 자유가 억제되는 새로운 사회현상이 만연했다. 엄격한 도덕을 요구하는 분위기가 사회를 지배했다. 밀은 『자유론』에서 사회 · 문화적으로 성장한 사회적 규범과 윤리적 · 도덕적 가치가 자유를 억압하는 것으로 간주했다. 그런 가치에 복종하지 않으면 사람들은 불복종에 대해 비난, 적대감, 비웃음, 차별대우, 부정적 평가, 배제, 우정의 거부 형태로 반응했다. 이런 반응을 밀은 '도덕적 강제'라고 믿었다. 밀은 사회적 압력이 견제받지 않으면 그런 압력은 '사회적 포악'[32] 또

31) 밀의 사상에 관한 간단하고 명료한 해석에 관해서는 민경국(2014: 103-107) 참조

32) Mill(1858/2011: 20)

는 '관습의 폭정'[33]이 된다고 목소리를 높였다.[34] 그런 목소리는 밀 자신이 구성주의적 합리주의자였음을 스스로 입증한 것이다. 밀이 보기에는 당시 전통적 가치들을 무너뜨리는 좌익세력에 대한 여론의 압력이 매우 강력했다. 그러므로 밀이 『자유론』을 쓰게 된 동기는 빅토리아 시대에 격화되어가던 노동운동을 막기 위해서가 아니라 당시 영국 전통의 보수층이 도덕적 호소를 통해 노동운동을 압박함에 따라 그 여론에 맞서서 노동운동을 옹호하기 위해서였다고 보아야 한다. 이것이 우리가 주목할 점이다.

그러나 밀의 그런 생각은 틀렸다. 자생적으로 형성된 관행, 규범, 예의범절 등과 같은 비공식적 규칙들은 우리 일상생활의 가장 가까이에서 사회적 삶을 매끄럽게 촉진하는 역할을 한다. 그런 행동규칙이 존재하므로 사람들은 합리적으로 삶을 영위할 수 있다. 이런 사실을 감안한다면 그런 행동규칙들을 지켜야 한다는 여론의 압력은 자유를 제한하기보다는 이를 보호하기 위한 것이라고 이해할 수 있다. 사람들 상호 간의 행동에 대한 기대 형성을 가능하게 하여 불확실성을 줄이는 역할을 하는 것이 비공식적인 행동 규칙들이다. 이러한 것들은 최소한 행위의 일관성을 보여줌으로써 인간의 관계 형성에 도움을 줄 뿐만 아니라 개인의 노력을 돕는다.[35] 그러나 때로 매우 부정적인 사회적 압력이 있을 수 있다. 예를 들면 편 가르기를 해서 '우리'와 '그들'로 분류하여 반대세력을 사회적으로 낙인 찍는 일, 또는 반대파의 사적인 일을 캐내어 폭로하

---

33) 위의 책, 124쪽

34) Threet(2018: 539 이하)

35) Hayek(1960/1996 I: 249-250)

는 등 '우리'에 대해 반대하지 못하도록 압력을 가하는 것은 있어서는 안 될 일종의 폭력이다. 이는 강제이고 자유의 억압이다. 그런 사회적 압력이 견제되지 않는다면 그 압력은 사회적 폭정으로 변화되어 한 개인의 인격과 존엄을 파괴한다.

흥미로운 것은 밀의 유명한 해악원칙(harm principle)이다.[36] 어느 한 사람의 행동이 타인에게 해악을 끼치는 경우 그 행동은 타인의 자유를 침해하는 것이므로 금지의 대상이지만, 타인에게 해악을 주지 않는 한 그의 행동은 자유롭다는 것이다. 그러나 해악은 법적 개념으로서 매우 모호한, 그래서 정치적으로는 대단히 위험한 개념이다. 해악을 폭넓게 해석하면, 신기술 도입으로 인해 노동력 수요가 감소하여 실업이 증대하면, 이는 신기술 도입이 야기한 해악으로 보아야 할 것이다. 그렇다면 신기술 도입은 노동자의 자유를 제약하는 행동이므로 도입을 막는 것이 옳았을까? 또 다른 예를 보자. 이른바 '투기꾼'의 주택수요로 가격이 상승하여 무주택자의 주택구입을 어렵게 만들면 그 투기꾼의 행동은 해악의 원리에 따라 무주택자의 자유를 침해하는 행동으로 보는 것이 온당한 것일까? 하지만 기술 도입과 투기꾼의 행동은 노동자나 무주택자의 삶을 어렵게 할 의도가 있는 위협, 즉 강제가 아니다. 그런 행동은 자유의 정당한 행사일 뿐 타인의 자유를 침해하는 행동은 아니다. 해악이라는 개념의 모호함 때문에 해악 원칙은 남용될 소지가 크다. 이런 원칙은 단지 국가 역할과 권력의 증가를 촉진할 뿐이다.

밀의 해악의 원칙은 코로나바이러스에 대한 국가 방역의 정당화 문

---

36) 오병선(2019)

제와도 결부지어 생각해볼 수 있다. 방역명령에 의해 우리는 영업 · 집회 · 신앙의 자유뿐만 아니라 이동의 자유 등 평범한 일상의 자유도 빼앗겼기 때문이다. 그런 자유의 제한은 밀의 해악의 원칙에 따른다면 정당하다. 그러나 그의 원칙은 정치적으로 남용될 위험성이 있다. 전염병이라고 해서 반드시 이를 예방하기 위해 국가가 나서야 한다는 당위는 없기 때문이다. 사람들은 일상생활을 하면서 바이러스를 다루는 방법을 배우며 살아왔다. 마스크 착용, 인터넷을 통한 세미나, 재택근무 등은 정부의 아이디어가 아니라 시장의 산물이다. 시장이야말로 정부보다 훨씬 더 코로나 감염 위험성에 효율적으로 대비한다. 사람들은 사회에서 정부가 가질 수 있는 것보다 훨씬 많은 실용적 지식을 이용할 수 있기 때문이다. 방역에서도 시장이 정부보다 현명한 이유다. 최선의 방역은 백신개발이다. 그 개발도 기업가정신의 토양이자 자유와 자유를 기반으로 하는 시장에 의존할 수밖에 없다. 국가주의하에서는 결코 의(醫)와 약(藥)의 혁신을 기대할 수 없다.

밀의 『자유론』에서 더욱더 흥미로운 것은 어느 한 사람이 타인을 돕기 위해 했어야 할 행동을 하지 않음으로써 그가 피해를 보는 경우다. '행동하지 않는 것(무작위, non action)'도 해악을 야기한다고 한다.[37] 이는 밀의 견해가 등장한 이후 광범위하게 수용되었고, 최근에는 공정성 또는 사회정의에 기초를 둔 모든 법에 적용되고 있다. 무작위를 작위(action)와 동일시한다면 개인의 자유가 대폭 억제된다는 점에 주목해야 한다.

성 소수자, 노인, 부녀자의 고용을 차별할 경우 "무엇이 잘못인가?"

---

37) Mill(1859/2011: 23-24)

라고 물으면, "불공정하다"라고 답할 것이다. 차별당한 사람들에게 해를 끼쳤다는 이유에서다. "어떤 피해인가?"라고 물으면 "그들이 당연히 가질 기회를 박탈했다"라고 답할 것이다. 그러나 고용자는 그들을 구타한 것도, 기만한 것도 아니고 단순히 그들에게 일자리를 주지 않은 것뿐이다. 인간에게 당연히 가질 기회란 없지만 당연히 가질 소극적 권리, 즉 타인들로부터 강요당하지 않을 권리는 있다. 만일 어느 선박이 해상에서 조난당했을 때, 이를 발견한 선박은 조난당한 선박을 구출해야 할 법적 의무가 있다는 것이 보통법의 전통이다. 하지만 그런 전통을 일반화할 수는 없다.

로스바드의 자유론과 대비

자유와 강제는 동전의 양면이다. 인간이 자유롭게 재산을 습득하고 타인과 협력하거나 자유로이 투자 · 생산하는 조건을 '강제의 부재'로 정의한다. 예를 들면 폭력, 강압, 기만, 사기, 약탈, 도둑질 등이 만연한 사회는 자유가 없는 사회다. 하이에크는 위급상태에 처해 있는 환자에 대한 의사의 의료서비스 공급거부를 '강제'라고 규정했다. 그런 사적 강제를 막기 위해서는 국가의 공적 강제가 필요하다는 것이 그의 논리다. 의사가 곤히 자고 있는 야간에 심장마비 환자가 찾아왔다. 의사는 피곤하다는 이유로 진료를 거부했다. 하이에크는 그런 거부행위를 '강제'라고 규정했다. 이에 대해 정면으로 공격한 학자가 로스바드(M. Rothbard,

1926~1995)였다. 그는 자연권이론을 기초로 하여 오스트리아학파의 지평을 확대 · 발전시켰다.

정부의 존재 자체를 근본적으로 의심한 로스바드는 자유의 조건을 '공격의 부재(non aggression principle)'로 규정했다. 그에 따르면 '위급환자'의 예는 타인을 위해 적극적으로 무엇인가를 해야 할 것을 요구하는 '적극적 자유'를 의미한다고 주장했다. 하이에크가 강제라고 여기는 위기상황에서 타인을 도와주지 않는 것, 즉 계약의 거부(오아시스의 예[38] 및 심장마비 같은 위급상황에서의 계약 거부)는 도덕적으로나 심리적으로 비판받을 수 있지만, 그것을 강제행위라고 볼 수는 없다는 것이다. 현행법에서는 그런 상황에 처한 환자의 치료를 거부하는 의사는 형법에 따라 처벌받는다. 그러나 자유사회에서는 도와주어야 할 법적 의무가 있어서는 안 된다는 것이 로스바드의 생각이다. 이런 생각의 바탕에는 순수한 계약의 중요성이 전제되어 있다. 이에 따르면 미리 위급환자와 계약했다면 의사의 치료거부는 계약에 따른 의무의 위반이고, 이런 경우 의무이행을 국가가 강제하는 것은 정당하다. 계약을 통해 습득한 권리를 보호하기 위해서다. 그러나 의사가 환자와 계약한 일이 없었음에도 법으로 치료 의무를 강제하는 것은 옳지 못하다.

그러나 의사의 의무는 계약관계로 충분히 설명할 수 없는 부분이 있다. 계약 이전에 이미 결정했어야 할 것이 있기 때문이다. 현대사회에서는 아무나 질병을 치료하겠다고 자청하여 나서지 않는다. 환자인 고

---

38) 오아시스에 있는 우물 소유자는 독점자이고, 그는 진정한 의미의 강제를 행사할 수 있다고 한다. 우물이 말라버린 탓에 사람들은 오직 1개의 우물에 의존하지 않을 수 없다. 생존을 위해 샘물의 독점자가 요구하는 것은 무엇이든 들어줄 수밖에 없다. 이것이 강제의 분명한 예라고 한다.

객도 아무에게나 진료를 받는 것이 아니다. 고객은 '시행착오 과정'을 거쳐 어떤 의사가 충분한 의학적 지식을 가지고 있는가를 찾아낸다. 그런 발견을 통해 의사 자격과 관련된 규칙이 생겨난다. 의료서비스 시장에 진입하기 전에 의사로서의 허가 여부를 판단하는 규칙은 의사의 의료서비스에 대한 고객의 기대를 보호하는 역할을 한다. 이런 규칙은 교환사회의 모델만으로는 설명하기 어렵다.[39)]

그러나 로스바드는 고객의 그 같은 계약 외적 기대가 법적 의무를 통해 어느 정도까지 보호받아야 하는가에 대해 전혀 언급하지 않았다. 그가 그런 의무의 집행을 방어적 폭력이라는 명분으로 배제했기 때문이다. 내 몸은 내 것이라는 자연권의 이름으로 위급한 환자에 대해 치료할 의무가 없다는 주장이다. 이런 자연권 주장을 인정하는 사람은 소수일 것이다. 그러나 폭력 또는 강제가 없는 상태로서 자유의 근거를 '자유사회의 창조적 힘'에서 찾는 하이에크의 손을 들어줄 사람은 매우 많다.

심리적 상태로서의 내적 자유와 대비

인간이 자유롭지 않은 것은 국가 또는 타인의 강제 때문이 아니라 도덕적 의지가 약해서 순간적 충동이나 무지, 미신에 사로잡혀 하고 싶은 일을 하지 못하기 때문이라는 목소리도 있다.[40)] 일시적 충동, 도덕적

39) Mestmäcker(1981: 104-105)

40) Hayek(1960/1996 I: 37-38)

또는 지적 취약성이 우리를 자유롭지 못하게 한다는 것이다. 이런 취지에서 '정념의 노예' 또는 '앎은 우리를 자유롭게 한다'라는 말이 자주 쓰인다. 그러나 이런 자유 개념은 인간의 심리적 상황을 말해준다. 이성이 지배할 때라야 비로소 인간이 자유롭다면, 무지하고 부도덕한 인간을 자유롭게 만들 국가가 필요하다. 국가는 지적으로 훌륭하고 도덕적으로 선한, 그래서 훌륭한 결정을 내릴 이성을 가지고 있다고 보는 입장이다. 이런 주장은 플라톤-헤겔의 낭만적인 국가관이다.

그런 엘리트주의적 태도는 치명적인 오류를 동반한다. 벌린이 우려했듯이, 그런 국가는 인간의 내적 취약성을 정치적으로 이용하기 때문이다. 그 결과가 사회주의를 비롯한 독재정부다.[41] 국가가 개인의 무지를 제거하겠다는 좋은 뜻으로 정보를 공급한다고 해도 이는 필연적으로 선전 · 선동의 성격을 갖는다. 대표적인 예가 흡연이나 기름진 음식 등이 건강을 해친다는 이유로 억제하라는 내용의 광고다. 그런 인식에서 입법화된 것이 비만세, 담뱃세 등이다. TV 방송프로그램 '먹방(먹는 방송)'이 시민의 건강을 해치는 선전 · 선동이라는 이유로 규제하려고 하다가 시민의 저항 때문에 규제를 철회하기도 했다.

내적 자유 개념에 깔려 있는 전제는 '피지배자는 자신의 진짜 욕구도 모르고, 진정한 삶을 추구할 줄도 모르며, 행복을 추구할 방법도 모르는 우매한 동물'이라는 것이다. 이런 전제에서 비롯된 것이 사회주의 계

---

41) 벌린(Berlin, 1964/2006: 365-366)은 "일단 내가 이 같은 견해를 취한다면 나는 많은 사람과 사회집단의 구체적인 소원을 무시하고 진정한 자아라는 기치 아래 그들을 억압하고 협박하고 고문할 수도 있다. (행복, 의무의 수행, 지혜, 정의사회, 자아실현 등) 인간이 가진 진정한 목표의 내용이 무엇이든 간에 그런 목표가 그의 자유와 동일하다는 확고한 지식으로 그런 일을 저지를 것이다"라고 말했다.

획경제, 복지국가, 그리고 온갖 종류의 간섭주의다. 그러나 제3자가 보기에 전혀 가치가 없어 보이는 행동을 하거나 허송세월하는 사람도 잠재력을 개발하는 데 자신의 정력을 쏟는 사람만큼 자유롭다. 행동의 자유는 나쁜 일을 행하거나 실수를 저지를 자유도 포함한다. 이런 광범위한 자유가 허용되는 이유는 인간이 잘못으로부터 배울 수 있고, 개인들의 학습이 사회발전을 좌우한다는 자유주의의 믿음 때문이다.[42)]

국가가 개인에게 도덕적 목표를 추구하도록 강제하는 것은 정의의 규칙에도 어긋난다. 강제는 문명의 퇴보다. 뒤에 가서 설명할 공화주의에서 볼 수 있듯이, 그리고 노먼 배리가 강조하듯이 국가가 시민에게 사익보다 공익을 중시하는 미덕을 행하라고 강제하는 것은 악덕을 행하라고 강제하는 것만큼이나 불합리한 것이다. 도덕적 악을 없애려고 강제하는 것이 악을 행하도록 강제하는 것보다 사람들에게 더 큰 피해와 불행을 초래할 수도 있다는 뜻이다. 이는 단순한 주장이 아니라 경험으로부터 검증된 엄연한 사실이다.

게다가 인간의 심리적 · 도덕적 · 지적 취약성은 결코 주어진 것도 아니다. 그것은 상당한 정도의 사회적 학습에 의해 결정되는 함수다. 강제가 없는 자유로운 상태에서 개인이 스스로 학습하여 미신과 무지를 극복할 수 있다. 언론 · 출판 · 신앙 · 학문의 자유를 통해 다양한 형태의 지식 습득이 가능하다. 자유로운 사회적 과정은 지식의 학습 · 축적 · 성장 과정이라는 점에 주목할 필요가 있다. 그 속에서 개인의 이성이 발전한다. 강제가 없는 시민적 자유는 학습하고 경험을 축적할 수 있는 핵심

42) Barry(1980)

적 조건이다. 그런 자유 없이는 인간 이성의 개발이 이루어질 수 없다. 자유시장도 여러 가지 방식으로 학습을 가능하게 하여 무모한 충동과 무지를 극복하는 데 기여한다. 인간을 현명하게 그리고 도덕적으로 만드는 것이 자유의 창조적 힘이 아닌가! 자유사회와 시장경제는 인간을 감정적 동물로 만드는 체제가 결코 아니다. 그것이야말로 인간을 현명하고 도덕적으로 만드는 체제다.

볼테르의 권력으로서의 자유와 대비

개인의 자유와 빈번한 혼동을 불러온 것은 프랑스 계몽주의자 볼테르에서 비롯된 권력으로서의 자유다. 그는 권력이 무엇이냐에 따라 자유를 다음과 같이 정의했다. '내가 원하는 것을 할 수 있는 물리적 능력, 우리의 욕구를 충족시킬 힘, 또는 우리에게 열려 있는 대안들의 선택 가능성 정도'가 그것이다. 이런 자유 개념은 심리적, 신체적, 지적 또는 물질적 장애로부터의 자유 또는 특히 시장을 지배할 힘을 제약하는 경쟁자들의 존재로부터의 자유, 간단히 말해 전지전능할 자유를 말한다.[43) 즉, 물질적 · 지적 · 심리적 · 신체적 능력이 무한하고, 이로써 인간이 원하는 것은 무엇이든 할 수 있는 능력을 의미한다.

43) '자유'는 날 수 있다거나 중력으로부터 풀려나 '새처럼 자유롭게' 어디든 움직일 수 있다거나, 혹은 원하는 대로 환경을 바꿀 힘을 갖고 있다는 환상의 형태로 많은 사람의 꿈속에 나타난다.

볼테르는 원래 자유를 '타인에 의한 의도적인 행동제한(영어로 표현하면 constraints)이 없는 상태'로 사용했지만, 프랑스 계몽주의의 영향을 받아서 '개인의 희망을 달성하는 것을 가로막는 모든 장애물이 없는 상태'라고 정의했다.[44] 이 정의에 따르면 유감스럽게도 내 행동을 제한하는 요인이 그런 '행동제한', 즉 타인에 의한 의도적인 행동제한이 아닌 경우에도 쓰이게 되었다. 다시 말하면 자유를 행동제한의 부재로 정의하는 데서부터 '욕구 실현을 막는 장애물의 부재(러셀)' 혹은 '외적 장애물의 부존(홉스)'이라고 정의하는 쪽으로 매우 자연스럽게 넘어갔다. 앞에서 설명한 바와 같이 장애물은 신체적 · 정신적 · 재정적 장애를 비롯하여 법, 도덕 등 자연적 장애물과 마찬가지로 인간행동을 제약하는 모든 제도를 포함한다. 이로써 자유란 우리가 원하는 것이 무엇이든 행할 효과적인 권력, 나아가 '특정한 일을 하기 위한 실질적인 힘'이라고 해석하는 오류를 범했다.

심지어 집단주의자들이 그랬던 것처럼 권력 자체를 하나의 목표로 인정하기까지 했다. 타인들을 지배할 힘이 있어야만 사회생활을 계획에 따라 조직할 수 있다고 믿었기 때문이다.[45] 이런 권력 개념은 자본가들이 추구하는 권력이라는 이유로 러셀 같은 사회주의자들에 의해 제일의 악덕으로 비판받았다.

---

44) Hayek(1960/1996 I: 39-40)

45) Hayek(1944/2006: 215) 참조

'진보주의'의 자유로서 복지와 대비

19세기 말 이후 20세기 초반에 등장하여 미국의 자유사회를 좌경화하는 데 중요한 역할을 한 존 듀이를 비롯한 이른바 미국의 '진보파' 지식인들은 자유를 '능력'이라고 해석하여 강제가 없는 상태라는 자유 개념은 단지 소극적 개념에 불과하다는 등 개인의 자유를 폄하하는 데 진력했다. 진보파의 자유 개념은 복지로서의 자유 개념 또는 '역량'으로서의 자유 개념(아마르티아 센)[46]이 등장하는 계기를 마련했다. 이들은 모두 적극적 자유 개념이다. 개인의 자유가 허용하는 행동 가능성을 즐기려면 물질적 수단이 필요한데, 그것이 없으면 형식적 자유는 공허한 소리로 들릴 수밖에 없다고 사람들은 개탄한다. 이런 개탄에 뒤이어 생겨난 것이 복지로서의 자유다. 이런 전통을 좇아서 존 롤스도 『정의론』에서 자유를 향유할 수 있는 재정적 능력을 '자유의 가치'라고 표현하며 적극적 의미의 자유를 대변했다.

그러나 복지와 자유는 엄격히 구분해야 할 가치다. 자유는 사회에서 다른 사람의 강제를 가능한 한 줄이는 조건이거나 다른 사람이 자의적으로 지배하지 못하게 하는 조건을 말한다. 자유와 후생은 인간이 갖고 싶어 하는 두 가지 상이한 가치다. 이들은 각자 독자적인 가치다.[47] 이는 가난하면서도 자유로운 인간이 있을 수 있고, 부유하면서도 부자유한 인간이 있을 수 있다는 사실이 잘 보여준다. 가난한 농부와 부유한 집의 노예가 그 전형적인 실례다. 독재자의 측근 관료나 절대주의적 지배

46) Sen(1999/2013)

47) Hayek((1960/1996 I: 42-43)

자의 최고 사령관은 부유하지만 자유가 없는 데 반해 거리의 장사꾼은 자유롭지만 부유하지 못하다.[48)]

복지로서 자유 개념의 정치적 의미는 개인에게 소득 · 일자리 같은 편익을 보장하기 위한 국가개입이 도덕적으로 정당하다는 데 있다. 예를 들면 어느 한 개인이 돈이 없어서 하고 싶은 일을 할 수 없으면 그는 부자유하다. '실질적으로' 그를 자유롭게 만들기 위해서는 누군가가 그에게 돈을 주어야 한다. 그 '누군가'가 국가다. 노동자와 사용자 사이에 힘의 불평등이 존재하는 곳에서 계약의 자유는 공허하다는 이유에서 복지 옹호자들은 계약의 조건을 국가가 미리 정하거나, 아니면 그 결과를 수정해야 한다고 목소리를 높였다. 전자와 관련된 정책은 해고를 어렵게 한다거나 최저임금제를 도입하는 등 노동시장을 경직되게 만들었다. 노동자들의 생활수준을 향상시킬 수 있도록 이들에게 다양한 물질적 수단을 제공할 것을 국가에 요구하는 자유 개념의 강조는 계약의 결과를 수정하는 정책이다.

적극적 개념의 자유는 재분배를 통한 국가개입을 요구한다. 그런 자유의 실현은 국가의 강제를 당연시한다. 적극적 의미의 자유는 우리나라 헌법이 보여주는 것처럼 교육을 받을 권리(헌법 제31조), 노동권(제32조), 사회보장(제34조), 주거와 환경권(35조) 등과 같이 재분배를 요구하는 사회적 기본권과 이를 실현하는 복지국가를 정당화한다. 중요한 것은 그 실현을 위해서는 국가가 제3자에게 조세의 형태로 재정적 부담을 강제로 부과해야 한다는 점이다. 바로 여기에 복지국가의 치명적 결함

---

48) 위의 책, 42쪽 이하 참조

이 있다. 즉, 복지수혜자는 자율성을 상실한 채 자기책임을 벗어던져 버리고 야누스의 얼굴을 가진 국가에 침을 흘리면서 의지한다. 복지의 비용부담자도 일할 의욕보다는 정부에 의지하거나 자본을 기업 하기 좋은 해외로 이전한다. 복지국가가 스스로 붕괴하는 것은 그래서다.

그러므로 복지는 국가가 아닌 시장에 의존해야 한다. 자본주의의 핵심 가치인 개인의 자유는 복지를 통해 적극적 의미의 자유를 배제하지 않는다. 개인의 자유가 보장된 사회일수록 개인이 돈을 벌 기회나 소득증가의 기회는 그만큼 커진다. 그런 기회를 포착하고 이용하는 경우 자신의 소득 증대뿐만 아니라 불특정 다수에게 복지의 증진을 가져다준다. 이런 의미에서 후생 증진으로 파악하는 자유와 강제가 없는 상태로서의 개인의 자유 사이에는 갈등이 없다. 개인의 자유가 광범위하게 확산되면 분배의 양극화 같은 문제도 없다. 그러나 물질적 부의 증대는 실질적 자유의 필요조건일 뿐 충분조건이 될 수 없으며, 자유는 가치 있는 삶을 선택할 개인의 역량이라고 주장하면서 등장한 인물이 있었으니 바로 그가 아마르티아 센이다.

아마르티아 센의 자유론과 대비

1998년 노벨경제학상 수상자이자 하버드대학 교수인 센은 『자유로서의 발전』에서 "발전은 사람들이 향유하는 실질적 자유를 확대하는 과정"[49]이라고 말한다. 실질적 자유란 '인간이 가치가 있다고 여기는 삶을 선택할 수 있는 역량(capabilities)'을 뜻한다.[50] 역량이란 자신이 하고 싶은 일을 할 '권력', '힘' 또는 '능력'이다. 그의 자유론은 20세기 초 이래 미국을 좌경화하는 데 중요한 역할을 한 미국 진보파의 자유 개념과 연속선상에 있다.

가난한 사람들의 곁에서 이들의 삶을 늘 걱정하는 인물이라는 이유로 '하버드의 성인(聖人)'이라는 호칭을 달고 있는 센은 실질적 자유로서 역량을 구성하는 다섯 가지 요소로 '정치적 자유, 경제적 용이성, 사회적 기회, 투명성과 안전보장'을 꼽는다.[51] 각 요소를 간단히 설명하면, 시민권과 정치적 자유는 정치적 표현의 자유와 검열 없는 언론의 자유, 정치에 참여할 권리 등이다. 그의 정치적 자유의 목록은 참정권까지 포함된 이질적인 요소로 구성되어 있다. 이 목록은 존 롤스의 자유의 목록과 흡사한 면이 있다. 중요한 것은 정치적 참여를 의미하는 자유와 개인의 자유, 다시 말해 민주주의와 자유주의를 구분하려고 하지 않은 것이다. 이 같은 센의 문제는 제5부에서 다룰 것이다.

경제적 용이성이란 교역, 생산, 소비의 목적으로 경제적 자원을 사용하기 위해 개인이 누리는 기회를 말한다. 금융의 이용 가능성과 접근성 역시 개인의 경제적 역량에 중요한 영향을 미친다. 사회적 기회는 교육, 보건 등 '공공서비스'의 접근을 용이하게 하여 더 나은 삶을 살고자 하는 사람들의 욕구를 충족시켜주는 수단이다. 투명성 보장은 부패, 이

---

49) Sen(1999/2013: 41)

50) 위의 책, 132쪽

51) 위의 책, 86쪽

면계약을 없애고 정직성과 책임을 다하여 개인의 상호 간 신뢰를 증대하는 데 목적이 있다. 마지막으로 안전보장은 기아, 사망에 의한 고통, 절망적인 비참함에 대비한 사회적 안전망 확립을 말한다.

센은 물질적 부의 증대는 자유의 확대를 위해 필요한 조건일 뿐 충분조건은 아니라고 목소리를 높인다.[52] 경제성장이 비물질적 요소들, 즉 정치적 자유, 모든 사람을 위한 교육, 건강 돌봄, 그리고 기아와 조기사망으로부터의 보호 등과 결부되지 않으면 그런 사회는 부유한 나라일 뿐 발전하는 나라 또는 실질적 자유를 향유할 수 없는 나라라는 것이다. 흥미로운 것은 경제적 용이성 또는 사회적 기회에서 볼 수 있듯이 센은 자유를 '기회'로 정의하고 있다는 점이다. 그러나 우리가 말하는 자유와 기회는 상이한 개념이다. 골목에 빵 가게가 있고, 이용하는 고객이 많다. 그런데 어느 날 대형 빵집이 들어섰다. 그러자 고객이 대형 빵집을 이용하게 되었다. 그 결과, 빵 가게의 판매량을 늘릴 기회가 줄어들었다. 하지만 매출감소의 이유가 기존 빵 가게에 대한 대형 빵집의 허위선전에 의한 것이 아닌 한 빵 가게 주인의 자유가 대형 빵집의 존재로 침해되었다고 할 수는 없다.

인간이 자유를 '가치가 있다고 여기는 삶을 선택할 수 있는 역량'이라고 정의하는 경우, 그런 자유 개념에도 문제가 없는 것이 아니다. 만약 어느 현존하는 대안이 그들의 가치 있는 삶과 관계없는 것이라고 한다면, 그런 대안을 강제로 제거한다고 해도 그들의 자유에는 어떤 변화도 없을 것이다. 돈이 많아서 그중 일부는 사람들이 가치 있는 삶의 역량을

52) 인도의 게라라주는 평균소득이 브라질, 남아프리카공화국, 가봉보다 20배나 낮음에도 높은 기대수명, 낮은 출산율, 낮은 문맹수준을 구가하고 있다.

확대하는 데 도움이 되지 않는다고 판단하면, 그 일부를 누군가가 강제로 빼앗는다고 해도 그의 자유와는 아무런 관계가 없다는 불합리한 결론에 도달하기도 한다.

따라서 자유의 분석에서 중요한 것은 지금 존재하는 행동 대안들을 사람들이 실제로 원하느냐 원하지 않느냐의 문제가 아니다. 하고 싶지 않은 것이라도 이를 하지 못하게 금지된 사람은 현재 아무리 만족하더라도 자유롭다고 할 수 없다. 그런 금지로 인해 장래의 진로가 차단되었기 때문이다. 국가가 종교를 탄압한다면 종교에 관심이 없는 사람이라고 해도 그에게는 종교의 자유가 없다. 자유사회는 개인의 가치 있는 삶을 보장하는 사회가 아니라 강제적인 국가권력을 최소로 줄여서 개인의 선택 범위를 확대하는 사회다. 자유주의의 역사는 국가권력을 제한하기 위한 투쟁의 역사였다.

센이 말하는 실질적 자유를 결정하는 요인들은 매우 이질적이다. 때로는 서로 갈등을 야기하는 가치들도 많다. 예를 들면 정치적 자유는 "인권으로까지 확대하는 거래의 자유"를 제한할 우려가 있다.[53] 교육, 보건, 연금, 실업구제 등 이른바 공공서비스의 확대는 경제성장에 부정적 영향을 미친다. 이런 갈등적 요인들은 한 나라의 실질적 자유지수를 파악하는 데 어려움을 겪게 만든다. 실질적 자유를 구성하는 정보의 기반이 넓을수록 이를 총합하기가 곤란하다. 게다가 사람들은 역량을 결정하는 것들에 대한 중요도에서 서로 다른 생각을 갖고 있다. 따라서 서로

53) "시장에 전반적으로 반대하는 것은 사람들 사이의 대화를 반대하는 것과 동일하다. (중략) 시장 메커니즘이 경제성장에 기여한다는 것은 물론 중요한 사실이다. 하지만 이것은 교류 — 말, 재화, 선물 — 의 자유가 갖는 직접적인 중요성을 인정한 다음의 문제다."

다른 평가를 총합하는 것은 불가능하다.

경제성장이 교육, 건강, 돌봄, 그리고 기아와 조기사망으로부터의 보호 등과 결부되지 않으면 그런 사회는 부유한 나라일 뿐 발전하는 나라 또는 실질적 자유를 향유할 수 없는 나라라는 것이 센의 인식이다. 그러나 한 나라의 번영이 클수록 교육수준도 높아지고 빈곤도 해소된다. 사람들을 건강하게 오래 살 수 있게 하는 것도 자유시장이다. 감염병 위협을 예방 · 탐지 · 대응하는 각국의 능력을 측정하는 존스홉킨스 글로벌 건강안전지수(Global Health Security Index)에 따르면 경제적 자유가 많은 나라일수록 규제와 정부지출이 적고, 조세가 적을수록 시민의 건강안전도가 높은 것으로 나타났다.

공화주의의 자유론과 대비

20세기 말 이후 필립 페팃을 중심으로 하는 공화주의가 번창해왔다.[54] 흥미롭게도 공화주의 역시 자유주의처럼 자유를 최고의 가치로 여긴다. 자유는 '지배가 없는 상태(non-domination)'다.[55] 자유의 반대는 어느 한 개인이 타인들의 의지에 예속되고, 그들의 변심에 노출되어 '좌지우

54) 20세기 말 공화주의에 관한 논쟁이 다시 시작되었다. 논쟁의 불을 붙인 인물은 퀜틴 스키너(Skinner, 1998)와 필립 페팃(Pettit, 1997)다. 이들은 고대 로마의 공화정에 몰두한 마키아벨리의 시각을 발전시켜 20세기 말 현대 공화주의를 부흥시켰다.

55) Pettit(1997: 271)

지 당하면서' 사는 상태다.[56] 그런 지배가 없는 한 우리는 자유롭다고 한다. 자유 개념은 소극적 의미의 자유다. 지배의 관점에서 세상을 바라보면서 세상의 인간관계는 지배와 복종의 관계로 구성되어 있다는 것이 고전적 공화주의를 현대적으로 해석하는 데 매우 큰 기여를 한 페팃의 인식이다. 정치에서는 말할 것도 없이 사적 개인 간 관계의 전형으로서 시장에서조차 지배와 복종의 관계 그 이상은 아니라는 입장이다.

사적 차원을 복종과 지배의 관계로 파악하는 공화주의는 그런 관계가 정치적 차원에까지 영향을 미친다고 여긴다. 왜냐하면 사회질서의 형성은 국가의 과제라는 이유에서다. 공화주의가 시장에 개입하는 것도 그런 지배관계를 해소하기 위해서다. 공화주의자들은 지배가 없는 상태로서의 자유를 '간섭이 없는 상태'로서의 자유와 대비하여 후자는 현재의 간섭만을 포함하고 장차 간섭할 가능성을 배제한다는 이유에서 전자가 적합하다고 한다. 전자는 장래의 간섭 가능성도 포함하기 때문이다. 예를 들면 주인의 아량으로 노예가 주인의 간섭을 받지 않고 사는 경우, 그 노예는 주인의 기분에 예속되어 있고 언젠가는 주인의 마음이 바뀌면 간섭받게 될 것임에도 그 노예를 자유인이라고 말하는 것은 잘못이다. 노예가 제아무리 자유롭다고 해도 그를 자유인이라고 부를 수는 없다. 지배가 없는 상태는 사실상 자유시장이다. '교환과 계약의 자발적 합의'라는 표현은 그런 상태를 나타낸 것이다. 시장사회는 인간 간의 관계가 지배와 복종의 수직적 관계가 아니다. 그 관계는 전적으로 수평적이

56) 이는 루소가 『인간불평등 기원론』에서 "타인에 의해 좌지우지 당하는(at the mercy of another) 상태가 인간관계에서 어느 한 개인에게 생겨난 최악의 상태다"라고 말한 것과 동일하다(Rousseau, 1754/2018).

다. 그 사회는 지배가 없는 사회이며, 노예도 엄격히 금지된 사회다. 중요한 것은 지배를 결정하는 요인이다. 공화주의는 지배의 본질을 권력에서 찾고 있다. 자유란 타인을 지배할 힘 또는 권력이 없는 상태를 의미하는 것으로 해석할 수 있다. 이 상태는 어떤 모습인가? 발터 오이켄의 '질서자유주의'가 이상적으로 여긴 '완전경쟁'과 흡사하다고 할 수 있다. 질서자유주의는 제2차 세계대전 후 독일의 경제체제를 개혁하는 길잡이가 되어 '라인강의 기적'을 일구는 데 매우 크게 기여한 경제정책적 콘셉트다. 완전경쟁은 주류경제학처럼 자원배분의 효율성을 보장하는 상황으로 이해하는 것이 아니라 권력이 없는 상황을 말한다.

그런데 공화주의는 권력 자체를 나쁜 것이라고 본다. 권력을 자신이 원하는 바를 성취할 능력이라고 한다면 그런 권력은 나쁜 것이 아니다. 왜냐하면 자유사회에서 그런 성공은 타인에게 유익한 가치를 제공했다는 것을 전제하기 때문이다. 나쁜 권력은 위협을 통해 타인을 자신의 목적에 예속시키는 강제력이다. 이는 부패한 권력이다. 이런 권력은 피지배자에 대한 폭군의 지배와 같이 국가의 권력에서 자주 등장한다. 공화주의가 권력을 이와 같이 구분한다면 공화주의의 자유는 강제가 없는 상태로서의 자유와 동일하다. 그러나 공화주의는 시장을 지배하는 기업, 즉 대기업의 존재가 자유에 매우 부정적인 영향을 미친다는 시각을 가지고 있다.[57] 그 존재는 시장을 지배하여 자유를 제한할 뿐만 아니라 정치에서도 지배력을 행사하기 때문이라는 것이다.

---

57) 노사 간의 문제도 사용자의 권력을 제한하거나 노동자의 권익을 보호하는 친(親)노동정책을 지향한다. 경제력 집중은 정치에도 영향을 미치므로 이를 막기 위해서도 집중억제정책이 필요하다는 것이 공화주의의 입장이다.

그러나 기업의 규모가 크다고 해서 질 나쁜 상품을 비싸게 파는 독점적 행동을 한다고 볼 수도 없고, 또 그 같은 독점적 행위를 통해 대기업이 되는 것도 아니다. 공화주의에 따른 자유의 실현은 시장 지배적 기업이라는 이유로 대기업 또는 재벌에 대한 불필요한 규제를 도입하여 그들의 자유를 제약할 우려가 있다. 그 결과는 기업가정신과 혁신의 위축이다. 공화주의는 대기업이 시장지배력을 이용하여 정치적으로 자신에게 유리하도록 부정적인 영향을 미친다는 이유로 기업규제를 옹호한다. 그러나 대기업의 정치적 영향을 단순히 기업규모의 탓으로만 돌릴 수는 없다. 국가가 법, 재정 그리고 금융을 통해 경제 문제에 차별적으로 개입할수록 그런 개입을 피하기 위해 기업들은 정치에 유착하려고 한다.

그러나 현대사회에서 정치에 영향을 미치는 것은 개인이나 개별기업이 아니다. 노동조합, 시민단체 등 거대한 이익집단이다. 이런 집단들이 정치적 영향을 경유하여 사회 전체를 지배한다. 개인의 자유를 억압하는 것은 그런 방식의 지배다. 오늘날 청년실업이 높은 이유는 그런 이익집단들의 지배 때문이다. 청년들이 일자리를 구하지 못하도록 가로막는 것은 사실상 노동조합이라고 보아도 무방하다.

3.
경제적 자유란 무엇인가

자유는 경제적 자유, 참정권을 의미하는 정치적 자유(민주주의), 그리고 언론 · 사상 · 집회의 자유 같은 시민적[58] 자유로 구분하는 것이 일반적이다. 정치적 자유는 개인의 자유와 근본적으로 상이한 자유 개념을 전제로 한다. 그 차이는 제5부에서 다룬다. 언론 · 출판 · 학문 · 사상의 자유 등이 주로 엘리트의 자유인 데 비해 경제적 자유는 보통 사람의 자유다. 그런데 좌파는 다른 자유에 비해 경제적 자유를 무시하거나 적어도 경시하는 경향이 있다. 그런 경향의 원천은 마르크스 사상이다. 경제가 모든 사회구조를 만드는 기반이기 때문이다. 특히 상부구조로서 사상과 제도, 도덕도 통제된다고 보았다.

경제적 자유와 '신자유주의'를 모든 사회악의 근원으로 보는 것도 경제결정론 때문이다. 사유재산은 자유의 원천이므로 마르크스가 자본

58) '시민적(civic)'이라는 말은 원래 '정치적'이라는 뜻이다. 그래서 언론 · 표현의 자유 등을 '시민적'이라고 말하는 것은 오해의 소지가 있다. 엄격히 말하면 행동의 자유와 대비하여 정신적 자유라고 말하는 것이 옳다. 이 책에서는 시민적 자유를 정신적 자유라는 의미로 사용할 것이다. 경제적 자유는 행동의 자유다.

주의 혁명의 제1 순위를 사유재산 철폐로 본 것은 당연하다. 주목할 것은 경제적 자유를 무시하면, 정신적 · 정치적 자유도 유린되어 결국 우리를 기다리는 것은 전체주의의 독재라는 점이다.

경제적 자유를 무시하는 철학자들

마르크스의 사상에서 비롯된 것은 아니라고 해도 경제적 자유를 부정한 인물은 정치철학자 존 롤스와 법철학자 로널드 드워킨이다. 특히 롤스의 기본적 자유의 목록에는 경제적 자유, 그리고 이와 밀접하게 관련된 사적 소유, 즉 토지 · 자본 등 생산수단의 사적 소유가 들어 있지 않다. 롤스의 철학에는 독특하게도 재산권 이론이 없다. 그 대신에 언론 · 출판 · 결사의 자유 등과 같은 시민적 자유와 참정권을 의미하는 '정치적 자유'만 들어 있을 뿐이다. 경제적 자유를 무시하거나 경시하는 입장은 영국의 노동당과 미국의 좌파 전통이다. 그 같은 전통에는 경제적 자유는 무조건 제약해도 된다는 생각이 배어 있다. 경제적 자유는 단순히 물질 추구를 위한 것이므로 정치사상에서 배제해도 된다고 생각한다. 경제적 자유를 무시하는 것이 또 있다. 공동체주의가 그것이다. 복지국가는 국가에 대한 시민의 권리를 주장하는 대신에 공동체주의는 공동체에 대한 개인의 의무를 중시한다. 이 의무가 개인의 자발성에서 비롯된 것이라면 이는 칭찬할 만한 태도다. 그러나 그 의무는 구체적인 집단 목표에 대한 강제적 헌신이다. 공동체주의는 구성원들이 행(幸), 불행을 같이해야 할 의무가 있다고 주장한다. 사회가 운명공동체라는 이유에서다. 경제적 자유는 이기심과 개인주의를 기반으로 하므로 유대감과 집단주의를 기반으로 하는 공동체를 해체한다는 것이다.

경제적 자유를 경시하는 현대적 태도는 19세기 중반 이후에 등장하기 시작했는데, 제2장에서 자유 개념과 관련하여 이미 언급했듯이, 사회주의의 문을 활짝 연 존 스튜어트 밀이 그 시작이었다. 그는 분배를 한다고 해도 생산에 어떤 영향도 미치지 않는다는 주장과 함께 일정한 성장 후에는 분배가 중요하다는, 그리고 평등분배가 질적 공리주의와 양립한다는 등 평등분배를 중시한 인물이다. 밀의 뒤를 이어 등장한 레너드 홉하우스, 토머스 힐 그린 등이 사회 진보를 위해 자유주의와 집단주의를 절충하여 개발한 '새로운 자유주의(new liberalism)'를, 그리고 19세기 말 버나드 쇼 등이 '페이비언 사회주의'를 주창했다.

또한 미국에서는 리처드 엘라이, 존 듀이 등 진보파의 등장과 함께 지구촌이 좌익으로 경도되었다. 20세기에는 자본주의를 극복하기 위해 옛 소련과 동유럽에서는 사회주의 계획경제가, 서구에서는 자본주의를 수정한다는 명분의 케인스주의와 칼 폴라니의 사회적 경제 등 경제적 자유를 유린하는 사회주의가 지구촌을 배회했다. 토머스 홉스의 저서 제목이기도 한 '리바이어던'이라는 괴물이 인류를 자기 몸의 장식품으로 만들었다. 그러나 경제적 자유를 무시한 결과는 실로 참혹했다.

그것은 종교의 자유, 언론 · 결사 · 사상의 자유와 관련된 모든 삶의 영역이 국가권력에 예속된 상태, 즉 노예의 길이었다. 빈곤, 억압, 불안, 단명(短命), 공포, 거짓, 증오, 조작 등 악의 소굴이 사회주의가 도달한 종착지였다. 모든 필요를 충족하는 번영되고 행복한 이상사회를, '아무도 가보지 않은 세상'을 만들겠다고 약속했지만, 순박하고 정직하고 겸손한 인간을 선동하고 사실을 속이고 조작 · 왜곡하는 일이 비일비재했다. 더욱이 반대파는 반동분자 또는 적폐로 낙인찍어서 고문하거나 살해하는 등 참담하고 처참한 결말을 가져온 것이 19세기 중반부터 20세기 후반까지 이어진 사회주의의 지적 · 정치적 운동의 결말이었다. 이는 1989년 몰락한 옛 소련과 동유럽 사회주의의 경험이 입증한다.

20세기 후반 영국과 미국 그리고 이들로부터 각별히 영향을 받았던 뉴질랜드, 호주, 캐나다 그리고 한국 등에서 자유의 중요성이 다시 부각되기는 했지만, 21세기에 접어들면서 세계 도처에서는 자유를 억압하는 정치가 지배적이었다. 남유럽은 빚에 의존한 복지 잔치로, 남미의 베네수엘라는 사회주의로 경제가 초토화되었다. 미국은 돈을 마구 찍어내어 금융위기를 초래해 자국은 물론 유럽국가를 괴롭혔다. 폴란드, 한국, 러시아, 터키 등은 민주적으로 선출된 통치자가 개헌을 통해 또는 의회의 입법을 통해, 다시 말해 민주적 절차를 통해 자유를 억압할 뿐만 아니라 민주의 내용물을 완전히 갉아먹고 있다. 코로나19(코로나바이러스감염증) 위기라는 이름으로 세계 각국 시민은 일상적인 경제활동의 자유마저 누리지 못하고 있다.

주목할 것은 경제적 자유를 유린할 경우 이는 정치적 및 시민적 자유에도 결정적인 영향을 미치고, 결국에는 이 자유들마저 소멸된다는 사실이다. 경제적 자유야말로 모든 자유의 보루(堡壘)다. 그래서 자유주의자는 경제적 자유를 다른 어떤 자유보다 더 강조할 필요가 있다. 사회주의 지식인들이 경제적 자유를 싫어하기 때문이다. 싫어하는 이유는 두 가지다. 첫 번째 이유는 자유가 현대사회의 실업, 저성장, 빈곤, 양극화, 위기 등 만악(萬惡)의 근원인 신자유주의를 가리키기 때문이다. 이런 이유 때문에 경제적 자유를 싫어하는 현상은 한국 사회뿐만 아니라 서구 사회에서도 흔히 볼 수 있다. 두 번째 이유는 한국적 상황에 기인한 것인데, 이는 냉전 시대의 유물이라는 반공주의를 지칭하기 때문이다. 중·고등학교 역사 교과서에서는 물론이고 헌법에서조차 자유를 빼려고 하는 것도 그래서인 듯하다. 여기서는 우선 경제적 자유는 무엇인지, 그리고 이어서 그것이 어떻게 다른 자유와 연결되는지를 설명하고자 한다.

경제적 번영을 위한 경제적 자유

'경제적 자유란 무엇인가'라는 문제에 대한 해답의 열쇠를 제공하는 것이 세계적으로 유명한 싱크탱크인 캐나다의 프레이저연구소 또는 미국의 헤리티지재단이 매년 발표하는 『세계경제자유 보고서』다. 이 보고서에 따르면 경제적 자유를 결정하는 범주는 다음과 같다.

- 정부의 지출 규모
- 내국인 또는 외국자본의 투자에 대한 규제
- 법률 구조와 소유권의 안정성
- 건전한 통화(인플레이션 수준)
- 쿼터 및 관료의 수입 지연 같은 비관세장벽과 관세장벽
- 내국인 또는 외국 금융기관에 대한 금융 규제

• 노동시장 규제

• 창업, 허가, 기업퇴출과 관련된 기업 규제

• 소득세와 법인세를 비롯한 기타 조세 부담

이 보고서는 경제적 자유를 제약하는 원천을 국가에서 찾고 있다. 역사적으로 보면 국가 없이는 사회발전을 생각하기 어렵지만, 국가가 그런 발전을 제약하는 데도 결정적인 역할을 했다. 왜냐하면 국가는 자유를 억압하는 강제와 항상 결부되어 있기 때문이다. 규제가 적을수록, 조세와 정부지출이 적을수록 시민은 자유롭다. 따라서 경제적 자유의 이상은 '큰 시장, 작은 정부'라는 캐치프레이즈로 표현할 수 있다. 예를 들면 기업이 가격을 자유로이 결정할 수 있는 정도, 창업의 장애물인 행정절차와 허가조건, 신규사업의 설립과 시장진입의 용이성, 수출입 · 사업허가 등이 국가의 강제로 결정된다. 한국뿐만 아니라 영미를 비롯하여 전 세계적 현상으로 등장하는 최저임금 인상, 고용이나 해고와 관련된 규제, 노동조합에 우호적인 정책, 실업급여 체계가 노동의 인센티브 시스템에 미치는 영향 등도 경제적 자유를 결정하는 중요한 구성요소다. 오늘날 한국의 정치권에서 논의하고 있는 부동산 감독기구와 베네수엘라가 2000년대에 도입한 공정가격감독원도 경제적 자유를 억압한다.

경제적 자유 영역 중에서 중요한 것은 소비 영역과 생산 영역의 구분이다. 프레이저연구소의 영역별 구분은 생산과 관련된 구분이다. 소비 부문의 경우 특정한 그룹에서는 복장도 규제한다. 예를 들면 이슬람교는 여성의 의복을 엄격히 규제한다. 이는 여성에 대한 차별이다. 과거에는 경찰이 젊은 층의 머리도 단속했다. 오늘날에는 중 · 고등학생들의 복장(교복과 머리)을 단속한다. 시민의 건강을 위한다는 이유에서 도입된 담뱃세, 다이어트를 개선하는 데 도움을 주는 비만세(肥滿稅) 등 온정주의에서 비롯된 국가의 간섭은 소비의 자유를 제약한다. 온정주의는 시민이 자신의 건강도 지킬 줄 모를 정도로 무지하다는 전제에서 나온 것이다. 세계적으로 유명한 싱크탱크들이 1990년대에 밀턴 프리드먼을 중심으로 한 일단의 자유주의 경제학자들을 동원하여 경제적 자유의 범주를 정하고 자유지수를 산정한 데는 이유가 있었다. 경제적 자유의 중요성을 언어로만 표현하기보다 계량적으로 측정하여 보여주기 위함이었다.

매년 발표하는 『세계경제자유 보고서』에 따르면, 경제적 자유가 많은 나라일수록 경제성장률도 높고, 고용도 증가하고, 저소득층의 소득도 높았다. 그리고 부패도 적고, 교육수준도 높아지고, 주거환경도 깨끗해진다는 것을 실증적으로 보여주었다. 경제적 자유는 기업가정신의 활성화 조건이다. 기업가정신은 미지를 탐험하여 새로운 것을 발견하는 기능을 행사하는 인간적 요소다. 보고서는 경제적 자유가 높을수록 소득양극화가 심화된다는 주장도 입증할 수 없는 허구라는 것, 그리고 경제적 자유가 높을수록 경기변동의 폭도 적어진다는 것을 보여주었다. 경제적 자유가 위기의 장본인이라는 주장도 근거가 없다는 것이다.

요컨대, 경제적 자유는 경제적 번영의 열쇠라는 것, 경제적 자유가 적을수록 성장의 침체, 실업 증가, 양극화, 빈곤의 증가 등 궁핍화의 길을 가게 된다는 것은 이론적으로나 경험적으로 입증되었다고 믿어도 좋다. 흥미로운 것은 경제적 자유가 가난한 사람도 중산층이나 부자가 될 다양한 기회를 최대로 마련해준다는 사실이다. 개천에서 사는 가재, 붕어, 개구리도 용이 될 기회를 제공하는 것이 경제적 자유다.

소유가 없는 곳에 자유도 없다

정의로운 행동규칙에 의해 설정된(제3부) 사적 영역 내에서 개인이 무슨 일을 하든, 그리고 그 영역을 무엇으로 채우든 그것은 전적으로 개인의 문제다. 개인의 자유는 정의로운 행동 규칙을 통해 강제를 최소화하는 것을 표현할 뿐만 아니라 자신의 생각대로 삶을 구성하는 개인의 자율성을 표현한다. 개인의 자유는 다음과 같은 의미가 있다. 첫째로 개인은 법적으로 보호받는 위치에 있다. 이는 누구에게나 똑같이 사적 영역 또는 보호 영역이 확립되게끔 한다. 보호받는 인간은 노예와 구분된다. 둘째로 누구나 자의적인 체포나 구금으로부터 보호받을 권리가 있다. 셋째로 타인의 동일한 자유를 침해하지 않는 한 어느 누구로부터도 방해받지 않고 원하는 바대로 행동할 수 있다. 직업을 선택하거나 원하는 곳으로 이동할 자유 등이 그것이다. 넷째로 누구나 재산을 소유할 자유가 있다. 자유와 소유는 불가분의 관계가 있다.

파이프스는 "자유가 없어도 어떤 형태이든 소유가 가능하지만, 그 반대는 상상할 수 없다"라고 말한다.[59] 자유가 없어도 소유가 가능하다는 말은 도둑질을 하거나 강도짓을 해서도 재산을 소유할 수 있다는 뜻이다. 그런데 "소유 없이는 자유도 없다"라는 파이프스의 말은 무슨 뜻인가? 가진 것 없이는 자유도 없다는 말인가? 이런 뜻이라면 이는 앞에서 설명한 바와 같이 복지를 자유와 동일시하는 말이다. 그러므로 소유 없이는 자유도 없다는 말은 제도적 차원에서 해석해야 한다. 사적 소유

---

59) Pipes(1998/2018: 12)

를 인정하지 않는 사회는 사유도 없다는 뜻이다. 사석 소유는 개인이나 사적 집단은 물론 국가로부터 강제를 막는 역할을 한다. 그런 사적 소유에 대해 17세기 영국의 스코틀랜드 계몽주의자 액튼 경은 "사적 소유를 싫어하는 사람은 자유의 제일 요소가 없는 사람"이라고 말했다. 빅토리아 시대 영국의 법철학자 헨리 메인도 그 중요성을 이렇게 말했다.[60] "사유재산을 공격하는 사람은 문명을 높이 평가하는 사람이라고 할 수 없다. 사유재산의 역사와 자유의 역사는 분리할 수 없다." 액튼과 메인의 주장은 자유와 사유재산은 상호의존적이라는 뜻이다. 더구나 사유재산 제도가 인류의 문명과 함께하고 있다는 것은 자유시장을 '문명의 상징'이라고 보아도 무방하다는 것을 말해준다.

영국의 정치철학자 존 그레이는 개인이 자율성을 갖기 위해서는 실제로 재산을 소유하고 있어야 하고, 재산을 갖지 못한 사람들에게는 재분배가 필요하다고 주장한다.[61] 그러나 이 주장은 틀렸다. 자유사회가 요구하는 것은 개인이 자신의 계획 추구를 가능하게 하는 물적 수단들이 사회주의에서처럼 어느 한 행위자의 배타적 통제에 속해서는 안 된다는 점이다. 개인에게 사적 영역만 존재한다면 당장은 실제로 재산이 없다고 해도 재산습득이 가능하다. 재산습득을 제한하거나 금지하지만 않으면 그런 사회적 조건 아래에서는 소유가 분산될 수 있다. 소유만큼 우리의 보호 영역이 중요한 부분은 계약에 의해 형성된 권리의 망이다. 이런 망은 계약의 강제집행 가능성 때문에 형성된다. 계약은 타인의 재산이 우리의 목적달성에 기여할 수 있게 하는 역할을 한다. 상호이익을

60) Hayek(1960/1996: 239)에서 재인용

61) 존 그레이의 사상에 대한 비판적 설명에 관해서는 민경국(2007: 391 이하) 참조

보장하는 협력의 조건은 누구도 특정한 개인에게 예속할 필요가 없어야 한다는 것, 즉 특정한 사람의 강제권이 제거된 상태다.

이 맥락에서 생각할 것은 인간을 수단만이 아니라 목적 자체로 여겨야 한다는 칸트의 정언명령이다. 이를 시장의 거래 관계에 적용한다면, 우리가 원하는 것을 타인으로부터 얻기 위해서는 그들의 목적에 봉사해야 한다는 것을 말한다. 그럼에도 우리가 그들에게 예속되지 않고 독립적인 이유는 그들이 자신들의 목적을 위해 우리에게 제공하는 서비스를 우리가 어떻게 이용하든 별로 관심이 없기 때문이다. 봉사하는 그들의 목적이 그들 스스로 정한 것이 아니라 우리가 승인하는 것이라고 한다면 그들은 우리의 판단과 믿음에 예속된 것이다. 만약 그들이 우리 자신의 이익을 위해서가 아니라 그들이 용인하는 목적을 위해 사용할 때만 우리에게 상품을 판매한다면 우리는 그들의 믿음에 예속되어야 한다.[62] 따라서 시장의 교환을 순전히 이기심이나 이타심으로 설명할 수 없다는 허버트 스펜서의 주장은 정곡을 찌르는 말이다.

경제적 자유는 국가체제의 함수

싱크탱크들이 보여주는 바와 같이 경제적 자유는 개인과 국가의 관계가 어떤지를 말해주는 국가체제의 함수다. 정부의 형태에 따라 개인

62) Fuller(1969/2015: 52)

들은 자유를 적게 또는 많이 갖는다. 예를 들면 마음대로 주택을 구입하는 것처럼 개인들이 할 수 있는 행동을 범죄로 취급하는 정부 아래에서는 국가와의 관계에서 개인들의 자유가 적어진다.[63] 폴란드를 자유시장으로 개혁하는 데 중요한 역할을 한 유명한 정치가 겸 경제학자인 레제크 발체로비츠에 따르면 범죄는 두 가지 형태가 있다.[64] 하나는 정치적 범죄이고, 다른 하나는 비정치적인 일상적 범죄다. 전자는 통치자나 정치체제에 대한 비판과 저항을 범죄로 취급한다. 또한 체제비판자들의 입을 막기 위해 언론의 자유를 제약한다. 제약하는 방법은 여러 가지다. 예를 들면, 종편방송의 정부 인허가를 취소하겠다는 위협, 유튜브 방송의 광고를 제한하여 광고수입을 감소시키는 방법, 정부의 정책에 호응하지 않는 기업에 대한 세무사찰 등이 그것이다. 후자의 예를 들면, 최저임금 이하로 노동자를 고용하거나 주택 구입을 위해 법정이자율 이상으로 은행에서 대출을 받는 것은 범죄다. 두 채 이상 집을 소유하는 것 또한 범죄다.

정치제도는 정치적 범죄자의 범죄 목록 길이에서 차이가 난다는 말에 주목할 필요가 있다. 그 길이는 특히 옛 소련과 동유럽 사회주의에서 가장 길었다. 오늘날 목록이 가장 긴 나라는 북한, 베네수엘라, 쿠바, 중국 등이다. 이는 결코 우연이 아니다. 그런 체제의 특성은 기업소유의 국가독점체제다. 상속받은 사기업의 국유화, 사기업 설립 금지 등과 같이

63) 최저임금제 위반으로 범법자로 내몰린 사업체 수는 지난 3년간 3배 이상 증가했다. 2017년 최저임금법 위반업체는 1,671개, 2018년 2,021개, 2019년에는 4,762개 업체로 급증했다(고용노동부, 최저임금법 위반 및 조치 현황 참조).

64) Balcerowicz(2018: 394)

사적인 경제활동을 범죄로 취급한다. 이런 금지를 유지하기 위해서는 이를 비판하는 독립적인 신문이나 비경제조직의 설립을 범죄로 몰고 다른 자유도 금지한다. 사회주의 체제에서 통치자들은 일자리, 사업이권, 금융 등 다양한 편익을 배분하는, 그래서 사람들의 생사여탈을 좌지우지하는 사람들이다. 대표적인 예가 세계적 경쟁력을 갖춘 멀쩡한 원전기업을 부실기업으로 전락시킨 세력이다. 그 세력은 민간의 원전산업을 황폐화시키고, 미래가 매우 불확실한 태양광 산업을 육성한다는 명분으로 정권을 지지하는 자들에게 이권을 나누어준다는 의심을 받는다. 따라서 사회주의적 통치자들은 법의 지배에 예속되어 있지도 않다. 정부에 복종하지 않는 사람들에게는 이런 재화의 이용을 박탈하는 등 정상적 형벌 제도는 무시하고 통치자의 기분에 따라 멋대로 처벌할 뿐이다. 자기 진영에 속하는 범죄혐의자는 검찰은 물론 법원에서도 관대한 처우를 받는다. 그러나 반대파에 대해서는 가혹하다. 뇌물을 받은 사람보다 전달한 사람에게 더 큰 벌을 준다. 사회주의는 공식적인 법보다 실제로는 더 반(反)법치이고 반시장적이다.

사회주의 독재체제와 달리, 비(非)사회주의 독재체제에서는 사적인 경제활동이 정치적 범죄를 구성하지 않는다. 하지만 정부를 비판하는 시민사회 활동 등 다른 모든 활동은 정치 권력을 장악한 통치자들에게는 일종의 위협으로 인지되어 범죄 목록이 길어진다. 비판세력의 자유를 억압하기 위해 정치 권력의 독점자에게 필요한 것은 강력한 정치경찰이다. 정치적 범죄의 목록은 민주주의 체제를 가진 자유자본주의에서 가장 짧다. 경찰이나 검찰 등 국내의 안전 보장 역할 담당 기관은 그 규모가 대단히 작다. 정치범도 그렇게 많지 않다. 주로 민 · 형사사건이 많다. 사회통제를 담당하는 기관의 규모와 위상은 공산주의 또는 친북 · 친중 좌익운동을 선동하는 통치자들에게 대단히 중요하다. 그 기관의 권력도 매우 강하다. 자유에 대한 억압은 혹독하다. 자유는 사회질서를 파괴하고, 이로써 안전을 위협한다는 이유에서다.

경제적 자유는 '가진 사람'만의 자유인가

대부분의 사람은 자신들이 소유하지 않은 자원을 사용하고, 다른 사람들의 지시 · 명령에 따라 행동하는 큰 조직의 일원으로 일하면서 살아가고 있다. 큰 조직이란 기업을 말한다. 기업의 자원은 고용된 비독립적인 노동자의 소유가 아니다. 그것은 독립적인 자본가 또는 기업인에게 속한다. 노동자는 소유주의 지시 · 명령을 수행한다. 기업의 맥락에서 우선 여론을 호도하여 반(反)자본주의 정서를 불러일으킨 몇 가지 미신을 언급하지 않을 수 없다. 첫째로 재산이 없는 프롤레타리아의 출현은 가진 자의 착취에 따른 결과이고, 원래는 독립적인 생계유지를 가능하게 한 소유물을 착취 과정에서 박탈당해서 무산자가 되었다는 신화다. 그러나 진실은 그런 것이 아니라 부모로부터 집, 토지, 생산도구를 상속받지 못한 무산자들을 고용하여 생존하고 번식할 수 있게 만든 것이 자본이라는 사실이다.[65] 무산자들이 스스로 빵을 구워 먹게 만든 것

65) Hayek(1960/1996 I: 204) 참조

이 자본주의다. 자본은 노동의 친구이지 결코 적(敵)이 아니다. 대부분의 사람이 독립적인 자영업보다 노동자로 살아가는 것이 더욱 유리하다고 여기는 이유다. 이런 의미에서 자본주의는 프롤레타리아를 만들어내고 있다고 할 수 있다.[66]

여기서 경제적 자유라고 할 경우 오로지 고용주의 자유만을 의미하는 것으로 이해하는 것이 옳으냐의 문제가 제기될 수 있다. 이런 이해를 기초로 사람들은 자유주의를 비판한다. 즉, 자유주의는 원칙적으로 누구나 경제적 자유를 가지고 있지만 사실상 그런 자유는 생산수단을 가진 생산자 또는 기업인과 같이 소수파에게 주어질 뿐 생산수단이 없는 사람들에게는 경제적 자유란 의미가 없으며, 그렇기 때문에 자유주의는 가진 자의 이념일 뿐이라고 비판하는 것이다.

경제적 자유가 가진 자만을 위한 자유라는 주장에는 노동자가 사용자의 지시 · 명령에 복종해야 한다는 전제가 깔려 있다. 그러나 노동자가 회사에서 일하게 된 것은 계약의 자유 때문이다. 그리고 기업이 마음에 들지 않으면 더 높은 보수 또는 더 좋은 노동조건을 제시하는 기업으로 자유로이 이동할 수 있다. 게다가 이동할 기회를 불특정 다수에게 극대화하는 것이 자본주의다. 독립적인 기업가들이 시장의 진 · 출입에서 자유롭고 서로 경쟁의 자유가 보장될수록 노동자가 자유로이 이동할 수 있는 질 좋은 노동의 기회는 그만큼 더 많아진다.

생산수단의 이용 처분에 관한 의사결정은 기업가가 소유하고 있지만, 노동자들이 그런 결정에 참여하지 않는다고 해도 그런 의사결정으

---

66) 위의 책, 204쪽 참조

로부터 수많은 사람이 편익을 얻는다. 예를 들면 기업의 생산 활동 자유는 일자리 창출과 소득 향상, 그리고 상품공급의 증가를 가져오는데, 이는 생산수단을 갖지 못한 사람들에게 주는 중요한 편익이 아닌가! 따라서 노동자의 자유는 자신의 입장과 다른 지위를 가진 기업인들의 존재에 달려 있다고 볼 수 있다. 갖지 않은 노동자의 자유를 증진하기 위해 기업의 생산수단 습득, 이용, 처분 등에 관한 의사결정에 노동자가 참여하는 제도가 노동자 경영참여제도다. 이런 제도가 진정으로 의미 있는 제도인가? 그 제도는 우선 기업소유자의 소유와 자율의 침해를 부른다. 그것은 어느 한 여인에게 구혼한 남자들이 그 여인의 결정권 전부 혹은 일부를 허용하는 것과 같다.[67] 내 몸의 이용에 대한 나의 결정에 영향을 받는 타인들도 참여해야 한다는 것과 결코 다르지 않다. 그런 제도가 실제로 기업의 의사결정을 개선하기보다 오히려 그것을 경직되게 만든다는 것도 일반적 견해다. 기업의 의사결정을 정치화하기 때문이다. 실질적 자유를 높이기 위한 명분으로 도입된 제도가 틀에 박힌 듯이 습관적으로 참여하게 만들어 기업의 생산성 향상에 어떤 기여도 기대할 수 없게 변질되었다.

자본주의는 약자를 위한 체제이고 빈곤을 퇴치하는 가장 효과적인 체제라는 것을 직시할 필요가 있다. 역사적으로 보면 노동의 소득분배

---

67) "만약 4명의 남자가 한 여자에게 구혼을 하고 그녀가 4명 가운데 한 사람을 선택한다고 하면 그녀의 결정은 이 4명의 각자의 삶, 그녀의 삶 그리고 4명 중 한 사람과 결혼하기를 바라는 다른 사람들에게 중요한 영향을 미친다. 그녀의 결혼상대자를 결정하기 위해 투표하길 제안하는 사람이 있을까? 그녀는 무엇을 할 것인가를 결정할 권리가 있지만 다른 4명에게는 발언할 권리가 없다." Nozick(1974/1991: 393). 노직의 국가론에 대한 논의에 대해서는 민경국(2018: 98 이하) 참조

율이 증가하여 오늘날 자본의 그것보다 훨씬 높다는 사실이다. 이는 자본주의의 존재 이유가 서민층을 위한 제도라는 것을 보여주는 대표적인 증거다. 자본주의의 역사를 보면 서민층의 삶의 기회를 극대화하는 것이 정의롭다는 존 롤스의 차등원칙을 충족시켰다.[68] 경제적 자유가 오로지 가진 자만의 자유라는 주장이 잘못이라는 것은 다른 자유와의 비교를 통해서도 분명히 드러난다. 좌파들이 중시하는 출판의 자유도 소수가 행사하지만, 그런 행사는 수많은 사람에게 편익을 가져다준다. 학문의 자유도 마찬가지다. 소수가 학문의 자유를 향유한다. 그러나 학문의 자유를 누리는 결과로서 새로운 과학기술이나 의료기술이 발견되고, 이는 모든 사람에게 이익을 가져다준다. 생산수단의 사용 처분과 관련된 경제적 자유를 순전히 생산자와 기업인의 자유라고 해도 그런 자유의 행사는 소수만이 행사할 수 있는 출판의 자유나 학문의 자유와 똑같이 보편적인 편익을 제공한다. 따라서 내가 경제적 자유를 이용할 경우, 그 자유의 편익을 얻는 사람은 나만이 아니다. 내가 이용한 자유의 혜택은 타인들에게도 돌아간다. 반대로 다른 사람이 경제적 자유를 이용하는 경우, 그것은 나에게도 유익하다. 경제적 자유를 순전히 기업인의 자유 또는 생산자의 자유로만 국한할 수 없다. 소비의 자유, 직업선택의 자유도 경제적 자유의 중요한 구성요소다. 더구나 우리가 주목하는 것은 생산자의 자유는 소비자를 위한 자유라는 점이다. 기업 경제활동의 성공 여부는 그 활동이 소비자에게 주는 편익에 좌우되기 때문이다. 내가 자유에서 얻는 이점의 대부분은 다른 사람들이 자유를 활용한 결과다.

---

68) 차등원칙이란 원칙적으로 평등분배이지만 불평등분배가 서민층에게 주는 편익이 평등분배의 경우보다 더 큰 편익을 얻는다면 차등분배를 허용한다는 분배원칙이다(Rawls, 1971).

내가 현재 나의 삶에서 누리는 편익의 대부분은 내가 이용할 수 없었던 자유를 남들이 사용한 결과라는 것을 직시할 필요가 있다.

굶어 죽을 자유

자유를 기반으로 하는 시장은 사람들에게 잔인하게 보인다. 개인의 경제적 성공은 스스로 생산한 것이든 타인의 생산에 투입되는 노동이든 타인들에게 가치 있는 재화나 노동, 기술의 소유에 따라 결정된다. 그런 성공은 물론 행운에 의해서도 결정된다. 갑자기 찾아온 불경기로 실업자가 되거나 자신의 노동을 사용할 사람을 찾지 못하거나 저축한 돈이 없을 수도 있다. 그렇다면 '송파 세 모녀 사건'에서처럼[69] 먹을 것이 없거나 장래가 참담하여 굶어 죽거나 자살하는 일이 생긴다. 누구나 그 사건에 대한 소식을 들었을 때 매우 안타까워했을 것이다. 그래서 좌파는 강제가 없는 상태라는 소극적 의미의 자유를 '굶어 죽을 자유'라고 비아냥거린다. 반(反)자유주의 정서가 형성된 것도 죽을 수밖에 없는 상황에 대한 두려움 때문이리라. 어떤 사람이 굶어 죽을 자유를 누린다는 것은 슬픈 일이지만, 매우 '자연스러운' 사실일 뿐 자유시장을 비판할 근거는 아

69) 송파 세 모녀 자살 사건은 2014년 2월 서울특별시 송파구 석촌동에 사는 세 모녀가 큰딸의 만성 질환과 어머니의 실직으로 인한 생활고에 시달리다가 "정말 죄송합니다"라는 메모와 함께 갖고 있던 전 재산인 현금 70만 원을 집세와 공과금으로 놔두고 번개탄을 피워 자살한 사건이다.

니다.[70] 시장은 타인들에게 유익한 무엇인가를 제공하지 못하는 사람에게는 어떤 보수도 없기 때문이다. 일하기 싫어해서든, 일할 능력이 없어서든 이유를 묻지 않는다. 그렇다고 자유라는 이름으로 굶어 죽는 사람을 내버려둬야 한다는 것은 아니다. 자유주의는 빈곤 문제에 둔감하다든가 빈곤층의 어려운 처지에 대해 냉담하지 않다. 가난에 허덕이는 사람들의 처지를 보면 제일 가슴 아파하는 사람들이 자유주의자라는 것을 깨달아야 한다.[71]

빈곤을 없애기 위한 가장 바람직한 정책은 규제를 없애고 경제적 자유를 허용하는 것, 즉 빈곤 문제의 해결을 정부가 아닌 시장에 의존하는 것이다. 시장은 사람들에게 일할, 그리고 소득을 증대할 기회를 극대화하기 때문이다. 자본주의가 '굶어 죽을 자유'를 최소로 줄이는 역할을 톡톡히 수행한 예는 보릿고개, 대량실업을 없앤 것이다. 그러나 자본주의는 빈곤 문제를 완전히 제거하지는 못했다. 의학이 제아무리 발전한다고 해도 질병으로 시달리는 사람이 존재하기 마련인 것처럼 말이다. 여기에서 국가의 역할을 찾을 수 있다. 국가의 존재 이유는 '송파 세 모녀'처럼 일할 능력과 당장 먹을 것이 없는 사람의 최소한의 생존을 보호하는 데 있다. 국가의 이런 과제는 자유사회에서 더 잘 실행될 수 있다. 자유시장이 불러오는 번영으로 생존을 위한 최소한의 자금을 마련하는 데 어려움이 없다.

---

70) 로스바드가 자신의 저서 『자유의 윤리』에서 주장한 것이다.

71) 빈곤 문제를 진실의 가면을 쓰고 실제로는 정치적으로 이용하는 사회주의와는 다르다. 지지를 얻기 위해 빈곤 문제를 퍼주기로 해결하거나, 또는 먹고살 만하면 지지하지 않는다는 이유로 일부러 가난하게 만들어 국가에 의존하게 하는 좌익의 잔인한 정책과 완전히 다른 것이 자유주의자의 빈곤정책이다.

4.
경제적 자유는 모든 자유의 보루

행동자유에 속하는 경제적 자유는 단순히 시장자유만을 의미하는가? 경제적 자유라고 해서 오로지 경제적인 것만 존재하는가? 우리가 돈을 버는 것을 최종목적으로 할 경우에만 순수한 경제적 자유라고 할 수 있다. 예를 들면 수전노 같은 사람의 활동의 자유가 그렇다. 그러나 최종목표로서의 경제적 목적이란 없다. 경제적 목적 또는 경제활동은 다른 목적을 위한 수단이다. 경제적 자유라고 해서 그것이 시장자유만을 의미하는 것이 아닌 이유다. 경제적 자유는 종교, 학문, 사상, 출판, 언론 등 모든 활동을 포함하는 자유다. 집에서 방을 정리할 자유, 목사가 주어진 자원을 효율적으로 이용할 자유도 경제적 자유다. 가정주부의 활동도 경제적 자유다. 적은 돈으로 교회를 효과적으로 운영하는 것도, 자선단체가 들어온 돈을 가장 효율적으로 사용하는 것도, 교회가 추구하는 목적을 위해 헌금을 효율적으로 사용하는 것도 경제적인 자유다. 그 어느 활동도 비용이 들기 때문에 경제적이지 않은 것이 없다. 경제적 자유를 모든 자유의 보루라고 볼 수 있는 이유다.

경제적 자유는 넓은 의미의 행동의 자유다. 행동의 자유에는 상업적 또는 비상업적 행동도 전부 포함한다.[72] 행동의 자유를 적용할 수 있는 부문의 대표적인 예는 '비영리조직' 또는 '비상업적 활동을 위한 조직'이다.[73] 자유주의는 비영리활동, 즉 나의 욕구 충족을 희생하여 타인의 욕구를 충족시키는 이타적인 활동도 포함한다. 경제적 자유가 영리 부문의 자유만 의미하는 것이 아니라 비시장 부문의 경제적 자유도 포함하는 것은 그래서다.

고전적 자유주의는 시민적 자유를 경시했는가

프리드리히 하이에크, 루트비히 폰 미제스 그리고 밀턴 프리드먼 등의 고전적 자유주의자들은 경제적 자유만을 중시할 뿐 언론의 자유, 사상의 자유, 그리고 출판의 자유와 결사의 자유 등 수많은 시민적(혹은 정신적) 자유를 등한시한다고 비판받는다. 그러나 이런 비판은 틀렸다. 그

72) 행동의 자유는 사소한 일을 행하는 것도 포함한다. 교역과 생산은 물론 옷을 입고, 밥을 먹고, 집안을 정리하는 등 이런 행동의 자유도 사소한 것 같지만 문명의 과정에 대단히 크게 기여한다.

73) 이런 조직이 할 수 있는 역할은 일자리 찾아주기, 가난의 해소, 의료시설 운영, 환자 돌보기, 청소년 범죄 예방, 빈민의 삶의 개선, 장학사업, 마약 퇴치, 연구지원 등 흔히 제3섹터에 속하는 것들이다. 그 밖에도 비영리조직이 활동할 수 있는 영역은 매우 다양하다. 이런 독립 부문의 활동은 이익단체의 역할과는 차이가 있다. 이익단체는 기본적으로 자기 몫을 차지하기 위한, 이른바 분배에 목적을 둔 상업적 동맹이기 때문이다. 제3섹터를 강조하여 공동체주의를 구성한 학자의 대표자는 에치오니(A. Etzioni)다. 그는 1993년에 발표한 『공동체주의 정신』에서 소규모 공동체의 사회적 역할을 매우 중시했다.

들은 등한시하지도 않았고 등한시할 수도 없었다. 그 이유는 이렇다. 즉, 정신적 자유의 한 예로, 의견의 자유는 인간 상호 간에 의견을 교환하는 과정을 촉진시킴으로써 더 많은 지식이 발생하고 축적되어 사회적인 문제를 더 잘 해결할 수 있기 때문이다.

사람들은 경쟁적으로 새로운 지식을 발견하고 테스트하는 과정에 의해 지식이 확대 · 향상 · 축적된다. 그리고 이로써 개인들이 자신의 목적을 달성할 힘의 증대를 가능하게 하는 조건이 마련되는데, 이것이 정신적 자유다. 빌헬름 폰 훔볼트, 카를 포퍼 그리고 마이클 폴라니 등은 서로 뒤질세라 학문의 자유를 강조했다. 그들은 과학자의 연구내용과 방향이 국가를 비롯한 제3자에 의해 강요되거나 제한되면 가치 있는 과학적 발상이 생겨날 수 없다고 주장했다. 과학에 대한 국가간섭은 성공은 고사하고 기대하는 것조차 전체주의라고 목소리를 높였다.[74]

그런 인식에서 빼놓을 수 없는 인물은 하이에크다. 그는 『노예의 길』 제11장 '진리의 종언' 맨 뒷부분에서 정신적 자유의 중요성에 대해 이렇게 설명했다.

> "서로 다른 의견을 가진 사람, 서로 다른 지식을 가진 사람들의 상호작용은 정신적 삶의 본질을 구성한다. 우리의 지식의 성장은 그런 다양성에 기초를 둔 사회적 과정이다."[75]

---

74) 세 사람의 논의에 관해서는 민경국(2018: 211-214) 참조. 과학기술 개발에 대한 국가개입을 규정한 한국 헌법 제127조는 과학의 자유를 침해할 소지가 대단히 크다.

75) 하이에크(Hayek, 1981: 208)는 이 인용문에 이어서 이렇게 말하고 있다. "이런 지식의 성장 과정의 본질은 과정의 결과를 아무도 예측할 수 없다는 것, 어떤 견해가 이런 지식의 성장 과정을 촉진할 수 있고 어떤 다른 견해가 그렇게 할 수 없는가를 알 수 없다는 것이다. 간단히

하이에크는 지식의 사회적 성장 과정을 통해 개인들의 이성이 성장한다는 것을 강조했다. 요컨대, 정신적 자유는 개인들이 사회적 과정을 통해 학습하고 경험을 축적할 수 있는 터전이다. 이것 없이는 인간 이성의 개발이 이루어질 수 없다. 우리가 주목할 것은 인간 정신이 사회적 과정으로서 지식의 성장 과정을 계획하거나 조직할 능력이 있는가의 문제다. 인간의 그런 시도는 불가능하고 그 자체가 모순이다. 인간 정신이 자신의 성장을 비로소 가능하게 해준 사회적 과정을 감시하려고 하기 때문이다. 그럼에도 정신적 자유를 억압하여 지식의 성장 과정을 통제하려고 한다면 이런 시도는 오로지 지식의 성장을 가로막고 조만간 정신적인 발전이 없는 정지 상태를, 결국에는 정신의 황폐화를 초래할 뿐이다. 우리가 직시해야 할 것은 자유주의가 물질적인 증대만을 강조한다는 주장, 물질적 증대를 위해 경제적 자유만을 강조한다는 주장들인데, 이런 주장은 전부 옳은 주장이 아니라는 것이다. 자유주의자들은 히틀러 시대와 무솔리니, 스탈린 시대를 경험했고, 특히 옛 소련이나 동유럽의 사회주의에서 언론 · 출판 · 의견의 자유와 사상의 자유 같은 정신적 자유의 억압을 체험했다. 이런 체험을 한 자유주의자들이 어떻게 정신적 자유를 무시한단 말인가! 이사야 벌린이 옥스퍼드대학 취임강연문 "두 가지 자유 개념"(1958)에서 언급했듯이 자유 개념을 깊이 연구하게 된 배경도 러시아 혁명과 아시아 권역의 억압적 통치에 대한 경험이었다는 것은 이미 앞에서 설명했다. 그 경험이 그에게 준 것은 이념이 실제에서 참으로 중요한 역할을 하며, 잘못된 이념은 의도와는 정반대로 나

말해 그 성장 과정을 억압하지 않고서는 그 어떤 견해도 그 성장 과정을 지배할 수 없다는 것이다."

라 전체를 파괴한다는 믿음이었다. 이런 믿음이 그가 자유 개념을 다루게 된 동기였다.

경제적 자유는 이성의 개발을 위한 필요조건

경제적 자유는 '행동자유'라는 넓은 의미의 자유 개념에서 경제적 부분을 일컫는다. 행동의 자유란 목적을 실현하기 위해 움직일(행동할) 자유를 말한다. 환경변화에 적응하려는 자유, 또는 환경변화를 자신에게 유리하게 형성하고자 하는 자유다. 행동의 자유는 상업적 또는 비상업적 행동도 전부 포함한다. 그런데 좌파 지식인들은 정신적 자유는 중요하고 경제적 자유는 경시해도 된다고 목소리를 높인다. 그들의 입장은 우리의 이성 발달과 지식 축적에 대한 오해에서, 그리고 생각만이 중요하고 행동은 중요하지 않다는 발상에서 나온 것이다. 그러나 이것은 전적으로 잘못된 시각이다. 사고의 과정(정신적 과정)은 견해, 아이디어, 의견을 토론하고 교환하고 변형하고 이런저런 말투로 바꿔 표현하는 과정이다.[76] 언론 · 사상 · 의견의 자유가 모두 그런 사고의 과정을 위한 것이다. 그러나 우리가 주목하는 것은 견해나 아이디어를 현실에 적용하고 응용하는 행동이다. 이런 행동은 실제와 부딪치는 행동이다. 따라서 그

76) 이런 정신적 과정에서는 말 잘하는 사람이 누구인지, 누가 가장 인상적으로 말하는지, 어떤 아이디어가 가장 미학적이고 웅변적인지, 어떤 아이디어가 가장 논리적으로 부합하는지를 발견하게 된다.

같은 행동 과정은 아이디어, 견해나 의견의 옳고 그름, 적절성 또는 부적절성을 경험적으로 검증하는 과정이다. 경험적으로 유예될 수 있는 아이디어와 견해가 어떤 것인지, 실제로 오류가 어떤 것인지를 발견하는 과정이다.

그런데 생각과 행동, 이 두 가지 과정은 나누어질 수 없다. 그 둘은 서로 분리될 수 없는 하나로 작동하기 때문이다. 새로운 아이디어, 견해, 의견은 생각과 행동의 상호작용 결과다.[77] 행동과 사고의 상호작용 과정에서 우리의 이성이 개발된다.[78] 생각 없는 행동과 행동 없는 생각은 아무런 의미가 없다. 실천 없는 생각, 실천 없는 아이디어 또는 의견은 공리공론에 지나지 않는다. 생각과 행동은 이와 같이 분리될 수 없는 통일된 하나다. 이런 통일성은 행동의 자유와 정신적 영역의 자유(언론 · 의견 · 표현 · 종교 · 사상 · 학문의 자유 등), 즉 생각의 자유와 밀접한 관계, 불가분의 관계를 가지고 있다는 것을 말해준다.

이와 같이 정신적 자유와 행동의 자유 그리고 경제적 자유가 똑같이 중요한 이유는 생각과 행동의 분리될 수 없는 상호작용 때문이다. 상호작용을 통해 우리의 이성이 개발된다면 정신적 자유와 행동의 자유는 모두 우리의 이성 개발을 위해 동일한 가치가 있다고 볼 수 있다. 행동 없이는 사고도 의미 없고, 사고 없이는 행동도 의미 없기 때문에 행동의 자유 없이는 생각의 자유도 의미가 없다. 경제적 자유는 정신적 자유를

77) 유의해야 할 점은 생각이란 구성주의적 합리주의처럼 논리적 사고, 연역적 사고를 말하는 것이 아니다. 생각은 이성의 적용을 의미한다. 사고란 다음과 같은 의미다. 우려하다(Bedenken)/생각을 바꾸다(Umdenken)/기억회상/기억 추억 회상(Andenken)/의심하다(Verdenken)/마음속에 가지고 있다, 좋은 생각 나쁜 생각을 가지고 있다(Hoppmann, 1988: 383, 주석 16).

78) Hoppmann(1988: 382)

위해 포기할 수 없는 기본 가치다. 좌파는 이런 상호작용 대신에 정신적 과정을 지나치게 중시했다. 그러나 행동이 없는 생각은 공허할 뿐이다. 탐구의 자유, 신앙의 자유, 토론과 언론의 자유는 새로운 진실이 발견되는 마지막 단계에 이르러서야 비로소 중요하다.

그 전 단계에서는 행동의 자유가 매우 중요하다. 새로운 견해, 새로운 아이디어의 원천은 기존의 아이디어와 견해를 현실에 적용하고 실천하는 행동이라는 데 주목할 필요가 있다. 말만 하고, 토론만 하고, 의견만 교환하고, 이런저런 말투로 바꾸어보는 것만으로는 아무런 소용이 없다. 생각의 자유를 중시하고 행동의 자유를 무시하는 사상은 "인간은 생각한다. 고로 존재한다"라며 존재의 원인을 인간의 사고에서 찾는 데카르트 사상의 연장이다. 이 사상은 인류의 발전이 인간의 의식적 사고로부터 생겨난다고 보기에 정신적 자유를 중시하고 행동의 자유, 경제적 자유를 경시한다. 하이에크는 경제적 자유 같은 행동의 자유를 무시하거나 이들을 희생시키는 대신에 정신적 자유만을 칭송하는 것은 건축물의 꼭대기 부분을 건축물의 전부로 간주하는 것과 마찬가지라고 말했다. 이는 사고 과정과 행동 과정의 등가성을 적절히 표현한 말이다.[79] 우리는 생각하기 때문만이 아니라 행동하기 때문에 존재한다.

우리가 관심을 가져야 할 행동의 자유는 모든 인간이 가지고 있는 아이디어, 가치, 목표, 능력, 재주를 실제로 적용하거나 집행하는 영역이고, 그 결과로서 물리적 · 사회적 환경을 형성해나간다는 것이다. 예를

---

79) Hayek(1960/1996 I: 67-70). 하이에크는 또 이렇게 말했다. "지적인 과정은 이미 형성된 아이디어들을 정교하게 만들고, 좋다고 여기는 것들을 선별하고 나쁘다고 여기는 것들은 제거하는 과정이다. 그런데 새로운 아이디어들은 행동과 물질적 현상이 서로 만나는 영역에서 흘러나온다. 자유를 지적인 영역에만 적용할 경우 그것은 없어져버린다."

들면 시장경제의 가격이나 관행 또는 관습들, 그리고 각종 상품과 서비스 같은 상품 세계를 형성하는 것이 행동자유의 영역이다. 행동자유에서 생겨나는 대표적인 것이 시장경제의 자생적 질서다. 행동의 자유는 새로운 기술에 대한 아이디어, 새로운 상품에 관한 아이디어, 또는 새로운 견해의 생성을 위한 기반만이 아니다. 복잡한 문명을 실제로 정하는 것도 사고의 자유가 아니라 행동의 자유다. 그리고 이런 행동의 자유로부터 형성되는 행동 과정은 새로운 아이디어를 개발하고, 이들을 표현하고, 견해를 교환하고 토론하는 과정보다 훨씬 복잡하다.

경제적 자유는 시민적 자유의 보루

자유주의자들이 경제적 자유를 강조하는 이유가 있다. 많은 반(反)자유주의 지식인이나 정치가들, 특히 좌파들은 경제적 자유를 박해하는 대신에 학문의 자유, 언론 · 출판의 자유 같은 시민적(즉, 정신적) 자유, 그리고 참정권을 의미하는 정치적 자유를 중시하기 때문이다. 그런 좌파 진영을 대표하는 인물은 미국의 유명한 정치철학자 존 롤스다. 그는 사유재산이나 경제적 자유를 무시했다. 그 대신에 언론의 자유, 학문의 자유, 종교의 자유, 그리고 정치에 참여할 권리 같은 이른바 정치적 자유[80] 등을 중요시했다. 그렇기 때문에 롤스가 1992년에 펴낸 『정치적 자유주

80) 롤스는 정치에 참여할 권리를 정치적 자유라고 말하고 있지만, 사실상 이것은 자유가 아니다. 이에 대해서는 뒤에 가서 자세히 설명할 것이다.

의』의 책 제목이 말해주듯, 그들은 '자유주의자'가 아니라 '정치적 자유주의자'다. 자유주의자들은 20세기 내내 국가권력이 경제 부문에 깊숙이 개입함으로써 개인의 자유가 그 어떤 부문보다 가장 위태로워진 것을 목격했다. 좌파는 정치적 자유나 학문의 자유, 그리고 사상의 자유에 대한 침해를 격렬히 막아냈다. 반면, 경제적 자유를 억압하는 데 앞장섰다. 좌파 지식인들은 자신의 자유에 속하는 언론 · 사상 · 학문의 자유를 누리면서 타인들의 자유를 억압하는 논리를 개발했다. 남의 자유는 중요하지 않고 나의 자유만 중요하다는 식의 사고 방법을 가진 것이 좌파들이다. 이들의 연구 결과는 경제적 자유를 위태롭게 했다. 위태롭게 한 요인은 시기적으로 다르다. 1950년대를 기준으로 놓고 본다면 그 이전에는 사회주의 계획경제와 복지국가의 확장으로 인해 경제적 자유가 위태로워졌다. 이 시기에 서방국가에서는 케인스주의와 신고전파의 시장실패이론이 정신세계와 정치세계를 지배했다. 동유럽에서는 계획경제이론이 지배하고 있었다. 개인의 자유에 대한 억압을 초래한 정부의 개입 형태는 다양했다. 대표적인 예를 들면 다음과 같은 것들이다.

- 정부가 기업인으로 행세하여 기업을 규제하고 기업의 경영에 간섭한다.
- 누진세 및 세수를 증대시켜 개인의 재산권을 침해한다. 개인의 소득과 재산 사용을 정부가 박탈해간다.
- 복지확대를 위해 증세는 물론 정부부채의 증가와 통화의 증발을 부른다.

그런데 1950년대 이후에는 국가가 경제에 개입하여 개인의 자유를 위태롭게 하는 요인이 달라졌다. 그 요인이란 '민주주의'다. 현대의 민주국가에서 민주주의는 단순한 투표 메커니즘이 아니라 수많은 이익단체가 정부로 하여금 자신들에게 유리한 정책을 만들도록 정치에 영향력을 행사하는 경로가 되었다. 자유주의자들은 압력단체로서 이익단체들의 그룹이기주의가 국가를 경유하여 경제적 자유를 심각하게 유린하는 것을 목격했다. 그 대표적인 예가 경제에 대한 노동조합의 강력한 영향력 증대다. 그리고 각종 지대추구를 위한 정치적 행위가 난무하던 시기였다. 그러나 1980년대 이후, 그리고 21세기에는 새로운 양상이 등장했다. 이른바 비정부조직이 등장하여 정치에 강력한 영향을 미치게 된 것이다. 환경단체를 비롯하여 경제 · 사회와 관련된 시민단체의 등장은 자유사회에 매우 부정적인 요소로 작용했다. 자유주의자들이 행동자유의 주요 구성요소로서 경제적 자유를 강조한 것은 그처럼 경제 부문에서 개인의 자유가 그 어떤 부문보다 위태로워졌기 때문이다. 자유주의는 경제적 자유를 다른 어떤 자유보다 중요하다고 여기므로 경제적 자유만을 중시한다는 좌파의 해석은 전적으로 오해에서 비롯되었다. 좌파 지식인들이 정신적 · 시민적 자유만 중시하고 경제적 자유를 박해하고 있어 자유주의자들은 경제적 자유의 중요성을 부각시키지 않으면 안 되었다. 그렇다고 해서 자유주의자들이 언론 · 사상 · 학문의 자유 같은 정신적 자유를 희생시킬 수는 없었다. 이런 자유를 희생시켜 경제적 자유만을 부각한다면, 이것은 '경제적 자유주의'이지 '자유주의'가 아니기 때문이다. 경제적 자유가 다른 자유와 똑같이 중요한 까닭에 수식어 없이 '자유주의'다. 두 영역의 자유를 똑같이 중요하다고 보는 이유는 무엇인가?

이 문제는 이론적으로 그리고 실천적으로 매우 중요한 문제다.

좌파 지식인들이 경제적 자유를 무시하고 시민적 자유만을 중시하는 것은 자신들의 활동은 정신적 활동이기에 매우 고귀하고, 반면에 다른 사람들의 활동은 물질적 차원, 또는 행동의 차원이어서 정신적 차원보다 낮다는 전제에서 나온 것이다. 이런 전제를 가지게 된 이념적 전통은 영국의 노동당과 미국의 좌파(이는 미국적 자유주의다), 그리고 철학자로는 롤스를 비롯한 사회민주주의 철학의 핵심과 관련되어 있다. 우리는 이런 분리가 간섭주의와 국가권력의 비대화를 초래하여 경제적 자유는 물론이고 시민적 자유도 훼손하는 결과를 초래했다는 것을 직시할 필요가 있다. 그런데 경제적 자유와 시민적 자유의 통일성을 믿고 있었던 인물이 1980년대 영국 수상이던 마거릿 대처였다. 그는 시민적 자유가 더 고귀하다고 믿으면 경제적 자유를 상실한다는 것을 잘 알고 있었다. 경제적 자유나 시민적 자유는 똑같이 중요하고, 오히려 경제적 자유가 제한되면 시민적 자유의 제한이 뒤따른다고 믿었다. 그는 자유를 분리할 수 없는 하나라고 여겼다.

좌파 지식인들은 경제적 자유 또는 행동의 자유는 억압해도 되고 시민적 자유, 즉 정신적 자유는 건드려서는 안 된다고 믿고 있다. 이런 믿음은 행동의 자유를 억압해도 정신적 자유에 아무런 영향이 없다는 전제에서 나온 것이다. 그러나 경제적 자유의 억압은 아무런 영향이 없는 것이 아니라 오히려 다른 자유의 보루이므로 다른 자유의 억압을 초래한다. 이런 사실을 보여주려고 노력한 인물이 프리드리히 하이에크와 밀턴 프리드먼이라는 것은 잘 알려져 있다.

특히, 하이에크는 경제자유를 상실하게 되면 다른 자유도 잃어버린다는 것을 저서 『노예의 길』에서 보여주었다. 경제적 자유의 제한은 시민적 자유의 제한을 초래한다는 것이다. 예를 들면 외환거래에 대한 국가통제는 산업자유의 통제와 전체주의로 이어진다. 외환통제는 정부를 비판하는 사람의 해외 탈출 수단을 봉쇄하는 수단이다. 외국의 잡지나 신문 또는 서적 구입, 반정부 인사의 해외여행 자유를 통제하는 방식이다. 이로써 외환통제는 언론 · 의견의 자유를 억압하여 여론을 조작할 수 있는 수단이 되고, 출판과 인쇄의 국가독점도 마찬가지로 언론 · 사상 · 신앙의 자유를 제약하는 중요한 요인이 될 수 있다.[81)]

사유재산을 기반으로 하는 시장사회는 과도한 국가권력을 막기 위한 보루로 작용한다. 만약 국가가 인쇄와 언론 매체의 독점적 소유자라고 한다면 언론 · 출판의 자유는 아무런 쓸모가 없다. 자유로운 매체의 반향 없이는 의견 · 시위의 자유가 미치는 효과는 대폭 감소한다. 수송수단이 국가에 의해 독점된다면 거주 이전의 자유, 또는 주거 선택의 자유는 있을 수 없다. 필요한 공간을 국가가 할당할 권한을 가지고 있다면 집회의 자유는 있을 수 없다.[82)]

정신적 자유만을 중시하고 경제적 자유를 무시하는 것은 사회민주주의의 치명적인 오류다. 이것은 민주노동당의 강령이 정치적으로 매우 위험하다는 것을 말해준다. 민주노동당의 강령은 계획경제와 동일하다. 부의 생산을 정부가 통제할 것을 요구하는 강령이다. 그러나 이런 강령

81) 이에 관해서는 프리드먼의 『자본주의와 자유』(최정표 역, 형설출판사, 1999) 제1장 '경제적 자유와 정치적 자유의 관계'를 참조하라.

82) 하이에크의 논문을 편집 · 번역한 『자본주의냐 사회주의냐』, 민경국 편역, 문예출판사, 1989, 143쪽 참조.

에 따라 부의 생산을 통제할 경우 그 결과는 인간의 모든 생활을 통제하는 결과를 초래한다.

간섭주의가 심하면 심할수록 기업들은 정부의 정책을 비판하기가 그만큼 더 어려워진다. 친(親)정부적 태도 여하에 따라 간섭의 잣대를 들이대기 때문이다. 기업조사, 세무조사를 정치적으로 이용한다. 예를 들면 기업들이 자유주의를 지향하는 언론 매체나 시민단체를 지원하는 경우 그런 지원을 막기 위해 세무사찰을 감행하여 기업인들의 정치적 선호의 표현을 억압한다. 이는 경제적 자유가 언론의 자유와 종교 활동의 자유에 얼마나 영향을 미치는가를 보여주는 중요한 사례다. 조세를 통한 경제적 자유의 제한도 궁극적으로 정치적 여론의 통제를 야기한다. 최저임금의 급격한 인상은 취약근로 계층의 실업을 야기하고 자영업의 도산을 초래하는 것으로 끝나지 않는다. 실업자들의 종교활동은 물론, 영화나 음악회 등 문화생활에도 직간접적으로 강력한 영향을 미친다. 경제적 자유를 통제할수록 국가가 다른 자유를 억압할 여지가 그만큼 커진다. 부(富)의 생산을 통제하는 것은 인간 생활 자체를 통제하는 길이다. 따라서 경제적 자유는 돈 버는 자유라는 의미 이상을 가지고 있다. 경제적 자유와 이를 기반으로 하는 시장경제는 국가의 횡포를 막기 위한 대항력으로 작용한다. 그것은 국가권력을 억제하는 기능을 행사하고, 이로써 정신적 자유를 보호하는 역할을 한다.

자유주의가 논의에서 중심에 두는 것은 권력의 문제, 특히 국가권력의 문제다. 왜냐하면 국가권력은 총 · 칼 · 교도소를 독점하고 있는 권력이기 때문이다. 그래서 국가권력은 무서운 것이다. 사회적으로 소망스럽다고 생각하는 목표를 달성하기 위해 경제적 자유를 간섭하는 국가는 개인의 자유를 위태롭게 한다. 국가의 경제개입은 항상 강제와 결부되어 있기 때문이다. 이런 국가의 전권(專權)을 억제하기 위해 다양한 수단이 개발되었다. 그러나 가장 효과적인 방법은 사유재산과 함께 경제적 자유를 보장하는 것이다. 사유재산은 인류의 가장 소중한 발견물이다. 이것은 화폐의 발견보다 더 소중한 것이다. 사유재산제가 없으면 화폐의 발전도 없기 때문이다. 경제적 자유와 관련하여 말한다면 그것이 소중한 이유는 경제적 번영보다는 국가의 전제정치에 대응하기 위한 가장 효과적인 수단이기 때문이다. 이런 생각을 강력하게 주장한 인물은 독일의 자유주의자 발터 오이켄이다. 그가 개발한 '질서자유주의' 콘셉트에서 경쟁질서를 중요시한 이유는 그런 체제가 국가의 과도한 권력에 대한 가장 효과적인 견제 장치라고 믿었기 때문이다. 그것은 민주적 선거제도보다 훨씬 효과적으로 국가권력의 자의적 행사를 통제할 수 있다. 따라서 경제적 자유를 물질 추구를 위한 자유라고 매도해서는 안 된다. 경제자유는 다른 자유의 전제조건이므로 경제적 자유로 인해 정신적 자유도 높은 가치를 갖는다는 것을 결코 간과해서는 안 된다.

경제적 자유가 흥해야 민주주의도 흥한다

벤담을 비롯한 19세기 철학적 급진파는 시민적 자유와 정치적 자유, 즉 민주주의와 대중선거가 모든 사람에게 경제적 자유를 가져다준다고 주장했다. 그러나 서유럽의 경우를 보면 그 인과관계는 바뀌었다.[83] 봉건시대의 폭정을 극복한 것은 경제적 자유였다. 봉건사회에서 사람들은 신분상으로 대단히 불평등했다. 이에 따라 경제활동도 불평등했다. 계급에 따라 적용하는 법도 달랐다. 귀족은 약자에 대해 특권을 향유했다. 상인들은 이런 사회구조에서 적절히 행동할 수 없었다. 부의 대물림, 심지어 가난의 대물림이 지배하던 사회였다. 이런 불평등한 사회구조를 극복한 것이 경제적 자유였다.

경제적 자유의 확립과 밀접한 관련을 갖고 있는 것이 자생적으로 형성되어 보편화된 '상관습법'이다. 그리고 이런 법도 국가에 의존하지 않고 상인단체인 길드가 직접 집행했다. 이런 법 규칙들이 유럽 전역으로 확산되었고, 오늘날 유럽이나 그 밖의 지역의 민법 형성에 결정적인 영향을 미쳤다. 그런데 우리가 주목하는 것은 상관습법이 광범위하게 확산될 수 있었던 이유다. 첫째로, 그것은 상인에게는 물론 생산자들에게도 광범위하게 경제적 자유를 허용했다. 이런 관습법을 채용한 도시는 수많은 기업인이 폭정을 일삼는 봉건지역을 등지고 몰려들 만큼 매력적이었다. 오늘날의 의미로 해석하면 기업 하기 좋은 지역이었기 때문이다. 덕분에 상인들이 가는 곳마다 이런 상관습법이 확산되었다.

둘째로, 법 규칙이 특정 계층이나 지역 출신을 우대하거나 차별하지 않고 보편적이었다는 점이다. 외국인이든 누구든 예외 없이 적용되었다. 봉건시대의 차별적인 법 적용이 극복되어 '법 앞의 평등'이라는 정의가 자생적으로 실현되었다. 경제적 자유와 개인의 재산이 효과적으로

83) 이 아랫부분은 어떤 문헌의 내용을 요약하여 인용했다. 그러나 그 문헌이 어떤 문헌인지 잃어버렸다. 그 문헌을 찾으려고 노력했지만 찾지 못했다. 이 부분을 삭제하려고도 했지만, 내용이 훌륭하여 인용된 원전을 밝히지 못했음에도 그대로 살려두기로 한다.

보호되었기에 경제적 번영이 뒤따랐다. 기술혁신과 새로운 지식의 창출이 그 원인이었다. 요컨대 유럽의 산업혁명은 그런 자유의 결과였다. 혁신과 함께 생겨난 경제적인 번영은 시민적 자유와 정치적 자유의 등장을 용이하게 만들었다.

특히, 유럽지역의 무역개방과 자본 · 노동의 자유로운 이동, 상인과 생산자들의 자유로운 이동은 정치에도 강력한 영향을 미쳤다. 자의적인 입법과 자의적인 행정적 관행을 개혁하지 않으면 안 되었다. 그렇지 않으면 유럽의 지배자들은 자본과 생산요소를 끌어들여 경제적 번영을 이룰 수 없었고, 따라서 그들이 강력한 권력을 유지하는 데 필요한 막대한 세수(稅收)도 확보할 수 없었을 것이다. 자유 지향적인 개혁 과정에서 종교 · 학문 · 언론의 자유 등도 확립되었다. 시민적 자유를 위한 물적 기반이 경제적 자유를 통해 형성되었기 때문이다.

경제적 자유의 등장과 함께 발전한 것이 중산층이었다. 경제적 번영으로 인해 교육받은 중산층이 두텁게 형성되었다. 경제적으로 성공한 자유로운 기업가들, 자본가들, 심지어 노동자들도 재산가가 되었다. 그들이 두터운 중산계층을 형성했다. 그들은 과거에 대부분 봉건적 지배자의 가신이었거나 농노였던 사람들이다. 무산자들, 즉 봉건사회에서 차별받던 계층이었다. 그들은 과거의 정치질서에 도전하는 대신 정치적 자유와 민주주의를 요구했다. 유럽 사람들은 더 많은 자유와 헌법적 보장을 요구했다. 민주주의 시대, 열린 시장의 시대, 그리고 자본주의의 시대가 이렇게 해서 서구사회에 꽃을 피우게 되었다.

유럽사회의 간략한 역사적 개관을 살피면 시민적 자유와 정치적 자유는 경제적 자유에 뒤이어, 그리고 경제적 번영에 힘입어 생겨났다는 점을 확인할 수 있다. 이런 진화 과정은 비단 서구사회에서만 목격할 수 있는 것이 아니다. 그것은 동양 사회에서도 목격된다. 한국이 대표적이다. 비록 제한적이었지만 경제적 자유가 경제적 번영을 이룩했다. 이런 번영에 뒤이어 정치적 자유와 민주주의가 확보되었다. 산업화에 뒤이어 민주화가 달성된 것이 아니라 경제적 자유가 민주주의를 불렀다. 좌파가 그리워하던 민주정치를 실현할 수 있었던 것도 자유경제를 통한 경제발전 덕택이라고 볼 수 있다.

이런 과정을 중국과 비교해보면 흥미롭다. 중국은 민주화, 즉 정치적 자유의 요구가 강력하게 제기될 잠재력이 있다.[84] 그러나 경제적 자유와 번영에 뒤이어 나타날 정치적 자유로의 진화 과정이 정부의 강압에 의해 봉쇄당하고 있다. 특히 국가 주석 시진핑은 중국에 사회주의적 독재체제를 세웠다. 그 체제는 세계에서 가장 많은 자유를 향유하던 홍콩마저 독재체제의 희생물이 되게 했다.

"사적 소유란 술보다 더 위험하다"라는 엘리트주의적인 믿음이 지배하던 과거의 인도를 보라! 경제적 자유가 봉쇄된 채 정치적 자유와 민주주의가 시행되었다. 그러나 경제적 자유의 배제는 민주주의를 부패시켰고, 민주정치의 발전도 정체시켰다. 한국의 민주주의가 얼마 전까지만 해도 어떤 사회에 못지않게 발전할 수 있었던 것도 경제적 자유의 확립에 기인한 것이다. 경제적 자유와 시장경제의 바탕이 없었다면 민주주의는 완벽한 부패로 얼룩졌을 것이다. 시장경제를 가진 민주주의만이

84) 민주주의란 선거를 통한 집단적 의사결정방법이다. 의미 있는 선거 과정을 통해 주요 정치적 자리를 배분하는 방법이다. 그리고 의미 있는 선거를 통해 입법부의 구성, 공정한 선거법, 선거 캠페인을 위한 공정한 기회 등이 보장된다. 이런 민주주의는 자유와는 그 성격이 완전히 다르다. 자유주의와 민주주의의 차이에 관해서는 제9장 참조

안정적으로 작동할 수 있다. 경제적 자유의 융성은 정치적, 그리고 시민적 자유에 긍정적인 영향을 미친다.

그러나 유감스럽게도 정치적 자유가 경제적 자유에 미치는 영향은 부정적이다. 인도를 보자. 오랫동안 민주주의 제도를 도입하여 의회를 구성하고 의회에서 입법을 수행하는 이른바 제대로 된 의회민주주의를 갖추었다. 반면, 인도는 경제적으로 시장경제체제가 아니라 계획경제체제를 도입했다. 기간산업은 국유였다. 그리고 가격규제를 비롯하여 은행과 기업에 대한 규제를 매우 강화했다. 시장경제라고 부르기에는 부적합한 경제체제였다. 네루 수상은 "사유재산은 술 취한 사람처럼 위태롭다"라고까지 말했다.

독일의 예도 마찬가지다. 정치적 자유가 경제적 자유를 제한하는 대표적인 예다. 스웨덴 그리고 유럽사회 전체가 비록 정치적 자유는 대단히 성숙해 있지만 경제적 자유는 제한되어 있다. 그뿐만이 아니다. 민주주의가 자유를 억압하는 독재를 불러들이고 있다. 칠레의 피노체트처럼 쿠데타를 통해 민주주의가 붕괴되는 것이 아니라 보통선거를 통해 선출된 지도자들이 민주주의를 전복시킨다. 과거에는 독일의 히틀러가 민주적인 방법으로 독재체제를 구축했다. 오늘날에는 베네수엘라, 폴란드가 대표적이다. 한국도 마찬가지다. 문재인 정부도 선출된 정부이지만, 사법부를 장악했고 과반 이상의 의석을 차지하여 의회도 장악했다. '제4의 권력'이라고 부르는 언론도 장악했다. 좌파가 민주광장으로 여긴 광화문광장에 경찰버스로 철옹성을 쌓아놓았다. 민주적 선거로 당선된 통치자가 언론과 집회의 자유를 파괴하고 정치적 발언을 봉쇄하는 독재로 가고 있다. 민주주의와 자유주의의 충돌을 보는 장면이다. 경제적 자유가 키워놓은 민주주의가 경제적 자유를 유린하면서 바로 민주주의의 기반인 언론의 자유를 유린하고 있다.

요컨대 경제적 자유는 민주주의의 기초를 다지는 데 기여했다. 그러나 민주주의는 경제적 자유를 침해하는 성향이 있어서 오늘날에는 선거를 통해 선출된 통치자들이 경제적 자유는 물론이고 민주주의도 소멸시키고 있다. 이것이 21세기의 특징적인 정치적 현상이다. 그 이유는 경제적 자유에 대한 확신이 없기 때문이다. 우리의 과제는 그 같은 현상을 야기한 근본 원인과 치유방법을 찾아서 민주주의와 자유사회를 회복하는 일이다.

곳간이 차야 예도 안다

이미 잘 알려져 있듯이, 춘추시대 관중은 『관자』의 '목민' 편에서 "창고가 가득 차야 사람들이 예의를 알고, 먹을 것과 입을 것이 넉넉해야 사람들이 염치를 안다"라고 말했다. 즉, 사람들이 경제적으로 풍족해야 여유가 생기기에 우선적으로 사람들에게 경제적 풍요로움을 보장해줘야 한다는 의미다. 관중보다 뒤에 한 말이기는 하지만, 데이비드 흄도 그와 비슷한 말로 경제적 자유의 중요성을 말했다. 도덕과 사회통합의 위협이라는 이유로 상업사회의 개인주의 정신, 경쟁, 이윤추구를 우려했을 때 그는 걱정하지 않았다. 그 대신에 "경제적 번영이야말로 사회적 덕성의 증진에 중요하다"라는 결론을 내리면서 "노동과 지식 그리고 인간성은 서로 얽혀 있는 것"이 상업사회라고 했다.[85] 상업사회에 얽혀 있는 그 세 가지는 개인의 삶에만 유익한 것이 아니라 그들의 편익이 공공에도 확산된다는 것이다.[86] 상업사회에서 사람들은 야만족처럼 고립하여 흩어져 사는 것이 아니다. 그들은 도시로 몰려가 지식을 주고받기를 좋아하고, 자신들의 재치와 교양을 보여주기를 좋아한다는 것이 흄이 시장을 관찰한 결과다. 상업사회는 인간의 사회성을 높여준다. 사람들이 서로 대화하고 서로의 기쁨과 즐거움을 함께하면서 인도주의적 심성의 증가를 느끼게 되는 것도 시장사회의 강점이다.[87] 사람들의 "증가된 사회성과 지적인 섬세함은 안정되고 활력 있는 사회질서의 핵심으로 이해될 수 있는 취향과 품격을 높여준다"라는 흄의 주장도 새겨들을 필요가 있다.[88]

시장경제는 경제적 번영을 경유하여 도덕을 증진한다는 260년 전의 흄의 인식은 벤저민 프리드먼이 이어받는다. 잘 알려져 있듯이, 경제적 번영은 너그러움, 관용, 열린 마음 그리고 공동체 정신을 촉진한다는 것이 프리드먼의 인식이었다.[89] 인간은 경제적으로 어려운 때는 타인들의 경제적 상황과 비교하여 질투심을 표출하는 데 반해, 경제적으로 풍요를 누릴 때는 타인들과 비교하는 것이 아니라 자신의 어려웠던 과거와 비교하여 현재의 개선에 대해 행복감을 갖는다는 것이 그의 탁월한

---

85) Wennerlind(2011: 49-50), Hume(1742/1985: 271)

86) Hume(1742/1985: 271)

87) Hume(1742/1985: 271)

88) Wennerlind(2011: 51)

89) Friedman(2006), 민경국(2007: 70-71)

인식이다. 이 같은 현상은 독일에서 등장했다. 1950년대부터 1960년대까지는 독일경제가 전대미문의 번영을 누리고 있었다. 당시에는 질투심이 거의 발산되지 않았다. 그러나 경제가 어려워지기 시작하자 분배 요구가 강력하게 제기되었다. 분배와 관련된 사회적 갈등이 심화되기 시작한 것도 성장이 침체되면서부터였다.

이 맥락에서 성장은 그리 중요하지 않다는 한국 좌파의 대표적인 학자 변형윤 교수를 보자. 그는 "성장률이 낮더라도 그것을 어떻게 나누어 먹는가가 중요하다"라고 말했다. 그는 사회안전망과 복지를 중시한다. 이런 생각은 존 스튜어트 밀과 동일한 생각이다. 그는 자신의 『정치경제학 원리』(1848)에서 이렇게 말했다. "생산 증대를 목적으로 하는 것은 뒤처진 국가들이나 하는 일이다. 대부분의 선진 국가에서 경제적으로 필요한 정책은 좀 더 나은 분배다." 성장에 욕심을 내지 말고 분배를 중시하라는 말이다. 이것이 행복하고 안락한 사회라는 것이다. 그러나 정체된 사회에서는 가난한 사람들이 부자를 질투한다. 재분배를 통해 질투를 달랠 수도 없다. 재분배를 통해 빈곤을 치유하려는 시도는 목적 달성은 고사하고 문명화된 삶을 포기해야 할 것이다. 애덤 스미스는 밀보다 앞서 70여 년 전 『국부론』에서 이렇게 말했다.

> "노동자들이 주민의 대다수를 차지하는데 그들은 부(富)를 이미 충분히 습득한 경우보다는 그들에게 계속해서 부를 가져다주는 발전의 시기에 그들의 처지가 가장 행복하고 가장 안락하다고 여긴다. 정체된 상태에서는 괴롭고 경제가 퇴보하는 상황에서는 비참하다. 발전이야말로 사실상 모든 계층에게 진정으로 고무적이고 기쁨을

주는 상황이다. 발전이 없는 정체된 상황은 우울하고 심리적으로 위축되는 상황이다. 후퇴하는 상황은 참담한 상황이다."

미제스, 하이에크, 프리드먼 등 현대의 고전적 자유주의자들은 여러 가지 자유 중에서 경제적 자유를 중시했는데, 그 이유는 앞에서 설명한 바와 같이 모든 자유의 보루로서 경제적 자유를 억압하는 상태에서 다른 자유는 사상누각에 불과하기 때문이다. 동서고금을 막론하고 사람들은 경제 문제에 매우 민감하다. 종교 · 문화 · 취미 생활 등 다른 어떤 일도 유지될 수 없다. 이승만 대통령이 경제적 자유를, 박정희 대통령이 경제성장을 각각 중시한 것은 일단 경제적 문제가 해결되지 않는다면 다른 자유와 민주는 존재할 수 없다는 이유에서였다.

요컨대 경제적 번영은 아무리 강조해도 지나치지 않다. 중요한 것은 방법이다. 경제적 자유를 통한 성장만이 분배의 왜곡 없이 빈곤층의 삶을 개선할 수 있다. 자유는 분배의 불평등을 초래하기 마련이다. 그러나 법의 지배 원칙에 따른 경제적 자유는 하류층의 삶의 개선이 없는 분배의 불평등을 불러오지 않는다.

자유가 없다면 경제학도 없다

강제가 없는 상태로서 자유가 중요한 이유 가운데 하나는 그것이 과학철학적 차원을 내포하고 있기 때문이다. 그 차원이 '자생적 질서'의 존재다. 시장사회 같은 제도가 신(神) 또는 인간정신의 의도와 계획을 통해 만들어진 것이라면 경제학(넓게 말해서 사회과학)은 불필요하다. 신의 뜻이나 계획한 사람의 심리나 의도를 규명하는 것으로 충분하기 때문이다. 옛 소련이나 동유럽 사회주의에서 사회현상을 설명 · 예측하는 과제를 가진 사회과학의 발전이 없었던 것은 결코 우연이 아니다.

자생적 질서는 사회과학의 존재이유를 말해주는 중요한 개념이다. 주지해야 할 것은 바로 자생적 질서에는 자유가 바탕에 깔려 있다는 점이다. 따라서 자유를 부정하면 자생적 질서의 존재 그리고 사회과학의 존재이유를 부정하는 것과 동일하다. 사회과학의 존재이유는 자연을 일일이 사사건건 신의 간섭(신인격론: theism)의 결과로 이해하는 대신에 자연이 스스로 움직이도록 어떤 질서원칙을 부여하고 신은 떠났다는 믿음(자연신론: deism) 때문에 자연과학이 발달했다고 보는 것과 흡사하다.

자유의 과학철학적 의미는 흄, 스미스 등의 철학자들이 최초로 체계화한 경제학이 '자유주의경제학'일 수밖에 없었던 이유에 해당한다. 대학에서 가르치는 경제학(주류경제학)의 치명적인 결함은 시장의 바탕이 되는 자유를 발견하지 못했다는 점이다. 개인들 각자가 추구하는 목적이 이미 달성된, 그래서 변동할 이유가 없는 상태, 즉 균형분석에 초점을 맞추었기 때문이다. 자유의 존재를 무시하는 모든 사회과학은 현실을 설명하는 데 부적합하다고 보아도 무방하다. 이 같은 주제는 이 책의 제2부에서 다룰 것이다.

제 2 부

자유와 질서

"만인이 만인에 대해 적(敵)이 되는 전시(戰時) — (중략) — 같은 사회적 조건에서는 결실이 불확실하기 때문에 산업이 존재할 여지가 없고 토지 경작도 항해도 이루어지지 않고, 해로로 수입되는 물자의 이용, 편리한 건물, 많은 힘이 필요한 물건 운반 도구, 지표면에 관한 지식, 시간 계산, 기술, 문자, 사회 그 어떤 것도 없다. 그리고 무엇보다 불행하고, 끊임없는 공포와 폭력에 의한 죽음의 위험에 처해 있다. 이런 상태에서 인간의 삶은 고독하고 가난하며, 불결하고 잔혹하며, 심지어 명도 짧다."

-토머스 홉스[1]

"사실 (각 개인은; 저자) 일반적으로 말해 공공이익을 증진하려고 의도하지도 않고, 공공이익을 얼마나 촉진하는지도 모른다. (중략) 노동생산물이 최대의 가치를 갖도록 노동을 이끈 것은 오로지 자기 자신의 이익을 위해서다. 이 경우 그는 다른 많은 경우에서처럼 보이지 않는 손에 이끌려서 자신이 전혀 의도하지 않은 목적을 달성하게 된다. 그가 의도하지 않았던 것이라고 해서 반드시 사회에 좋지 않은 것은 아니다. 나는 공공이익을 위해 사업한다고 떠드는 사람들이 좋은 일을 많이 하는 것을 본 일이 없다."

-애덤 스미스[2]

1) Hobbes(1651/1965: 96-97)

2) Smith(1976/2015, IV.ii 9: 552-553)

5.
자유와 자생적 질서

'질서(Order, Ordnung)'라는 개념은 스코틀랜드의 계몽주의 철학자들이 즐겨 사용하다가 프랑스의 계몽주의자들에 의해 뒤로 밀려난 이후 사회과학에서 점차 잊혀갔다. 이 개념을 다시 부활시켜 사회철학의 핵심적 개념으로 정착시키는 데 기여한 인물이 발터 오이켄, 프리드리히 하이에크 등이다. '질서'는 인간의 삶을 위해 매우 중요하다. 질서 없이는 인간 개개인이 살아갈 수 없다. 왜냐하면 질서 없이는 사람들이 타인들의 행동을 예측할 수 없고, 그렇게 되면 사람들은 분업적 상호관계를 가질 수 없기 때문이다. 질서란 사람들이 생산적인 상호관계를 가질 수 있도록 서로의 행동에 대한 기대가 어느 정도 적중 가능한 상황을 말한다.[3) 흔히 이런 상황을 구조, 패턴, 체제라고도 부른다. 그러나 '질서'라는 말이 가장 마음에 든다. 질서가 없으면 경제성장과 번영은 고사하고

3) '질서'라는 말은 다양한 종류의 구성요소들의 다수가 서로 연관되어 있기에 우리가 전체 속에서 공간적 혹은 시간적으로 그 일부와 매우 친숙해지면 이로부터 배워서 우리가 그 나머지에 관한 정확한 기대 혹은 정확하게 들어맞힐 좋은 기회를 가질 것이라는 최소한의 기대를 형성할 수 있는 상황이다(Hayek, 1983/2018: 80).

가장 기본적인 욕구마저 충족될 수 없다. 법학은 물론 인류학에서도 질서의 존재를 중시하는 이유가 그 때문이다. 예를 들면, 인류학자 에번스 프리차드는 이렇게 말한다.

> "사회적인 삶에서 일종의 질서가 존재하고 있음은 분명하다. 이것이 없으면 우리 중 어느 누구도 일상적인 활동을 할 수 없고, 심지어는 가장 기본적인 욕구마저 충족시킬 수 없다."[4]

질서는 오늘날 생물학에서조차 강조되고 있다. 예컨대 진화적 인식론의 발전에 매우 크게 기여한 오스트리아 출신 동물행동학자 리들은 질서라는 개념을 보편적 개념으로 간주하면서 질서의 중요성에 대해 다음과 같이 언급하고 있다 "질서 개념을 포기할 수 있는 영역이란 존재할 수 없다. 질서 없는 세계란 상상할 수도 없고, 질서 없는 세계는 인식될 수도 없다. 질서 없는 세계는 의미도 없다. 만약 이 세상에 질서가 없다면 이를 촉진시켜야 한다."[5] 그래서 경제학도 '질서'로 접근하는 것이 매우 중요하다. 이는 사건마다 개별적으로 접근하는 방법과 대비된다. 자유와 질서의 관계를 설명하기 위해서는 질서의 원천과 질서의 성격을 규명하고, 어떠한 기능을 행사하는가 그리고 어떠한 조건하에서 질서가 형성되는가의 문제를 다루어야 할 것이다.

---

4) Evans-Pritchard(1951: 49)

5) Riedl(1975: 20)

자연적 질서, 인위적 질서 그리고 자생적 질서

중요한 문제는 질서의 원천에 관한 것이다. 이는 사람들에게 유익한 질서가 어떻게 생겨나는가의 문제다. 동양에서는 노자(老子), 서양에서는 아리스토텔레스 이래[6] 그 문제와 관련하여 이분법적으로 생각해왔다. 즉, 자연적 질서와 인위적 질서를 구분했다. 인간행동의 결과로 생겨난 것은 전부 인위적이라고 여겼다. 그리고 인위적인 모든 것은 인간이 완전한 이성을 가지고 목적에 합당하게 계획하여 만든 경우에만 훌륭하고 합리적이라고 믿었다. 이런 인식은 인간 이성(사물을 이해하고 옳고 그름을 판단할 수 있는 지적 능력)을 무한히 신뢰한 프랑스 계몽주의의 전통에서 비롯된 것이다.

물론 수많은 사회구조와 사회적 과정 중에는 인간이 미리 생각하고 계획하여 만든 것들이 많이 있다. 대표적인 예가 기업, 이익집단, 정부조직, 군대 등이다. 이런 질서는 '조직(Organization)'이라는 말로 표현된다. 그러나 언어, 화폐, 시장, 도덕규칙, 관행, 관습 등 사회문화적인 현상들은 이분법적 사고방식으로는 이해할 수 없다. 그런 현상은 인간행동에 의해 형성된다는 점에서 인위적 질서와 유사하지만, 인간계획에 의해 만든 것이 아니라는 점에서는 자연적 질서(Natural Order)와 흡사하다. 우리가 사용하는 문법 규칙과 말은 인간행동을 통해 생겨난 것임에 틀림없다. 인간이 없었으면 우리가 매일같이 사용하는 언어도 없었을 것이다. 이런 의미에서 인위적 질서(artificial order)와 흡사하다. 그러나 특정한 목적을

6) 기원전 5세기 소피스트 학파를 거쳐 아리스토텔레스가 이어받은 생각이다.

가지고 누군가가 계획해서 언어를 만든 것이 결코 아니라는 점에서 언어는 자연적 산물이다. 말을 만들겠다는 집단적 의도가 없었음에도 장구한 역사적 과정을 거쳐 사람들이 서로 소통하는 과정에서 언어가 생겨난 것이다.

따라서 이분법은 동일한 대상을 상이하게 분류하는 오류를 범했다. 인위적인 것과 자연적인 것 사이에 제3의 범주로서 '자생적 질서'라는 개념이 절대적으로 필요한 이유는 그 때문이다. 그것은 스코틀랜드의 철학자이자 역사학자였던 애덤 퍼거슨(1723~1816)이 표현한 대로 "인간행동의 결과이기는 하지만 인간계획의 결과가 아닌" 질서다. 그런 질서를 하이에크는 '자생적 질서(Spontaneous Order)'라고 불렀고 애덤 스미스는 '보이지 않는 손'을 빌려서 그런 질서의 형성과정을 설명했다. 스미스의 은사였던 데이비드 흄은 '묵계(convention)'라는 말로 표현했다. 흄이 주목한 것은 화폐, 언어, 도덕, 법 등 인간사회를 윤택하게 만든 수많은 제도는 인간 가운데 어느 누구도 의도했거나 계획하지 않았음에도 그들이 자신의 삶을 위해 상호관계를 갖는 과정에서 생겨난 결과, 즉 진화의 결과라는 사실이었다. 스미스는 인간이 자신의 이해관계를 추구하기 위해 타인들과 분업 · 거래관계를 갖는 과정에서 의도하지 않게, 즉 보이지 않는 손에 의해 보편적 번영 같은 공익이 달성된다는 것을 보여주려고 했다.

인위적 질서와 자생적 질서의 명확한 성격을 이해하면 다음과 같이 세 가지로 옳게 파악할 수 있다. 첫째 사회과학의 역할, 둘째 자유, 법, 도덕, 정의에 대한 이해, 셋째 적합한 경제정책과 입법정책에 관한 이해가 그것이다. 이미 앞에서 언급했듯이 자생적 질서는 사회과학의 존재이유를 말해주는 중요한 개념이다. 뷰캐넌이 『경제학자는 무엇을 해야 하는가』에서 강조했듯이 경제학은 경제학자가 하는 것이라는 주장을 강력히 부정하면서 경제학은 자생적 질서의 원리를 파악하는 것이라고 했다.[7] 이런 경제학이야말로 스미스의 전통이다. 그러나 오늘날 대학교육을 지배하는 리카디안 전통의 주류경제학은 시장을 자생적 질서가 아닌 자원배분을 목적으로 하는 인위적 질서, 즉 조직으로 이해하고 있다. 조직은 구체적 목적을 위한 질서이므로 그것은 구체적 질서다. 이에 반해 자생적 질서는 추상적이어서 우리 눈으로 볼 수 없다.

자생적 질서에는 '강제가 없는 상태'를 전제하는 자유가 깔려 있다. 따라서 자유를 부정하면 자생적 질서의 존재와 사회과학의 존재이유를 부정하는 것과 동일하다. 이것이 앞에서 설명한 자유의 과학철학적 차원이다. 경제학이 자유주의 경제학인 이유다. 자유의 두 번째 차원은 도덕철학적 차원이다. 자생적 질서는 그 구성원들이 특정한 행동규칙을 지킬 경우에만 생성된다. 그런 질서에 합당한 행동규칙들에 대한 문제가 도덕 규칙과 법 그리고 정의의 문제다. 우선, 자생적 질서가 역사적 맥락에서 어떤 의미가 있는가를 설명하기 위해 애덤 스미스와 토머스 홉스, 두 사상가의 상이한 질서관을 비교 · 설명하는 것이 필요하다.

---

7) Buchanan(1982)

애덤 스미스 vs. 토머스 홉스

애덤 스미스가 우리에게 남겨준 유산 가운데 가장 중요하고 오래도록 지속적으로 영향을 미치는 것은 '보이지 않는 손'이라는 아이디어다. 그는 그 말을 자신의 저작물에서 몇 차례 사용했을 뿐이지만, 그것은 독창적이었다. 특히, 그 개념은 사회과학의 과제는 물론이거니와 국가의 과제를 규정하는 데 대단히 중요한 역할을 했다. 그 개념의 도입으로 사회현상을 설명하는 데 더 이상 신(神)과 이성이 필요하지 않게 되었다. 그 이후의 학자들은 사회현상을 더욱 정확히 기술할 수 있다고 믿는 용어를 도입했다. 예를 들면, 애덤 퍼거슨은 '인간행동의 결과이지만 인간의 디자인 집행이 아닌 것', 칸트는 '감춰진 자연의 기획'이라는 말을 사용했다. 또한 프리드리히 바스티아는 '경제적 조화'를, 그리고 하이에크는 '자생적 질서'라는 용어를 도입했다. 이들 가운데 가장 인기 있는 용어는 단연 '자생적 질서'다. 이 말을 영국의 철학자 겸 화학자였던 마이클 폴라니가 암시했고, 하이에크가 널리 확산시켰다.

사회에는 질서 잡는 사람이 있어야 질서가 잡히며, 그대로 내버려

〈표 1〉 스코틀랜드 계몽주의와 프랑스 계몽주의

스코틀랜드 계몽주의	프랑스 계몽주의
• 자생적 질서	• 인위적 질서(조직)
• 진화론적 합리주의	• 구성주의적 합리주의
• 노자, 흄, 스미스, 멩거, 하이에크	• 데카르트, 홉스, 고드윈, 케인스, 롤스
• 사회적 · 진화적 인간관	• 고립된, 이기적 · 합리적 인간관
• 정의의 규칙을 통한 자생적 질서	• 명령 · 지시에 의한 인위적 질서(조직)
• 미래는 열려 있다	• 미래를 미리 정해놓는다
• 진짜 개인주의	• 가짜 개인주의

두면 혼란만 있을 뿐이라는 믿음이 동서양 어디든 지배했다. 이런 믿음을 기술한 대표적인 인물이 토머스 홉스다. 강력한 국가의 존재가 없으면 이기적이고 탐욕적인 인간은 자신들의 목적을 위해 수단과 방법을 가리지 않는다. 인간은 이리떼나 다름없다. 만인에 대한 만인의 투쟁이다. 인간에게 사회성이란 없다. 이런 상태에서는 '고독하고 가난하고 구역질 나고 잔인하고 명도 짧은' 삶밖에는 기대할 것이 아무것도 없다. 이런 상황을 극복하기 위해 사람들은 신이 아닌 인간의 이성에 의존하기로 합의한다. 이성의 소유자는 괴물을 상징하는 '리바이어던'이고 국가다. 이것이 헤겔에 따르면 '이성국가'다.

그런 인식은 사회주의를 넘어서 강력한 영향을 미쳤다. 마르크스를 비롯하여 사회주의자들은 시장의 경쟁을 동물의 세계처럼 '만인에 대한 만인의 투쟁'으로 기술했다. 또는 시장의 경쟁을 사회다윈주의와 동일시하기도 했다. 사회다윈주의란 강자가 약자를 제거하고, 약자를 위한 배려는 유용하지도, 도덕적이지도 않다는 것을 주장하는 이념이다. 시장에 대한 대안(代案)은 국가다. 기존의 개인기업 혹은 토지를 국유화하거나, 개인기업 · 토지소유를 금지하는 국가체제에서부터 소유를 규제하는 국가체제에 이르기까지 다양한 체제가 존재한다. 그러나 이들의 공통점은 시장경제는 무계획적이어서 질서가 없으며, 따라서 정부가 경제를 계획하고 규제 · 간섭해야 혼란을 피할 수 있다고 믿는다는 것이다. 코로나 같은 감염병의 확산도 국가만이 해결할 수 있다고 보는 것이다.

시장에 대한 그런 비판은 오늘날에도 지속되고 있다.[8] 한국 헌법은

8) 그 대표적인 예를 두 가지만 들자. "자본주의는 원래 기업가 개인의 이기심을 토대로 한 무계획적 · 무정부적 체제이기 때문에 그대로 방치하면 주기적인 공황이 필연적으로 야기된

제119조 제2항의 이른바 민주화 조항을 말할 때,[9] 늘 시장경제의 무계획성을 강조한다. 시장경제는 '무계획적'이어서 '무질서'하다는 비판인데, 이것만큼 오래된 비판도 없다. 무질서 속에서는 주기적 공황이 생기고 국가의 생산력도 저하되고 실업도 많고 소득의 불안도 생겨난다는 것이다. 그러니까 시장경제는 정부의 계획과 규제가 필요하다는 것이다.

시장에 대한 그런 인식과는 다르게 본 인물이 스미스였다. 그는 보편적 이익을 불러오는 분업에 대해 이렇게 말했다. "수많은 이익을 가져오는 분업은 원래 그것이 일반적인 풍요를 예상하고 의도한 인류의 지혜로 인한 결과가 아니다. 분업은 하나의 물건을 다른 물건과 바꿔 갖고 거래하고 교환하려는 성향으로부터 필연적으로 생겨나는 결과다."[10] 문제는 분업이 인간의 지혜를 통해 의도적으로 형성된 것이 아니라면 '무엇이 그런 분업을 가능하게 했는가?'였다. 그는 이 문제에 대해 '보이지 않는 손'이라는 말로 대답했다. 그가 이 개념을 어떻게 이해했는가를 보자. 『국부론』 제4편 「정치경제학의 학설체계」의 제2장에서 수입제한에 관한 논의를 하면서 보이지 않는 손의 개념을 이용하고 있다. 그 내용은 제2부 도입부에 인용했으므로 여기에서 반복하지 않겠다.

보이지 않는 손의 은유법을 통해 표현된 스미스의 핵심적인 생각은 사람들이 자기 자신의 이익을 추구하는 것이 사회의 이익, 즉 공공선을

다."(박일경, 1964: 545) "개인적 이해타산에 의거하는 자본가의 경제활동은 경제적 · 사회적 입장에서 볼 때 완전히 무계획적이다."(문홍주, 1975: 549)

9) 헌법 119조 제2항은 다음과 같다. "국가는 균형 있는 국민경제의 성장 및 안정과 적정한 소득분배를 유지하고 시장의 지배와 경제력의 남용을 방지하며 경제주체 간의 조화를 통한 경제의 민주화를 위해 경제에 관한 규제와 조정을 할 수 있다."

10) Smith(1976/1915, I.ii: 17)

증진시키려고 의도하는 경우보다 더욱 효과적으로 그 목적을 증진할 수 있다는 점이다.[11] 그가 관찰한 것은 개인의 이익을 추구하는 것이 의도하지 않게 사회적으로 유익한 결과로 이어진다는 것이다. 그런데 주목할 것은 보이지 않는 손은 어디에서나 작동하는 것은 아니라는 사실이다. 개인들이 적절한 행동 규칙을 지킬 경우에만 작동 가능하다는 것이다. 여기에 대해서는 제4장과 제5장에서 자세히 다룰 것이다. 애덤 스미스는 『국부론』이 발표되기 거의 20년 전에 썼던 『도덕감정론』에서도 보이지 않는 손을 언급한다.

> "그들(부자: 저자)의 천성적인 이기심과 탐욕에도, 비록 그들이 자신만의 편의를 생각한다고 하더라도, 또한 그들이 수천 명의 노동자를 고용해서 추구하는 유일한 목적이 그들 자신의 허영심과 그리고 만족될 수 없는 욕망임에도 그들은 자신들의 모든 개량의 성과를 가난한 사람들과 나누어 가진다. 그들은 보이지 않는 손에 이끌려서 토지가 모든 주민에게 똑같이 나누어졌을 경우에 있을 수 있는 것과 같은 생활필수품의 분배를 하게 된다."[12]

그러나 보이지 않는 손의 의미는 『국부론』과 『도덕감정론』에서 차

---

11) 스미스에 의하면 사회에 유익한 결과를 안겨주는 것은 자본가가 의도한 것이 아니라는 것이다. 자본가가 의도한 것은 '천박한 탐욕'이다. "동업자들은 오락이나 기분전환을 위해 만나는 경우에도 그들의 대화는 공중에 반대되는 음모나 가격인상을 위한 모종의 책략으로 끝나지 않을 때가 거의 없다. 그런 모임을 자유와 정의에 모순되지 않는 법률로 저지하는 것은 불가능하다. 그런 모임을 촉진해서는 안 되며, 더구나 그런 모임이 필요하도록 만들어서도 안 된다."(Smith, 1976/2015, I.x.2/27: 167-168)

12) Smith(1976/2009, IV.i /10: 345-346)

이가 있다. 전자에서는 경제적 번영의 극대화를, 후자에서는 행복을 위한 수단의 분배를 의미한다. 스미스는 『도덕감정론』에서 자생적 질서의 기본적 아이디어를 파악하여 위에서부터 아래로 사회를 디자인하겠다고 나서는 사람을 '체제인(man of system)'이라고 부르면서 사회계획이 무모하다는 것을 역설했다. 이 내용은 매우 중요하므로 길지만 전부 인용한다.

> "체제인(man of system)은 거대한 사회를 구성하는 서로 다른 사람들을 마치 장기판 위에서 손으로 말들을 배열하는 것만큼이나 매우 쉽게 배열할 수 있다고 생각하는 것 같다. 그러나 장기판 위의 말들은 사람의 손이 힘을 가하는 대로 움직일 수밖에 달리 다른 운동원리가 없지만, 인간사회라는 거대한 장기판에서는 모든 말 하나하나도 자기 자신의 운동원리를 가지고 있는데, 이것은 입법기관이 그들에게 부과하는 것과 전혀 다른 것이다. 만약 각 구성원들의 운동원리와 입법기관이 부과하는 운동원리가 일치하고 동일한 방향으로 작용한다면 인간사회의 게임은 편안하고 조화롭게 진행될 것이며, 또한 행복하고 성공적일 것이다. 그러나 만약 이 두 가지 운동원리가 서로 반대되거나 일치하지 않는다면 게임은 불행하게 진행될 것이며, 그리고 인간사회는 언제나 최악의 무질서 상태에 놓이게 될 것이다."[13]

사회계획을 담당하는 '체제인'의 보이는 손은 복잡한 사회에서 사

13) Smith(1976/2009, VI. II. 2/17: 443-444)

회적 조화라는 목적을 달성할 수 없다. 오히려 최악의 무질서 상태를 불러올 뿐이다. 이는 인간 이성을 통해 사회를 계획하는 것이 얼마나 무모한가를 말해준다. 『도덕감정론』과 『국부론』은 도덕과 이를 바탕으로 하는 사회질서의 자생적 형성에 대한 광범위한 이해를 제공한다. 이런 이해를 더욱 깊이 있고 광범위하게 체계적으로 다룬 인물이 하이에크다. 다음에서는 홉스의 계획된 인위적 질서, 즉 조직과 비교하면서 자생적 질서의 성격을 설명할 것이다.

수평적 사회 vs. 위계적 사회

인간의 생산적인 관계를 의미하는 질서는 행동질서와 규칙질서로 구분된다. 이런 구분은 게임규칙과 게임규칙 테두리 내에서의 게임의 구분과 동일하다. 그런 구분은 정책적으로나 이론적으로 매우 중요하다. 두 가지 이유 때문이다. 첫째로 어떻게 행동 규칙들이 행동질서의 형성에 기여하는가, 둘째로 '적절한' 행동 규칙 또는 적절한 법 규칙은 무엇인가를 이해하는 데 매우 유용하다. 그런 문제를 해결하기 위해서는 우선 행동질서로서 자생적 질서의 특성을 설명할 필요가 있다. 특히 그 특성을 무시한 채 아무데서나 '자생적 질서'라는 말을 사용하는 사람들이 많다. 자생적 질서와 대비되는 것이 조직이다. 이는 인위적으로 만든 질서다. 자생적 질서의 특징을 설명하기 위해서는 조직과의 비교가 필요하다.

조직은 질서를 잡는 주체가 미리 계획을 세우고 이 계획에 따라 구성원들에게 사회적 위치와 수행할 역할을 배정하는 질서다. 계획에 따라 상급자는 명령과 지시를 통해 하급자들의 행동을 조정하고 통제한다. 사회적 관계는 지배와 복종, 또는 수직적 관계다. 인위적 질서에는 구성원들이 모두 함께 참여하여 달성해야 할 공동의 목적(공공선, 공공이익)이 있다. 공동목적을 위해 계획하여 만든 질서가 조직이다. 공동목적이란 분배정의, 균형성장, 고용목표 등 다양한 집단적 목표다. 조직은 구성원들을 집단적 목표 수행을 위한 수단으로 취급한다. 공동목적을 위해 사령탑이 구성원들의 위치와 수행할 역할을 배정하고 필요한 행동을 그들에게 강제한다.

이런 질서의 대표적인 예가 중앙집권적 경제질서 또는 간섭주의 경제다. 사회주의, 국가주의, 민족주의, 민주주의 등은 모두 조직을 중시하는 이념이다. 중요한 몇 가지 예를 들어본다. 먼저, 평준화 교육을 실현하기 위해 학교선택권과 학생선발권이 없는 교육제도는 사회주의의 배급제도와 동일하다. 또한, 선택권이 대폭 제한되어 있는 연금제도와 의료보험제도도 연금과 의료의 배급제도와 동일하다.

자생적 행동질서는 조직과는 전적으로 다르다. 사회적 관계에서는 지배와 복종이 존재하지 않는다. 어떤 특권도 없다. 귀족 신분도 없으며, 신분상 어떤 차별도 없다. 종교적 소수파에 대한 차별도 없다. 자생적 질서의 전형적인 예에 해당하는 시장경제는 신분 또는 종교, 출신, 성별, 동성애자, 히피, 빈부 등 어느 것도 차별하지 않는다. 이런 의미에서 평등의 원칙이 지배한다. 자생적 질서를 구성하는 요소는 개별적인 인간은 물론 행동단위체로서 가족, 기업, 이익단체 등과 같은 특정의 목적을 가진 사적 조직들이다. 기업 바깥에 있는 개인과 기업의 관계, 기업과 기업의 관계 등은 자생적 질서 내의 관계다. 포괄적인 자생적 질서의 구성요소에는 행동단위체로서 정부기관도 포함된다. 정부도 자생적 질서 하에서는 개인이나 기업과 동등한 위치에 있다. 오늘날 자생적 질서는 지역을 넘어 전 국토로 또는 국제적으로 확장되어 있다. 자생적 질서는 그래서 확장된 질서다.

법이 지배하는 사회 vs. 목적이 지배하는 사회

자생적 질서는 그 구성원들이 모두 참여하여 공동으로 추구할 집단적 목적이 없다. 자생적 질서는 무수히 많은 개개인이 스스로 목표를 정하고 자신의 지식을 이용할 수 있는 질서다. 다목적 수단이 자생적 질서다. 조직은 특수한 집단목적을 가지고 인간이 만든 질서로서 우리의 감각에 직접 포착된다. 누가 누구와 어떤 관계를 맺고 있는가를 알 수 있을 만큼 인간관계가 구체적이다. 정부의 계획과 규제에 의해 만들어진 질서에서는 질서 잡는 사람(질서 잡는 힘)이 있으므로 질서가 눈에 보인다. 질서 잡는 사람, 계획하는 관료가 눈에 보인다. 조직에는 마스터플랜이 있다. 그것을 보면 누가 어떤 자리에서 무슨 일을 하는지, 누가 누구에게 어떤 명령을 내리고 어떻게 명령을 수행하는지를 미리 알 수 있다. 그러나 자생적 질서는 눈에 보이지 않는다. 말 그대로 보이지 않는 손이 작용하여 질서가 형성되기 때문이다. 정부의 계획과 규제 없이 저절로 형성되는 질서의 존재를 믿으려 하지 않는 것은 그래서다.

그러나 정신, 시장, 사회 같은 자생적 질서는 인간정신을 통해 개괄적인 모습 또는 작동원리를 설명할 수 있을 뿐 그 구체적인 내용이나 정신은 알 수 없다. 자생적 질서는 각처에 흩어져 있는 어느 한 정신만으로는 원천적으로 알기가 불가능한 상황에서 지식의 이용을 통해, 그리고 각처에서 새로이 생겨나는 혁신적 지식을 통해 생성 · 변화되기 때문이다. 그런 복잡계와 관련하여 우리가 할 수 있는 유일한 것은 일반적인 패턴 또는 기능원리만을 이론적으로 재구성하는 일이다.

자생적 질서는 모든 구성원이 참여하여 공동으로 달성할 목적 대신에 그들이 공동으로 지키는 공동의 행동 규칙들을 전제로 한다. 행동질서가 우리에게 번영, 고용, 소득성장, 삶의 기회 확보 등 좋은 결과를 안겨주려면 적절히 옳은 행동 규칙이 필요하다. 어느 한 행동 규칙이 자생적으로 행동들을 조정하는 데 기여하려면 무엇보다 그 행동 규칙은 분배 목적, 복지후생 같은 특정한 집단의 목적을 위한 규칙이어서는 안 된다. 행동 규칙은 그런 목적이 독립적이라는 의미에서 탈목적적이고 특정한 행동을 당연히 금지하는 내용으로 구성되어 있다. 예를 들면 '계약을 어겨서는 안 된다'라든가 '타인의 재산을 침해해서는 안 된다'라는 등 금지되지 않은 행동은 개인들의 재량에 맡긴다. 탈목적적인 규칙은 다목적을 위해 존재한다. 이에 반해 조직은 특정한 집단목표를 전제한다. 인위적으로 만들었기 때문이다. 조직의 사령탑은 구성원들에게 그런 목적에 합당한 행동을 지정하여 수행하도록 명령한다. 물론 조직을 위한 명령은 특정한 행동을 금지하기도 하지만, 금지하는 이유는 어디까지나 조직목적을 위한 것이다.

자생적 질서에서 인간 행동을 안내하는 규칙들은 탈목적적이면서 특정한 행동을 금지하는 성격을 가진 것인데, 그 대표적인 법 규칙은 소유권법, 계약법, 형법 등 사법(私法)이다. 자생적 질서가 법이 지배하는 사회(nomocratic society)인 이유다. 법 규칙은 목적과 독립적인 정의의 규칙이다. 정의의 규칙이 지배하는 사회만이 개인들에게 광범위한 자유를 보장할 수 있다.[14] 이와 달리 조직은 구성원들에게 미리 주어진 공동의 목표를 달성하기 위한 수단이다. 그런 특수한 목적을 지향하는 사회가 조직사회다. 조직 내에서 구성원들은 공동의 목적을 달성하는 데 도움이 되도록 공로와 유용성에 따라 그들의 자리를 배치한다. 규칙들도 그런 목적을 위한 수단으로서 구체적인 조건을 직간접적으로 열거한다. 조직은 그래서 목적이 지배하는 사회(teleocratic society)다. 조직규칙들은 미리 정해진 목적의 실현을 위한 도구이므로 공동선을 표현하고 있다고 할 수 있다. 이런 사회의 이상(理想)은 미리 정해진 목적을 최우선으로 달성할 수 있도록 인적 · 물적 자원을 효율적으로 배치하는 것이다.

자생적 질서가 조직보다 중요한 이유는 개인들이 각자 가지고 있는 지식만이 아니라 그 누구도 전부 가질 수 없는 분산된 지식도 이용할 수 있기 때문이다. 현대사회가 복잡한 이유는 특정한 개인 또는 그룹의 지식에 의존하는 것이 아니라 각처에서 생업에 종사하는 수백 · 수천만의 인구가 제각기 가진, 또는 새로이 개발된 지식에 의존하고 있기 때문이다. 사유재산이 보장된 사회는 개인들이 가질 수 있는 지식보다 훨씬

---

14) 규칙이 지배하는 사회와 목적이 지배하는 사회를 구분한 인물은 오크숏(Oakeshott, 2006: 469-497)이다. 이 구분을 확산시키는 데 기여한 인물은 하이에크다(Hayek, 1983/2019: 287).

디 많은 지식을 사용할 수 있게 한다. 이것이야말로 문명화된 사회의 장점이 아닌가![15]

자생적 사회질서는 진화하는 복잡계다

인간이 특수한 목적을 가지고 만든 계획된 질서, 즉 조직질서는 비교적 단순하다. 그 질서는 인간정신이 파악할 수 있는 요소들만 포함하고 있기 때문이다. 조직은 이를 계획하여 만드는 사령탑의 지식에 좌우된다. 조직은 구성원들이 스스로 새로운 지식을 창출 · 발견하거나 습득할 여지가 없고, 오로지 사령탑의 단편적이고 부분적인 지식에만 의존하므로 항상 단순할 수밖에 없다. 그러나 자생적 질서는 점차 성장하여 복잡계, 즉 확장된 질서가 될 수밖에 없다. 첫째로 복잡계를 구성하는 요소들(예컨대 인간, 그룹)이 무수히 많고, 둘째로 이들이 서로 얽히고설킨 관계들도 무수히 많다. 셋째, 복잡계의 구성요소로서 인간이 자발적 · 혁신적 행위를 한다. 인간은 자신들의 환경과 항상 맞서야 하고, 환경과의 대결에서 승리하기 위해서는 서로 다른 방법으로 성공 가능한 문제해결 전략을 발견하여 이용해야 한다.

---

15) 문명화된 형태의 사회생활의 이점 대부분은 개인이 알고 있는 것보다 더 많은 지식으로부터 편익을 얻는다는 사실에 달려 있다. 목적을 추구하는 개인 자신이 습득한 것보다 더 많은 지식을 활용할 수 있으며, 그리고 자신이 소유하지 않은 지식으로부터 이익을 얻어 자신의 무지에 대한 경계를 초월할 수 있을 때 문명이 시작된다고 할 수 있을 것이다."(Hayek, 1960/1996 I: 50-51)

사회적 과정이 더욱 복잡해지는 이유는 구성요소들의 자발적 혁신 행위 때문이다. 이런 행위는 모든 살아있는 시스템, 즉 진화적 시스템의 특징이다. 복잡계는 구성요소들이 제각각 상이한 지식을 따라 상이한 목표를 추구하는 수많은 사람의 상호작용에서 형성된다. 어느 한 시스템이 복잡해지는 이유는 인간정신이 확인하거나 조작할 수 있는 것보다 훨씬 더 많은 특수한 사실들을 포괄하기 때문이다. 그래서 인간정신이 자생적인 복잡한 질서를 설명하거나 예측하고 이를 통제하는 데는 절대적 한계가 있다.[16] 진화는 자생적 질서의 핵심이다. 하이에크가 진화와 자생적 질서를 쌍둥이 이념, 다시 말해 동전의 양면이라고 하는 이유다. 진화는 무엇인가?[17] 첫째로 모든 것은 변한다는 뜻이다. 변화의 반대는 정태(靜態), 즉 변하지 않는 상태다. 변화의 모습은 역동적이다. 그런데 역동적인 변화도 여러 가지가 존재한다. 균형 시스템이 그렇듯이 정태적 상황이 시스템의 바깥에 있는 요인에 의해 변화하는 현상도 일종의 변화다. 지속적으로 그 요인이 변하면 역동적인 것처럼 보인다. 외적 요인이 변동을 멈추면 그 시스템은 변동 이전의 상태로 되돌아온다.[18] 외생적 요인의 변화를 통해 변동하는 시스템은 결코 진화가 아니다. 가역적인 것은 진화가 아니다.

시스템의 내적 요인에 의해 야기되는 변화야말로 진화라고 할 수 있는 변화다. 아래로부터의 변화 또는 내생적 변화가 진화다. 동태적 변

---

16) 복잡한 현상과 과학적 인식의 한계에 관해서는 민경국(1997: 59-78) 참조

17) Witt(1987: 9-13), Dopf(1990: 19-48)

18) 수요와 공급이 만나는 점을 이론화한 균형이론은 진화이론이 아니다. 균형 시스템은 진화하는 시스템이 아니다. 거시경제학의 IS-LM 모델도 진화가 없는 모형이다.

화는 시간의 흐름 속에서 이루어지는 변화다. 이때 시간의 흐름이란 역사적 시간의 변화다. 우리가 시간 속에서 살아간다고 말할 때의 시간이다. 실험실 또는 비현실의 메타타임이 아니다. 달력에 따른 시간의 변화, 즉 역사적 시간과 그 속에서 벌어지는 사회적 변화는 불가역적이다. 변화의 역사적 현실을 변화되기 이전의 상태로 되돌릴 수 없다. 진화는 시간적으로 불가역적인 방향을 나타내는 변동이다.

두 번째 특징은 변화를 야기하는 요인이다. 시스템 내적인 변화를 촉진하는 것은 혁신이다. 어떻게 혁신이 생겨나고, 이 혁신이 테스트를 거쳐 어떻게 확산되어 사회현상을 변화시키는가의 문제다. 이런 문제를 다루는 것이 자생적 질서 이론의 과제다. 자생적 질서에서 중요한 것은 변화의 추동력으로 작용하는 기업가정신이다. 그래서 진화는 내적 변화를 통해 시스템이 바깥으로 펼쳐진다. 그래서 매트 리들리가 "진화는 '펼쳐지는 것'이며, 사물들의 변화에 대한 이야기"라고 말하는 것은 전적으로 옳다.[19] 진화는 균형이 아니다. 자생적 질서는 노벨물리학상 수상자였던 스위스 출신 프리고진(1917~2003)이 물리적 현상에서 발견한 '균형에서 멀리 떨어져서 형성되는 질서(order far from equilibrium)'다.[20] 그는 단순계를 특징으로 하는 정태적인 뉴턴의 세계관을 극복하고 복잡계의 역동적인 과정이론을 정립했다. 이는 '있음(being)'에서 '됨(becoming)으로'를 이야기하는 패러다임이다. 이 '됨으로'는 과정이다. 사회, 시장, 언어, 기술(技術)도 과정이다. 심지어 케빈 켈리는 "인간 자체도 과정이다"라고 목

19) Ridley(2015: 1)

20) Prigogine(1977)

소리를 높인다.[21] 진정으로 말한다면 우리 인간도 존재하는 것이 아니라 다른 생명체들처럼 되어가는 과정에 있다. 그럼에도 우리 인간이 우주에서 특수한 위치를 차지한다고 주장할 수 있는 이유는 우리가 알고 있는 모든 생명체 가운데 미래에 대해 가장 많이 열려 있기 때문이다. 중요한 것은 그 '됨'이 외부의 명령이나 지시에 의한 것이 아니라 자생적이라는 점이다. 마지막 세 번째는 혁신의 테스트를 거쳐 성공적인 행동방식, 재화, 기술 등이 확산되는 과정이다. 이 확산에서 중요한 것이 모방이다. 이런 과정을 통해 지역적 분업에서 출발하여 한 지역이나 한 나라의 영토를 거쳐 범세계적으로까지 진화가 확산 · 확대되었다.

새로운 것의 출현과 확산 과정을 특징으로 하는 진화 과정은 어떤 정신에 의해 계획된 것이 아니다. 그런 계획은 불가능하다. 어느 지역의 누가 무엇을 얼마나 잘 생산하는가를, 누가 어느 지역에서 무엇을 얼마나 필요로 하는가를 파악하기가 원천적으로 불가능하기 때문이다. 그런 불가능성에 대한 적응이 자생적 질서로서 범세계적으로 확장된 질서라는 것을 직시할 필요가 있다. 이 같은 복잡계의 자생적 생성과 유지를 위해서는 물론 그에 해당하는 행동 규칙, 즉 도덕 · 관습 · 관행 · 종교규칙 · 법 규칙 등이 절대적으로 필요하다. 질서가 형성되려면 규칙을 준수하는 행동이 필요하기 때문이다.

---

21) Kelly(2011)

소결: 자유와 질서가 어울리는 자생적 질서

흔히 자유를 위해서는 질서를 포기해야 하고, 질서를 위해서는 자유를 포기해야 한다고 한다. 야마구치 슈는 『철학은 어떻게 삶의 무기가 되는가』에서 '독재에 의한 질서'와 '자유가 있는 무질서'를 대비하면서 자유가 있으면 혼란이 야기되고 그래서 질서를 잡기 위해서는 독재국가 또는 리바이어던이 필요하다고 주장한다.[22] 자유와 질서가 서로 갈등 관계에 있다는 주장들은 설계주의적 합리주의의 후손들 속에서 찾을 수 있다.

우리가 질서를 조직으로 이해한다면, 홉스의 사상에서처럼 조직과 자유는 서로 양립되지 않는다. 조직은 구체적으로 알려진 공동의 목적을 달성하기 위한 수단이다. 중앙집권적 경제질서처럼 구성원들은 집단적 목적을 위한 수단으로 취급된다. 개인들이 조직목표와 양립하지 않는 목표를 추구할 경우, 그들은 조직으로부터 추방되거나 배제된다. 조직구성원들이 설사 자율적인 행동반경을 가지고 있다고 하더라도 그것은 조직목표의 달성을 위한 것일 뿐 조직목표와 관계없이 자신들의 목표를 달성하기 위한 것은 결코 아니다. 자유와 질서는 어울릴 수 없다는 주장은 자생적 질서의 존재를 무시한 결과다.

그러나 질서를 시장사회처럼 자생적 사회질서로 이해하는 경우를 보자. 자유의 질서로서 자생적 사회질서하에서는 개인들이 자신의 목적을 위해 지식을 투입할 수 있다. 그 목적이 무엇이든 관계가 없다. 이타

---

22) 야마구치 슈(2018: 199-203)

적인 목적이든, 이기적인 목적이든 상관없다. 중요한 것은 개인들이 자율성을 갖고, 스스로 목적을 정하고, 자신의 목적을 위해 각자 자신들이 습득한 지식을 투입할 수 있다는 점이다. 자생적 사회질서가 자유의 질서인 이유다.

그런데 자유는 인간의 상호작용을 안내하는 어떤 행동 규칙도 존재하지 않는 상태를 말하는 것이 아니다(제3부). 자유는 공동으로 지키는 행동 규칙과 결부되어 있다. 자생적 질서의 기초가 되는, 그리고 구성원들이 공동으로 지키는 행동 규칙은 정부는 물론 그 누구도 침범해서는 안 될 똑같은 행동반경을 설정하는 역할을 한다. 이와 같이 설정된 것이 보호 영역이다. 개인들은 그런 테두리 내에서 자유롭다. 자유의 영역이므로 자유와 질서를 연결해주는 것이 보편적 · 추상적 행동 규칙이다. 보편적 · 추상적 행동 규칙을 매개로 하여 자유와 질서가 조화관계를 이루는 것이 바로 자생적 질서의 경제관계를 구현한 시장경제다. 자생적 질서는 애덤 스미스 이전의 철학자들에 의해 이미 발견되었다.

6.
자생적 질서관의 선구자들

자생적 질서에 관한 통찰은 이미 스미스 이전에도 있었다. 전통의 시초는 기원전 2세기경 무위사상을 개발한 노자다. 이 사상이 지성사에서 최초로 등장한 자생적 질서 이념이다.[23] 서양에서는 초기 그리스철학과 고대 로마의 법사상에 등장한다. 언어와 경제제도는 본질적으로 관습에 기인한다는 생각이 고대 로마를 지배했다. 자생적 질서관의 선구자들이 어떻게 자생적 질서를 이해했는가를 밝힘으로써 그 질서의 성격을 더 잘 이해할 수 있다.

23) Clark(1983), 민경국(2019)

노자의 무위사상

노자 사상에는 모든 존재는 스스로 개발되고 스스로 펼쳐진다는 의미에서 도(道)의 진화사상이 자리 잡고 있다. "내가 아는 것이 없음을 아는 것이 최상의 앎이고, 알지도 못하면서 안다고 하는 것이 병이다. 무릇 오직 이런 병을 병으로 알면 그 때문에 병이 되지 않는다."[24] 노자의 말은 무지의 인식은 지혜의 출발점이라는 소크라테스의 격언과 같다. 김학주는 『노자』에서 이렇게 말했다.[25]

> "인간 이성의 한계성에 대한 각성에서 무위(無爲)사상과 자연(自然)의 사상을 발전시킨다. (중략) 노자는 결국 인위적이고 의식적인 모든 것을 부정하는 것이다. 그리고 사람들이 인위적이고 의식적인 모든 것으로부터 완전히 벗어난 상태가 '자연'인 것이다. 자연이란 스스로 그러한 것, 저절로 그러한 것을 의미한다."

누군가가 "네가 백성을 아끼고 나라를 통치하는 데 지식이 없어도 가능한가?"라고 묻는다면, 노자는 그렇다고 답할 것이다. 즉, 그는 "백성을 아끼고 사랑한다면 국가는 간섭하지 말고 사람들이 스스로 살아가도록 내버려두는 것이 상책"이라고 말할 것이다. 국가는 사람들에게 질서를 강제로 부과해서는 안 되고 질서가 자생적으로 생성되도록 허용해야 한다고 한다. 노자는 조화로운 사회를 위해 국가의 강제와 권위를 인정

---

24) 도덕경(71: 344-345)

25) 노자/김학주(2000: 7)

하지 않았다. "천하를 인위로 다스리려는 것은 불가능한 일이다. 천하란 오묘한 것이어서 인위로 다스릴 수 없다. 인위로 다스리려는 자는 그것을 망치고 거기에 집착하는 자는 그것을 잃을 것이다."[26] 노자가 '보이는 손'의 위험성을 갈파한 말이다. 보이는 손의 통치는 사회를 망친다는 것이다.

무위원칙은 도가의 핵심이다. 지배를 최소로 줄일 때 가장 잘 지배하는 것이다. 정부의 권력이 제한될 때 개인들이 행복을 추구하는 환경을 조성하고 덕을 실천할 수 있다. 노자는 『도덕경』에서 행복과 번영을 달성하는 최선의 길로서 '불개입의 원칙'을 채택하라고 지배자에게 이렇게 충고한다. "행동을 취하지 말라. 그러면 사람들이 스스로 변화된다. 사람들의 활동에 개입하지 말라. 그러면 사람들은 스스로 번영한다."[27]

노자는 법령이 엄하고 요란할수록 도적은 더욱더 많아지고,[28] 또 집권층의 통치를 유지하기 위한 법령이나 제도가 많을수록 "국가는 더욱 어둠속에 빠져든다"라고 목소리를 높였다.[29] 그의 목소리는 간섭이 심한 프랑스 파리를 방문했을 때 파리에 범죄가 많은 것을 목격하고 "법령이 정밀할수록 범죄가 늘어난다"라고 개탄한 애덤 스미스의 말과 같다. 요컨대 노자나 스미스의 주장은 시장에 맡기라는 것이다. 18세기 프랑스의 위대한 법철학자 몽테스키외가 말했듯이 상거래는 폭력, 불관용 그리고 증오를 달래어 사람들을 온화하게 만드는 효과가 있다. 시장에

26) 도덕경(29: 188)

27) 도덕경(29: 188)

28) 도덕경(57: 288)

29) 위의 책(57: 287)

맡길수록, 그래서 사회가 풍요로울수록 사람들의 행동거지가 점잖아진다.[30)]

부패는 자유에서 비롯된 것이 아니라 정부가 자유를 제약하여 생겨나는 것이다. 시장도 물처럼 탄력적이면 자생적인 진로를 추구한다. 시장이 가는 길이 넓을수록, 그리고 그 길을 유지하는 제도적 제방이 튼튼할수록 그만큼 진로는 순탄하다. 20세기 자생적 질서의 개념을 광범위하고 심도 있게 개발한 철학자이자 경제학자인 하이에크는 시장과 사람들의 삶을 정부가 통제하는 것에 강력히 반대했다. 그가 정부 통제를 제거해야 한다고 주장한 이유는 두 가지 근본적인 믿음 때문이었다. 하나는 인간사를 효과적으로 관리할 방법에 관한 지식은 불가능하다는 것이고, 다른 하나는 그들을 개인들의 자생적인 상호작용의 힘에 맡기는 것이 더 좋다는 이유에서다.

도교사상도 이기심과 이타심의 구분은 잘못이라고 여긴다. '창조적 파괴'라는 말보다 도교에 더 적합한 말은 없다. 스스로에게 맡겨둠으로써, 그리고 통제의 허상에 종지부를 찍음으로써 만사가 훨씬 더 용이하게 제자리를 잡아간다는 것이다. 가장 잘 의도된 계획도 질서를 창출하지는 못했을 것이다. 이런 도교의 발상은 하이에크의 자생적 질서의 원리를 연상시킨다. 도교사상은 사유재산제와 자유주의의 존재 근거를 더욱 견고히 한다. 사유재산은 개인들의 정당한 자율적 영역을 허용함으로써 유익하다. 그리고 그것은 개인의 행동을 통제하는 수단으로서 효과적으로 이용된다.

30) 몽테스키외의 상업에 관해서는 민경국(2018: 402) 참조

그리스철학

자생적 질서 전통의 생성에 기여한 것은 동양의 도교 또는 노자 사상과는 독립적으로 개발된 초기 그리스철학, 고대 로마의 법사상, 그리고 정치사상이다. 이런 사상의 개발을 선도한 인물은 기원전 50년대 그리스의 역사학자이자 정치가였던 키케로다. 그는 『국가론』에서 다음과 같이 쓰고 있다.

> "우리의 정치 시스템이 다른 모든 나라의 것들보다 우수한 이유는 다른 나라의 그것들은 크레타의 미노스와 스파르타의 리크루그스 같은 특정한 개인의 판단에 의해 법과 제도를 도입하여 창출되었음에 반해 로마공화국은 한 사람의 개인적 창조물이 아니라 수많은 사람이 만들어냈다는 것이다. 그것은 어느 특정한 개인이 일생 동안 만든 것이 아니라 수세기 동안 수세대에 걸쳐 형성된 것이다. 그도 그럴 것이 모든 것을 예측할 수 있는 지력을 가진 인간은 세상에 존재한 일이 없었기 때문이다. 그리고 우리가 어느 한 사람의 머릿속에 모든 브레인 파워를 집중시킬 수 있다고 해도 그가 긴 기간의 역사적 여정 속에서 관행이 제공하는 경험을 축적하지 않고서는 모든 것을 고려하는 것은 불가능하다."[31]

인간사에서 진화와 자생적 질서가 존재하는 이유는 모든 것을 예측

31) Soto(2008: 28)에서 재인용

할 수 있는 지력을 가진 인간은 세상에 존재한 일이 없었다는 사실에 기인한다는 키케로의 믿음은 지극히 현대적이다. 고대 로마 사람들은 법과 제도는 장기적인 진화 과정의 결과로서 등장한다고 믿었다. 흥미로운 것은 진화적으로 형성된 제도들은 아무리 현명하고 훌륭한 지배자의 정신이라고 해도 이 정신이 따라올 수 없을 만큼 방대한 지식을 구현한다는 믿음이었다. 그것들은 장구한 역사적 과정에서 수세대의 사람들이 겪은 경험의 산물이기 때문이다.

자생적 질서 사상은 중세에 기독교의 인도주의와 토마스 아퀴나스(1226~1274)의 자연법 철학의 전통에 의해 유지되고 강화되었다. 특히 주목할 것은 자연법 철학은 세속적인 정부의 권력을 초월하고 그 권력의 자의적인 행사를 억제하는 윤리적 원칙의 체계로 여겼다. 그의 사상은 사적 소유와 합법적 계약을 통한 자발적 교환을 기초로 하여 세워진 것이다. 재화의 가치는 생산에 필요한 노동의 투입량에 의해 결정된다는 노동가치론은 그와 무관했다. 시장참여자의 공통된 평가에 의해 정의로운 가격이 형성된다는 생각이 중세 가톨릭 사회를 지배했다.

그 밖에도 이탈리아의 시에나와 플로렌스에는 쟁쟁한 신학자들이 많았다. 그들은 인간의 기업가정신과 창조적 능력이야말로 시장경제와 문명을 추진하는 힘이라고 여겨서 그런 추진력을 이론화하려고 했다. 그러나 이런 사상의 흐름을 포착하여 확대 · 심화시키기까지는 스페인의 스콜라학파 이론가들을 기다려야 했다.

스콜라학파

스페인의 황금시대를 보낸 스콜라학파 이론가들은 멩거를 거쳐 미제스와 하이에크 등의 주관주의와 자생적 질서 등을 핵심으로 하는 오스트리아학파 경제학이 등장하고 발전하는 데 선구적 역할을 했다.[32] 시장경제의 이론적 원리도 스페인 황금시대의 살라망카대학에 속하는 예수회 사람들의 가르침에서 나온 것이다. 그 가르침은 당시 발달한 시장의 확장, 그리고 학문과 예술의 발전에서 습득된 것이다. 중세 학자들은 '인간행동의 결과이지만, 인간계획의 결과가 아닌 현상'을 발견했다. 16세기 예수교인이 사회현상을 논의할 때, 기원전 2세기에 등장한 노자(老子)의 무위사상에서처럼 인간 의지에 의해 의도적으로 형성되지 않은 것을 표현하기 위해 '자연적인 것(naturalis)'이라는 용어를 사용했다. 자본주의 정신에 대해 매우 호의적인 태도를 가지고 있었던 예수회 사람들, 특히 루이 드 몰리나(1535~1600)를 비롯하여 후기 스콜라학파가 '자연가격'이라는 용어를 사용한 이유는 그것이 법과 규제와 독립적으로 사물자체에서 생겨났기 때문이다. 사기, 기만 또는 담합이 없는 상태에서 생겨나는 가격은 무엇이든 정의롭다는 것이다. 그러나 자연가격의 변동은 여러 상황, 즉 인간의 감정, 상이한 용도에 관한 그들의 평가, 그리고 때로는 일시적 기분이나 쾌락 등에 따라 영향을 받는 것이라고 설명하고

32) 그럼에도 스콜라학파에 대한 오해가 있다. 그 오해는 20세기 영국의 사회주의를 이끈 리처드 헨리 토니(1880~1962)에서 비롯되었다. 그는 『종교와 자본주의』(1940)에서 스콜라학파가 주장한 "재화의 가치는 이를 생산하는 데 투입한 노동의 투입량에 의해 결정된다"라는 노동가치론의 선구자인데, 마르크스가 스콜라학파의 마지막 사람이라는 엉뚱한 결론을 내렸다. 고세훈(2019) 참조

있다.[33] 예수회 사람들은 인간에게는 무엇이 정의로운 가격인가를 미리 정할 수 있는 능력이 없다고 믿었다. 그들에게 경제학은 희소한 재화의 분배와 교환을 관장하는 정의의 규칙을 정하는 윤리학의 한 분야였다. 법의 관점에서 경제학에 접근한 것이다.[34]

스코틀랜드의 계몽사상

스콜라학파의 사상은 데카르트(1596~1650)의 합리주의가 확산되면서 서서히 그 영향력이 줄어들기는 했지만, 18세기 버나드 맨더빌, 데이비드 흄, 애덤 스미스, 애덤 퍼거슨 등이 중심이 된 스코틀랜드 계몽사상과 카를 멩거, 하이에크 등 오스트리아학파에 강력한 영향을 미쳤다. 퍼거슨은 보이지 않는 손의 과정에서 형성되는 결과를 "인간계획의 산물이 아닌 인간행동의 결과"라고 말한다. 이는 사회적으로 유익하지만 아무도 의도하지 않은 결과라는 생각을, 그리고 하이에크가 즐겨 사용하는 '자생적 질서'를 적절히 파악한 말이다. 『꿀벌우화』의 저자 버나드 맨더빌의 유명한 주제인 '사적인 악, 공적인 덕'은 나쁜 의도라고 해도 의도하지 않은 좋은 결과를 불러온다는 것을 말한다.

그러나 주목할 것은 우리의 선택과 의도는 항상 사회제도에 좌우된다는 점이다. 인간은 이기적인 것이 보편적이다. 그러나 그런 행동이 우

33) Hayek(1983/2019: 59-60; 239, 각주 23)

34) Roover(1955: 185)

리에게 편익을 주는가의 여부는 제도의 질에 달려 있다. 스미스에 대한 공통된 오해는 그가 탐욕은 좋은 것이라는 생각을 옹호했다는 것이다. 오늘날 이런 오해의 대표자는 시카고학파다. 예를 들면, 스티글러는 스미스의 자연적 자유 시스템을 이기심을 기반으로 세워진 시스템이라고 말한다. 그러나 그의 주장은 틀렸다. 만약 사람들에게 약탈을 허용하는 법이 있고, 사람들이 탐욕으로 인해 서로 상대방의 주머니를 훔쳐간다면, 그런 탐욕은 사회적으로 유익한 결과를 이끌어내지 못한다. 좋은 제도만이 반(反)사회적 이기심이라고 부르는 것을 처벌하고, 스미스가 '보이지 않는 손'이라고 기술한 사회적으로 유익한 이기심을 촉발한다. 그런 제도가 정의의 규칙이다. 스미스의 자연적 자유 시스템은 이기심이 아니라 정의라는 화강암으로 지은 궁전이다.[35]

흥미로운 것은 사회를 '체스'에 비유한 스미스의 시각이다. 게임규칙이 옳지 않으면 우리가 바라는 조화 또는 바람직한 사회통합을 이룩할 수 없다고 경고한다. 그의 핵심적인 주장은 평화, 번영 그리고 정의를 산출하기 위해서는 올바른 제도와 규칙이 필요하다는 것이다. 스미스의 '체제인'[36]은 노자의 『도덕경』 제60장에서 말하는 '작은 물고기 요리사'를 연상시킨다. "대국을 다스리는 일은 마치 작은 물고기를 요리하는 것과 같다." 왜냐하면 "작은 물고기의 창자와 비늘을 함부로 뒤적거리면 물고기가 문드러지기 때문이다."[37] 이는 통치자의 겸손, 인간 이성에 대

35) 애덤 스미스에 대한 도덕철학적 그리고 법철학적 해석에 관해서는 민경국(2018: 307-347) 참조

36) 민경국(2018: 106), Smith(1976/2009: VI. II. 2/17: 443-444)

37) 도덕경(60: 300)

한 겸손을 말한다. 도(道)에 의해, 즉 원칙에 따라 나라를 다스려야 한다는 것이다.

오스트리아학파

19세기 말, 자생적 질서의 전통을 계승한 인물은 오스트리아학파를 창설한 카를 멩거였다. 그의 관심은 화폐제도의 자생적 생성을 야기하는 원인과 메커니즘이었다. 그런 분석은 화폐제도 외에도 관습, 예의범절, 법, 가격 메커니즘, 언어, 심지어 국가의 생성과 변동에도 적용할 수 있다고 한다. 이 생각을 발전시킨 인물은 하이에크다.[38] '자생적 질서'로 알려진 개념을 옹호한 20세기의 가장 유명한 인물이다. 그는 행동질서와 규칙질서를 구분하여[39] 두 질서의 상호작용을 통해 어떻게 관습, 예의범절, 법 등이 생성 · 변화되는가를 규명했다.

하이에크의 자생적 질서 이론은 "시장경제는 국가가 개입하지 않으면 스스로 교정하면서 가장 효율적으로 기능한다"라는 원리를 다룬다. 그의 탁월한 통찰은 시장경제처럼 매우 복잡한 질서는 어떤 정신에 의한 기획을 통해서가 아니라 수많은 사람이 기본원칙이나 규칙을 좇아 행동하는 과정에서 의도하지 않게 촉진되는 시너지를 발휘해 최선으로

---

38) 이 부분은 하이에크의 진화론적 자유주의 사상에 관한 나의 연구 서적(민경국, 2007)에서 충분히 다루었다.

39) 이런 구분은 게임규칙과 게임규칙의 테두리 내에서 이루어지는 게임 자체의 구분과 같다.

창출된다는 진화론적 인식이다. 여기서 우리가 각별히 주목할 것은 복잡계가 스스로 생성 · 유지되는 조건이다. 이는 첫째로 인간행동은 목적에 의해서뿐만 아니라 규칙에 의해서도 인도된다는 점이다. 인간은 '규칙을 좇아 행동하는 동물'이라는 점이다. 둘째로 시장의 자생적 질서는 가격의 신축성에 의존한다는 점이다. 노자의 말을 빌리면, 무위하면 '자연적인 리듬'이 생기는데, 이것이 세상을 돌아가게 하는 방법의 진정한 본질이라고 목소리를 높였다. 자생적 질서의 주요한 국면은 그 같은 과정이 무엇을 산출할 것인가를 예측할 수 없다는 점이다. 자생적 질서의 핵심이 '창발 과정'이라는 이유에서다. 창발의 결과를 미리 알면 창발이 아니다. 인간은 사회질서를 계획할 수 있을 만큼 충분한 지적 능력이 없다. 그래서 우리는 성공을 걸러내는 경쟁, 성공을 모방하는 행동 등 진화과정에 의존할 수밖에 다른 도리가 없다. 하이에크가 자생적 질서와 진화를 쌍둥이 아이디어라고 말한 이유다.

하이에크는 자생적 시장경제가 각처에 분산되어 있는 각종 지식, 특히 암묵적 · 초의식적 지식을 어떻게 익명의 수많은 사람이 이용할 수 있게 하는지를 설명하고 있다. 주지하다시피 그는 이 문제를 두 가지로 나누어 설명한다. 첫째는 지식의 분산과 함께 나란히 자원에 대한 통제권도 분산되어야 한다는 것이다. 관련 지식을 가진 사람들이 관련된 자원의 이용에 관한 결정을 가장 잘 내릴 수 있다는 이유에서다. 통제권의 분산은 소유의 분산을 의미한다. 어느 한 집단이나 개인에게 사적 소유가 집중되면 이들에게는 유리한 사회적 과정이 반복적으로 작동한다. 사적 소유는 귀족 · 봉건사회에도 존재했다. '사적 소유(private property)' 대신에 '분산된 소유(several property)'라는 표현이 적합한 이유다. 소유의 분산이 가능하기 위해서는 누구나 소유에 진입하는 것이 가능해야 한다. 봉건사회처럼 신분적 차별이 아니라 신분적 평등을 기초로 하는 열린 사회가 중요한 이유다. 자원통제가 분산되면 진화 과정에서 재화, 기술, 지식 등과 관련된 혁신들이 분화되고 다양해진다. 그리고 그런 혁신 대안들끼리의 경쟁이 야기된다.

둘째는 자원통제의 분산만으로는 그런 혁신들 가운데 어떤 것이 좋은 혁신이고 나쁜 혁신인지를 구분할 수 없다는 것이다. 이를 구분하고 좋은 것을 선택하기 위해서는 거름장치가 필요하다. 거름장치는 성공적인 것을 확인 · 모방하고 조정과 발전을 이끌어낸다. 거름장치의 역할을 하는 것은 가격 시스템이다. 이는 시장경제에서만 볼 수 있는 고유한, 그리고 자생적으로 등장하는 현상이다. 성공적인 것은 가격을 거쳐 이윤으로 보상하고, 좋지 못한 대안들은 손실의 형태로 처벌받는다. 처벌은 극단적인 경우 파산의 형태로 시장에서 밀려난다. 가격, 이윤 그리고 손실은 누가 옳은 지식 또는 틀린, 아니면 낡은 지식을 이용했는가를 판별해낸다. 그런 처벌을 예견하고 환경변화에 적응하기 위해 다시 혁신이 창출된다. 인간사회에서 혁신의 대부분은 그와 같은 피드백의 결과다. 나중에 면밀히 설명하겠지만, 바로 피드백이 사회문화적 진화를 다윈의 생물학적 진화와 구분해주는 요체 중 하나다.

진화적 메커니즘 때문에 계획되지 않은 질서, 즉 자생적 질서가 지역을 거쳐 국가적 단위에서 오늘날에는 범세계적으로까지 확장된 것이다. 하이에크는 여기에서 끝나지 않는다. 그는 진화와 자생적 질서의 이념을 그룹의 장기적 생존 문제를 다루는 법과 도덕 등 사회제도들의 생성과 변화에도 적용하고 있다. 그는 스미스와 똑같이 우리가 적절한 게임규칙에 따라 행동할 때만 시민사회의 질서가 자생적으로 등장 · 확장한다고 믿었다. 이런 믿음이 시장의 행동질서와 시장의 기초가 되는 규칙질서가 서로 의존한다는, '질서들의 상호의존성' 개념으로 정착한 것이다.[40] 자생적 질서를 유발하는 행동 규칙들은 정부의 계획에 기인한 것이 아니라 사회문화적 진화의 결과라는 것이 그의 인식이었다(제3부).

우리가 늘 염두에 두어야 할 것은 자생적 질서는 결코 머레이 로스바드, 한스 헤르만 호페 등의 무정부주의자들처럼 국가의 존재를 부정하기 위해 작동하는 것이 아니라 국가가 경제에 끼어들어 훼방 놓는 것을 반대하기 위한 개념적 수단이라는 점이다. 그것은 정부가 문제를 해결한답시고 개입할 때 일들이 얼마나 꼬이고 나빠지는가를 보여주는 개념이다.[41]

노자와 하이에크

노자에게 도(道)란 방해받지 않을 때 나타나는 삶의 자연적인 리듬과 흐름을 상징하는 개념이다. '인간 이성의 한계성'에 대한 각성에서 나온 것이 도가사상이다. 잘 알려져 있듯이 인간 이성의 구조적 무지라는

40) 민경국(2016: 5-9, 특히 8). 질서의 상호의존성에 따른 시장경제, 도덕 그리고 법의 상호관계를 연구한 책은 민경국(1997), 민경국(2016) 참조

41) 예를 들면, 부동산 시장의 안정을 위한다는 명분으로 지난 3년여 동안 24번이나 정책을 투입했지만 전부 실패로 끝나고 말았다.

엄연한 사실이 하이에크 사상의 출발점이다. 노자는 거대한 사회를 다스리는 것을 작은 물고기를 다루는 요리사에 비유했고, 하이에크는 나무나 꽃 등 정원수가 스스로 자라나게 하는 영국의 정원사에 비유했다. 요리사와 정원사는 애덤 스미스가 1789년 프랑스혁명의 무자비한 개혁을 보고 『도덕감정론』에서 그런 개혁에 매몰된 사람(체제인; man of system)이라고 혹렬히 비판한 혁명가와 대척점에 있는 존재다. 하이에크의 정원사는 요리사만큼 겸손의 상징이다. 지적 겸손 대신에 허세를 부리면 작은 물고기가 문드러지듯이 사회가 혼란에 빠지기 때문이다. 20세기 내내 지구촌을 지배한 사회주의가 인류에게 가져다준 경제의 몰락, 도덕의 타락, 빈곤, 그리고 통치자들에게 예속된 노예 등 사회적 · 경제적 · 정치적 문제를 고발한 것이 하이에크의 『치명적 자만』이다.

주목할 점은 노자도 하이에크가 주장하듯이(176쪽 이하) 인간을 규칙을 따르는 동물로 여긴다는 점이다. 노자에게 도(道)는 규칙을 따르는 행동이나 다름이 없다. 이를 입증하는 것이 『도덕경』 제32장이다. 노자는 "백성은 스스로 다스릴 줄 알고 또 스스로를 규제할 줄도 안다"라고 말한다.[42] 더욱더 흥미로운 것은 "최상의 덕은 의식할 수 있는 덕이 아니다", "최상의 덕은 의도한 바도, 드러난 행위도 없다"라는 노자의 『도덕경』 제38장의 주장이다.[43] 하이에크의 관점에서 이를 어떻게 해석할 수 있는가?

무위를 규칙준수 행동에 적용한다면, 이는 하이에크의 초의식적 행

42) 규칙은 『도덕경』 제67장에서 말하는 자애, 검약, 양보와 제81장에서 말하는 인격, 재산, 존중, 정직, 신뢰를 말한다.

43) 도덕경(38: 204, 205)

동에 속한다. 이는 말로 표현할 수도, 의식할 수도 없다. 정의감, 법, 감정 같은 행동 규칙은 초의식적 · 암묵적 지식을 담고 있다(178, 197쪽). 인간은 행동 이전에 행동을 산출하는 정신작용도 의식할 수 없는 규칙을 좇아서 작동한다. 우리가 무엇을 할 것인가를 의식적으로 생각하는 버릇을 개발해야 한다는 것은 틀렸다. 문명의 발전은 논리적 생각 없이 수행할 수 있는 행동의 수효를 점차 늘려나간다. 정의로운 행동 규칙은 특정한 행동을 할 것을 명령하는 내용이 아니라 해서는 안 되는 행동이 무엇인가를 말해준다. 따라서 "최상의 덕은 의도한 바도, 드러난 행위도 없다"라는 것은 그 같은 행동 규칙을 따르는 행동과 같은 것이라고 해석할 수 있다. 타인들에게 강요하지 않거나 사기, 기만하지 않는 것이 정의롭다.

7.
자생적 질서로서의 시장질서

사람들이 자유롭게 행동하도록 내버려두면 혼란이 생기는 것이 아닌가? 이것이 아마도 사람들이 가장 우려하는 문제일 것이다. 사유재산, 계약자유 등 경제활동의 자유를 기반으로 하는 시장사회는 무계획적이어서 만인에 대한 만인의 투쟁, 이를 경제적 의미로 해석한다면, 빈곤, 실업 또는 위기 등과 같은 혼란이 야기된다고 비판한다. 이 비판을 즐기는 사람들은 1929년 세계 대공황과 2008년 미국발 금융위기를 거론한다.

그러나 시장을 비판하는 사람들은 어떻게 시장에서 자생적으로 질서가 형성되는가에 대한 충분한 생각을 하지 못했다. 이 문제는 자생적 질서의 원리에 관한 것이다. 시장에서 국가의 개입이 없다고 해도 질서가 자생적으로 형성되는 원리에 관한 연구가 경제학의 과제다. 그러나 이런 연구는 인간이 완전한 지식을 가지고 있다는 전제에서 어떻게 효율적으로 자원배분이 이루어지는가의 문제, 즉 효율적인 자원배분의 문제와는 전적으로 상이한 차원이다. 자생적 질서의 원리에 대한 연구는 인식론적 접근이다.

자생적 시장질서의 기능원리

자생적 질서는 구성원들이 추구할 공동의 목적이 없다. 개인들이나 기업들이 제각기 달성할 개별목표만 있을 뿐이다. 그들 자신이 정한 목표를 자신의 주관적 지식을 이용하여 추구해도 그 누구도 의도하지 않은 보편적 번영을 구성원들에게 안겨준다. 시장에는 아무도 전체로서 계획을 세워 질서를 만드는 사람이 없다. 그럼에도 혼란 없이 의미 있는 생산적 인간관계, 즉 사회적 분업이 형성된다. 문제는 어떻게 자생적 질서가 가능한가 하는 것이다.

이 문제는 지식창출 문제, 그리고 개인들이 각자 가지고 있는 지식에 따른 행동과 그런 행동들의 조정 문제, 잘못된 지식에 따른 행동들과 이들에 대한 통제 문제, 그리고 성공적인 지식과 행동의 선택 문제 등 네 가지로 분류할 수 있다. 어떤 체제든 해결해야 할 지식의 문제는 네 가지로 나눌 수 있다. 사회주의 경제체제에서는 모두 국가의 계획위원회에서 네 가지 지식의 문제를 해결하려고 했다. 그러나 인간 이성의 구조적 한계는 그런 문제의 해결을 불가능하게 한다.[44] 시장경제는 어떻게 그 문제를 해결하는가?

(1) 새로운 지식의 창출

경제 주체들로 하여금 자신들의 목적에 유익하다고 판명되는 지식

---

44) 민경국(2007: 61-68), 민경국(2016: 35-37)

을 습득하도록 그들을 어떻게 유인하는가? 좌파 지식인들 또는 보통 사람들이 혐오하거나 두려워하는 경쟁은 바로 신상품 · 신기술 · 신시장과 관련된 새로운 지식을 창출하는 절차다. 경쟁에서 뒤처져 밀려나는 것을 피하기 위해 시장참여자들은 낡은 지식을 버리고 새로운 것을 찾아내거나 타인들의 성공적인 행동을 모방한다. 모방은 사실상 새로운 것을 창조하는 강력한 기술적인 방법이다. 창조와 모방은 기업가정신으로부터 나온다. 경쟁의 압력은 새로운 지식의 창출을 위한 유인 과정으로 작동한다. 사회주의 계획경제가 망한 첫 번째 이유는 개별기업이 창조할 인센티브가 없었기 때문이다. 정부의 지시와 명령에 따라야 했기 때문이다. 그렇다면 정부 차원에서 새로운 지식을 찾아야 했다. 그러나 정부에 그런 기대를 거는 것은 나무에서 고기를 구하는 것이나 다름이 없다. 기업가정신은 자유를 먹고 자라는 자본주의의 고유한 정신적 태도다.

기업가정신 때문에 시장은 과정일 뿐 균형으로 이해될 수 없다. 균형은 정지 상태, 즉 모든 사람의 욕구가 충족된 상태이기 때문이다. 신고전파의 세상에서 자유란 욕구가 최상으로 달성된 상태다. 그런 자유 개념은 미래의 전망에서 나오는 혁신을 배제한다. 정치철학자 로크의 예를 들어본다. 형무소 감방에 한 사람이 구속되어 있다. 감옥 문은 나갈 수 없게 밖에서 잠겨 있다. 그는 매우 편히 잠잔다. 너무도 편안하고 안온하게 느낀다. 그의 욕구는 최상으로 달성되었다. 그는 신고전파의 의미에서 자유롭다. 그러나 미래지향적인 기업가정신의 인간에게 감옥은 자유롭지 못하다. 감방 문이 잠겨 있지 않다면 그는 형무소를 떠나거나 아니면 머물러 있을지를 선택할 수 있다. 문이 열려 있을 때, 비로소 그는 자유롭다. 그는 장차 감옥에 있는 것보다 더 훌륭한 대안을 찾을 수 있기 때문이나. 미래가 인위적으로 차단되어 있으면 기업가정신은 자유롭지 못하다. 기업가정신이야말로 정태적인 상황을 역동적으로 만든다. 이때 중요한 것이 기업가의 상상력과 그에 따른 비전이다. 이런 비전은 기업가의 급진적 주관성에서 비롯된 것이다. 미래는 주어진 것이 아니라 비로소 창출될 대상이다.[45)]

(2) 지식과 행동의 조정 과정

경제적 상황에 관한 개인의 주관적 지식은 어떻게 다른 사람들도 이용할 수 있도록 확산되는가? 이 문제와 관련된 것이 행동 조정이다. 이는 개인들이 성공할 조건이다. 그 누구도 다른 사람의 협조 없이 혼자서는 살 수 없다. 원료공급자가 없으면 원료를 이용해 상품을 제조하는 생산자에게 큰 차질이 생긴다. 원료공급자가 존재한다고 해도 그의 공급 의향이 수요자의 의향과 맞지 않으면 그들은 각자의 목적을 달성하기 곤란하다. 행동 조정이 중요한 이유다. 거래참여자들은 자신들의 목적달성을 위해 거래파트너로부터 적절한 기대를 형성할 수 있어야 한다. 누구나 타인들의 행동에 대한 믿을 만한 기대를 형성하려면 그들의 선호, 취향, 재주, 의견, 생각 또는 그들 각자가 처한 상황에 대한 지식이 있어야 한다.

그러나 개인에게 고유한 그런 지식은 수백 수천만 명의 머릿속에 분산되어 있다. 어떤 정신도 그런 지식을 전부 통합하여 갖는 것은 불가능

45) 이에 관해서는 Buchanan/Vanberg(2002) 참조

하다. 그 불가능성은 사회주의 계획경제의 실패가 입증한다. 계획을 수립하고 이를 추진하는 계획담당자들이나 시장에 참여하는 사람들 모두 그런 지식을 습득하여 이용하기는 불가능하다. 즉, 인간 이성은 바로 그런 점에서 절대적인 한계가 있고 동시에 인간은 평등하다. 만약 그런 지식을 정부 사람들이 경제계획에 이용하기가 불가능하다면, 개인들 각자가 고유하게 지닌 지식을 이용하도록 자유를 허용하는 것이 합리적이다.

하지만 그들도 각처에 분산된 지식을 전부 수집하여 이용하기가 불가능하다면 그런 지식 이용을 가능하게 하는 비인격적 메커니즘이 필요하다. 이것이 각처에 분산되어 존재하는 지식을 총합하여 전달하는 가격이다. 가격구조는 수십만 명 또는 수천만, 아니 수억의 인간이 각자 가지고 있는 생각과 지식을 반영하는 데 천재적이다. 사람들이 말로 표현할 수도 없는, 그러나 구매행동을 통해서만 표출할 수밖에 없는 암묵적 지식도 반영한다. 인간은 가격이 주는 정보에 의존하여 타인들의 행동에 대한 기대를 형성한다. 가격의 안내 없이는 행동의 실마리를 찾을 수 없다. 인간의 행동 조정이 불가능하다. 가격구조는 방향을 안내하는 이정표와도 같다. 시장에서 자생적으로 형성되는 가격구조는 대단히 복잡하다. 이 가격을 통해 그 누구도 전부 알 수 없는 지식이 수억의 인간에게 전달된다. 시장은 거대한 의사소통체계다. 아무도 이런 가격을 흉내 낼 수 없다. 시장경제에는 수십만 가지의 가격이 존재한다. 개별상품이나 서비스 가격은 독립되어 있는 것이 아니라 서로 영향을 주고받는다. 그들은 직접 혹은 간접적으로 서로 연관되어 있다. 이런 의미에서 가격기구는 거대한 경제적 우주다. 시장이 하나로 작동한다는 말이다. 그래서 시장을 부분시장으로 구분할 수 없다. 공정거래법의 예를 들면 시장점유율은 잘못된 개념이다. 부분시장을 전제하기 때문이다. 정부가 어느 한 가격에 개입하면 그 개입의 파고(波高)는 전 가격기구에 영향을 미친다. 전체 가격이 왜곡된다는 말이다.

(3) 지식과 행동 통제 과정

그렇다면 가능한 오류가 밝혀지도록 어떻게 주관적인 지식 사용이 통제되는가? 이는 경쟁의 통제작용과 관련된 문제다. 인간 이성의 구조적 무지는 각처에 분산되어 존재하는 수많은 지식을 전부 조직할 수 없는 무능만이 아니다. 무지는 지식의 오류 가능성도 의미한다. 만약 오류 가능한 지식의 사용, 또는 낡은 지식의 사용을 묵인한다면 시장경제는 질서가 유지될 수 없다. 따라서 시장경제에서는 잘못된 지식의 사용을 처벌하고 새로운 지식의 창출과 성공적인 지식의 습득을 위한 메커니즘이 필요하다. 통제 메커니즘이 그것이다. 이 통제 메커니즘으로 작동하는 것 역시 가격기구다.

잘못된 지식의 사용과 잘못된 행동은 가격을 경유하여 손익으로 표현된다. 다시 말하면 가격은 개인들의 계획 성공과 실패를 판정해준다. 성공과 실패는 행동 조정의 실패와 성공을 의미한다. 실패는 타인의 행동에 대해 형성한 기대가 어그러졌다는 것을 의미한다. 가격이 손실 또는 이윤을 경유하여 기대의 성취와 좌절을 말해준다. 그런데 가격은 성공 또는 실패의 원인을 말해주지 않는다. 장차 성공을 위해서는 지금 무엇을 해야 할 것인지도 말해주지 않는다. 실패 · 성공의 원인이 어디에 있는지, 앞으로 성공을 위해서는 무엇을 해야 할 것인지에 대해서는 개인들이 인지 능력에 따라 스스로 판단해야 한다. '경영 판단'이라는 것이 이런 것이다.

인간은 자신의 인지 능력에 의존하여 현재 가지고 있는 지식을 변경하거나 새로운 지식을 찾는다. 이로써 어긋난 기대를 수정하거나 새로운 기대를 형성한다. 그리고 이런 지식을 이용한 결과는 다시 가격을 경유하여 손익으로 나타난다. 지식의 사용을 통제하는 것 역시 자생적으로 이루어진다. 이런 통제를 통해 시장 시스템에서 혼란이 야기되는 것을 막는다. 통제란 결국 타인들에 대한 올바른 기대의 안정성을 유지하기 위한 현상이다.

(4) 적응적 선택 과정

지식의 통제 과정에서 어떻게 오류가 포착되고 저지되어 그것이 체제의 역량에 미치는 영향을 제한할 수 있는가? 경쟁은 오류의 발견과 제거 과정이다. 시장의 기반은 경쟁이다. 기업은 소비자로 하여금 돈지갑을 열도록 그들의 마음에 드는 재화나 서비스를 싼값으로 개발하기 위해 서로 경쟁한다. 경쟁은 생존을 위한 수단으로서 지식을 습득하도록 미지로의 탐험을 유발한다. 시장의 유인은 소비자의 욕구를 충족시키기 위해 해야 할 행동과 관련되어 있다. 얼마나 노력하고 성실해야 하는가의 문제와는 관련이 없다. 시장 시스템은 질서 있는 구조다. 그러나 그것은 그 누구도 의식적으로 만들 수 있는 구조가 아니다. 시장의 자생적 질서는 수많은 사람의 이익 추구와 문제해결 행동의 조정과 그들의 잘못된 행동의 통제에서 생겨난다.

이상에서 설명한 자생적 질서의 원리를 요약하면, 개인의 주관적 지식은 가격을 통해 사회적 이용이 가능하다. 전체로서 그 누구도 알 수 없는 지식 이용을 가능하게 하는 것이 시장이다. 개인들은 타인들과 행동을 조정하기 위해서나 시장에서 밀려나지 않기 위해 부단히 노력한다. 그런 노력은 개인들이 자신의 환경에 적응하는 행동이다. 적응행동 때문에 시장 전체에서 진화적 과정이 형성된다. 그 과정에서 문제해결책의 혁신, 즉 새로운 지식의 개발과 창조가 생겨난다. 성공적이지 못한 문제해결책은 도태되고 성공적인 것은 모방을 통해 확산된다. 하이에크는 시장 시스템을 진화와 자생적 질서의 쌍둥이 이념이라고 말한다. 그런 진화 과정은 '경쟁으로서의 발견적 절차'로 해석될 수 있다. 새로운 지식을 창출하는 절차다. 경쟁이 없으면 알 수 없거나 미사용된 사실을 발견하는 절차다. 그런 절차를 통해 성공적인 문제해결책이 발견되고 확산된다. 경쟁을 통해 비로소 성공 여부가 확인된다. 개발된 신상품의 성공 여부를 미리 안다면, 경쟁은 필요가 없다. 그러므로 시장은 새로운 지식의 실험장이라고 볼 수 있다. 실험을 통해 성공한 것은 모방 과정을 통해 확산된다. 전통적인 경제학에서는 완전한 지식을 전제로 하여 시장참여자의 수에 따라 경쟁을 구분한다. 하지만 이런 식의 이해는 시장의 기능원리를 이해하는 데 전혀 도움이 되지 않는다. 그런데 우리가 주목할 것은 두 가지다. 첫째, 경쟁의 구체적인 결과를 예측하는 것은 불가능하다는 것이다. 그런 예측에 필요한 구체적인 사실은 경쟁을 통해 비로소 발견되기 때문이다. 우리의 지적 능력으로는 경쟁의 원리만을 설명할 수 있을 뿐이다. 이것은 지식의 문제 때문에 시장경제와 경쟁을 국가의 목적을 위해 조직하기가 불가능하다는 것을 말한다.

둘째, 경쟁은 정부의 특정한 목적을 달성하기 위한 수단이 될 수 없다. 왜냐하면 시장경제는 자생적 질서이고, 따라서 공동으로 달성할 목표가 없기 때문이다. 목표가 있다고 한다면 그것은 누구나 제각기 추구하는 개별적 목표다. 욕구를 충족하기 위한 수단이 희소하므로 개인적 자유의 결과로서 경쟁이 발생한다. 다시 말하면 어떤 특정한 목적을 위해 경쟁과 시장경제가 생겨난 것도 아니라는 것이다. 특정한 목적을 위한 수단으로 경쟁이나 시장경제를 이용할 수 없는 이유가 이들의 성격 때문이다. 경쟁은 그 어떤 방법보다 광범위한 지식의 이용과 새로운 지식의 창출을 야기한다. 그리고 이런 경쟁으로 비효율적인 생산은 억제되고, 더 좋은 품질의 상품을 싼값에 공급하도록 유도한다. 경쟁이 억제되면 이런 효과가 없어진다. 시장을 균형으로 파악해서도 안 된다. 균형성장이나 불균형성장이라는 개념은 자생적 질서의 시장경제와는 전혀 관계가 없다. 균형사고는 현실에 적합한 생각이 아니다. 이런 개념에 따른 경제정책은 시장경제의 자율적인 행동 조정과 행동 통제, 그리고 발견적 절차의 질서 추진력을 손상시킬 뿐이다.

요컨대, 시장에서 자생적으로 질서가 형성되는 원리는 상이한 목표를 추구하는 상이한 행동들이 상호 간에 스스로 조정되는 과정(self-coordination)이다. 그리고 잘못된 지식의 이용을 제거하고 성공적인 행동들은 확산되는 등 행동들이 스스로를 통제하는 과정(self-control)이다. 전자는 앞에서 설명한 새로운 지식의 창출과 지식의 조정 과정을, 후자는 지식의 통제 과정과 지식의 선택 과정을 말한다. 네 가지 과정에서 중요한 역할을 하는 것이 가격구조다. 시장을 자생적 질서가 되게 하는 요인을 다른 측면에서 다룰 수도 있다. 즉, 시장은 거대한 소통체계라는 점이다.

시장질서는 언어의 창출 과정

주목할 것은 시장의 자생적 질서는 재화와 서비스의 교환만 이루어지는 것이 아니라 지식, 생각, 의견, 논거 등이 소통되는 메커니즘이라는 점이다. 시장은 '거대한 소통체계'라는 하이에크의 인식은 탁월하다.[46] 문제해결책에 관한 지식, 해결책들의 상대적 성과에 관한 지식, 사람들의 선호 · 생각 · 기대 등에 관한 지식이 자생적으로 창출되어 타인들에게 전달 및 소통된다. 여기서는 직접 대화와 설득을 통한 소통이 가능하다. 흥미롭게도 호르위츠가 확인하고 있듯이[47] 애덤 스미스는 『국부론』의 '분업을 야기하는 원리'에 관한 논의에서 '하나의 물건을 다른 물건과 바꾸고 거래하고 교환하는 성향'을 '이성 및 대화의 재능'과 연결했다.[48] 스미스에게 이성과 대화는 일종의 설득 형태다. 이는 글로 쓰거나 직접 대화할 수 있는 범위 내에 있는 사람들의 경우에 해당한다.

인간은 말을 한다. 언어는 생각이나 느낌을 음성이나 문자 등으로 전달하는 수단이다. 시장과 같이 언어는 '자생적 질서'의 전형적인 예다. 시장과 언어의 생성으로 추상적 사고능력도 생겨났다. 정치사상, 경제사상이 생겨난 것도 언어가 가져다준 사고능력 때문이다. 흥미로운 문제는 언어의 원천에 대한 것이다. 주목할 것은 언어가 교환과 상업의 산물이라는 언어학자들의 놀라운 발견이다. 그들은 그 발견의 단서를 애

46) Hayek(1961/1996 I: 57), 민경국(2007a: 93)

47) Horwitz(2001: 84)

48) Smith(1976/2015, I.ii./1: 17)는 이렇게 말한다. "이 성향(교환 성향: 저자)이 더 이상 설명이 불가능한 원초적 본능 중 하나인지, 또는 이쪽이 더 그럴듯한데 이성과 대화의 재능에서 나오는 필연적 결과인지는 우리의 현재 연구주제가 아니다."

덤 스미스의 다음과 같은 유명한 말에서 찾았다. "개가 자기가 먹는 뼈를 다른 개와 이리저리 따져서 공정하게 교환하는 것을 본 사람은 아무도 없다." 그가 이런 중요한 말을 하게 된 것은 인간의 고유한 교환행위를 강조하기 위해서였다. 언어학자들은 현대적 언어의 기원을 4만 년 전쯤으로 보는데, 그때부터 생성된 분업과 교환관계를 바로 언어의 기원으로 보고 있다. 재화의 교환과 계약을 통해 행동을 조정하기 위해서는 자신의 의견을 전달할 필요가 있었다. 정보의 소통이 복잡 · 다양해지면서 언어도 복잡해져 그런 소통에 기여했다.[49] 언어가 분업과 교환에서 생성되었으므로 시장은 언어를 창출하는 과정으로 이해할 수 있다. 시장이 발달할수록 그만큼 어휘의 수가 많아진다. 예를 들면 상품 · 욕구 · 기술의 다양화를 표현하기 위해서는 그만큼 어휘도 늘어나야 할 것이다. 시장의 복잡성이 증가함에 따라 소통수단으로서의 언어도 복잡해진다.

49) 그런데 사피어 워프의 가설과는 독립적으로, 하이에크는 "두 가지 종류의 합리주의"라는 주제로 가진 1964년 동경대학 강연에서 "언어구조는 세계의 성격에 관한 관점과 이론을 내포하고 있다. 따라서 우리가 특정의 언어를 배움으로써 우리는 세계의 모습, 우리의 사고의 틀을 습득하게 된다"라고 말했다. 언어는 세상에 대한 해석이라는 것이다. '순박한 실재주의'처럼 언어는 '있는 그대로를 표현한 것'이 아니라는 것이다.

가격은 비언어적 소통수단

그러나 시장경제에서 언어적 소통은 전체 소통의 일부일 뿐이다. 비언어적 소통이 있다. 타인들의 성공에 대한 관찰과 모방을 통해서도 소통이 가능해진다. 사람은 타인의 행동을 관찰해서 그들의 생생한 경험을 습득할 수 있다. 얀 칩체이스와 사이먼 슈타인하트가 『관찰의 힘』에서 밝혔듯이, 이윤 기회를 포착하는 막강한 힘은 관찰이다. 관찰 과정에서 생각지도 못한 사업 기회가 열리기도 한다. 이 책의 두 저자는 사람들의 일상을 관찰하는 것이 우리의 과제이며, 진정으로 성공하고 싶으면 "일상에서 기회를 포착하라"라고 한다. 사람들은 모방을 통해서도 타인의 경험을 습득할 수 있다. 왜 성공했는지 말로는 표현할 수 없지만, 성공한 역할 모델을 모방해 비로소 그의 값진 경험을 배울 수 있다.

중요한 것은 가격을 통한 소통이다. 이는 시장경제만이 가질 수 있는 소통 방법이다. 비언어적 소통은 언어적 소통에 비해 여러 가지 장점이 있다. 언어적 방법은 글로 쓰거나 목소리를 들을 수 있는 범위 내의 아는 사람들끼리 가능하다. 그런 소통이 불가능한 경우가 있다. 글이나 말로 표현할 수 없는 지식의 소통이다. 우리가 가진 지식의 대부분은 말로 표현할 수 없고, 암묵적 · 초의식적이다. 상황과 관련된 현장 지식의 대부분은 그런 종류의 지식에 속한다. 암묵적 · 초의식적 지식은 말과 글로 전달할 수 없지만, 행동으로는 표현할 수 있다. 재주, 아이디어, 특정한 재화에 대한 호 · 불호, 기업가정신 등에 내장된 지식이 그런 성격이다. 시장이 말이 아닌 행동을 중시하는 이유다. 그런 지식은 경제인들의 구매 · 판매 행위를 거쳐 가격구조에 반영된다. 따라서 가격에 사람들이 적응하는 것은 가격에 구현된 타인들의 의견, 선호, 생각 등을 학습한다는 것을 의미한다.

인간의 초사회성과 시장질서

인간의 뇌가 자연환경에서 개인의 생존 문제보다는 타인들과의 관계에서 생겨나는 문제, 즉 사회 문제를 해결하기 위해 커졌다는 것이 사회적 뇌 이론(social brain theory)의 인식이다.[50] 그 이론에 따르면 영장류의 두뇌 크기는 집단의 크기와 비례한다고 한다. 이때 집단이란 밀접하게 서로 접촉 · 공감하면서 교제가 가능한, 간단히 말해 '역지사지(易地思之)'가 가능한 그룹 규모다. 애덤 스미스의 말을 빌리면 가족이나 친구처럼 마음을 터놓고 지낼 수 있는 최대의 인적 범위를 말한다.[51] 같은 영장동물이면서 침팬지의 뇌용량은 400cc인 데 반해 인간은 1,300~1,500cc로 침팬지보다 3.5배가량 크다. 인간집단의 크기는 150명쯤 된다. 집단의 크기는 침팬지 집단의 약 3배에 해당한다. 그 규모는 인류가 심리적 · 신체적 본능이 형성되던 시기에 살았던 그룹 규모다. 작게는 30명, 많게는 150명 내외로 그룹을 지어서 수렵 · 채집을 하며 살았다.

인간은 직립하면서 산도(産道)가 좁아진 반면, 뇌용량은 커졌기 때

50) 장대익(2018: 21)

51) 입장을 바꿔놓고 생각할 수 있으려면 타인의 선호, 생각, 처지 등을 완전히 알 수 있을 정도로 친밀한 관계여야 한다.

문에 미숙한 상태로 출산하는 방향으로 진화했다. 무력한 상태로 태어나 몇 년간은 주변의 보살핌을 받아야 생존이 가능하다. 인간은 신체나 두뇌가 성숙하지 못한 채 태어난다. 태어난 후에 비로소 두뇌가 성숙해진다. 다른 어떤 동물보다 인간의 유년 기간이 긴 이유도 150명에 적합한 두뇌의 성숙을 위해서다. 유년 기간 동안 부모와의 긴밀한 학습을 통해 '사회적 지능'이 발달한다. "인간은 언어와 마음 읽기 능력을 발달시켜 사회문제를 해결했다"라는 것이 사회적 두뇌 이론의 인식이다.[52] 생물학적 진화 과정에서 인간은 동료로부터 학습할 수 있는 능력을 다른 어떤 종(種)보다 훨씬 크게 부여받았다. 유년기와 장년기의 확대는 인간에게 다양한 행동 규칙을 학습할 수 있게 한 생물학적 진화 과정의 결정적인 단계였다.

그러나 집단주의가 해체되면서 개인주의가 지배하게 된다. 개인이라는 존재가 인정되면서 개인들은 집단적 위계질서에서 점차 해방되었다. 공동의 목적과 결부되어 있던 인간의 삶이 그런 목적으로부터 벗어났다. 개인들은 스스로 정한 목적을 추구한다. 공동의 목적 대신에 점차 공동의 행동 규칙들로 교체되었다. 인간관계는 아는 사람들끼리의 관계를 넘어서서 모르는 사람들끼리의 관계로까지 확대되었다.

그러나 그런 지력만으로는 인간이 서로 알지도 못하는 사람들과 소통 및 거래관계를 가지는 것이 어려웠다. 이를 가능하게 한 것이 사유재산과 자유를 기반으로 하는 시장경제와 정치제도였다.[53] 순수한 지력을

52) 장대익(2018: 22-23)

53) 두뇌는 클수록 좋다. 인간의 무기 경쟁은 두뇌를 키우는 경쟁이 될 것이다. 그러나 문제가 있다. 자궁에 있을 때나 태어난 후에도 큰 두뇌를 개발하고 유지하는 데 드는 비용이 만만

제도적 지혜로 교체하는 방향으로 인류사회의 진화가 이루어졌다. 시장의 진화로 가격을 통한 비언어적 소통이 가능해졌다. 소통은 우리의 귀, 눈, 인지능력으로 전혀 볼 수도 들을 수도 알 수도 없는 범세계적인 거시우주로까지의 확대를 가능하게 했다. 그래서 가격은 인간정신의 미시우주(microcomos)를 거시우주(macrocosmos)와 연결하는 역할을 한다. 인간이 보는 세상은 극히 제한되어 있다. 전체 중에서 아주 작은 부분만을 인식하는 것이 가능하다.[54] 부분적 · 지역적 인지를 확대시키는 역할을 수행하는 것이 가격이다. 가격은 개인의 감각기구(소우주)만으로는 도저히 접근하기가 불가능한 자연적 · 사회적 세계의 거시우주에 대한 적응을 가능하게 한다. 독일의 유명한 철학자이자 사회학자인 게오르크 지멜(G. Simmel, 1858~1918)도 자신의 저서『돈의 철학』(1907)에서 "화폐와 가격은 사회적 삶의 원거리에 대한 접근을 가능하게 한다"라고 말했다.[55]

요컨대 인류가 침팬지나 개미, 흰개미, 꿀벌 같은 사회적 곤충의 사회성을 초월하는 초사회성을 달성할 수 있었던 계기는 시장의 자생적 질서였다. 사유재산이 보장된 사회는 개인들이 가질 수 있는 지식보다 훨씬 많은 지식의 사용을 가능하게 한다. 왜냐하면 가격이 전달하는 지

치 않다.

54) 인간의 인지는 부분적 · 지역적이다. 이에 관해서는 Hayek(1952/2002), 박이문(2013: 5) 참조

55) 미제스에게 가격의 역할은 개인의 머릿속에 들어 있는 주관적 가치에 대한 기수적 표현을 가능하게 한다. 가격의 역할에 대한 미제스의 인식은 사회주의의 불가능성 논리와 직접적인 관련이 있다. 사회주의는 가격이 없으므로 어디에 얼마나 투자하는 것이, 또는 어느 한 재화를 얼마의 값으로 사고파는 것이 적합한가의 문제, 즉 경제계산의 문제를 해결할 수 없다. 그러나 하이에크에게 사회주의가 불가능한 이유는 '지식의 문제' 때문이다. 왜냐하면 지식의 문제는 각처에 분산되어 있는 사실에 관한 지식을 수집 · 가공하여 이용할 수 없기 때문이다.

식을 사용할 수 있기 때문이다. 이것이야말로 문명화된 사회의 장점이다. 시장경제에 자생적 질서가 형성되는 근본적인 이유는 가격구조가 비언어적 소통을 가능하게 하는 거대한 소통체계의 역할을 수행하기 때문이다.

자생적 시장질서는 '경제(economy)'가 아니다

흔히 인간의 시장관계를 국민'경제' 또는 세계'경제'라고 말한다. 시장경제를 자생적 질서라고 이해한다면 '경제'라는 표현이 적합한가? 유감스럽게도 그런 표현은 자생적 질서로서 시장을 이해하는 데 장애물이다. 경제(economy)는 가계(특히 농촌가계)를 의미하는 '오이코스(oikos)'와 경영하다를 뜻하는 '노미아(nomia)'의 합성어다. 가계는 가장(家長)을 사령탑으로 하고, 그 밑에 처와 자식들(그리고 과거에는 노비나 하인)로 구성된 위계적 조직이다. 가장의 존재 목적은 가족 전체의 후생 증진이다. 따라서 국민경제라는 말은 위계적인 집단적 목적을 위해 인위적으로 만든 조직으로 이해해야 한다.

그러나 시장경제는 인위적으로 만든 조직이 아니라 자생적 질서다. 이 질서에는 생산자, 소비자, 자본가, 노동자가 공동으로 달성할 단일 목적 체계가 없다. 구성원들이 스스로 정한 개별적 목표만 있을 뿐이다. 상황에 관한 지식, 사실에 관한 지식이 각처에서 생업에 종사하는 사람들의 머릿속에 분산되어 있는 것처럼 자원에 대한 통제도 개인들 각자에게 분산되어 있다. 그들이 추구할 공동목적 대신에 공동으로 지켜야 할 추상적 · 보편적 행동 규칙만이 있을 뿐이다. 구성원들 사이의 관계는 수평적이다. 마이클 폴라니가 자생적 질서를 '다중심질서(polycentric order)'라고 부르는 이유다.

국민경제는 단일 목적 질서다. 국민경제의 대표적인 예가 중앙집권적 계획경제다. 국민경제는 국민의 후생을 극대화할 목적으로 생산과 소비를 중앙에 의해 계획하는 조직이다. '중앙(사령탑)'이라는 단일중심에서 자원을 통제한다. 이런 의미에서 단일중심 질서(mono-centric order)다. 따라서 '경제'라는 말을 시장에 사용하는 것은 옳지 않다. 미제스나 하이에크가 시장을 '이코노미'라는 개념 대신에 '교환하다' 또는 '적을 친구로 만들다'라는 의미인 '카탈락시'라는 개념을 사용할 것을 제안한 것은 매우 적절하다.

그렇다고 시장경제를 가진 자유사회에서 '경제'라는 말을 사용할 수 없는 것은 아니다. 시장질서를 구성하는 요소들, 즉 가계 또는 기업과 같이 알려진 목적을 위해 자원을 의식적으로 배분하는 조직질서에서는 가계경제 또는 기업경제 같은 말을 사용하는 것이 옳다. 또는 알려진 공동의 목적을 위한 국가재정이나 국가에 할당된 자원을 의식적으로 배분하는 조직에 대해 사용하기에 적합한 개념이다. '국가경영'이라는 개념도 정부재정이나 정부조직과 같이 설계된 조직에서나 타당할 뿐이다. 사적 영역을 포함하여 '국가경영'이라는 말을 사용하는 것은 잘못이다. 사회주의에서는 사회와 국가의 구분이 없어 사회주의경제에 '국가경영'이라는 말을 사용하는 것은 적합하다. 경영이란 '일정한 목적을 달성하기 위해 인적 · 물적 자원을 결합한 조직을 관리하고 운영한다'라는 의미다.

그래서 이는 자생적 질서에 적합한 말이 아니다. 시장질서를 경영학적 관점에서 보거나 그런 관점에서 시장질서를 정책적으로 다룰 수 없는 것은 그래서다.

자생적 시장질서는 카탈락시다

시장경제는 누구든 가리지 않고 분업과 교환 과정에 통합하는 사회다. 빈부, 출신, 인종, 이념, 종교 등은 분업이나 교환과 관계가 없다. 그래서 누구와도 통합이 가능하다. 심지어 적(敵)도 친구로 만든다. 이는 관용을 뜻한다. 시장사회는 '이코노미(economy)'라기보다는 '카탈락시(catallaxy)'가 옳다. 사실 이 개념을 시장질서에 처음으로 도입하여 사용한 인물은 영국의 논리학자이자 신학자, 경제학자였던 리처드 화틀(R. Whatel, 1787~1863)이었고, 오늘날 이 말을 시장사회에서 즐겁게 사용하도록 확산시키는 데 기여한 인물은 미제스와 하이에크다.[56]

자유사회는 나와 내가 속한 진영은 예외라는 것을 말해주는 '내로남불(내가 하면 로맨스요 남이 하면 불륜)' 또는 편법이 결코 없는 사회다. 진영과 관련 없이 유리한 값으로 질 좋은 재화나 서비스를 수요 · 공급하는 것이 진영논리에 따라 물건을 팔거나 사는 경우보다 기업이나 개인의 존

56) 조선일보(2019.10.25)가 윤평중 교수의 칼럼에 "적대정치는 민주주의 적"이라는 제목을 달았다. 이 말이 옳은가? 옳지 않다. 원래 친구를 적(敵)으로 만든 것이 민주주의라는 것을 모르고 한 말이다. 민주주의는 적대정치를 초래한다. 민주주의가 적대정치가 되지 않으려면 차별적 입법을 막아야 한다.

립 기회를 늘려준다. 인종적 · 종교적 감정 등과 같은 개인적 감정이 교환 과정에 전혀 개입하지 않는다. 그런 감정 개입 없이 사람들이 타인들을 대우하는 능력, 오로지 상호 간의 이익을 위해 서로를 대우하는 능력이 관용과 다원성의 기반이다. 시장관계를 '비인격적(impersonal)'이라고 말하는데, 바로 그런 능력을 기반으로 인간관계를 갖는다.

따라서 시장관계는 종교적 차원, 인종적 그리고 그 밖의 신분적 차원의 관용을 실현하는 장소라고 보아도 무방하다. 시장관계를 단순히 상업적 관계라고만 볼 수 없는 이유는 그 때문이다. 그런 관용의 미덕이 실현되는 장소가 시장이라는 것은 프랑스의 위대한 계몽주의 철학자 볼테르(1694~1778)의 설명에서도 확연히 드러난다. 그는 런던의 증권거래소를 예로 들며 경제적 자유와 종교적 관용을 설명한다. 런던의 증권거래소는 수많은 법정보다 훨씬 존중할 만한 집회 장소라고 말했다. 모든 국가의 대표자들이 거기에 모여서 이윤을 추구하고 있기 때문이다. 이슬람교도, 유대인, 기독교인 등 서로 상이한 종교인들이 그곳에 모여 마치 똑같은 종교를 가진 사람들처럼 서로를 대하고 있다는 것이다. 교환과 협력의 일과를 끝내고 퇴근하면 뿔뿔이 흩어져 교회로 가는 사람도 있고 친구들과 어울려 술을 마시러 가는 사람도 있다. 그들에게 이교도(異敎徒)란 다른 종교를 믿는 사람들이 아니라 사업이 망하여 상업적 관계가 끊긴 사람들이다.

그런 내용은 맥켈로이의 어느 한 기고문에서 인용한 것인데,[57] 종교

57) 볼테르는 "시장경제는 관용을 기반으로 하는데, 정치는 결코 관용이 실현되지 않는다"라고 개탄했다. 그는 영국에서 훌륭한 국교 신앙자가 아니면 관직을 얻을 수 없다고 말했다(McElroy, 1998).

의 관용을 창출하고 실행하는 데 시장경제가 역사적으로 수행한 역할은 주목받아 마땅하다. 시장관계는 단순히 자원배분 또는 물질적 분배의 역할만을 수행하는 것이 아니다. 관용의 창출과 실천이라는 위대한 역사적 역할을 수행하는 것은 시장경제의 위대한 지혜, 경제적 자유의 위대한 지혜가 아닐 수 없다. 볼테르가 본 것과 동일한 런던의 주식시장을 보았지만 다르게 평가한 인물은 마르크스다. 그는 시장관계를 아무런 감정도 개입하지 않는 관계 때문에 비정하다고 비판한다.[58] 그러나 만약 증권거래소에서 거래관계에 인종적, 종교적 또는 도덕적 감정을 개입시킨다면 거래는 성립할 수도 없고 심지어 관용이 깨지고 만다. 그 결과는 갈등뿐이다.[59] 볼테르가 마르크스보다 시장경제와 관용을 제대로 잘 이해했다. 마르크스주의는 관용의 미덕이 인간사회에 얼마나 소중한 가치인가를 알지 못했다. 그 증거로 마르크스주의가 수천만 명을 죽였다는 것은 역사적 사실이다. 카탈락시로서 자유시장을 부인하는 것은 불관용과 일치한다. 이런 사실은 마르크스주의와 사회주의가 입증한다. 이란, 이라크, 파키스탄 등처럼 시장경제가 발전하지 못한 사회에서는 관용도 없다. 마찬가지로 종교적 관용이 없는 곳에서는 시장경제도 발전하지 못한다.

58) 시장은 어떤 개인적 사정이나 개인적 신분을 고려하지 않고 작동하기 때문이다. 시장경제가 개인적 사정이나 신분, 종교, 출신 등 그 어느 것도 고려하지 않고 작동한다는 것은 평등의 원칙에 따라 작동한다는 것을 의미한다. 다시 말하면 자유시장에서는 어떤 특권도 없다. 이에 관해서는 Boaz(1997: 153) 참조

59) 공동체주의도 자유주의가 인간적인 감정과 정서를 반영하지 않고 정부가 중립적인 자세를 취하기 때문에 살과 피도 없는 인간을 전제하고 있다고 비판한다. 그러나 마찬가지로 그런 감정을 개입시켜 정부가 좋은 삶을 규정하고 이를 촉진하기 시작하면 사회질서는 혼란으로 치닫는다.

자생적 질서에 '시장실패'라는 말은 틀렸다

'시장실패'라는 개념은 국가개입을 정당화하는 개념이다. 그런데 실패와 성공은 특정한 목표를 전제한다. 그래서 시장은 구체적인 목적을 위한 조직으로 이해할 경우에만 '시장실패'라는 개념이 적합하다. 시장실패라는 개념에서 실패는 경쟁적 균형이 보장하는 자원배분의 효율성을 달성하지 못하는 때다. 경쟁적 균형은 학자가 시장을 기술하기 위해 만든 시장 개념이다. 이는 시장을 자원배분의 효율성이라는 목표를 달성하기 위해 인위적으로 만든 조직으로 파악한다. 예를 들어 현실의 카탈락시가 공급독점 같은 경쟁적 균형에서 벗어나면 효율적인 자원배분이라는 목표를 달성하는 데 실패했다는 이유로 국가개입을 요구한다. 그러나 이런 요구는 틀렸다.

왜냐하면, 첫째, 시장은 시장 사람들이 공동으로 달성해야 할 배분적 효율을 위해 인위적으로 만든 조직이 아니다. 시장에는 개인들 각자가 개별적으로 추구하는 개별목표만이 있을 뿐 공동의 집단목표가 없다. 둘째로 시장의 자생적 질서는 균형이 아니라 균형으로부터 멀리 떨어져 질서를 형성하는 과정이다. 시장은 균형에서처럼 정태적이 아니라 역동적이다. 이 두 가지 사실만 놓고 보아도 시장에 성공 혹은 실패를 적용하는 것은 옳지 못하다. 성공 혹은 실패라는 말은 맥락상 공동의 집단목표를 전제할 때만 의미가 있다. 실패 혹은 성공 여부는 정부와 관련되어 있다. 왜냐하면 정부는 특정한 목적을 가지고 설계된 조직이기 때문이다. 그래서 실패가 있다면 이는 '정부실패'다. 정부는 개인의 생명과 재산, 자유를 보호하기 위해 인위적으로 설계된 조직이다. 예를 들면 외부성이란 사유재산에 대한 침해를 허용하는 경우에 생겨나는 문제인데, 이는 정부가 할 일을 하지 않았거나 파행을 거듭한 결과로 발생한 것이다.

경제학의 독립적인 교과목으로서 '산업조직론'이 있다. 이는 특정한 목표를 달성하기 위해 어떻게 시장구조를 조직해야 하는가, 또는 어떤 시장행동이 필요한가를 통계적 · 수리적 방법을 이용하여 연구하는 분야다. 그러나 명칭부터가 틀렸다. 산업이라는 것은 시장에서 자생적으로 형성되기 때문이다. 경쟁을 특수한 집단목적을 위한 수단으로 여기는 것은 시장의 자생적 질서를 조직으로, 다시 말하면 법이 지배하는 시장을 목적이 지배하는 조직으로 바꾸는 것이다. 이런 체제 전환의 결과는 기업의 자유로운 경제활동을 가로막는다.

제 3 부

자유와 도덕

"비유하자면 자혜는 건물을 지탱하는 기초가 아니라 건물을 아름답게 꾸미는 장식이므로 그 실천을 권고하는 것으로 충분하고, 그것을 강제할 필요는 결코 없다. 반면에 정의는 모든 건물을 지탱하는 주요 기둥이다. 만약 그것이 제거되면 인간사회라는 거대한 구조물은 틀림없이 한순간에 산산이 부서지고 말 것이다."

-애덤 스미스[1)]

"공동의 평화질서가 소규모 그룹에서부터 점차 커져가는 공동체로 점진적으로 확대되면서 공동의 가시적인 목적에 기초하는 특수한 정의의 요구와 낯선 사람들과 공동체 구성원들에게 똑같이 적용될 수 있는 보편적인 정의 요구 사이에 지속적인 갈등이 수반되었다."

-프리드리히 하이에크[2)]

1) Smith(1976/2009, II.i.3/4: 162)

2) Hayek(1983/2018: 466-467)

8.
자유의 도덕은 문화적 진화의 선물

오늘날 우리가 살고 있는 사회는 분업과 교환이 소규모 그룹에서부터 지역이나 국가 전체로, 심지어 범세계적으로 확장되어 '확장된 질서(Extended Order)'라고도 말한다. 우리가 얼마나 확장된 질서 속에서 살고 있는가는 아침 식탁을 보면 알 수 있다. 스위스에서 만든 치즈, 미국에서 생산한 밀로 만든 빵을 먹는다. 그리고 남미에서 재배한 커피와 칠레산 오렌지로 만든 주스를 마신다. 그런 것들은 어떤 사람이나 집단의 계획을 통해 나에게 오는 것이 아니다. 수많은 사람이 자신의 이해관계를 관철하는 과정에서 나의 밥상까지 올라온 것이다.

자생적 질서가 국제적으로까지 확장된 과정을 간단히 요약 · 정리하면, 인류가 진화되는 시기인 홍적세(洪積世)까지 거슬러 올라간다. 홍수가 많이 일어나서 이름 붙인 그 시기는 1~160만 년 전까지의 기간이다. 이 시기인 1만 년 전쯤부터 농업이 도입되었고, 동시에 인류가 떠돌이 생활을 중단하고 한 지역에 정착하여 생활하기 시작했다. 인류는 혈연 또는 종족으로 맺어진 소규모 그룹(30~150명) 속에서 지도자의 명령과 지시에 따라 수렵과 채집으로 삶을 영위했다. 그런 장구한 기간 동안 연대, 나눔, 집단주의, 감성적 태도 등 사회주의의 도덕적 가치가 인류를 지배했다. 흥미롭게도 그 시기는 그런 도덕적 가치와 함께 인간의 본능적 심리구조가 형성된 시기였다. 인간이 그룹 내에서 본능적으로 사회주의자인 이유다. 인간의 본능 속에 정착되어 현재 우리에게도 유전적으로 대물림을 받은 바로 그런 본능적 행동, 선호, 집단주의 태도 등이 도킨스와 윌슨 등이 말하는 사회생물학의 인식대상이다.[3)]

인류는 정착생활을 하면서 인구도 증가했고 기술도 발전했다. 그러나 기존의 질서를 통해서는 늘어나는 인구를 부양할 수 없었다. 때로는 어린아이, 특히 여아를 살해하거나 또 다른 방식으로 늘어나는 인구를 억제하지 않으면 안 되었다. 본능적인 폐쇄된 모럴을 가지고는 도저히 살아갈 수 없었으며, 종족주의 정신을 극복해야 했다. 하지만 극복하기가 결코 쉽지 않았다. 의도하지도 않았고 심지어 의식하지도 못한 채로 이를 극복한 인간 그룹은 생존과 번영을 누릴 수 있었다. 모방과 학습 과정 속에서 성공적인 모럴이 확산되었다. 그 확산은 신속했다. 그리고 이제는 연대감 같은 본능의 생물학적 진화 대신에 자유의 도덕을 위한 '문화적 진화'에 들어섰다. 문화란 행위와 정서, 사고의 양식들, 예의범절, 관습, 종교규칙, 도덕, 전통 등 인간의 상호작용을 안내하는 행동 규칙들이다. 이는 후천적 학습 과정을 통해 습득한 것들이다.[4)] 문화적 진화는

3) Wilson(1975), Dawkins(1971)

4) 그런데 흔히 문화를 '자연과 대립하는' 것으로 여기는 경향이 있다. 그러면서 '본능과 자연환경 사이에서 만들어진 완충물'이라고도 한다. 이한구(2019: 42)는 "문화를 자연과 대립하는 것이라고 한다면 문화에 대한 이런 이해는 이분법적 사고에서 비롯된 것"이라고 주장한다. 문화는 이성과 본능의 중간에 있다.

도덕적 가치들이 후천적 학습을 통해 대물림되는 과정이다.

그 결과는 질서의 확장이었다. 폐쇄되었던 종족 사회가 열리고 점차 이방인으로 취급된 사람들과도 분업이 이루어졌다. 이런 분업은 한 지역을 넘어서 방대한 지역으로까지 확장되었다. 확장의 절정은 광대한 국제 분업이다. 확장된 질서에는 이를 계획하거나 통제하는 사령탑이 없다. 세계정부가 없다는 뜻이다. 유엔(UN) 같은 국제기구가 있기는 하지만, 국제질서를 계획하거나 규제할 권한도 없고 그럴 능력도 없다. 우리 사회는 국제적으로 열린 자생적 사회다.

이런 사회를 가능하게 한 것은 사람들이 타고난 자연적 본능을 억압하고 그것을 대신해서 생겨난 문명화된 도덕규칙을 지키기 때문이다. 새로운 도덕이 자유의 도덕률이다. 어떻게 이런 도덕이 생겨나게 되었는가? 이를 설명하기 위해 흔히 '사회계약'이라는 개념을 도입한다. 이 개념의 문제점이 무엇인가를 알면 비로소 진화의 관점이 얼마나 중요한가를 알 수 있다.

자유의 도덕은 이성의 산물인가

사회계약은 인간이성을 통해 사회를 만들 수 있다는 전제가 깔려 있다. 사회계약이란 물건을 사고파는 시장의 계약 현상을 법, 도덕, 헌법을 제정하는 정치적 현상에 적용한다. 시장에서 이루어지는 계약의 본질은 당사자 간의 합의다. 사회구성원들이 전부 한자리에 모여 법, 도덕,

헌법 등 행동 규칙을 집단적으로 선택한다면 어떤 규칙이 합의를 통해 생성되는가를 묻는다. 합의에 참여하는 사람들은 합리적이라고 전제한다. 즉, 그들은 자신들의 목적추구에 지적으로 아무런 장애물이 없다고 한다.

두 번째로 흥미로운 것은 그런 합의에 도달하는 상황이다. 이는 원초적 상태로서의 자연 상태다. 이 상태는 인간의 상호관계에서 그들의 행동을 제한하는 어떤 도덕률도 없다. 예를 들면 1986년 노벨경제학상을 수상한 제임스 뷰캐넌을 들 수 있다. 『자유의 한계: 아나키와 리바이어던의 사이에서』(1975)는 자연 상태에서 합리적인 사람들에 의한 행동 규칙의 선택 문제를 다룬다. 루소나 홉스와 달리 뷰캐넌은 국가권력을 제한하는 이상적인 헌법을 사회계약을 통해 정당화했다.[5] 또 다른 예는 존 롤스다. 그는 『정의론』(1971)에서 무지의 장막을 도입하고 있다. 이 상태는 계약에 참여한 사람들이 자신의 출신, 성별, 부모, 그리고 현재 또는 장래의 위치 등을 알지 못하는 상황이다.

프랑스 계몽주의에서 비롯된 사회계약의 아이디어는 치명적인 오류를 내포하고 있다. 첫 번째 문제는 인간 이성 또는 인간정신은 사회가 존재하기 전에 이미 완전히 개발되어 있다는 전제다. 그런 전제는 전지전능한 이성을 가지고 소망스러운 사회질서를 계획할 수 있다는 구성주의적 합리주의의 미신이다. 그러나 모든 것을 완전히 아는 사람들이 사는 세상에서는 도덕, 법 같은 행동 규칙이 불필요하다.[6] 행동 규칙들이

5) 뷰캐넌의 사상에 대해서는 민경국(1993/2018: 465-497), 민경국(1993), 김행범(2016) 참조

6) Hayek(1969: 171)는 "행동 규칙은 우리의 구조적인 무지를 처리하기 위한 수단이다. (중략)

존재하는 이유는 구조적 무지에 대한 적응의 산물이기 때문이다. 인간은 그런 행동 규칙들을 준수할 때 비로소 합리적으로 행동할 수 있다. 따라서 인간 이성은 주어진 것이 아니라 사회 속에서 비로소 개발되고, 사회에 영향을 미친다. 인간정신과 사회는 공진화 관계다. 인간은 합리주의 사상에서 해방될 때 비로소 더 자유롭다.

두 번째로 사회계약론은 인간이 결코 합리적으로 행동할 수 없는 상황에서 합리적으로 행동한다고 주장한다. 인간이 복잡다기한 사회 속에서 구조적으로 무지함에도 합리적으로 행동할 수 있으려면 목적에 합당하게 타인들과 상호관계를 가질 수 있어야 한다. 이를 위해서는 공동으로 지키는 행동 규칙들이 존재해야 한다. 이 행동 규칙의 역할은 사람들이 추구하는 목적을 고려하지 않고 특정의 행동방식을 금지하는 데 있다. 그래서 행동 규칙들의 존재는 다른 사람들이 어떤 행동을 할 것인지를 예측 가능하게 한다. 사람들은 행동 규칙 없이 타인들의 행동에 대한 기대를 형성할 수 없다.[7] 행동 규칙들은 사람들이 행동할 때 고려되어야 할 상황들의 영역을 중요한 상황들의 영역으로 제한함으로써 의사결정을 가능하게 한다. 인간이 합리적으로 행동할 수 있는 이유는 규칙들의 존재 때문이다. 따라서 합리적 행동을 위한 전제조건으로서 규칙의 생성과 존속을 바로 그 합리성을 통해 설명하는 것은 난센스다.

전지전능한 인간끼리는 행동 규칙이 필요 없을 것이다. 이러한 사실을 무시한 채 도덕 및 법질서를 연구한다면, 그러한 모든 연구는 핵심적인 문제를 소홀히 하게 된다"라고 말했다.

7) 그 같은 행동 규칙에 따라 어떤 행동들은 거부되고, 어떤 행동들은 선호된다. 투입될 수단들(행동방식들)과 추구하고자 하는 목적들도 평가된다. 어떤 목적들은 선호되고, 어떤 목적들은 거부된다. 사람들이 그 같은 행동 규칙들이 허용된 범위 내에서 자신들의 목적을 추구한다면 그들은 타인들의 욕구 충족에 기여할 수 있다. 규칙에 따르는 행동과 관련하여 우리는 다른 사람들이 어떤 행동을 할 것인가를 예측할 수 있기 때문이다.

세 번째로 소유 또는 소유권, 도덕, 법은 국가의 산물이라는 논리도 문제다. 국가 이전에는 그런 것들이 존재할 수 없다는 입장이다. 국가가 먼저이고 모든 소유 또는 소유권은 국가가 개인들에게 허용했기 때문에 존재한다는 논리도 틀렸다. 법의 원천도 국가라고 한다. 권리가 무엇이든 사람들이 가진 것은 국가가 만든 법의 산물이라는 것이다. 그러나 사적 소유가 존재했고, 국가 이전에 인간끼리 지키는 도덕과 인간에게 분업과 교환을 가능하게 하는 시장도 존재했다. 이런 역사적 사실을 감안할 때 비로소 우리는 더 많은 자유를 향유할 수 있다. 요컨대, 문화는 인간 이성을 통해 설명될 수 없다.

인간은 규칙을 준수하는 동물

규칙 없는 상태는 있을 수 없다. 인간은 규칙을 따르는 동물이다. 인간의 행동은 단순하게 목적들만 향한 것이 아니라 사회적 기준들 그리고 관습들을 준수하면서 행동한다. 인간은 계산하는 기계와 다르다. 기계는 순전히 목적에 따라서만 행동하지만, 인간은 규칙들 및 대상들에 대한 지식의 덕택으로 행동한다. 예를 들어 성실성, 정직성, 시간 엄수, 배려, 신중, 자제력, 예의범절, 정의감 등과 같은 성향 또는 기질들(traits)이 해당한다. 이런 규칙들은 무엇인가에 대한 야망, 탐욕, 갈증 혹은 사회적 욕망과 같이 인간이 추구하는 종류의 목표들을 가리키는 것이 아니다. 오히려 그런 기질은 인간이 추구하는 목표들이 무엇이건 그의 행위에 가할 제약들의 유형을 가리킨다.

인간은 행위에서만 규칙을 따르는 것이 아니다. 행동하기 이전 단계, 즉 인간을 둘러싸고 있는 자연적 · 사회적 환경에 대한 인지 역시 규칙을 따른다. 인지를 가능하게 하는 것은 분류 도구다. 이것이 우리의 정신에 해당한다. 인간은 외부세계로부터 들어오는 자극들의 감각적 인상들을 분류하여 인지한다. 그런 분류 도구 없이는 세상을 알 수도 없고, 행동할 수도 없다. 세상에 관한 지식은 있는 그대로가 아니라 개인들 각자의 고유한 인지 틀에 따른 적극적이고 창조적인 해석의 결과다. 분류 시스템은 규칙으로 구성되어 있다. 그런 규칙들 중에는 타고난 것, 즉 본능적인 것도 있고 어린 시절에 초의식적으로 학습하여 습득된 것도 있다.

인간만이 규칙에 따라 행동하는 것은 아니다. 침팬지 같은 영장동물을 비롯하여 사회적 곤충들도 규칙을 따른다. 일개미의 정밀한 분업은 물론, '번식 분업'이야말로 규칙이다. 번식 분업이란 여왕개미는 일생동안 오로지 알을 낳는 일에만 전념하고, 일개미들은 여왕을 도와서 군락의 번식에 필요한 모든 일을 수행하는 것을 의미한다. 프란스 드 발이 『침팬지 폴리틱스』에서 보여주고 있듯이 침팬지의 그룹 생활, 그룹 내에서의 서열 등은 규칙을 따르지 않고서는 있을 수 없다.[8] 이런 것만 보아도 인간은 목적을 추구할 뿐만 아니라 규칙을 따르는 동물이라는 사실이 확연히 드러난다. 행동 규칙은 인간에게 무엇을 해도 좋은가에 관한 적극적 지식뿐만 아니라 무엇을 해서는 안 되는가에 관한 '소극적' 지식도 제공한다. 그룹에서는 언제나 갈등이 있게 마련이다. 될 수 있는 한

8) Waal(1989/2019: 270-271), Willhoite(1976: 1115)

이를 피하거나 억제하는 것이 중요하다. 그런 역할을 하는 것이 인지와 행동 규칙이다. 그것을 통해 개인들은 타인들의 행동에 대해 적중 가능한 기대를 형성할 수 있다. 다시 말하면, 특정한 인지 규칙과 행동 규칙의 존재로 인해 인간은 외부환경에 적응할 수 있고, 다른 사회구성원들의 행동을 조정할 수 있다. 이것이야말로 생산적 · 건설적인 사회질서가 생성 · 유지될 수 있는 조건이다. 하지만 이는 사람들이 규칙을 따를 때만 가능하다. 특정한 행동 가능성의 출현을 배제하거나 허용함으로써 사회 · 경제적 환경의 복잡성이 줄어들기 때문이다. 인간은 타인들과 상호관계 속에서 비로소 자신의 목적을 추구할 수 있다. 물론 사회의 발전과정과 행동 규칙의 성격에 따라 인간이 자유로이 목적을 추구할 행동범위는 상이하다.

행동 규칙을 준수하기 위해서는 이에 따른 인센티브가 충분히 있어야 한다. 이를 지키지 않으면 첫째, 양심의 가책, 죄책감, 후회, 심리적 공황 등을 느낀다. 둘째, 불특정 다수로부터 비판과 나쁜 평판을 받으면 사업 파트너로 선정받지 못할 수도 있다. 셋째, 사회로부터 추방 또는 배척당할 우려도 있다. 마지막 네 번째로는 타인으로부터 증오를 받거나 보복 · 복수를 당할 수도 있다. 이런 메커니즘은 국가 없이도 질서 유지에 기여하는 중요한 처벌이다. 그러나 암묵적 · 초의식적 행동 규칙은 우리 몸에 체화되어 있어 어떤 인센티브와도 독립적으로 지켜진다. 그런 처벌메커니즘은 인위적으로 만든 것이 아니라 사회적 과정 속에서 자생적으로 형성된 것이다.

주목할 것은 하나의 행동 규칙이 하나의 행동을 결정하는 것은 아니라는 점이다. 하나의 행동 규칙 내에 수많은 행동 가능성이 있다. 예를 들면 계약을 어겨서는 안 된다는 행동 규칙은 다른 행동 규칙들 또는 행동성향 그리고 유인들과 결합하고, 경쟁하면서 행동을 결정한다. 그리고 각별히 강조할 점은 고등동물들이 가진 행동 규칙들은 보편적 혹은 추상적이라는 사실이다. 다시 말하면 그들은 구체적 상황에 따라 취할 행동 부류들을 광범위하게 허용한다. 그 결과 자유로이 선택할 행동 범위가 넓어진다는 것이다. 행동 규칙들을 말로 표현할 필요는 없다. 침팬지나 개미 또는 척추동물들이 지키는 행동 규칙들처럼 인간이 지키는 행동 규칙들은 대부분 말로 표현할 수 없다. 정의감이나 법감정이 대표적인 예다. 사람들은 공정이라는 것이 무엇인지 모르지만 정부정책이나 게임심판관의 행동을 보고 불공정하다고 분노한다. 그들이 왜 불공정한지, 또는 공정한 정책과 심판이 구체적으로 무엇인지 모르면서도 불공정성을 분별한다.

인지와 행동을 위한 규칙들의 원천은 본능과 같이 생물학적 진화의 결과이거나 후천적인 학습을 통해 전달하는 문화적 진화의 결과물이다. 어떤 결과물이든 인지와 행동을 위한 규칙들은 특수한 진화적 원리에 따라 장구한 역사적 과정 속에서 형성된 것이다. 우리가 보여주고자 하는 것은 오늘날 전대미문의 번영을 가져온 특정한 행동 규칙들이 점진적인 진화의 산물이라는 점이다.

사적 소유의 진화: 데이비드 흄

마르크스는 자신이 살았던 시기의 정치경제학들이 어떻게 사적 소유가 등장했는가에 대한 해답을 제공하지 못했다고 비판했다. 학자들이 사적 소유를 이미 주어진 것으로 보고 자본주의 시장경제를 옹호했다는 시각이다.[9] 마르크스의 주장은 옳았는가? 우선 로크를 보자. 그의 사상은 국가권력은 무엇을 위해 어떻게 행사하는 것이 도덕적으로 정당한가의 문제만을 다룬 것이 아니었다. 17세기에 이미 영국과 네덜란드는 다른 어떤 나라보다 경제적 · 사회적 번영을 누리고 있었다. 그 같은 번영을 불러온 제도적 조건을 다룬 것이 『시민정부론』이었다. 그 조건은 분산된 소유였다. "나는 생각한다. 고로 존재한다"라는 데카르트의 말을 바꾸어 "나는 존재한다. 고로 소유한다"라고 말할 정도로[10] 로크는 인간의 존재와 소유를 동일시했다. 그는 자유, 재산, 건강, 신체 등의 소유권은 신이 부여해준, 그리고 이성을 통해 발견한 자연권으로 보았다.

데이비드 흄을 비롯하여 18세기 스코틀랜드의 도덕철학자들은 사적 소유를 로크 못지않게 중요시하면서도 그 출현을 경험적으로 설명하려고 애썼다. 그들은 인류가 분산된 소유를 채택한 것이야말로 문명의 시작이라고 보았다. 소유를 둘러싼 규칙들을 모든 도덕의 중심으로 여겼다. 흄이 『인성론』의 대부분을 자신의 도덕 문제에 할애한 것은 그래서였다.

우리가 준수하는 도덕은 몇몇 천재의 업적이 아니라 실제로는 수

9) Beaulier/Prychitco(2006: 47)

10) Pipes(1999/2016: 73)

많은 세대의 공통된 경험의 결과라는 것이 흄의 인식이었다. 탐욕을 무제한 추구하는 것보다 탐욕을 억제하여 타인들과 협력하고 분업하는 것이 더 많은 부와 재산을 축적할 수 있다는, 다시 말하면 더 큰 탐욕을 충족할 수 있다는 '공통된 경험'이 도덕의 생성 기반이라고 목소리를 높였다.[11] 도덕의 역할은 흄이 말하는 세 가지 기본적인 자연법, 즉 소유의 안정성, 동의에 의한 소유의 이전, 그리고 약속이행을 실현하는 데 있다.[12] 그러나 세 가지 원칙을 구현하는 법만 가지고는 사회가 유지되고 번영하는 데 충분하지 않다. 세상의 어느 지역에서는 강간, 노예화, 식인 등 육체적 해를 가하거나 타인의 명예와 인격을 훼손하여 편익을 얻기도 하기 때문이다.[13] 폭력은 폭력을 당하는 사람을 폭력자의 의지에 예속시키는 것을 의미한다. 사기나 기만도 폭력과 똑같이 폭력을 행사하는 사람의 지식과 목적에 예속되는 상황과 동일한 상황을 만든다.

도덕 형성을 위한 조건으로서 공동의 경험을 가능하게 하는 것이 성공한 사람들의 행동을 관찰 · 모방하는 과정이다. 왜 그들이 성공했는가는 알 필요가 없다. 관찰과 모방은 본능에서 생겨난 행동이다.[14] 흄에게 인간행동은 진화적 변화에 대한 분별없는 적응이 아니었다. 그와는 반대로 인간은 상상력의 심리적 성향을 이용해서 사회질서 유지에 불가

11) 민경국(2018: 278-292)

12) Hume(1740/1998: 115), 민경국(2018: 274-276)

13) Ratnapala(2012)

14) 모방이 없다고 해도 상이한 지역에서 동일한 규칙이 형성될 수 있다. 이는 생물학자들이 말하는 '수렴적 진화(convergent evolution)'다. 이는 상이한 유기체들이 독립적으로 유사한 특성으로 진화하는 현상이다. 예를 들면 상어와 고래는 서로 전혀 관련이 없음에도 상대적으로 유사한 모습을 보여준다.

결한 제도와 규칙에 대한 '묵계(convention)'를 형성했다.[15] 어쨌든 소유의 존중, 약속이행, 예의범절, 관행, 관습 등은 사람들 사이에 암묵적으로 공유된 이해(理解)다. 그렇기 때문에 오늘날 명시적인 합의 없이도, 그리고 외적 강제 없이도 사람들은 자발적으로 그런 규칙을 지킨다. 그런 규칙을 지키면서 사람들은 제각기 자신의 재주, 능력, 선호, 노력 등을 투입하며 삶을 영위한다.

흄은 사유재산을 착취로부터 개인들을 보호하기 위한 효과적인 수단으로 이해했다. 누가 재산을 모으든, 누가 지배하든, 또는 누가 건물을 짓든 사유재산제도가 없으면 타인들, 특히 국가의 폭력에 취약하다는 것이다. 사람들이 나에게 똑같은 방식으로 행동하고 나도 그들 각자가 가진 것을 건드리지 않는다면, 이는 모든 사람에게 이익이 된다. "외적 자산의 소유에 안정성을 부여하고 모든 구성원 각자가 자신의 행운과 근면을 통해 획득한 것을 평화적으로 향유하도록 하는 것이야말로 인간이 사회 병폐의 해결방안을 마련할 수 있는 유일한 방식"[16]이라는 것이 흄의 생각이다. 소유, 책임과 관련된 규칙들은 "점진적으로 발생했으며, 점진적인 진화를 통해 힘을 얻었고", 또 그 규칙들은 사람들이 "위반할 때마다 생겨난 폐단을 매번 경험함으로써 힘을 얻는다"[17]라는 것 또한 그의 논지였다.

---

15) 민경국(2018: 282-283)

16) Hume(1740/1998: 68)

17) 위의 책, 70쪽

자유를 확대하는 화폐의 진화: 카를 멩거

흄은 재산과 이를 관장하는 관행, 관습을 두 가지 과정의 산물로 이해한다. 첫째는 새로운 행동방식이 야기되는 혁신 과정이고, 둘째는 성공적인 것이 관철과 모방을 통해 확산되는 선택 과정이다. 그는 이런 과정을 언어와 화폐에도 동일하게 적용할 수 있다고 믿었지만, 화폐제도에 대해서는 논하지 않았다. 그런 진화사상을 이어받아 화폐의 진화적 생성 과정을 제시한 인물은 카를 멩거(1840~1921)였다. 화폐제도는 재산을 교환하기 위해 사용되는 보편적인 매개체다. 따라서 그것은 사적 소유를 전제로 한다. 재산을 향유할 수 없으면 화폐는 등장할 수 없다.[18] 화폐는 국가를 통해 만든 것도 아니다. 이를 입증하는 예를 하나 들면, 인플레이션이 지배하는 시기에는 사람들이 다른 화폐로 교체하려 하는 경험적 현상을 들 수 있다.[19] 비트코인, 이더리움 등 디지털화폐도 기존의 화폐, 특히 달러에 대한 불신에서 이를 대체하려 한 민간 차원의 화폐라 할 수 있다.[20]

특정한 재화가 한 나라의 입법행위를 통해서가 아니라 데이비드 흄이 주장하는 것처럼 경제적 거래에서 일반적으로 암묵적 승인을 받아 화폐가 된다는 것이 멩거의 인식이었다. 어느 한 상품이 화폐가 될 수 있으려면 시간과 장소, 사람을 불문하고 쉽게 판매할 가능성이 커야 한다. 예

18) 그러나 멩거에게는 재산권을 설명하는 이론이 빠졌다. 자신이 개발하는 진화론을 적용할 수 있다고 말했을 뿐이다.

19) Horwitz(1992: 193 이하)

20) 민경국(2017.10.11), 『한국경제신문』, 「다산칼럼」, "가상화폐는 또 하나의 경제혁명"

를 들면 금(金)은 누구나 사려고 하는, 그래서 쉽게 판매할 수 있는 재화다. 판매 가능성이 높을수록 다른 상품과 교환을 위한 매개물로서 적합성이 높다. 판매 가능성에 비추어 어느 한 재화를 평가한다면, 물물교환을 용이하게 하는 데 가장 빈번히 이용되는 상품이 가장 적합한 상품일 것이다. 멩거의 분석적 방법은 관습, 예의범절, 법, 가격 메커니즘, 언어, 심지어 국가의 형성과 같이 화폐 이외의 다른 제도의 생성과 변동에도 적용할 수 있다.

사회진화론에서 제도가 환경에 적응했느냐를 따지는 적응성은 그 제도 덕분에 경제적 번영이 얼마나 이루어졌으며, 이것이 후손들의 증가에 얼마나 기여했는가를 생물학적 척도로 재는 것이다. 이런 방법을 채택하여 자유의 도덕을 설명한 인물이 바로 뒤에서 다룰 하이에크다. 그러나 멩거는 그런 방법 대신에 흄의 방법을 이용했다. 어느 한 사람이 특정한 재화를 화폐로 사용함으로써 그렇지 않은 다른 사람보다 더 많은 교환 기회를 만나 부자가 되는 것은 사실이다. 그런 성공 사례를 목격하는 사람들은 모방을 통해 교환의 매개물로서 그것과 동일한 재화들을 이용한다. 이용하는 사람들이 많아질수록 그 재화들이 교환의 매개물로서의 역할을 더 잘 수행한다. 이것이 네트워크 효과다. 그러나 그들의 생존과 후손 증가의 기회가 증대되었다고 해서 그 재화가 제도로서의 화폐가 된 것은 아니다. 반복적인 거래에서 그가 개별적으로 실현한 소득의 증가가 화폐의 적응적 가치를 표현한다. 물론 인류의 초기 단계에서 소득증가를 의미하는 효율성을 실현할 경우, 이는 개인의 생존과 후손의 증가에 긍정적인 영향을 미칠 것이 틀림없다. 그러나 멩거는 그런 영향이 화폐가 존재하는 이유라고 주장하지도 않았고, 그런 설명을 시도하지도 않았다. 특정한 재화가 화폐로 선택된 것은 거래비용을 절약할 수 있는 제도로서의 화폐의 속성 때문으로 보았다.

화폐와 자유는 어떤 관계가 있는가? 세금을 화폐 대신에 쌀이나 가축 같은 현물로 지급한다고 하자. 우리는 원하지 않지만, 세금을 납부하기 위해 가축을 기르거나 쌀농사를 지어야 한다. 아니면 물물교환을 통해 손실을 무릅쓰고 필요한 물건을 준비해야 한다. 그러나 화폐로 조세를 지급하면, 농민은 밀을 재배하든 가축을 기르든 또는 다른 어떤 일에 종사하든 세금을 돈으로 내는 한 자유롭다. 화폐를 '주조(鑄造)된 자유'라고 말하는 이유다. 도스토옙스키가 남긴 말이다.

자유를 지키는 도덕의 진화: 하이에크

수많은 종류의 도덕규칙들이 서로 경쟁하는 과정에서 하필이면 왜 자유의 도덕이 승리하여 오늘날까지 존속하게 되었는가? 반복적인 행동에서 사람들이 개별적으로 실현한 편익 또는 소득의 증가가 규칙의 적응적 가치를 표현한다는 것이 흄과 멩거의 주장이다. 개인들에게 반복적으로 편익를 주는 제도가 진화적으로 선택된다는 것이다. 그러나 하이에크는 다른 생각을 가지고 있었다. 어느 한 제도가 환경에 적응했느냐를 따지는 적응성은 그 제도 덕분에 거시적 변수로서 지식의 축적, 평화, 고용, 성장 등 사회에 안겨준 경제적 번영, 그리고 이를 통해 후손들의 증가에 얼마나 성공했는가에 따라 결정된다고 보았다. 그는 제도의 진화적 적응성을 생물학적 척도로 잰다. 그의 진화사상은 '개별선별'이 아니라 '그룹선별'이다. 따라서 문화적 진화의 자생적 선별 과정에서 '직접적으로' 영향을 받는 것은 행동질서의 효율성 여부다. 그리고 '간접적으로' 영향을 받는 것은 개인들이 지금까지 지켜온 행동 규칙이다.[21)]

요컨대, 적합한 행동 규칙을 토대로 한 그룹의 행동질서가 다른 그룹의 그것보다 상대적으로 더 효율적이면, 구성원들에게 지식의 사용을 더욱더 용이하게 하여 자신들의 욕구를 더 잘 충족할 수 있게 한다. 동일한 이유로 다른 그룹의 구성원들도 이에 매력을 갖고 그 그룹의 행동 규칙을 모방할 것이다.[22)] 학자나 싱크탱크가 자유의 중요성을 강조하는 것, 그리고 하이에크가 평생 자유의 철학을 설파한 이유도 사람들에게 자유사회의 제도를 신봉하게 하고 이런 제도를 모방하도록 하는 데 목적이 있었다. 다시 말해, 진화에 영향을 미치려는 것이었다.

편익을 주는 행동 규칙이 선택되는 과정은 장구한 역사 속에서 이루어지는 시행착오 과정이다. 사람들은 그 과정에서 선택되는 규칙들이 왜 효율적이며, 도태된 것들이 어떤 성격이었는가를 알 필요가 없다.[23)]

---

21) Angner(2002: 698)

22) 펠드만(2005: 16)은 "행동질서는 행동 규칙들이 얼마나 환경에 잘 적응되어 있는가, 그리고 그룹 구성원들에게 사회 전체에 분산된 지식의 효율적 이용을 어느 정도로 가능하게 하는가의 여부에 좌우되어 효율적으로 부의 증가를 가져올 수 있다. 행동질서가 다른 그룹의 그것보다 상대적으로 더 효율적이면 그 구성원들은 자신들의 욕구를 더 잘 충족하여 인구증식의 기회가 클 것이다. 동일한 이유로 다른 그룹의 구성원들도 이에 매력을 갖고 그 그룹에 동참할 것이다. 그래서 그 그룹은 다른 그룹보다 더 빨리 성장한다"라고 주장했다.

23) 하이에크는 『치명적 자만』에서 다음과 같이 말했다. "규칙들이 상황에 더 잘 적응된 이유는 사람들이 그들의 기능을 다 잘 이해했기 때문이 아니다. 그들을 점차 적응하도록 만들었던 방식으로 그들을 우연히 변화시킨 그룹들이 번영했기 때문이다. 이런 진화는 단선적인 것이 아니다. 지속적인 시행착오 과정의 결과다."

그러한 선별 메커니즘에 대해 하이에크는 다음과 같이 설명한다. "정신은 규칙을 만들기보다는 규칙들로 구성되어 있는데, 이들이 행동들을 지배하게 된 이유는 그것들에 순응한 행동들이 그것들과 경합한 개인들 및 그룹들의 행동들보다 더 성공적이었음이 입증되었기 때문이다."[24] 하이에크는 행동 규칙의 적응성을 행동질서의 효율성과 인구증가라는 생물학적 척도를 이용해 설명하고 있다. 이런 점에서 "유전자는 스스로를 복제하는, 그래서 후손의 증식 여부가 인간행동의 적응성을 측정한다"라고 『이기적 유전자』에서 주장한 리처드 도킨스와 맥락을 같이한다.

물론 인류의 초기 단계에서 소득증가를 의미하는 효율성을 실현할 경우, 이는 개인의 생존과 후손의 증가에 긍정적인 영향을 미쳤을 것임에 틀림없다. 그러나 오늘날 생활수준의 상승과 인구증가 사이에 긴밀한 관련은 없다. 생활수준은 급격히 증가했지만, 출산율이 2.0 이하로 하락하여 인구증가가 둔화되면서 사회는 점차 고령화의 상황에 빠져들고 있다. 더구나 하이에크는 문화적 진화가 '종족 번식'이라는 본능적 욕구를 충족한다고 말한다. 그러나 인간은 그런 본능으로부터 해방되었다. 후손에 대한 선호는 본능적이라기보다는 문화적으로 형성되는 선호라고 볼 수 있다. 사회 · 자연적 환경에 대한 제도의 적응성을 인구증가라는 생물학적 기준에 두었다고 해서 하이에크의 진화사상이 치명적인 것은 결코 아니다. 개인주의적 그룹선별 논리는 제도의 진화에 관한 유용하고 설득력 있는 접근법이다.

24) Hayek(1973: 18)

혁신과 새로운 도덕의 생성

중요한 것은 새로운 규칙의 등장을 위한 조건이다. 인간은 생물학적 진화 과정에서 동료로부터 학습할 수 있는 능력을 다른 어떤 종(種)보다 훨씬 크게 부여받았다. 유년기와 장년기의 확대는 인간에게 다양한 행동 규칙을 학습할 수 있게 한 생물학적 진화 과정의 결정적인 단계였다. 그러나 이성은 문화적 진화의 전제조건이 아니다. 왜냐하면 이성 자체는 문화적 진화 과정에서만 개발될 수 있기 때문이다. 나중에 유용한 것으로 판명될 수 있는 새로운 행동 규칙들은 원래 우연히 발견될 수 있다. 이는 진화이론의 맥락에서 결코 드문 일이 아니다. 생물학적 진화의 촉매로서 역할을 하는 유전적 변화, 즉 돌연변이는 항상 우연적이다.

그러나 문화적 진화에서 새로운 규칙의 등장은 사회구성원들 가운데 전통적인 규칙을 위반하고 특유한 새로운 관행을 시작한 사람들 때문이었다. 관습적으로 지켜온 규칙들을 위반하고 새로이 도입된 규칙들은 외지인과의 물물교환, 개인의 재산, 특히 토지 경계의 인정, 계약의무 이행, 동종사업 간의 경쟁, 애초에 관습적이던 가격의 변화 가능성, 이자를 받고 돈 빌려주기 등이다.[25] 그런데 이런 혁신을 도입할 때는 항상 지식의 한계가 있다. 그런 관행이 창출되거나 발견되는 정신 과정을 비록 잘 안다고 해도(사실은 그렇지 못하다) 새로움이라는 바로 그 성격 때문에 그 의미와 더불어 그것이 나에게 또는 그룹 전체에 유익할 것인지를 알 수 없다.[26] 의미나 효과를 미리 안다면 사실상 혁신 또는 새로움이 아니다.

25) Hayek(1983/2018: 712)

26) 비트(2009: 312)는 "창조적 행동은 무에서 무엇인가를 창출하는 것이 아니다. 그것은 이미

사후적으로만 알 수 있을 뿐이다.[27] 그런 제도는 처음에는 관습에 어긋나는 금기(禁忌)의 대상이었다. 관습을 어기고 새 길을 개척한 사람들은 그런 규칙들을 도입하여 실시하면 자신 또는 공동체에 유익할 것이라는 사전적 지식이 있었던 것은 아니다. 그들이 알게 된 것은 실시하고 난 이후다.

그래도 아직 남아 있는 문제는 그런 도입의 결과를 모른다면, 왜 사람들은 관습을 어기고 새로운 길을 가려고 하는가의 문제다. 베크와 비트는 이 문제에 대해 세 가지 해답을 제시하고 있다.[28] 첫째로 위반에 따른 주관적 기대다. 사람들은 경험적 기초가 없으면 희망적인 생각 또는 예언에 해당하는 주관적 기대에 의존하여 행동한다. 두 번째는 타고난 본능으로서 기민성 혹은 호기심 같은 개인적 성향이 전통적인 규칙의 위반, 또는 새로운 규칙의 발견과 실험을 유도한다. 새로운 길로 유도하는 세 번째 요인은 개인적 성품과 관련된 것이 아니라 강화된 경쟁압력, 경제위기와 상황적 요인, 또는 불만스러운 상황이 지속될 때 새로운 대안을 찾을 필요성의 증가 등과 관련이 있다.[29] 이런 점들은 생물학적 진화에서 말하는 돌연변이와 상이하다.

존재하고 있는 사실, 아이디어 · 능력 · 기술 등을 밝혀내거나 선별하거나 섞거나 조합하거나 합성하는 행동이다"라고 말했다. 이전에 염두에 두지 않았던 것에 우연히 주목하게 되어 새로운 요소들이 이전에 연결되지 않았던 맥락에 도입된 것이다.

27) Beck/Witt(2019: 213)

28) 위의 논문, 214쪽

29) 이 같은 진화를 방해하는 요인들은 사회에 즐비하게 깔려 있다. 예를 들면 금기, 종교적 신념, 새로운 변화에 대한 공포 등이며 이는 자유를 보호하는 제도의 등장을 방해한다.

도덕규칙의 지킴이: 가족과 종교

번영에 기여하는 행동 규칙들은 모방과 교육을 통해 동시대 사람들은 물론 세대에서 세대로 대물림된다. 가족에서 어린아이의 교육은 매우 중요하다. 가족은 전통의 계승자다. 부모로부터 삶에 필요한 인지적 지식과 도덕을 익히는 학습 장소다. 다른 공동체 구성원들은 성공적인 규칙들을 모방 · 채택하거나 성공적인 그룹에 가담한다. 이런 과정에서 형성된 것이 글로벌 경제다. 이는 기업 하기 좋은 지역으로 자본이 이동하거나 능력 있는 의사들이 해외로 가는 등 자본이나 두뇌가 해외로 유출되는 경우에 해당한다. 정직, 소유의 도덕, 경쟁, 이윤추구, 돈놀이 등 오늘날 거대한 사회를 가능하게 한 도덕규칙이 자신들에게 주는 편익에 대해 문화적 진화의 초기 단계에 있었던 인간은 알지 못했을 뿐만 아니라 오히려 타고난 본능을 억압하는 것이라고 믿었다.

그럼에도 현대에 이르기까지 그런 도덕규칙들이 유지되는 이유는 무엇인가? 첫째, 종교를 들 수 있다. 특히 기독교는 소유의 존중, 정직, 책임, 절약 등과 같은 모럴을 가르쳐주었고, 이로써 시장경제의 진화는 물론 자유로운 사회질서의 진화가 가능했다. 자유의 도덕에 대한 종교적인 뒷받침이 없었더라면 자유시장은 존재하지 못했을 것이다. 이 종교는 2천여 년 전에 이미 사적 소유제가 완전히 정착된 지역에서만 생성 · 발전되었다. 그렇기 때문에 자유사회와 시장경제, 그리고 개인의 자유는 기독교의 생성과 함께한다고 볼 수 있다. 교회는 사회질서를 유지하고 확립하기 위한 중요한 추진력이다. 둘째는 가족이다. 가족은 자유의 도덕에 의해 설정된 자유 영역과 흡사하다. 국가는 물론 그 누구도 이 영역을 침해해서는 안 된다. 가족 역시 제3자의 침해로부터 보호되는 신성한 영역이다. 가족은 물질적인 자산뿐만 아니라 자유사회를 위해 없어서는 안 될 행동패턴들을 한 세대에서 다음 세대로 전달하는 기능을 한다.

개인주의와 문화적 진화

인간의 본능은 집단주의다. 개인은 집단에 흡수되어 있다. 집단을 위해 개인은 희생되어야 한다는 뜻이다. 사회를 그 구성원들과는 독립적으로 존재하는 실재로 여기는 태도다. 그 극단적 예가 초사회성을 가진 개미사회다. 인간이 그런 본능적 태도를 습득한 것은 진화심리학에서 말하는 진화적 적응환경이었다. 그 환경은 소규모 집단을 형성하여 수렵과 채집으로 살아가던 원시사회다. 원시인의 사회구조 특징은 구성원들에게 자율이 없었다. 그들은 전체로서의 사회에 완전히 예속되어 있었다. 그룹과 개인 사이에 별로 차이가 없었다. 원시인은 똑같이 생각하고 똑같이 행동했다. 개인이란 존재할 수 없었다. 달리 생각하는 것은 비정상이라는 이유로 포용이 아닌 배제의 대상이 되었다. 명령과 지휘계통에는 위계가 존재했다. 전통사회에는 개별성과 사적 삶이 존재하지 않았다. 단일 목적이 지배하는 사회였다. 추장의 명령과 지시를 통해 채집하고 수렵하는 조직이었다. 조직생활이 그들의 전부였다.

그러나 집단주의가 해체되면서 개인주의가 지배하게 된다. 개인이라는 존재가 인정된다. 개인들은 집단적 위계질서에서 점차 해방되었다. 공동의 목적과 결부되어 있던 인간의 삶이 그런 목적으로부터 벗어났다. 개인들은 스스로 정한 목적을 추구하기 시작했다. 공동의 목적은 점차 공동의 행동 규칙들로 교체되었다. 인간관계가 아는 사람들끼리의 관계를 넘어서 모르는 사람들끼리의 관계로 확대되었다. 아는 사람들끼리의 교환에서 이제는 주로 모르는 사람들끼리의 교환으로 교체된 것이다. 세상에 관한 인지와 생각, 삶의 방식과 추구하는 목적, 선호도 사람마다 상이하다. 정말로 개인이 중요한 것(개인주의)이지 집단이 중요한 것(집단주의)이 아니라는 인식이 지배하게 된 것이다. 집단주의에서 개인주의로 인식과 태도가 변화하는 것이 그렇게 간단한 일만은 아니었다. 이는 일종의 혁신이었는데, 혁신에 대한 적대감이 매우 컸다. 오늘날 우리가 목격하는 사회적 갈등의 핵심도 개인주의에 대한 집단주의의 저항에서 비롯된 것이다.

흥미로운 것은 문화적 진화의 선물인 개인주의는 구성주의적 합리주의의 전통에서 나온 '합리적 · 이기적 · 원자적' 인간을 전제한 개인주의가 아니라는 사실이다.[30] 그런 인간은 경제학에서 말하는 '호모이코노미쿠스'다. 즉, 유아독존적이다. 토크빌은 이를 전제한 개인주의를 '극단적'이라고[31] 하고, 하이에크는 '가짜 개인주의'[32]라고 비판했다.[33] 토머

30) Hayek(1948/1998: 25). 공동체주의에서는 원자적 인간을 '연고 없는' 인간이라고 말한다.

31) Tocqueville(1848/1995: 667-668)

32) Hayek(1948/1998) 제1장 '개인주의: 진짜와 가짜' 참조

33) 인간관은 인간행동의 목적합리성, 다시 말하면 완전한 지식을 전제한다. 그래서 구성주의의 편견 또는 과학주의를 전제한 것이라고도 할 수 있다.

스 홉스, 제러미 벤담, 존 롤스 등 프랑스 계몽주의 전통에서 비롯된 그런 의미의 개인주의는 모두 무서운 결과를 초래했다. 첫째로 인간은 사회를 계획할 지적 능력이 있다는 설계주의를 옹호하는 인간관이 대두되었다. 둘째로, 이기심을 전제로 하는 인간은 '만인에 대한 만인의 투쟁'을 부르는 홉스의 문제를 촉발시켰다. 셋째로 어떤 연고도 없는 원자적 인간은 시간이 지남에 따라 사회에 대해 매우 위협적인 존재가 되었다. 인간이 서로 의존적이지 못하고 외롭고 무력해져 독재를 불러들인다는 이유에서다.

그러나 문화적 진화의 선물로 생겨난 개인주의야말로 진짜다. 이는 데이비드 흄, 애덤 스미스, 알렉시스 토크빌, 프리드리히 하이에크 등과 같이 자생적 질서의 존재를 발견한 스코틀랜드 계몽주의 전통에서 볼 때, 인간은 분열되어 존재할 수 없고, 사회적 관계 속에서 지식을 습득하고 모방하고 새로운 것을 발견하면서 성장했다. 그들은 외롭지도, 고립되어 있지도 않았다. 인간은 혼자 살 수 없기에 다양한 연합을 형성하고, 그 속에서 생산적 대화와 안정적인 관계가 이루어진다. 사람들은 불특정 다수와의 상호작용을 통해 정신과 도덕도 개선한다. 그런 과정에서 조잡한 이기심도 계몽된 이기심으로 변화되었다.[34)]

흥미로운 것은 개인주의가 공동의 목적 대신에 공동의 행동 규칙을

---

34) 토크빌에 따르면 인간은 첫째로 본래 반(反)사회성을 특징으로 한 피조물이 아니다. 둘째, 사회성을 강화하는 장치로서 종교의 역할을 강조한다. 셋째로 공공연합, 즉 시민사회의 형성도 원자적 인간을 부정하고 사회적 인간을 강조하는 중요한 이유다. 따라서 인간은 극단적 개인주의를 극복하고 새로운 개인주의가 등장할 것이라고 설명했다. 이것이 토크빌의 『미국의 민주주의』 제2권 제2부 '민주주의가 미국인의 감정에 미친 영향'이다. 이에 관해서는 민경국(2018: 450-451) 참조

따름으로써 등장했다는 하이에크의 인식이다. 자생적 질서가 개인주의인 이유다. 역사적으로 볼 때 구체적인 집단목적과 조직사상이 지배한 원시사회, 서로 얼굴을 마주하는 친숙하면서도 폐쇄된 공동체에서는 공동으로 달성할 목표들의 순위 설정이 가능하다. 소규모 사회에서 추장이나 지도자는 그런 목표를 공동으로 추구하기 위한 규칙 또는 명령을 정할 수 있다. 그러나 수백 수천만 명의 인구가 사는 거대한 사회에서는 개인들이 추구하는 목표가 매우 다양하므로 집단적으로 달성할 일치된 목표순위를 정하는 것은 불가능하다. 오히려 목표들끼리의 갈등이 보편적 현상이다. 그러나 거대사회의 규칙들은 개인들의 행동을 안내함으로써 그들에게 서로의 행동을 예측 가능하게 하는 역할을 수행한다. 그런 규칙들은 개인들이 제각기 추구하고 서로 충돌하는 목표들 사이에 서로 조정되는 절차를 구성한다. 그런 규칙들의 존재로 중앙사령탑의 간섭 없이도 자생적으로 평화롭고 안정적인 질서의 유지가 가능했다.

오로지 보편적 규칙들을 통해서만 사회에서의 분산된 지식과 상이한 개인들의 행동이 효과적으로 조정될 수 있다. 어느 한 개인이 상위에 있는 사람의 명령에 복종한다면 그는 자신의 목적을 위해 자신의 지식을 이용하지 못하고 윗사람의 계획과 목적에 예속된다. 이상적인 법규칙이 내용에서나 적용에서 전적으로 차별을 금지하는 것을 의미하는 일반적이고 탈목적적인 성격을 가지고 있다면, 그리고 어떤 명령자나 사령탑을 전제하지 않는다면 사람들은 될 수 있는 대로 많은 지식을 이용할 수 있고, 또 될 수 있는 대로 많은 다양한 목적을 추구할 수 있다. 확장된 자생적 질서의 두드러진 특성은 사람들이 스스로 만들지 않은 규칙 아래에서 살 수 있고, 또 그런 규칙이 그들의 삶을 조정할 수 있다는 점이다. 원시사회의 법적 성격이 구체적인 집단적 목적을 특징으로 하는 명령이라고 한다면, 오늘날 '사회입법'이라고 부르는 법은 특수한 복지나 재분배, 실업보호 등 특정한 계층의 삶을 보호하기 위한 것으로, 원시사회에 대한 동경에서 나온 법이다. 그런 법은 원시적 본능을 충족하기 위한 것이다.

정의의 규칙과 문화적 진화

어느 한 규칙이 정의로운 규칙이 되기 위해 갖추어야 할 조건은 무엇인가? 이 문제에 대한 해답을 제시하는 것이 문화적 진화다. 그 조건은 데이비드 흄, 이마누엘 칸트 등의 전통에서 말하는 보편성 원칙이다. 보편성 원칙은 첫째, 행동 규칙은 특정한 인간 그룹에게 특권과 특혜를 허용하는 내용이어서는 안 된다. 이것은 '법 앞의 평등'을 말한다. 법 적용에서뿐만 아니라 법 내용에서 사람들을 차별해서는 안 된다. 국가가 차별금지 원칙을 위반하여 자유를 차별적으로 허용할 경우, '누가 이 자유를 최선으로 사용할 수 있는가?'의 문제를 해결해야 할 것이다. 그러나 어떤 인간이든 그런 문제를 해결할 어떤 지식도 가질 수 없다. 둘째, 행동 규칙은 개인들에게 금지된 행동만을 기술하고 새로운 행동방식을 발견하여 실험할 여지를 허용해야 한다. 그렇지 않으면 새로운 기회를 찾거나 미지로의 탐험이 가능하지 않고, '알려지지 않거나, 적어도 이용하지 못하게 될 사실들을 발견하기 위한 절차로서의 경쟁'도 왜곡된다.[35] 셋째, 장소, 시간, 행동 동기 등 구체적 상황과 독립적이어야 한다는 의미에서 추상적이어야 한다. 우리는 그 누구도 수많은 개인이 처한 상황이나 사건 전체를 아는 것이 불가능하다. 그럼에도 한시적 입법 또는 강남이나 강북 등 장소에 국한된 입법은 시간 · 장소적으로 차별하는 행동 규칙이다. 행동 동기를 고려한 행동 규칙은 특수목적을 위한 것이고, 그래서 차별적이고 폐쇄적이며 획일적일 수밖에 없다. 이는 목적이 지배하는 사회의 행동 규칙일 뿐이다. 정의의 규칙은 그런 특성들 외에 무엇보다 개인을 중시한다. 집단의 목표를 위해 개인을 희생하는 것은 부도덕하다. 그래서 자유주의는 집단주의를 배격한다. 두 번째로 타인의 소유는 물론이고, 타인의 신체, 재산 그리고 인격을 존중해야 한다는 도덕이다. 이런 도덕이 없다면 다양한 목적을 가진 사람들에게 평화로운 공존은 불가능하다. 셋째로 공식적 또는 비공식적으로 맺은 계약에 대한 충실성이 담보되어야 한다. 이는 약속을 어겨서는 안 된다는 도덕적 원칙이다. 마지막 넷째로 정의의 규칙은 스스로 결정하고 그 결정의 결과에 대해 스스로 책임지는 도덕을 내포하고 있다. 정의의 규칙은 자신과 자신의 가정에 대한 책임감을 중시한다.

정의의 규칙을 '자유의 도덕'이라고도 부르는데, 이는 폐쇄된 도덕을 의미하는 연대감이나 이타심과는 전적으로 다르다. 인류가 원시적 삶을 접고 문명의 길로 가는 데 결정적인 역할을 한 자유의 도덕 중에서 가장 핵심적인 것은 사적 소유 및 소유와 관련된 행동 규칙이다. 문화적 진화 과정에서 그런 규칙을 위반하는 행동을 불의로 취급했다. 불의의

---

35) Hayek(1978: 179)

행동을 한 사람에 대해서는 누구나 분노한다. 분노는 정의를 지키는 보호장치다. 자유의 도덕은 강자를 위한 것이 아니라 약자와 죄 없는 사람을 지키는 안전장치라는 점을 주지해야 한다.[36)]

불의로 금지한 행동 이외에 금지되지 않은 행동은 사람들이 자유로이 선택하거나 개발할 수 있다. 거짓말을 해서는 안 된다, 약속을 어겨서는 안 된다, 간음해서는 안 된다, 타인의 재산을 침해해서는 안 된다는 등의 도덕적 원칙이 그런 소극적 도덕이다. 살인, 강간, 도둑질, 재산 침해, 계약의 불이행 등을 막는 규칙, 직업윤리, 예의범절 등은 주로 특정한 행동을 금지하는 성격의 내용으로 구성되어 있다. 그 같은 덕목은 정의의 규칙이다.

연대규범과 정의의 규칙 사이에는 흥미로운 차이점이 많이 있다. 첫째로 우리가 타인들의 재산을 훔치거나 살해하거나 강간하지 않는 것은 의무적이고 강제적이다. 그러나 남을 도와주고 타인의 복지를 위해 희생하는 이타심은 자발적이다. 그것은 강제적이거나 의무적이지 않다. 자선하는 사람과 자선의 혜택을 받는 사람들은 강제적으로 주고받는 관계가 아니다. 그렇기 때문에 타인을 도와주는 행동을 막지 않고도 국가가 정의의 규칙을 강제로 집행할 수 있다.[37)] 그러나 정의의 규칙을 위반하지 않고는 선행을 강제할 수 없다. 분배정의의 이름으로 국가가 강제적으로 재분배하면, 강제적 선행은 정의의 규칙을 위반한 것이다.

둘째로 우리가 정의의 규칙을 지킨다고 해도, 즉 우리가 강도짓을

---

36) "분노는 정의를 지키는 보호장치이고, 죄 없는 사람을 지키는 안전장치다."(Smith, 1976/2009: II ii 4: 149)

37) Ratnapala(2003: 220-223)

하지 않거나 강간을 하지 않는다고 해도 아무도 칭찬하지 않는다. 아무런 공로가 없기 때문이다. 그러나 정의의 규칙을 위반하여 타인들의 재산과 생명을 침해하면 그 당사자들이나 제3자의 분노의 대상이 된다. 그런 행동은 보복과 처벌의 대상이 된다. 그런 위반은 적극적으로 타인들에게 해악을 야기하기 때문이다. 보복과 처벌은 가해진 해악의 크기에 비례하여 커진다. 신체와 생명에 해악을 가한 경우 보복과 처벌이 가장 크다. 타인의 재산과 소유물을 침해하면, 보복과 처벌은 다음으로 크다. 다른 사람과의 약속과 교환으로부터 기대하는 것을 침해당했을 때 그에 대한 보복과 처벌은 가장 적다.[38] 그러나 이타심의 도덕을 지키지 않는다고 해도, 즉 타인들을 돕지 않거나 타인들을 위해 거대한 자선행동을 하지 않는다고 해도 보복과 처벌의 대상이 되지 않는다. 이타심의 부족은 타인들에게 적극적인 해악을 야기하지 않기 때문이다.

물론 그런 이타심이 부족한 사람을 다른 사람들이 싫어할 수는 있다. 그런 사람은 비난의 대상이 될 수도 있다. 그러나 자선행위를 하고, 이타심의 도덕을 지키면 신문에도 나고 칭찬이 자자하다. 자선행위의 공로가 있기 때문이다. 자선의 혜택을 받은 사람은 은혜를 베푼 사람으로부터 신세를 지기는 했지만, 이를 갚을 강제적 의무는 없다. 고마움을 표하지 않으면 배은망덕한 사람이라고 비난받을 뿐이다.

마지막 셋째로 우리는 자선하지 않고서도 정의로울 수 있다. 남에게 아무것도 하지 않고 집에 가만히 있어도 우리는 정의로울 수 있다. 이런 정의의 규칙을 지키면, 적극적인 선을 창출하지 않았으므로 감사(感

38) Smith(1976/1995: 159-160)

謝)의 대상이 되지 않는다. 이웃 사람의 신체, 재산, 명예를 침해하지 않은 사람에게 공로가 있다고 말하는 것은 웃기는 일이다. 원시사회에서 수렵 · 채취문화의 기반이 되었던 가치들, 예를 들면 외인 기피, 나눔, 그룹에 대한 충성 등 폐쇄된 연대감 도덕이 낯선 대인관계에서 점차 타인들을 포용한다는 의미의 열린 도덕으로 변화되어온 것이다.

이처럼 특수성과 차별성이 점차 변화되고 도덕규칙이 추상성과 보편성을 갖게 되었다. 행동 규칙의 구체성과 차별성은 다음과 같다. 행동 규칙은 누가 누구에게 언제 어떤 목적을 위해 어떻게 행동할 것인가(혹은 해서는 안 되는가)를 말해준다. 그러나 시간이 경과함에 따라 행동 규칙들은 적용대상, 시점, 장소, 그리고 목적 등 규칙의 특수성을 버린다는 의미에서 추상화된다. 탈(脫)목적적으로 변화되면서 특정 행동을 금지하는 내용의 도덕규칙이 등장했다. 마음에 꺼려서 싫어하거나 금하는 수많은 금기(禁忌)도 시간이 경과함에 따라 소멸되었다. 예를 들면 네 땅 내 땅의 구분, 돈놀이, 이윤추구 등을 금기로 여기던 관행이 점차 소멸되어왔다. 행동 규칙의 적용대상 또는 적용영역을 차별하는 내용도 점차 소멸되는 대신에 행동 규칙들이 보편화되었다. 요컨대 연대감 도덕이 정의에 대한 규칙의 성격을 가진 도덕규칙으로 전환되어갔다.

책임원칙의 전제가 자유의지인가

자유와 책임은 서로 불가분의 관계다. 자신의 행동에 대해 책임을 지지 않는다면 혼란이 초래된다. 책임윤리가 없으면 자유사회는 불가능하다. 왜 자신의 행동에 대해 책임을 져야 하는가?[39] 흔히 사람들은 이를 '자유의지'로 설명한다. 인간이 인과성에 예속되지 않고 의식적으로 그리고 마음대로 자신의 행동을 결정하므로 그 행동과 행동 결과에 대해 책임이 있다는 것이다. 이런 인식은 르네 데카르트 전통의 설계주의적 합리주의에서 비롯된 것이다.

신경과학자들은 전에 없던 매우 정밀한 현미경과 자기공명영상 등 최첨단 도구를 가지고 인간의 두뇌 속을 샅샅이 뒤졌지만, 자유의지는 없고 오로지 물리 · 화학적으로 작동하는 신경구조만 발견할 수 있을 뿐이었다. 그리고 자유의지 또는 자아 같은 것은 없다는 사실도 발견했다.[40] 하이에크도 『감각적 질서』(1921/1952)에서 인간행동의 인과성을 강조함으로써 자유의지의 존재론적 근거를 부인했다.[41] 모든 인간행동은

---

39) 이 문제에 대한 전반적인 논의에 대해서는 민경국의 「자유와 책임에 대한 신경과학과 하이에크」(과학철학 제14권 2호: 2011) 참조. 이 논문은 민경국(2016: 145-169)에 수록되어 있다.

40) 정신과 육체의 이원론을 주장하는 사람들처럼 이런 실체를 인정하면, 비물질적 정신이 두뇌에 어떻게 인과적으로 작용하는지, 그리고 비물질적 실체가 존재하는 장소가 어디인지를 밝혀야 한다. 그리고 정신이 육체를 조종한다면 도대체 무엇 때문에 두뇌가 존재하는지에 대한 설명이 있어야 한다(Goschke, 2008: 112).

41) "이 같은 생각들은 '자유의지'에 관한 오래된 논쟁과도 관련이 있다는 점을 이 계제에 언급하는 것이 좋을 듯하다. 우리가 모든 인간행동이 물리적 과정에 의해 인과적으로 결정되는 일반 원칙을 알고 있다고 해도 이것은 특정한 행동이 특정한 물리적 환경의 필연적 결과로 인정될 수 있다는 것을 의미하는 것은 아니다."(Hayek, 1952: 195)

물리적 과정에 의해 인과적으로 결정되지만, 결정주의는 아니라는 데 주목해야 한다. 자유의지가 존재한다고 해도 문제는 있다. 자유의지는 인과관계에서 벗어난, 그래서 제멋대로인 행동을 의미하므로 책임 문제와 관련이 없다. 멋대로 행동한다면 칭찬과 비난은 아무런 의미가 없다. 자유의지는 인간이 규칙을 따라 행동한다는 사실을 부정한다.

유발 하라리는 『호모데우스』에서 "유기체가 자유의지를 갖고 있지 않다면 그것은 우리가 약물, 유전공학, 직접적인 뇌 자극을 통해 그 유기체의 욕망을 조작하는 것은 물론 통제까지 할 수 있다는 뜻이다"라고 말했다.[42] 그의 인식은 자유의지가 없다면 특정한 행동은 특정한 물리적 환경의 필연적 결과로 인정될 수 있다는 유물론적 결정주의에 해당한다. 그러나 유감스럽게도 하라리의 주장은 틀렸다. 자유의지가 없다고 해서 특정한 행동이 특정한 물리적 환경의 필연적 결과로 인정될 수 있다는 유물론적 결정주의를 의미하는 것은 아니기 때문이다. 인간행동은 "유전적 소질과 축적된 경험, 그리고 과거의 개인적 경험에 비추어 해석된 새로운 경험이 함께 영향을 미쳐 결정된다." 따라서 외부의 물리적 영향에서 차단된 '자아' 또는 '나'라는 것은 존재하지 않는다. 이런 의미에서 인간행동의 인과론은 타당하다.[43]

우리가 개인에게 자신의 행동과 행동 결과에 대해 책임을 부여하

42) 유발 하라리(2015: 393)

43) 하이에크(1960/1996 I: 133-134)는 "외적 환경에 대한 반응, 즉 어떤 순간 개인의 행위는 그의 유전적 소질과 축적된 경험, 그리고 과거의 개인적 경험에 비추어 해석된 새로운 경험이 함께 영향을 미쳐 결정된다. (중략) 결정론적 입장이 주장하는 바는 유전적 소질과 과거 경험의 축적된 효과가 개인의 인격을 구성하며, 외부 또는 물질적 영향에서 차단된 '자아' 또는 '나'라는 것은 존재하지 않는다는 것이다"라고 말했다.

는 이유는 의지의 자유 때문이 아니라 그의 행동에 영향을 미쳐서 바람직한 방향으로 행동을 유도하기 위해서다. 사람들을 칭찬하고 비난하는 것도 그들의 행동에 영향을 미치기 위함이다. 게임이론의 의미로 표현한다면, 변절자에게 책임을 부여하여 비협력적 게임을 협력적 게임으로 만들기 위함이다.[44] 따라서 책임원칙의 존재 이유는 교육적 기능 때문이다. 이는 사람들의 자유로운 의사결정을 이끌고, 그들의 행동을 더욱 합리적으로 만드는 데 있다.[45]

개인들이 잘못을 저지를 경우 이에 대해 책임을 진다는 것을 미리 알게 되면 그들은 조심스럽게 그리고 신중하게 행동한다. 책임원칙이 적용되어 책임을 의식하게 만들면 그렇지 않을 경우 취하게 될 장래의 행동에 영향을 미치고, 또 그런 행동을 변경할 것이다. 책임원칙은 개인들에게 일종의 압박으로 작용한다. 첫째로 이런 압박을 받은 개인들은 타인들의 재산이나 신체, 그리고 자유를 침해하지 않도록 자신의 행동 결과를 철저히 조심하지 않을 수 없다. 그렇지 않으면 법적인 처벌을 받거나 아니면 파문이나 '왕따'를 당한다. 따라서 책임원칙은 사람들에게 타인들에 대한 존중심을 강화하는 역할을 한다. 그 결과, 국가의 강제가 줄어들며, 자유를 누릴 여지는 커진다.

그렇기 때문에 개인의 책임윤리는 국가의 강제로부터 개인의 자유를 보호하는 이념으로서 자유주의의 근본이다. 타인들에 대한 존중심의 도덕은 개인의 윤리로 구현된다. 두 번째로 책임원칙은 개인에게 자신들의 삶의 목표와 계획을 신중하게 세우게 한다. 실패의 결과는 전적으

44) Gifford(2007: 284)

45) Hayek(1960/1996 I: 134-136)

로 스스로 책임을 져야 하기 때문이다. 투자의 성패에 대해 스스로 책임진다면 투자 분야 선정이 신중하게 이루어질 것이다. 그렇지 않고 그 책임을 다른 데로 돌릴 수 있다면 멋대로 투자하고 멋대로 삶의 계획을 세운다. 요컨대 책임원칙은 스스로에 대한 존중을 갖게 하는 역할을 한다. 그런 책임의 결과, 복지국가의 필요성이 줄어든다는 것이다. 개인에 대한 책임의 궁극적인 목적은 아리스토텔레스의 행복론이 말해주고 있듯이 '인간의 번영(human flourishing)'에 있다고 볼 수 있다.[46] 그런데 인간 번영을 위한 기본적 덕성은 합리성이다. 이런 합리성은 자신의 행동 결과에 대한 책임을 질 경우에만 가능하다. 개인적 책임은 합리성을 제고하고, 합리성은 인간에게 번영을 가져다준다. 그런 번영은 자기 자신의 번영뿐만 아니라 타인들의 번영에도 기여한다.[47]

책임모럴과 문화적 진화

책임원칙이 사회질서를 위해 중요한 기능을 가지고 있다면 그 기원 또는 원천은 무엇인가? 하이에크가 「인간 가치의 세 가지 근원」(1977)에서 적절히 주장했듯이[48] 책임원칙의 사회적 관행은 문화적 진화의 선물이다. 오늘날 문명화된 사회를 가능하게 한 규범과 경제질서 그리고 법

46) Rasmussen(1991)

47) Rowley(1997: 410)

48) 하이에크/민경국(1989: 7-66), Hayek(1983/2018: 702-732)

질서의 성공적인 진화의 상당 부분은 책임원칙의 진화적 산물이다. 생물학적 진화이든 문화적 진화이든 인류의 진화, 호모사피엔스의 진화는 반사회성의 진화가 아니라 친사회성의 진화였다. 책임원칙도 인간의 친사회성이 진화하는 과정의 산물이다. 이 진화 과정에서 형성된 우리의 동기 시스템과 가치 시스템은 옳음과 그름에 대한 감정을 산출한다.

더구나 그 같은 시스템은 그른 행동을 하는 사람들을 처벌할 비용을 기꺼이 부담하겠다는 자세로 이어졌다. 이 같은 자세가 법 위반을 막기 위한 '형법'이라는 국가제도의 도입을 정당화하고, 이를 통해 잠재적인 위반자를 방어한다.

물론 처벌과 보상의 형태로 책임원칙을 구현하는 것이 반드시 성문화된 형법만은 아니다. 인류의 진화는 협력을 촉진하고 반사회성을 억제하기 위해 다양한 처벌 메커니즘을 탄생시켰다. 앞에서 설명한 바와 같이 양심의 가책 같은 내재화된 메커니즘을 비롯하여 비난과 칭찬 또는 그룹으로부터의 배제(따돌림) 등과 같은 비공식 처벌 메커니즘, 그리고 사적 그룹 내에서의 공식적 처벌 메커니즘 등 그 종류는 무수히 많다. 이 같은 '내적 제도' 혹은 비공식적 제도가 오히려 형법 같은 외적 · 공식적 제도보다 사회질서 유지의 강력한 뒷받침을 받고 있다.[49] 그래서 지나치게 법을 중시하면 책임을 오로지 법적 개념으로만 이해하고 도덕적 의무나 책임을 무시할 우려가 있다. 또 우리가 주목해야 할 것은 경제적 성공과 실패에 대한 책임감이다. 상이한 개인들 간의 상대적 위치가 결정되는 방식에 대한 승인도 책임에 대한 견해와 밀접한 관련을 가지고 있다.

---

49) Kasper/Streit(1998: 103-105)

성공과 실패에 대한 책임이 법적이 아니라 비공식적인 것이라고 해도 책임윤리는 법적인 것과 동일하게 작동하여 사회질서의 유지와 번영에 기여한다. 자원과 지식의 합리적 이용을 유발하고, 분별없는 위험 추구를 지양하고 스스로 위험에 대비할 수 있게 한다는 점이다. 따라서 하이에크가 강조하듯이, 자유사회는 법에 의해 강요되는 의무를 넘어서 요구되는 책임감에 의해 인도되는 것을, 그리고 개인이 성공과 실패 모두에 책임진다는 것을 모든 시민이 승인하는 자세가 필요하다.[50)]

50) Hayek(1960/1996 I: 136)

9.
사회주의의 도덕적 기원

개인의 자유, 일부일처제, 개인주의, 시장경제 등 확장된 질서의 도덕률은 생성과 확립 과정이 순탄한 것처럼 보인다. 그러나 자유와 경쟁을 싫어하거나 개인주의를 혐오하고, 책임정신과 사유재산의 소중함을 인정하지 않는 등 다양한 반(反)시장적 정신이 빈번히 등장하여 자유의 물결에 저항하거나 폭동을 일으킨 일이 적지 않았다. 다른 한편 자신을 희생하여 집단에 헌신하는 이타심과 충성심, 그룹에 대한 애정, 나눔의 도덕, 집단적 목표를 위한 인간 간의 결집을 중시하는 사회주의의 정치적 이상이 우리를 노예의 길로 이끌어갔다. 사회주의의 도덕과 반시장 정서의 뿌리를 찾는 일은 매우 중요하다. 사회주의 또는 국가주의란 소규모 사회의 도덕을 오늘날과 같이 거대한 사회에 적용하려는 시도라는 점이다.

인류의 뿌리: 간단한 개관

사회주의 또는 국가주의의 기반이 되는 도덕의 뿌리와 그 도덕의 성격을 이해하기 위해서는 인류가 진화한 시기의 환경을 이해하는 것이 중요하다. 수만 년 전으로 거슬러 올라가야 만날 수 있는 그 환경을 '진화적 적응환경'이라고 부른다. 우리의 본능적 · 심리적 구조는 생물학적 진화사에 그 뿌리를 두고 있고, 인간 정신이란 그런 환경에 대한 적응의 결과이기 때문이다. 고고인류학이 보여주는 바와 같이 침팬지와 공동 조상이던 원숭이가 인류로 진화되기는 했지만, 왜 침팬지와 다르게 비약적인 발전이 가능했는지를 우리는 아직도 이해하지 못하고 있다. 인류가 진화한 시기는 홍적세(洪積世)다. 홍수가 많이 일어나서 이름 붙인 그 시기는 1~160만 년 전까지의 기간이다. 이 시기의 1만 년 전쯤부터 농업이 시작되었고, 동시에 인류가 떠돌이 생활을 중단하고 한 지역에 정착하여 생활하기 시작했다. 주목할 것은 인류의 초기 단계인 원시사회에서 인간은 어떻게, 어떤 질서를 유지했는가 하는 부분이다.

원시인의 사회적 관계는 부족과 혈연으로, 소규모 집단(30~150명)을 이루어 수령과 지도자의 명령에 따라 수렵과 채집을 하며 살았다. 집단 구성원 하나하나가 서로를 개인적으로 알고 지내는 사이였다. 그들 대부분은 유전적으로 관련이 맺어진 자연적 질서의 전형인 혈연집단이었다. 초기 인간과 침팬지는 동일한 생태학적 보금자리를 공유하고, 견고한 그룹을 형성해서 살았다. 무엇보다 그룹 결속에 의해서만 존립할 수 있었다.[51] 수렵과 채집을 하기 위해 또는 위험으로부터 집단을 보호하려면 지도자가 필요했고, 구성원들은 그의 명령과 지시를 따라야 했다. 원시인에게는 사적 및 공적 영역의 구분이 없었다.

인간은 본능적으로 사회주의자

인류의 뿌리와 관련하여 우리가 주목하는 것은 두 가지다. 첫째로 그 뿌리는 수렵 · 채집 생활 그리고 지도자의 지시명령 사회라는 것이다. 둘째로 원시인에게 사적 영역이란 상상할 수 없다는 점이다. 구성원들은 지도자 또는 수령(首領)의 지시와 명령에 따라 수렵 · 채집의 형태로 생산에 참여했다. 수렵 · 채집 군단의 지도자는 생산만 조직하는 것이 아니라 누구에게 얼마만큼 줄 것인가도 결정했다. 공동으로 생산하고 공동으로 나누어 먹는 사회주의였다. 한 사람이 많이 가지면 다른 사람이 적게 갖는 영합 세계였다. 수렵 · 채집자들은 자연에 의해 주어지는 것에만 의존하여 살았으며 경제성장이란 없었다. 소비중심 사회였으며, 평등주의가 지배하는 사회였다. 서로 돕고 나누어 먹으면서 애정과 연대로 뭉친 사회였다.

원시인의 사고구조도 개인주의가 아니라 집단이 최고라고 생각하는 집단주의였다. 사회적 · 물리적 환경에 대한 인지(認知)도 원시인 사이

51) 왜냐하면 침팬지와 마찬가지로 인간 역시 생물학적 무기를 갖고 있지 않기 때문이다.

에 동일했을 것으로 추정된다. 모두 거의 똑같이 생각하고 행동했을 것이다. 왜냐하면 그룹을 통해 결속된 집단주의적 삶은 그룹 구성원들이 공동으로 달성할 구체적 목적과 외부환경에 대한 유사한 인지를 전제하기 때문이다. 유대감, 참여, 사랑, 나눔 등(유대감 도덕)은 인류학자들이 보여주고 있듯이 당시 수렵 · 채집자들이 직면한 환경에 가장 잘 적응한 심리적 요소였다. 연대감과 이타심의 도덕은 그룹 외부의 사람들에게는 적용되지 않았다. 그들은 낯선 사람들, 즉 이방인 또는 적(敵)으로 취급했다. 그래서 그런 도덕은 폐쇄적이고 종족주의적이다.

하이에크는 연대의 도덕을 '종족적 정신태도'라고 했고, 진화심리학에서는 '석기시대의 정신'이라고 말한다.[52] 외부환경은 먹을 것과 위험의 잠재적 원천이었다. 위험은 폭풍 같은 기후가 주는 자연적 위험, 동물 그리고 특히 다른 인간 그룹의 침입 등을 포함한다. 인간의 공격성도 그 같은 무시무시한 침입을 막아내려는 상황에 적응된 심리다. 군집을 통해 삶을 지배하고 있던 규범 시스템은 그런 삶에 적응되었고, 오랜 기간 동안 인간의 상호작용을 지배했으므로 인간의 본능 속에 깊이 각인되어 오늘날 인간의 본능적 감정 속에도 정착되어 있다. 그래서 인간은 본능적으로 집단주의자요 사회주의자다. 집단주의와 사회주의 성향은 생물학적 진화를 거쳐 오늘날 우리의 본능 속에도 여전히 남아 있다.[53]

---

52) 이런 정신구조는 호모사피엔스의 신경구조와 본능이 형성되면서 점진적으로 생성된 태도다(Hayek, 1983/2018: 702 이하). 에이블 에이블스펠트(1986)는 "인류가 다른 영장동물과 분리되어 살기 시작한 때부터 현재까지 전체 기간을 24시간으로 본다면 그중 23시간 56~57분 동안 인류는 무리를 지어 수렵 · 채집 생활을 했다"라고 말했다. 그러나 사유재산권의 발달과 자유의 도덕 속에서 살기 시작한 지는 3~4분 정도밖에 되지 않았다(North, 1992).

53) 오늘날 이런 본능을 구현하여 등장한 중간우주(mesocosmos)사회는 예를 들면 가족, 친족관계, 동창회, 향우회 그리고 친구, 친지 관계 등이다. 취미클럽 등과 같은 소규모 공동체도 이

도킨스와 윌슨 등 사회생물학의 인식대상은 바로 이런 본능적인 인간행동, 집단에 대한 애착 등 본능적인 도덕과 선호구조다.[54)]

그러나 인류는 침팬지처럼 소규모 사회에 머물지 않았다. 인류사회는 점차 대규모 사회로 확장되어갔다. 서로를 알고 지내는 사람들끼리만 분업과 협력하면서 살던 세상이 그 어느 누구도 원하지 않았지만 이제는 낯모르는 사람들과도 분업 · 협력해야 하는 상황에 이르게 된 것이다. 옛날 같으면 낯선 사람에 대한 공포 때문에 그런 협력은 가능하지 않았을 것이다. 어떻게 그런 거대한 사회가 가능했는가의 문제는 앞에서 설명했다. 주목할 것은 거대사회에서 살고 있는 현대인의 본능에 뿌리 박혀 있는 세계관이다.

선행의 도덕 또는 이타심의 도덕은 다양하다. 나누어 먹기, 경쟁을 싫어하는 것, 그룹에 대한 애착심 · 애정 · 사랑, 집단주의 사고, 감성적인 사고, 타인에 대한 배려, 책임을 타인이나 집단에 돌리기 등이 그것이다. 이웃을 사랑하라, 어른을 공경하라, 그룹에 충성하라 등도 그와 같은 도덕이다. 모두 타인들의 후생을 위해 자신을 희생할 것을 요구하는 덕목이며, 영웅적 희생을 요구하는 도덕이다. 타인들의 복지를 위해 적극적으로 행동할 것을 요구하기 때문에 애덤 스미스는 이런 도덕을 '적극적 덕성'이라고 불렀다. 타인들을 적극적으로 도와주어야 한다는 것을 의미한다.

에 속한다.

54) Wilson(1975), Dawkins(1971)

본능의 산물로서 연대의 도덕

적극적 덕목의 실행을 개인들에게 맡긴다면 이는 매우 소중한 가치다. 말하자면 그런 덕목은 황금률이다. 그런데 '나의 삶을 책임지는 국가', '누구나 잘살게 만드는 포용국가' 등의 슬로건에서 볼 수 있듯이 이런 덕목을 정치적으로 이용하여 시민에게 지키도록 강제하는 국가는 다름 아닌 복지국가 또는 사회주의국가다. 강제로 그런 도덕적 가치를 실현하기 위해서는 예를 들어 조세나 규제 또는 이전지출의 형태로 재분배하기 위한 강제가 필요하다. 우리가 20세기에 생생히 경험했듯이 그런 도덕을 강제하면, 그런 소중한 도덕적 가치를 촉진하기는 고사하고 여지없이 파괴한다. 예를 들면 복지정책의 수혜자는 일하기보다 정부에 의지하려고 한다. 그런 정책을 지속시킬 때 국가에 의존하려는 주민 수는 늘어나고 의존의 강도도 더욱더 커진다. 반면에 수혜자들을 위해 희생하는 납세자들, 규제를 당하는 경제주체들은 일할 의욕과 투자 의욕을 잃게 된다.

유대감의 도덕과 대비되는 것이 정직성 규범이다. 이는 타인들을 도와주지는 못할망정 타인의 생명, 재산, 자유를 침해하는 등의 강제를 행사하지 말라는 내용의 도덕규칙이다. 정직성 규범은 애덤 스미스가 말하는 소극적 덕성으로, 정의(正義)와 같은 개념이다. 그것은 불의(不義)를 제거하는 행동 규칙이다. 불의의 행동은 예를 들면 사적 영역에 대한 자의적 간섭, 정당한 기대에 대한 개입, 또는 권리 침해 등과 같은 강제(사기, 기만, 폭력)다. 이런 규칙의 원천은 앞에서 설명했듯이 문화적 진화의 선물이다.

본능적인 유대감은 19세기 후반 그리고 20세기를 거쳐 21세기에 이르기까지 도덕주의자들이 중시했다. 이들은 흥미롭게도 고전적 자유주의자들이 중시하던 절약, 근면, 주의, 심사숙고 같은 신중(愼重)의 도덕[55]을 팽개쳐버렸다. 이러한 도덕은 이기심을 의미하기 때문이라는 이유에서였다. 도덕주의자들은 새로운 도덕을 찾으려고 노력했다. 그들이 찾아낸 것이라고는 고작 선행의 도덕이었다. 선행의 도덕이야말로 이기심보다 높은 자아를 의미하는 것이기 때문이다. 이기심을 억제하고 타인에게 봉사하는 행동, 공동체에 헌신하는 행동, 애국하는 행동을 할 때 비로소 인간은 자유롭다고까지 주장했다.

신중의 도덕을 자기 자신과 관련시킨다면, 우리 자신의 건강, 삶, 경제적 복지에 대해 스스로 보살필 의무가 있다. 국가나 그 밖의 타인에게 의지하지 않는 것이 개인의 의무다. 국가가 개인의 경제를 감시 · 감독하는 것은 자만이고 무례한 일이다. 자본형성은 자신의 삶을 개선하려는 끊임없는 노력, 절약과 모범적 행동의 덕택이다. 신중의 덕목은 국가의 직접적인 개입을 통해 달성할 대상이 아니다. 인간이 부지런하게 활동하는 것과 게으르게 행동하는 것을 모두 개인의 선택에 맡기는 것이 자유사회의 강점이다. 국가가 특정의 목적을 정해놓고 인센티브를 주어 부지런히 일하도록 하는 것은 사회주의에서나 있을법한 정책이다. 한국 사회에서 박정희 대통령의 새마을운동에서 적용된 인센티브도 사회주의적 색채가 드러난 것이다. 자유사회에서 인센티브는 자생적이다. 그리고 그 인센티브는 각처에 분산된 불특정 다수 소비자의 평가에 따른다.

---

55) Smith(1976/2009, VI. ii 5: 403)

신중은 목사로서의 삶, 학자 · 노동자 · 자본가로서의 삶 등 모든 인간이 각자 자신의 삶을 성공적으로 영위하는 데 필요한 덕목이다. 이는 다양한 삶 가운데 어떤 삶이 더 중요하다거나 덜 중요하다고 말하지 않는다. 인간의 개별성과 인간 삶의 불확실성 때문에 좋은 삶에 대한 보편적 생각은 불가능하다.[56)]

집단주의는 원시적 본능의 산물

인간이 유인원과의 마지막 공통 조상에서 분화된 시기는 600~800만 년 전이었다. 그 이후부터 농경생활이 시작되기 1만~1만 5천 년 전까지는 수렵 · 채집사회였다. 이런 사회가 인류 역사에서 가장 오랜 기간 동안 존재했다. 그 기간 동안 인류는 생물학적으로 진화해왔다. 생체조건과 본능적 · 심리적 구조가 형성되었다. 수렵과 채집으로 생활하던 원시인 사회구조의 특징은 흥미롭다. 사회의 구성원들은 자율이 없었으며, 전체로서의 사회에 완전히 예속되어 있었다. 그룹과 개인, 자연 사이에는 별로 차이가 없었다. 사회적 분화나 노동 분업도 거의 없었다. 남녀의 분업과 무기 만들기 등에서 전문화가 있었을 뿐이다. 원시인은 똑같이 생각하고 행동했다. 그들에게는 선호의 다양성도 없었다. 달리 생각하는 것은 비정상이라는 이유에서 포용이 아닌 배제의 대상이

56) Haakonsson(2002: ix)

되었다. 수렵 · 채집사회의 규모가 작았고, 경험과 인식의 범위가 동일했기 때문이다. 명령과 지휘계통에는 위계가 존재했으나 불공평한 분배는 허용되지 않았다. 현대사회에서도 빈번히 목격할 수 있는 소규모 그룹에서는 평등주의 성향이 높다. 친구나 동료 또는 캠핑여행 등에서 흔히 볼 수 있듯이 분배가 평등하다.[57] 자아 개념도 없었다. 그런 전통사회에는 개별성과 사적 삶이 존재하지 않았다. 집단주의는 그룹의 생존에 기여했다. 원시인에게 사활이 걸린 문제는 식량과 외부로부터의 위험이었다. 예를 들면 자연적 위험, 다른 동물이나 외부인의 침략이었다. 집단적 방어와 집단적 수렵 · 채집을 통해 식량을 공급했고, 단일 목적이 지배하는 사회였다. 추장의 명령과 지시를 통해 수렵 · 채집하는 조직이었으며, 조직생활이 전부였다. 그래서 구체적인 목적을 위한 조직사상(organizational thinking)의 기원이 원시사회라는 것을 염두에 둘 필요가 있다.

농경생활 이전의 장구한 역사적 기간 동안 수렵 · 채집의 삶이 인간의 상호작용을 지배했기 때문에 집단주의적 사고 방법이 본능적으로 인간의 유전인자 속에 정착하게 되어 생물학적 진화를 거쳐 오늘날 현대인에게도 남아 있다. 오늘날 거시경제학에서는 총합된 변수들 간의 관계로 세상을 파악하는데, 첫째, 변수의 총합은 인간이 서로 다르다는 것을 무시하고 똑같다는 전제에서 출발한다. 두 사람이 똑같이 1억 원을 투자하여 총합 2억 원이 되었다면, 이것이 가능한 이유는 그 두 사람이 1억 원의 투자가치를 동일하게 본다는 전제가 깔려 있다. 그러나 인간은 같은 액수라고 해도 이에 대한 평가가 상이하다. 그리고 그 평가를 총합

---

57) Morris(2015: 248)

하기도 어렵다. 환원주의적인 총합 개념이 적절한 경우는 중요한 변수들의 구조가 일정불변하고, 개개인들의 행동방식이 유사한 때다. 이것이 바로 원시사회가 아니고 무엇이란 말인가! 이런 조건의 충족이 적으면 적을수록 환원주의 총합 개념에 따른 명제들은 의미가 없다.[58)]

두 번째로 거시변수의 관계는 '의인화'다. '국민'소득과 '국민'소비의 관계에서 국민이 소비하고 국민이 소득을 갖는다. 국민은 집단주의적 개념이다. 국민을 구성하는 개인들은 동일하게 생각 · 행동한다는 전제가 깔려 있다. 이 전제에서 출발하면 집단이 행동 · 판단하는 것처럼 착각할 수밖에 없다. 이런 착각이 집단을 인간처럼 취급한다는 의미에서 의인화의 신비다. 마르크스, 콩트, 좀바르트 등 역사주의자들이 빈번히 사용한 국민저축, 국민생산 등과 같은 개념도 그런 의인화의 소산이다.[59)] 세 번째는 전체주의 정신태도의 원천이 원시본능이라는 점이다. 전체주의는 개인을 무시하고 전체가 중요하다는 이념이다. 이것이 무해한 때는 인간이 개미처럼 동질적인 경우다. 그러나 개인들은 개별성을 지니고 있어서 그들이 각자 추구하는 목표와 선호가 다르고, 세상에 대한 해석 또한 상이하다.

---

58) Blümle/Patzig(1990: 623)

59) 하위징아(Huizinga, 1954: 70)가 주장하는 바와 같이 "원래는 인간의 형상이 부여되지 않았던 어떤 대상에 상상력을 동원하여 암암리에 과학적인 개념 대신 신화적인 개념을 부여함으로써" 이것이 점차 살아있는 생물로 변동한다. 그렇기 때문에 이제 국민이 저축하는 생명체가 되는 것이다. 이러한 의인화는 경제가 위기에 처해 있고, 경제주체들의 장래에 대한 불확실성이 크면 클수록 더욱더 강력하게 등장하고, 설득력을 얻는다.

상호적 이타심과 정실주의

자연적인 인간의 사회성은 친족 선택과 상호적 이타주의라는 두 가지 원칙을 기반으로 한다. 친족 선택이란 나의 존립을 증대할 수 있으려면 될 수 있는 대로 많은 후손을 갖자는 전략이다. 이런 전략이 친족을 위해 나를 희생한다는 친족 이타심이다. 그러나 친족이 아닌 타인에 대한 일방적인 이타심은 나의 존립에 부정적이다. 그래서 생겨난 전략이 상호적 이타심이다. 내가 너를 도와줄 테니 너도 날 도와주어야 한다는 것이다. 이런 상호적 이타심은 친구나 이웃 또는 잘 아는 사람들 간의 약속이다. 이런 성향은 본능적이다.[60]

두 원칙 또는 두 원칙 중 어느 하나에 기초한 정치적 동원체제가 정실국가(情實國家)다. 정실국가란 통치자가 친구, 동창, 후배, 이념적 동지들, 즉 '우리 진영'에 편향적인 정책을 통해 집권 · 재집권에 급급하는 전근대적 국가다. 인정(人情)에 치우쳐 자기 가족과 친지들에게 특혜를 주는 국가다. 국가재정을 자신의 주머닛돈으로 취급하는 국가다. 이런 의미에서 정실국가를 '가산제(家産制: patrimonialism)'라고도 부른다. 정부가 자기 진영을 지지하는 노동 세력은 떠받드는 반면, 소득을 늘리고 일자리를 만드는 등 국민에게 번영을 안겨주는 기업들은 박해한다. 자기 진영의 복지를 위해서라면 미래 세대를 희생해 수백조 원의 빚잔치도 마다하지 않는다. 진영논리에 따른 정치는 '정치적 부족주의'에서 비롯된 것

60) 인간 상호 간의 의무와 기대에 의해 행동이 제한된 안정적인 그룹을 형성하고 유지하는 점에서 그들은 특수하다. 그런 그룹은 '동맹' 또는 '연합'이라고 부를 수 있다.

이다.[61] 인간에게는 부족 본능이 있다. 부족 본능은 배제 본능이다. 자신의 진영에 속하지 않는 사람들은 배제되기 때문이다. 배제 본능에 기초한 정책을 추진하는 국가는 정실국가다. 정실국가와 대조되는 것은 법치국가다. 이는 특혜 · 차별이 아니라 모두가 보편적으로 편익을 얻을 수 있게 하는, 보편적 법이 지배하는, '법 앞의 평등'을 실현하는 국가다. 신분사회에서 계약사회(헨리 메인, 1822~1888)가 아니라 평등사회로 전환된 것이 문명화다. 그러나 정실국가는 법치와 법 앞의 평등을 부정하고, 정실 입법을 통해 봉건 · 귀족사회처럼 신분사회로 회귀한다. 이는 문명의 후퇴다.

누구든 똑같이 광범위한 경제적 자유를 보장하는 것이 법치의 과제다. 그 결과 모두가 일할, 그리고 소득을 증대할 기회가 커진다. '모든 사람이 잘살 수 있는 국가'는 법치국가이지 정실국가가 아니다. 경제적 자유를 억압하는 정책은 실패와 부작용을 초래하기 마련이다. 약자이거나 빈자일수록 고통이 더 크다. 그런 사람일수록 정치권과 연고가 없다. 그들은 정실 대상으로부터 배제된다. 정실국가가 그들이 딛고 올라갈 사다리를 걷어찬 것이다. 정실국가는 인간의 본능적 사회성을 수백만 또는 수천만 명이 사는 열린 거대사회의 현실 정치에 적용하겠다는 자만의 결과물이다. 정치 · 경제 · 윤리적으로 정당성이 없는 정실국가를 극복하고 등장한 것이 법치국가가 아니던가! 소유 존중, 자기책임, 관용, 정직성 등 법치국가의 도덕은 읽기, 쓰기, 말하기처럼 후천적으로 습득한 것이다. 그런 도덕은 본능으로부터 멀리 떨어져 있다. 법치정신이 약

---

61) Chua(2018: 8-11)

하거나 붕괴하면, 또는 본능이 강하면 원초적 사회 형태로 복귀한 것이 인류 역사다.[62]

제로섬 게임 마인드와 원시적 본능

인류가 유인원과의 마지막 공통 조상에서 분리되어 진화한 때의 환경에서 거래로부터 얻는 이익은 거의 없었다. 자원과 소득은 상대적으로 고정되어 있었다. 가치를 증대하는 교환이나 생산 가능성도 거의 없었다. 그룹 내부에서 분업은 존재했다. 여성은 채집, 남성은 수렵에 전문적으로 종사했고, 어른은 수렵, 어린아이는 채집하는 정도의 분업밖에는 없었다. 원시 시대에는 자연이 준 것을 먹고 살았다. 주어진 것을 입으로 가져오는 일뿐이었다. 혁신도 없었으며, 삶은 매우 정태적이었다. 경제는 단순했는데, 효율적인 생산 방법을 고안하거나 생산적 투자를 통해 이익을 볼 가능성이 없었다.

우리의 두뇌는 이런 종류의 경제를 이해하기 위해 진화했다. 따라서 그런 이해는 오늘날 거대한 사회를 이해하는 데 적합하지 않다. 그런 두뇌를 가지고 국제분업과 산업화에 기초한 최근의 시장경제를 이해할 수 없다. 원시사회는 제로섬 사회였다. '제로섬'이라는 용어는 포커게임에서 유래한 것이다. 게임에 참여한 사람들이 딴 돈과 잃은 돈을 합하면

62) Fukuyama(2014: 478-479)

제로가 되는 게임이다. 이와 다른 상황은 '정합게임'이다. 잃은 것보다 얻은 이익이 더 큰 상황이다. 인류의 조상이 진화해온 환경은 그 같은 특성이 있기 때문에 인류는 제로섬 사고를 갖는 방향으로 사회를 진화시켰다. 과연 그런 시대가 풍요로운 사회였을까! 수렵 · 채집사회에서 사람들은 자유롭고 여유 있는 삶을 살았다고 한다. 마셜 살린스는 '원초적 풍요사회'였다고 말한다.[63)]

그러나 제로섬 게임이라고 한다면, 그리고 자원과 소득이 일정했다고 하면, 한 사람(또는 어느 한 부족)이 많이 갖게 되면 타인들(또는 다른 그룹)이 적게 가질 수밖에 없을 것이다. 질투가 생겨난 것도 그런 제로섬 사회였기 때문이 아니던가! 풍요가 지배하는 사회라면 인류가 외인 기피증을 갖는 이유를 설명하기가 매우 어렵다. 제로섬 사고 때문에 거래는 상호간 편익을 가져다준 것이 아니라고 생각했다. 오늘날 국제무역을 싫어하는 이유도 제로섬 사고에서 비롯된 것이다. 그런 사고는 비효율적인 경제정책의 중요한 원천 가운데 하나다. 원시사회가 풍요로운 사회였다는 살린스의 주장은 위험부담을 싫어하는 인간의 본능적 심성을 설명하기도 어렵다. 위험을 싫어하는 사람에게 동일한 액수를 얻어서 늘어나는 효용은 잃어버려서 생겨나는 효용 상실보다 적다.

따라서 교환과 거래는 인간의 본능과 거리가 멀다. 어느 하나의 물건을 주고 다른 것을 받는 교환의 본능은 모든 인간에게 공통적이고 다른 동물에게서는 발견할 수 없다는 스미스의 주장은 옳지 않다. 낯선 사람과의 교환은 순전히 문화적 진화의 결과다. 최근 스티븐 핑커 같은 심

63) Sahlins(1972/2014: 24-28)

리학자들이 보여주고 있듯이 역사적으로 거래중개자를 박해한 것도 인간정신이 재화의 생산도 없었고, 재화의 거래도 생기지 않았던 환경에서 진화했기 때문이다.

엠포리오포비아

'엠포리오포비아(emporiophobia)'는 민속경제학자 루빈에게서 나온 말이다.[64] 이는 '시장' 또는 '상업중심지'와 '공포'라는 말의 합성어다. 이는 시장에 대한 공포심을 뜻한다. 이런 공포심 때문에 시장을 거부하는데, 이는 일반 대중의 반(反)시장 정서를 뜻한다. 시장이 시장참여자 대부분에게 부정적인 영향을 미친다는 믿음 때문에 시장거래가 불공정하다는 것이다. 시장은 상호 간 편익을 위해 판매자와 구매자가 만나는 장소가 아니라 불평등한 협상력을 가진 파트너들이 서로 투쟁하는 장소로 보고, 시장을 강자가 약자를 착취하는 곳으로 파악했다.

반시장 정서의 기원은 원시사회의 정신구조다. 서로 잘 아는 얼굴을 마주하는 소규모 사회에 적응된 본능의 눈으로 보면 시장은 낯모르는 사람들이 사는 비인격적 사회다. 이런 익명의 사회에서는 판매자 혹은 구매자, 사고파는 재화들, 그리고 가격을 넘어서 그 이상의 정보는 필요가 없다. 사회구성원들의 행동을 안내하고 지배하는 것은 가격과 효

64) Rubin(2014: 876)

용 이외의 다른 어떤 것이 아니다. 시장에서는 모두 서로 어떤 연고관계도 없다. 더 이상 수렵 · 채집 생활에 적응된 본능적 애정, 우정, 배려, 감정의 관계가 아니다. 친숙한 사람들끼리 일생 동안 지내는 관계가 아니라 비인격적 관계가 지배하는 사회다. 시장거래의 대부분이 일개 개인에게는 매우 강력하게 보이는 집단으로서의 기업과의 거래다.

낯선 사람들로 구성된 시장, 익명의 사람들로 구성된 거대한 기업 등은 믿고 의존할 수 없다. 외인에 대한 공포가 지배한다. 원시사회에서 살 때는 잘못이 있을 때 그룹 전체가 책임졌고, 서로 의지하며 살았다. 그러나 시장에는 의지할 사람이 없다. 홀로 책임을 져야 한다. 이런 책임이 시장에 대한 공포를 유발한다. 반시장 정서가 본능의 소산인 이유다. 반시장 정서는 인간 이성에 개혁을 맡긴다. 이성의 눈은 개혁의 방향을 정한다. 이성의 발로가 사회주의 계획경제, 재분배적 · 복지사회주의 같은 조직질서다. 30~150명으로 구성된 소규모 사회, 즉 자연적 질서에서나 적용될 수 있는 도덕을 대규모 사회에 적용하는 오류를 범한 것이다. 사회의 규모에 따라 윤리는 달라져야 한다. 가족윤리를 서로를 알지 못하는 사람들끼리 살아가는 거대사회에 적용할 수는 없다. 거대사회가 파괴되어 만인에 대한 만인의 투쟁 상태를 유발한다. 개인주의 윤리를 가족관계 같은 소규모 사회에 적용하는 것도 있을 수 없다. 이는 가족 같은 1차 집단의 파괴를 부른다.

이타심과 유대감을 질서원리로 여긴 원시사회에서 이윤이라는 개념은 존재할 수 없었다. 특히 가치가 노동에 의해 결정되는 세계에서 이윤은 일종의 착취였다. 이기적인 동기로 가득 찬 시장은 잔인하다. 자유시장은 늑대들이 양떼를 공격하는 것을 자유롭게 만든다.

소결: 사회주의가 자본주의를 보는 두 가지 눈

19세기 중반 자유주의에 대한 대안체제로 등장하여 그 세력을 확장해온 사회주의의 뿌리는 석기시대 정신이다. 그 시대의 정신은 첫째로 얼굴을 마주하는 소규모 사회에 적응한 도덕관이다. 참여, 사랑, 연대감, 나눔, 공동책임, 경쟁 혐오, 외인 기피(유대감 도덕) 등은 당시 수렵 · 채집자들이 직면한 환경에 가장 잘 적응한 심리적 요소였다. 연대감 · 이타심의 도덕은 그룹 외부의 사람들에게는 적용되지 않았다. 그들은 낯선 사람들, 즉 이방인으로 여겼다. 그래서 그런 도덕은 폐쇄적이다. 둘째로 석기시대 정신을 가지고 자본주의를 비판한다. 시장경제는 강자가 약자를 착취하는 세상이다. 만인에 대한 만인의 투쟁이 벌어지는 상태다. 자본주의는 늑대가 양을 공격하는 자유가 지배하는 사회이며, 영합게임이 지배하는 사회다. 자본주의 사회는 구조적 악(惡)을 내포하고 있어 사회주의가 대안이라는 주장이다.

이런 비판의 근거는 석기시대에 유전적으로 습득한 본능의 눈으로 본 세상의 모습이다. 당시에는 유대감과 형제애로 서로 도우면서 살았다. 뒤처지는 구성원들에 대해서는 매우 관대하고 온정적이었다. 사적 소유의 개념은 그다지 강하지 않았고, 구성원들은 모두 개인보다 조직을 중시하는 집단주의적 태도를 갖고 있었다. 그런 본능의 눈으로 자본주의를 볼 때, 이는 모든 악이 구조화된 체제다. 반면, 이성의 눈으로 보면 그런 체제를 극복하여 아기자기하고 친근한 소규모 사회의 젖과 꿀이 흐르는 원시사회의 낭만적인 도덕적 가치를 구현하는 관리 · 분배 사회주의, 그리고 온정적 · 어버이 사회주의 등 사회주의 유토피아를 설계할 수 있다고 자만한다. 관리 · 분배 사회주의는 자본주의가 비효율적이고 양극화의 불의를 초래하는 체제여서 국가가 나서서 계획과 규제를 통해 효율과 분배평등을 실현해야 한다는 것이다. 온정주의(paternalism)는 스스로 건강도 돌보지 못하는 어리석은 백성을 대신해 국가가 강제로 건강을 돌봐야 한다는 것이다. '어버이주의(parentalism)'는 사람들이 자유와 책임을 싫어해서 국가에 의존하려는 태도다. 마치 어린 자녀가 부모에게 매달리는 것처럼 말이다. 오늘날 사회주의는 원시사회에 대한 본능적 욕구를 이성의 힘으로 실현하는 이념이다. 사회주의는 복고적이고 미래 전망적 이념이 될 수 없다.

10.
사회생물학의 치명적 오류

진화는 과정을 기술하는 개념이다. 그것은 특정 목적을 달성하기 위해 계획하여 만드는 것을 기술하는 개념이 아니다. 진화는 인간계획의 산물을 지칭하는 말도 아니다. 이런 진화사상은 원래 언어, 도덕, 법에 관한 데이비드 흄, 애덤 스미스 등 스코틀랜드 도덕철학자들의 연구에 기인한 것이다. 그들은 자생적 질서 사상을 행동질서의 형성을 넘어서 행동 규칙들의 생성과 그 확립에 적용했다. 진화사상을 그들의 문화과학으로부터 수입하여 생물학에 적용한 인물이 찰스 다윈이었다는 것은 이미 잘 알려진 사실이다.

그런데 근래에 흥미롭게도 정직성, 소유 · 계약규칙, 책임모럴, 돈놀이, 언어, 화폐 등과 같은 문화적 가치들을 생물학적으로 이해하려고 한다. 그런 노력의 산물이 사회생물학이다. 생물학적 인식을 인간행동과 인간사회에 적용하는 이러한 전통의 대표자 중 하나가 『이기적 유전자』로 잘 알려진 리처드 도킨스다. '이기적 유전자'는 유전자가 자신의 생존만을 위해 행동한다는 의미다. 환경에 대한 개체 행동의 적응도는 양친으로부터 물려받은 유전자가 스스로를 얼마나 복제했는가, 즉 어느 한 개체가 자손을 얼마나 많이 퍼뜨렸는가에 따라 결정된다. 이런 인식을 사회문화적 요소에 적용하는 것이 가능한가? 우선 사회생물학이 무엇인지부터 알아보자.

사회생물학이란 무엇인가

사회생물학의 핵심 개념은 유전자다. 인간의 행동을 좌지우지하며 스스로를 복제하여 전파하는 것이 '유전인자'다. 유전자는 될 수 있는 대로 자신의 복제를 증대하고자 한다는 의미에서 이기적이다. 간단히 말해 인간은 이기적이라는 뜻이다. 그러나 우리는 가족 내에서 이타적 행위를 자주 목격한다. 아버지와 어머니가 아들과 딸에게, 할아버지가 손자손녀에게 애착심을 갖고 그들을 위해서라면 언제나 스스로를 희생한다. 그러나 이는 아들딸, 손자손녀가 아버지 또는 할아버지의 유전자를 가지고 있기 때문일 뿐 조건 없는 사랑 때문이 아니라는 것이 사회생물학의 인식이다. 따라서 이타심은 위선이라는 것이다. 이타적 행위는 단순한 '표현형'일 뿐 '유전형'은 이기적이라는 것이 사회생물학의 인식이다. 그러나 우리는 혈연관계가 없는 친구, 친지, 이웃 사이에서도 우정관계를 목격할 수 있다. 사회생물학에서는 우정관계를 '주고받기'라는 의미에서 상호적 이타심으로 이해한다. 아는 사람끼리의 이타심, 한마디로 말하면 품앗이다. 이는 "상호적 이타심"(트라이버스)의 또 다른 표현이다.

따라서 유전자의 관점에서 보면 그룹 내에 속해 있지만 친구나 친척도 아닌 사람들에 대한 우리의 이타적 관심은 치명적 실수라고 봐야 할 것이다. 그러나 이런 주장을 지지하는 경험적 사례는 없다. 오히려 우리는 가족, 친구, 그룹 내의 아는 사람들, 그리고 외인들을 구분하여 우리와 그들로 편 가르기 하는 타고난 능력이 있다는 것이 데이비드 베레비의 『우리와 그들, 무리 짓기에 대한 착각』 이후로 잘 알려져 있다.[65] 연줄에 대한 매혹, 같은 부류의 인간이 되고 싶어 하는 소망은 인간의 내면 깊숙이 끈질기게 숨어 있는 부족주의 사고방식을 불러내고, 그것은 너무나 쉽사리 마음의 통제를 벗어난다. 무리 짓기가 정치화되면 정실국가가 된다는 것은 앞에서(213-214쪽) 설명했다.

흥미로운 것은 진화심리학이다. 이는 유전자보다 '적응된 정신'과 문화를 흡수할 능력에 초점을 맞춘다. 우리의 정신적 성향은 생물학적 진화사에 뿌리를 두고 있고, 인간정신이란 인류가 진화하여 적응한 환경의 결과라는 것이다.[66] 인류는 부족과 혈연으로 소규모 집단을 이루어 수령과 지도자의 명령에 따라 수렵과 채집을 하면서 살아왔다. 그런 환경에서 인류가 생물학적으로 습득한 것은 나눔, 경쟁혐오, 집단주의 사고 등 유대감의 도덕이었다. 스티븐 핑커는 우리의 행동, 신념, 성향, 관습은 홍적세의 수렵 · 채집 생활방식에서 직면한 여러 문제를 해결하기

65) 베러비(2005/2007)는 심리학이나 인지과학, 신경과학의 성과들을 가지고 인간의 '부류' 짓기의 특성과 이유들을 다양하게 보여준다.

66) '진화적 적응환경(the environment of evolutionary adaptedness: EEA)'이라고 한다. 이에 대해서는 민경국(2016: 174-176) 참조

위해 환경에 적응한 결과라고 목소리를 높인다. 인류 진화사의 대부분 기간 동안 인간은 가족관계(친족에 대한 이타심)와 친구관계(상호적 이타심)를 맺으면서 살았다. 인간은 본능적으로 이기적인 것이 아니라 이타적이다. 이타심의 기원은 본능이고, 협력은 그런 본능의 진화에서 비롯되었다는 것이다. 『덕의 기원』에서 매트 리들리가 갈파한 '이타적 유전자'가 그 예다.[67] 따라서 자연은 도덕성과 밀접한 관련이 있다.

인간 가치의 세 가지 근원

사회생물학은 인간행동을 결정하는 요인을 본능과 이성으로 파악하고 있다. 이는 인간행동을 독자적으로 결정하는 문화적 요인을 무시한 것이다.[68] 사회생물학은 질서를 본능에서 생겨나는 자연적 질서, 계획하는 이성을 통해 인위적으로 만든 조직 이외에 제3의 질서인 자생적 질서의 존재를 알지 못하고 있다(115쪽).

자생적 질서는 문화적 진화의 선물이다. 문화적 진화는 후천적인 학습의 대상으로서 도덕, 관습, 관행, 언어 등의 생성과 변화를 설명하는 개

67) "이 책은 인간의 본성, 특히 경이로울 정도로 사회적인 본성에 관한 책이다."(리들리, 1996/2000: 16)

68) Hayek(1983/2018: 702-704)

69) 자연적 질서는 넓은 의미로는 자연의 세계, 즉 다윈이 원래 설명하고자 한 세계다. 인간과 관련시킨다면 그것은 본능적 가치나 본능적 태도에서 생겨난 질서로서 원시 수렵 · 채집 사회를 말한다.

〈표 2〉 인간가치의 세 가지 근원

인간의 본능	이성과 본능의 중간	이성
자연적 질서[69]	자생적 질서	인위적 질서
연대 규범 원시사회와 같은 대면사회/공동체	언어, 시장, 법, 관습, 화폐, 이익사회, 열린 사회	계획경제, 입법, 중상주의, 조직질서
사회생물학	자생적 질서론	사회계약론
윌슨, 도킨스 (낭만주의)	흄, 스미스, 하이에크 (진화적 합리주의)	데카르트, 홉스, 롤스 (구성주의적 합리주의)

념이다. 그것은 특정 목적을 달성하기 위해 계획하여 만드는 것을 기술하는 개념이 아니다. 그것은 정직성, 소유 · 계약규칙, 약속이행, 책임, 돈놀이, 경쟁규칙, 이윤추구 행동, 언어, 화폐 등과 같이 인간행동의 결과이기는 하지만 인간계획의 결과가 아닌 것의 존재를 말해주는 개념이다.

그런데 문화적 가치들을 생물학적으로 이해하려는 사회생물학의 치명적 오류는 언어, 도덕, 법률, 화폐, 시장 등과 같은 사회제도가 분자생물학이 설명하고 있는 유전적 과정에 의해 우리에게 대물림된 것처럼 인식하고 있다는 점이다.[70] 인간에게 유익한 역할을 하는 사회제도는 의식적인 기획, 즉 이성을 통해 설계된 것이며, 그런 모든 것은 인간의 의지에 의해 얼마든지 개선할 수 있다는 합리주의 전통의 계획사상과 함께 사회생물학적 인식도 틀린 것이다. 사회문화적인 제도야말로 모방적 학습에 의해 전달된 선택적 진화의 산물이다. 유전적인 대물림은 무엇을 배울 수 있는가를 결정할 수 있지만, 배워야 할 어떤 전통이 있는지

70) Hayek(1988/1996: 57)

를 결정하지 못한다. 예를 들면 언어능력은 유전된 것이지만 우리가 배워야 할 한국어 · 독일어 · 영어는 유전적인 것이 아니다. 그리고 이 언어들은 인간 두뇌의 계획된 산물도 아니다. 유전자에 의해 대물림되지 않는 것은 생물학적 현상이 아니다.[71] 셈하기, 쓰기, 읽기 등도 모방적 학습을 통해 습득된 행동이다. 생물학적 진화를 사회에 적용하려는 움직임에 대해 독일 프라이부르크대학 사회학 교수 둑스도 생물학적 메커니즘은 정신적 · 사회문화적 존재형태를 설명할 수 없다고 비판한다.[72] 사회문화적 구조는 유전적 요소가 아니라는 이유에서다. 인간존재의 정신적 · 사회문화적 구조형태는 자연의 층면과는 완전히 다른 층에서 형성된다. 사회문화적 구조에 대해 다른 과정의 논리가 필요한 이유다. 생물학적 구조는 정신적인 구조를 형성하기 위한 하부구조일 뿐이다.

문화적 제도들을 자연적인 본능에 대한 대체물이라고 생각하는 인류학자 겔렌은 인간 이외의 영장동물과 비교할 때 인간행동은 본능에 의해 훨씬 덜 예정되어 있다고 말한다.[73] 인간행동은 가변적이거나 유연하므로 다변적인 환경에 더 잘 적응할 수 있다는 것이다. 예를 들면 인간은 시시각각으로 변동하는 가격에 반응하는 유연성이 대단히 높은데, 그런 유연성의 원천은 무엇인가의 문제가 흥미롭다. 인간행동의 변화 가능성은 본능적으로 잠재된 현상이다. 이는 180만 년 전에서부터 1만

71) Hayek(1988/1996: 59). "문화를 호흡이나 이동 같은 유기체의 다른 기능처럼 생물학적이라고 주장하는 것은 틀렸다. 언어, 법, 도덕, 화폐의 전통, 심지어 정신이 형성되는 과정을 '생물학적'이라고 말하는 것은 언어를 남용하는 것이고 이론을 오해하는 것이다."

72) Dux(2000: 172)

73) Gehlen(1961). 독일의 경제학자 비트도 인간은 다른 동물과 비교할 때 본능의 주권에서 상대적으로 훨씬 더 해방되어 있다고 한다(Witt, 1987).

년 전까지의 기간 동안 인류가 진화적으로 적응한 환경 탓이다. 홍적세는 환경변화가 극심한 때였다. 빙하기와 간빙기가 교차했다. 이것이야말로 인간으로 하여금 상이한 환경에서도 적응하면서 살 수 있게 한, 세상에서 가장 큰 힘이다.[74] 인간행동의 개방성 및 유연성은 매우 다양한 삶의 조건에 대한 인간의 적응을 가능케 한다. 선천적 적응능력에다가 후천적으로 다양한 선호에 따라 다양한 행동이 가능해진다.

그러나 행동의 개방성과 가소성은 타인들의 행동과 관련하여 불확실성을 야기하고, 또한 어떻게 행동할 것인가에 관하여 지속적으로 의사결정을 내려야 할 부담을 준다. 불확실성과 의사결정 부담이라는 두 가지 문제를 해결해주는 것이 문화적 진화의 선물로서 사회적으로 공감된 행동패턴 또는 행동의 규칙성(행동규칙)이라는 의미의 제도다. 인간은 앞에서(176쪽) 설명한 바와 같이 규칙을 따름으로써 그런 문제를 해결했다.

요컨대, 사회생물학에서는 인간가치를 인간의 본능에, 그리고 이성적 사고의 산물에 기인한 것으로 보고 있다. 그러나 그것은 제3의 원천이 있다는 사실을 망각하고 있다. 인간이성의 산물도 아니요 인간본능의 소산도 아니지만, 인류에게 풍요로운 문명과 번영을 가져다준 문화적 요소가 있다. 그것이 바로 거대한 사회의 기초가 되는 자유의 도덕이다.

---

74) Rubin(2002: 14)

보편적 다위니즘은 틀렸다

흥미로운 것은 생물학적 진화를 생물학 외부에도 보편적으로 적용할 수 있다는 도킨스, 넬슨, 이한구를 비롯한 일련의 학자들의 주장이다. 보편적 다위니즘은 다윈 이후 그의 세계관을 확산하기 위한 전략으로 형성된 자연철학의 전통이 되었다.[75] 도킨스는 『이기적 유전자』의 마지막 장에서 물리법칙처럼 우주의 어디에서나 통용될 수 있는 생물학의 법칙을 찾으려고 한다. 이런 의도에서 그는 복제자로서 '유전자(gene)'에 대응하는 문화전달의 단위를 의미하는 '밈(meme)'을 도입했다.[76] 유전자를 통한 생물학적 복제와 더불어 다분히 문화적인 행동양식(관행, 관습, 도덕규칙 등)이나 지식은 밈을 통해 다른 사람들에게 복제되어 전달된다는 것이다.[77]

그렇다면 사회생물학자들처럼 생물학적 진화와 문화적 진화의 유사성을 강조하거나 생물학적 진화를 사회적 진화에 적용해도 좋다는 것인가? 우리는 무엇보다 생물학적 진화와 문화적 진화의 정확한 관계를 정하지 않으면 안 된다. 그렇지 않으면 사회과학이 생물주의(biologism)에

---

75) 보편적 다위니즘을 문화 융합에 적용한 사례는 이한구(2019)를 참조하라. 그는 "문명은 문화유전자들의 결합체다"(145쪽), 그리고 "정보사회는 문화유전자들의 융합을 가능하게 한다"(146쪽)라고 말한다.

76) 문화복제자인 밈의 사례로 노랫가락, 캐치프레이즈, 복식의 유행, 항아리를 만드는 방법, 아치를 건설하는 방법 등을 꼽았다. 물론 관행, 관습, 도덕규칙도 밈의 범주에 든다.

77) 도킨스는 1983년 논문 「보편적 다위니즘」에서 다음과 같이 말하고 있다. "삶의 형태가 아무리 다양하다고 해도 모든 삶의 기반이 되는 어떤 원리가 있을 것이다. 그 원리들 가운데 두드러진 것이 다위니즘의 원리일 것이다."(Dawkins, 1976/1992: 278; 1983, 403-425) 경제학과 관련된 보편적 다위니즘은 Hodgson(2002: 259-281) 참조

빠질 우려가 있기 때문이다.

생물학적 진화는 문화적 진화와 유사성이 있다. 마르크스나 역사학파처럼 발전법칙을 찾는 것이 아니라는 점, 미래의 변화를 구체적으로 예측하는 이론을 제시할 수 없다는 점도 그들의 공통점이다. 이런 한계에도 앞에서 설명한 바와 같이 문화적 진화는 전통, 도덕, 제도 등과 같은 사회적 행동 패턴의 기원과 그들의 확산에 대한 이해를 도울 수 있다. 사회, 정신, 시장과 같이 대단히 복잡한 구조는 스스로를 교정하여 더욱더 발전되어가는 메커니즘을 갖고 있다. 그런 메커니즘은 변이-선택-보유라는 진화원리 혹은 앞에서 지식이론적 관점에 대해 논의한 자생적 질서의 원리에 해당한다고 볼 수 있다. 그런 진화원리는 생물학적 그리고 문화적 차원에 적용될 수 있는 보편적 공식이다. 그러나 주목할 점은 생물학적 진화와 문화적 진화의 유사성을 강조한다거나 생물학적 진화를 사회적 진화에 적용해도 좋다는 주장에는 절대적 한계가 있다는 것이다.

(1) 대물림: 비인지적 vs. 인지적

대물림은 복제자를 통해 진행된다. 생물학적 진화에서 복제자로서 유전자는 스스로 복제된다. 부모의 유전자 복제는 그 후손을 통해서인데, 후손의 상이한 유전자 조합은 스스로 이루어진다. 사회문화적 영역에서 버릇, 도덕, 관습 등을 비롯하여 노랫가락 등을 복제자로 들고 있지만, 이들은 스스로 복제되는 것이 아니다. 문화적 대물림에서 중요한 것은 복제자들에 관한 정보를 인지 · 확산하는 주체, 즉 인간이다. 어떤 대상의 대물림 여부는 인지하는 주체의 주관적 인지에 달려 있다. 음악의 대황(大皇)이라 일컫는 나훈아의 음악을, 아니면 다른 누구의 노래를 복제할 것인가를 결정하는 것은 음악을 인지하고 해석하는 인간이다. 인지는 유전자와는 달리 기계적인 것이 아니라 주관적이다. 문명은 문화유전자들의 결합체라고 말하는 이한구 교수는 다양한 이념을 예시하고 있다. 그런데 그 결합은 기계적인 것이 아니라 인간의 주관적 인지와 판단을 통해 이루어지는 것이다. 물론 문화적 진화를 위한 인지적 기초는 생물학적 진화에 의해 창출된 것이기는 하지만 말이다. 시각기관과 같이 인지를 위한 감각도구들은 생물학적 진화에 기인하여 생성된 것이다.

(2) 새로운 것의 등장: 돌연변이 vs. 혁신

생물학적 진화에서의 돌연변이와 문화적 진화에서 말하는 혁신은 전적으로 다르다. 생물학에서 말하는 돌연변이는 선택압력으로부터 전적으로 독립적이다. 유전적 맥락에서 유기체는 도태 위협에 대해 속수무책이다. 돌연변이는 자연선택이거나 전적으로 독립적으로 생겨나기 때문이다. 그러나 사회문화적 진화에서 혁신은 돌연변이와는 전적으로 상이하다. 이미 앞에서 설명한 바와 같이(제8장) 세 가지 점에서 혁신은 돌연변이와 다르다. 첫째로 우리는 경쟁에서 뒤처지거나 시장에서 밀려날 위험성을 피하기 위해 새로운 지식 또는 행동양식을 개발한다. 둘째로 인간은 새로운 행동진로의 개척을 경험에 기초하거나 상상에 기초한 주관적 기대에 의존한다. 셋째로 기민성 혹은 호기심 같은 개인적 성향이 전통적인 규칙의 위반, 또는 새로운 규칙의 발견과 실험을 유도한다.

이런 사실은 진화의 핵심 요소인 생물학적 돌연변이와 사회문화적 혁신에서 근원적으로 다르다는 점을 보여준다. 기민성 혹은 호기심은 본능의 소산이기는 하더라도 그들은 새로운 것에 대한 인지에서 나온 것이다.

(3) 표현형: 자동적 vs. 인지적

보편적 다위니즘이 틀렸다는 것을 보여주는 예는 다위니즘에서 유전형과 표현형의 구분이다. 문화적 진화에서 유전자에 해당하는 것이 행동 규칙이고, 표현형은 실제로 등장하는 행동이다. 생물학적 진화에서 환경 변화에 따른 색깔 변화처럼 유전형-표현형의 관계는 자동적이고 즉각적이다. 그러나 인간행동에서 행동 규칙과 행동 사이는 기계적 관계가 아니라 인지적 관계다. 행동 규칙은 하나의 행동을 지정하는 것이 아니라 특정한 행동을 금지한다. 따라서 금지되지 않은 행동 대안들 가운데에서 선택하는 것은 개인의 인지에 좌우된다.

사회문화적인 것을 생물학적으로 설명하려는 것은 규칙을 따르는 행동을 자연주의적으로 이해하는 것과 같다. 자연주의란 '자연적 사건들이 자연의 법칙으로 기술되는 인과적 규칙성에 의해 결정되는 것과 동일한 방식으로 인간행동도 사회적 규칙에 의해 결정된다'라는 인식이다.[78] 그런데 자연주의는 판단을 내리고, 자신의 목적을 추구하며, 기존의 규칙과 규칙 시스템을 비판적으로 평가하는 등 개인의 자율성을 부정한다. 이 모든 것이 의미하는 바는 사회와 사회적 과정을 기계적으로 파악한다

78) 이에 관해서는 클라이(1992: 23) 참조

는 것이다.

자연선택이라는 개념을 가지고 사회를 설명하는 이론에 따르면[79] 개인의 성격에서 용모, 성향, 기질 등을 개인의 존립을 위한 가치로 설명하면, 개인의 선택과 목적이 어떤 역할도 하지 못한다는 것이다. 자연선택을 점령한 것이 유전적 재생산이다. 사회에 대한 설명에서 중심 역할을 하는 개인의 선택이 생존 기회의 종속변수가 된 것이다. 그런 인식에 따르면 첫째로 규칙준수는 실제로 행동을 취할 어떤 여지도 없다는 것을 의미한다. 여기서는 선택의 자유가 불필요하다. 규칙을 좇는 행동에 대한 그런 인식은 마이클 샌델 등의 공동체주의와 같다. 삶의 목적, 행동방식, 사고방식이 이미 사회적 끈, 즉 공동체에 의해 정해져 있어 자율적 행동의 여지가 없다는 것이 공동체주의의 인식이다. 인간이 사회에 의해 규정되어 있다는 것이다. 정말로 자유로운 선택의 여지가 없는가? 선택의 자유가 없는가? 아마도 목적이 지배하는 원시사회에서는 그랬을 것으로 추정된다. 그러나 그런 사회가 열린 자생적 사회로 진화함에 따라 행동 규칙이 보편적 · 추상적으로 변동되었다.

펠드만이 하이에크를 인용하여 주장한 것처럼 사회적 규칙들은 오로지 행동성향, 기질(disposition)만 규정할 뿐 특정 행동을 규정하는 것이 아니다. 이런 현상은 동물의 세계에서도 볼 수 있다. 흥미로운 것은 고등동물일수록 그런 성향 또는 기질이 보편적 혹은 추상적이라는 점이다. 인간세상에서 중요한 역할을 하는 정직성의 예를 들면 행동규칙이 지향하는 것은 단일 행동과 관련된 것이 아니라 매우 광범위한 행동 부류를

79) 이에 관해서는 그레이(1986: 53) 참조

향한다. 이는 목사, 기업가, 자본가 등에도 적용할 수 있다. 그리고 그것은 시간과 장소도 불문한다. 보편적 · 추상적인 행동규칙의 테두리 내에서 개인들은 자신의 목적을 정하고, 그에 따라 행동을 선택할 자유가 존재한다.

규칙에 따르는 행동에 대한 자연주의적 해석에 따르면 행동 규칙은 자연법칙처럼 개인들에게 주어져 있다는, 즉 인간행동과 독립적으로 존재한다는 것이다. 그러나 행동 규칙은 인간이 제각기 자신의 목적을 추구하는 상호작용 과정에서 자생적으로 생성 · 변동한다. 그것은 인간행동의 결과이지만, 계획적인 산물은 아니다. 문화가 이성(세상을 이해하고 옳고 그름을 판단할 수 있는 능력)의 형성에 기여하는 것만큼 이성도 사회의 형성에 기여할 수 있다. 특히 주목할 것은 인간은 혁신을 통해서 행동규칙을 위반한다는 점이다(192쪽 참조).

요약하면, 사회과학이 다위니즘을 모방할 경우 이는 생물주의에 빠질 우려가 있다. 생각하고 판단하고 인지하는 정신적 능력을 갖춘 인간이 사는 사회를 유전물질을 다루는 분자생물학적으로 다루는 것은 난센스다. 이는 뉴턴의 세계관을 적용하여 경제적 · 문화적 현상을 설명하겠다는 야심의 '과학주의' 또는 '물리주의(physicalism)'와 마찬가지로 매우 위험하다.[80] 따라서 도킨스의 시도는 틀렸다.

---

80) 과학주의는 자연과학에 최고의 권위를 부여하여 자연과학적 사유 방법을 무비판적으로 사회과학에 적용하는 것을 말한다. 이에 관해서는 Hayek(1958) 참조. 그는 이 책에서 이런 과학주의가 어떻게 사회적 과정에 대한 적절한 이해를 흐리게 하고, 결국 20세기 전체주의의 지적 기초를 제공해주었는가를 규명하고 있다.

리처드 도킨스의 위험한 장난

사회생물학에서 말하는 이타적 행동은 가족, 친구, 친지 같은 은밀한 관계의 범위 내에서 등장하는 행동 패턴이다. 그런 범위를 넘어서면 이기심이 잔인하고 무자비하게 판을 친다고 한다. 자본주의는 혈연관계도 친구관계도 아닌, 익명의 사람들이 만나는 사회체제다. 무자비한 사리사욕과 인정사정 봐주지 않는 이기심으로 가득 차 있는 체제라는 것이 사회생물학의 인식이다. 도킨스에게 자본주의는 강자가 약자를 착취하는 사회다. 이런 인식은 자본주의에 대한 '사회다윈주의'의 시각과 동일하다. 그렇다고 해서 그가 그런 이념을 좋아하는 것은 아니다. 그는 사회주의자다. 그는 "우리의 사회적 · 정치적 삶에서 다위니즘을 버리고 비(非)다윈의 사회주의 세상에서 살고 싶다고 말할 자격이 있다"라고 주장했다. 그런 세계가 가능한 것은 우리에게 의식을 가지고 예견할 수 있는 능력이 있기 때문이라는 이유에서다. 도킨스는 『이기적 유전자』의 마지막 장에서[81] '이기적인 복제자 혹은 유전자들의 폭정에 맞서기 위해' 우리는 "자연계에서도 찾아볼 수 없고 세계 역사상에도 지금까지 존재한 적이 없는 순수하고 사심 없는 이타주의를 기르고 가꾸는 데" 그런 의식적인 예지력(미래의 일을 미리 아는 능력)을 사용할 수 있다고 말한다. 이런 생각은 사회공학적으로 인간을 보편적 이타심을 가진 존재로 만들어 낼 수 있다는 마르크스 사상과도 일치한다.[82]

81) Dawkins(1976/1992: 291)

82) 스티븐 굴드와 리처드 레온틴은 타고난 유전적인 인성의 역할을 경시하고 문화의 중요성을 강조한다. 인간의 본성을 사회공학적으로 변동시킬 수 있다는 것이다. 양육을 인성보다 더

도킨스의 인위적인 기획은 프린스턴대학의 피터 싱거의 생각과 일치한다. 인간은 생물학적으로 소규모 그룹에서 이타적이라는 것이 그의 생각이다. 본능적인 이타심을 가족, 종족 혹은 민족이라는 소규모 집단에 적용하면 도덕이 될 수 없다고 한다. 이런 인식도 자연은 도덕과 관련이 없다는 도킨스의 견해와 같다. 싱거는 그런 이타심을 더욱더 넓은 사회에 확장하여 적용하면 비로소 도덕이 된다고 한다. 우리는 그런 이타적 성향을 일반화할 수 있는 이성의 역량을 가지고 있다는 것이다. 그래서 그의 저서 제목도 『확장하는 서클』이다.

요컨대, 도킨스와 싱거의 기획은 본능적 부족사회와 초(超)사회성의 근본적인 차이를 부인하면서 소규모 사회의 도덕을 오늘날과 같이 거대한 사회에 적용하려는 시도다. 이런 시도는 정부가 거대한 사회에서 이타심의 도덕을 계획하여 만들어낼 수 있는 지적 · 도덕적 능력을 가졌다는 믿음이 깔려 있다. 그런 믿음은 치명적 자만이다. 동서고금을 막론하고 모든 인간에게 불변적인 것은 인간 이성에 한계가 있다는 사실이다. 노자(老子)는 인간 이성의 한계에 대한 각성에서 '무위(無爲)사상'을 발전시켰다. 소크라테스는 인간의 무지(無知)를 스스로 깨닫는 것이 지혜의 출발점이라는 것을 강조했다. [83] 따라서 도킨스의 기획은 무모한 짓이

중요시한다.

83) 도킨스와 그 옹호자들은 『도덕경』 제71장에서 "내가 아는 것이 없음을 아는 것이 최상의 앎이다"라는 노자의 말을 상기할 필요가 있다. 자신의 무지를 아는 것이 지혜롭기 위한 출발점이라는 아리스토텔레스의 유명한 말도 되새겨야 한다. 그러나 그들은 이런 충고를 망각하고 있다. 노자는 "알지 못하면서 안다고 하는 것이 병"이라고 했으며, 그런 병을 하이에크는 '치명적 자만'이라고 말했다. 왜 이성에 한계가 있는가? 장자(莊子)는 「내편」 제3장 '생명을 가꾸는 근본'(양생주)에서 이렇게 말했다. "나의 삶은 끝이 있는데 지식은 끝이 없다. 끝이 있는 것으로 끝이 없는 것을 추구하는 것은 위태로울 뿐이다. 그런데도 내가 지식을 추구한다면 위태롭게 될 뿐이다."

다. 이는 이미 동유럽과 옛 소련, 그리고 오늘날의 쿠바나 베네수엘라가 또렷하게 보여주고 있다.

자본주의에서 경쟁이란 먹히고 먹는 투쟁이 아니라 하이에크가 입증했듯이 소비자의 욕구를 싼값으로 충족할 새로운 방법을 발견하고 테스트하거나 오류를 찾아내어 수정 · 학습하는 과정이다. 이런 과정에서는 실패한 자가 있게 마련이다. 그러나 경쟁은 실패한 자를 파괴하는 것이 아니다. 그것은 그의 행동 기반인 지식이 잘못이었음을 알려주고 새로운 상황에 적응할 기회를 제공한다. 경쟁은 인간 이성을 통해 인위적으로 만든 것도 아니고 본능에서 나온 것도 아닌, 문화적 진화의 선물이다.

현대적 문명은 인간의 본능이 원해서 이루어진 것이 아니라 무의도적 · 자생적으로 진화했다고 해서 지그문트 프로이트가 주장한 것처럼 그렇게 병적인 억압과 치료 불가능한 신경질의 원천이라고 볼 수도 없다. 자유시장과 자유의 제도를 가진 확장된 열린 사회는 원시사회에 형성되었던, 그리고 아직도 우리의 마음속 깊이 잠복해 있는 다양한 본능(사회성, 그룹에 대한 애착심, 의식주, 성적 욕구 등)을 더 잘 충족시켜주기 때문이다.

소결: 본능과 이성 사이에서

진화이론이라고 하면 언제나 다윈과 연결해야 한다는 믿음이 있다. 이런 믿음은 스펜서를 비롯한 19세기 '사회다윈주의'에서 비롯된 것이다. 그러나 하이에크가 분명히 밝혔듯이 문화적 진화이론에서 힌트를 얻어 생물세계에 적용한 것이 다윈이다. 문화적 진화이론이 먼저 생겨났고, 생물학적 진화이론은 나중에 생겨난 것이다. 문화적 진화이론의 개척자는 데이비드 흄, 에드먼드 버크, 애덤 스미스 등 스코틀랜드 도덕철학자들이다.[84] 그들은 성공적인 관행과 관습, 도덕규칙 같은 행동 규칙들이 사회에 정착되고 인간의 상호관계를 안내한다는 견해를 대표하고 있었다. 하이에크는 오스트리아학파의 창시자이자 자신의 은사였던 멩거와 함께 스코틀랜드 계몽주의자들의 진화사상을 계승했다.

우리가 주목할 것은 인간의 삶의 세계는 생물학의 인식대상과는 완전히 다르다는 것, 사회과학 그리고 경제학은 생물학으로 접근할 수 없는 독자적인 인식대상을 가지고 있다는 점이다. 인간의 삶의 세계는 역사적이고 문화적이다. 경제적 행동과 현상도 문화의 일부라면 이런 현상을 설명하기 위해 유전자 극대화, 또는 이기심의 극대화를 기초로 하여 경제이론을 확립할 수 없다. 사회생물학이 의미가 있다면 그것은 혈연으로 연결된 원시 부족사회를 설명하는 데 적합하다. 특히 주목하는 것은 유전자 극대화 과정을 전제한 세계의 행동 규칙, 즉 본능을 규범적으로 인간의 삶에 적용할 수 없다는 것이다. 이런 적용의 결과가 복지국가, 사회정의 그리고 사회민주주의다. 이것은 원시사회에 대한 향수이며, 본능과 이성의 결탁이다. 이것은 본능의 질서를 인위적으로 만들려는 것이다. 과학주의는 자연을 모방하여 질서를 만들려는 사고방식이다.

---

84) 맨더빌의 유명한 저서는 『벌꿀 우화』다. 그는 이 책에서 사적 악이 공적으로는 덕이라고 주장하며 당시 도덕주의자, 특히 종교지도자들의 도덕주의를 비웃었다. 그런 이유로 그의 책은 판금되는 불운을 맞이하기도 했다. 이에 대해서는 올리버 테일러, 김두희 역, 『경제사상사』, 수도문화사, 1965, 76-80쪽 참조

유전자 극대화(본능적), 또는 이기심의 극대화(합리적)를 기반으로 하는 패러다임은 인간사회를 지탱해주고 자유를 지속시켜주는 비(非)본능적 전통을 무시하고 있다. 소유와 권리를 존중하는 심성, 계약의 충실성, 충실성에 대한 도덕적 시인, 성실성, 정직성, 상관습, 종교규칙 등이 그런 비본능적 전통들이다. 자생적으로 형성되는 그런 전통은 자유와 질서를 연결해주는 중요한 연결매체다. 이런 문화적 요소가 없으면 자유를 확립하기가 불가능하다는 것은 소련의 체제 전환 과정에서 분명히 드러났다. 1917년 러시아 혁명 이전에도 소련은 자유와 관련된 그 어떤 전통도 없었다. 재산의 존중, 사업에서의 평판과 신뢰의 도덕을 준수하는 것, 자기책임, 도덕 같은 전통이 없었다. 이런 전통들은 말로 표현되는 것이 아니라 암묵적인 형태로 사회에 존재하는데, 소련에는 이런 전통이 거의 없었다. 설상가상으로 혁명 후 70년 가까이 전체주의가 지속되었다. 따라서 1990년대 체제 전환은 열악한 전통 때문에 대단히 뒤틀렸다. 이에 반해 동독이나 동유럽 국가는 시장경제에 대한 전통적 기반이 소련보다 양호했다. 소유권을 존중하는 도덕, 책임감, 상도덕 그리고 계약의 충실성 등의 태도가 교회나 일반 시민사회의 전통을 되살릴 수 있었다. 그렇기 때문에 시장경제로의 체제 전환도 러시아보다 용이하게 이루어졌다.

제4부

자유와 법

"법의 목적이 자유를 없애고 제한하는 것이 아니라 보존하고 확장하는 데 있음을 오해해서는 안 된다. 무릇 법을 아는 사람은 법이 없으면 자유도 없다는 것을 안다. 자유란 타인의 속박과 폭력에서 벗어나는 것인데, 법이 없으면 그게 불가능하기 때문이다. 그러나 자유는 흔히 말하는 것처럼 모두가 자기 마음대로 할 수 있는 것은 아니다. (누구나 자기 마음대로 남을 억압한다면 도대체 누가 자유로울 수 있겠는가?) 그러나 진정한 자유는 자신이 따라야 할 법의 테두리 내에서 타인의 전횡적인 의지에 종속되지 않고 오로지 자신의 의지에 의해 자신의 인격, 행위, 소유 및 모든 재산을 마음대로 처분할 자유를 가리킨다."

-존 로크[1)]

"법의 지배는 법이 어떠해야 하는가에 관한 원칙이며, 법이 지녀야 하는 일반적 속성에 관한 것이다. 이것이 중요한 이유는 오늘날 법의 지배의 개념을 모든 통치행위에서 나타나는 단순한 적법성의 요구와 혼동하기 때문이다."

-프리드리히 하이에크[2)]

---

1) Locke(1689/2012: 57, 54-55)

2) Hayek(1960/1996 II: 19)

11.
자유를 지키는 법: 노모스

현대국가에서 법은 돈과 함께 정부가 한 나라를 다스리는 중요한 수단이다. 법이 어떤 모습으로 시민에게 다가가느냐에 따라 그들의 삶을 긍정적 또는 부정적으로 변화시킨다. 수백억 원의 재산을 투입하여 새로운 약을 개발했지만, 법적 규제 때문에 시판이 막혀 거액의 투자를 상실할 위험에 처하게 된다. 주 52시간 근무제, 최저임금제 같은 제도는 심각한 부작용을 야기하며 중소 상공인의 사업을 몰락시키기도 한다. 원자력 에너지 산업을 벗어나겠다는 탈(脫)원전처럼 법이 잘못되어 있으면 세계적 경쟁력을 갖춘 멀쩡한 원전기업이 부실기업으로 전락한다. 법이 시민을 부자 또는 빈자로 만들기도 한다.

법이 잘못되어 있으면 한 사회의 도덕적 기초는 물론 물적 토대도 여지없이 허물어진다. 그런 법은 법으로서 존중받을 수 없다. 법은 존중받을 만한 경우에만 존중받는다. 법이 불의를 보호하여 타락한다면 사람들의 도덕 감정도 타락한다. 옳고 그름에 대한 감각이 무뎌지거나 상실되기 때문이다. 법이 타락하면 무엇이 정의로운 것이고 무엇이 불의인지에 대한 판단기준이 흐려진다. 만들어진 법이 도덕과 갈등하면 시민의 '도덕심' 또는 '법의 존중심'이 소멸된다. 19세기 중엽 프랑스의 유명한 자연법론자였던 프레데릭 바스티아는 잘못된 법이 불러오는 문제를 이렇게 갈파했다.

> "인간에게는 법으로 정해진 것에 대해 정당하다고 생각하는 버릇이 있다. 법이 약탈을 합법화하면 양심적인 사람들조차 그런 약탈을 정의롭고 신성한 것으로 여긴다. 노예제도, 교역의 제한, 독점 등의 약탈행위는 이로부터 득을 보는 사람들만 옹호한 것이 아니라 그 법으로 피해를 보는 사람들도 옹호했다. 그 이유는 무엇이든 법으로 정하기만 하면 그것이 정의라는 믿음이 생겨나기 때문이다."[3]

법이 잘못되어 있으면, 애덤 스미스의 보이지 않는 손이 작동할 수 없다. 경제적 번영은 물론 경제적 조화를 파괴한다. 따라서 '법이란 무엇인가?'의 문제에서부터 '법이 뭐기에 나를 빈자로 만드나!', '그런 나쁜 법도 법인가!', 그리고 '무엇이 법이어야 하는가!'에 이르기까지 중요하고도 다양한 문제가 제기된다. 법은 사회를 이해하는 핵심적 변수다. 흔히 법이란 '사회를 통제하기 위한 수단'[4] 또는 '분쟁을 해결하는 도구'라고 한다. 법의 본질은 '이익의 충돌, 사익과 공익의 충돌을 해결하는' 역할이다.

그런 의미로 법을 정의하면 사회를 이해하는 데 별로 큰 도움이 되

3) Bastiat(1848/2014: 96)

4) 예를 들면 양건(1986: 223)이 법을 주권자의 명령으로 보는 시각이다.

지 못한다. 법과 사회를 제대로 이해하기 위해서는 인간의 상호작용을 통해 형성되는 사회질서의 성격에 관한 접근이 필요하다. 사회질서를 자생적 사회질서와 조직으로 구분하는 것은 법을 이해하는 데 매우 중요하다. 법 경제학을 비롯하여 일반적 법이론에는 질서의 구분이 없으므로 법의 성격을 제대로 이해하지 못했다. 이것이 비극적인 결과를 초래했다.

법과 명령

법과 사회의 관계를 이해하기 위해 중요한 것은 사회질서의 성격이다. 이 성격은 조직과 대비되는 자생적 사회질서와 관련되어 있다. 이미 앞에서 설명했으므로(123, 148쪽) 여기서는 간단히 설명하면, 조직은 특정한 구체적인 목적을 위해 인위적으로 만든 것이다. 그 대표적인 것이 정부조직(의회, 법원, 행정부 조직)이다. 의료 · 연금보험제도와 같이 개인의 삶을 국가가 책임지겠다는 의도로 만든 복지제도에서부터 특정한 집단목표를 위해 경제 과정을 간섭하는 간섭주의 정책, 사회주의 계획경제에 이르기까지 조직의 형태는 다양하다. 조직에서 구성원들 사이의 관계는 위계적 관계, 즉 지배와 복종의 관계다. 구성원들은 사령탑의 지시와 명령에 따라 행동한다. 정부가 계획에 따라 기업에 무엇을 생산할 것인지, 누구에게 공급할 것인지를 지시 · 명령한다. 경제주체들에게 사회적 역할과 경제적 지위를 할당한다.

지시나 명령은 항상 특정 동기와 목표를 내포한다. 이런 행동 규칙은 보편적으로 적용되는 것이 아니라 차별적이다. 공동의 목적을 달성하기 위해 그 구성원들에게 부과된 과제에 따라 서로 다른 규칙이 적용된다. 토머스 홉스, 존 오스틴 등의 전통에서 유래된 명령으로서의 법은 첫째로 명령을 내리는 실체의 존재가 필요하다. 이는 주권자로서의 국가다. 법은 계획하고 명령하는 사람의 창조물이다. 이런 종류의 법은 위협적이고 권위주의적이다. 민주적인 다수의 합의 결과라고 해도 마찬가지다. 명령으로서의 법은 법이라고 볼 수 없음에도 이를 법이라고 부르게 된 것은 지성사의 비극이 아닐 수 없다.

명령으로서의 법은 둘째로 구체적인 집단목적과 결부되어 있다. 구성원들은 그런 목적을 달성하기 위한 수단이다. 법이란 통치자 또는 특권층이 자신들에게 유익한 세상을 만들기 위한 수단에 지나지 않는다. 그런 법은 시민을 인간으로서의 대우하는 것이 아니다. 시민은 정치적 집단목표를 위한 시녀일 뿐이다. 셋째로 그것은 차별적이다. 대표적인 예가 분배목표를 위한 법, 인허가제도 등이다. 어느 한 카르텔이 공공이익을 달성하는 데 도움이 된다면 그런 카르텔은 허용해야 한다는 것도 차별적이다. 이와 같이 조직의 기초가 되는 행동 규칙은 언제나 차별적인 성격을 지니고 있다. 그래서 조직을 위한 명령으로서의 법은 편 가르기 수단이고, 진영논리에 따라 내 편은 우호적으로, 네 편은 불리하게 차별하는 방향으로 이용되기 쉽다.

이에 반해 자생적 사회질서는 그 같은 집단목적이 없다. 구성원들이 각자 자신의 지식을 동원하여 달성하고자 하는 개별목적만 존재할 뿐이다. 자생적 사회질서를 구성하는 행동단위는 개별소비자나 개별투자가로서의 개인들뿐만 아니라 가족, 기업, 이익집단, 종교집단, 자선단체, 등산 · 골프클럽 등 사적 조직들을 포함한다.[5] 자생적 질서의 대표적인 것은 시장경제다. 시장에 참여하는 사람들은 제각기 투자 · 생산 · 소비 계획을 세운다. 스스로 목표를 추구하는 과정에서 계약을 통해 행동들이 조정된다. 각처에 분산된 지식의 이용, 그리고 새로운 지식의 창출과 습득 문제를 어떤 체제보다 용이하게 해결한다는 점이야말로 자생적 질서의 장점이다. 시장경제는 어느 누가 의도하지 않았음에도 일자리 창출을 통한 실업과 빈곤의 문제, 생산성 향상을 통한 소득의 성장 등 번영의 문제를 어떤 체제보다 순조롭게 해결한다는 것은 이미 진실이 되었다.

그런데 일각에서는 바로 그런 경제 문제 해결이 시장경제의 '목표'이며, 그래서 자생적 질서나 조직의 구분은 쓸모없다고 주장한다. 그러나 우리가 주목할 것은 조직의 목표는 외부에 의해 조직의 구성원들에게 부과된 과제인 데 반해 시장경제가 달성하는 이른바 '목적'은 구성원들이 공동으로 그리고 의도적으로 달성해야 할 대상이 아니라 그들 자신의 개인적 목적을 추구하는 과정에서 저절로 달성되는 현상이다. 요컨대, 목적이라는 용어 대신에 '기능'이라는 말이 적합하다.

중요한 것은 자생적 질서를 가능하게 하는 행동 규칙으로서의 법이다. 이것은 명령으로서의 가짜 법이 아니라 정의(正義)로서의 법이요 진짜 법이다. 이는 자유와 생명, 재산을 보호하기 위한 자유의 법이다. 자생적 질서는 그 구성원들이 공동으로 달성할 목적, 예를 들면 공공이익

---

5) 자생적 사회질서에는 조직으로서의 국가도 포함된다. 그러나 주목할 것은 국가도 이들의 대외관계에서 개인들과 똑같이 동일한 행동 규칙을 지켜야 한다는 점이다.

또는 결과평등 같은 공동의 목적이 없다. 공동의 목적을 설정하기에 가장 적합한 사회는 원시사회였다. 서로 얼굴을 마주하는 친숙하면서도 폐쇄된 공동체에서는 공동으로 달성할 목표들의 순위를 정하는 것이 가능하다. 소규모 사회에서의 추장이나 지도자는 그런 목표를 공동으로 추구하기 위한 규칙 또는 명령을 정할 수 있다.

그러나 수백 수천만 명의 인구가 사는 거대한 사회에서는 개인들이 추구하는 목표가 매우 다양하여 집단적으로 달성할 일치된 단일목표순위를 정하는 것은 지식의 문제 때문에 불가능하다. 그래서 필요한 것이 서로 충돌하는 상이한 개인들의 목적들이 서로 순응하여 조정되는 절차였다. 이 절차를 구성하는 것은 명령이 아닌 규칙이다. 그런데 이 법은 주권자의 명령이 아니다. 법을 누가 정했는지, 법을 만든 구체적 · 인격적 실체가 없다. 그것은 수 세대를 거쳐 수많은 사람의 상호작용 과정에서 자생적으로 형성된 행동 규칙에 의존하기 때문이다. 이런 행동 규칙이 명령보다 현명한 이유는 수 세대의 수많은 사람이 제각기 겪은 경험을 반영하기 때문이다.

행동 규칙은 구체적인 목적과 결부된 조직규칙처럼 구체적인 명령 · 지시와 업무를 할당하는 형태가 아닌, 보편적 · 추상적인 성격을 지니고 있다. 보편적 성격의 법은 모든 사람에게 똑같이 적용될 수 있어야 한다는 것을 의미한다. 그것은 법의 내용에서나 적용에서 차별해서는 안 된다는 차별금지 원칙에 따른다. 추상적 성격의 법은 특정의 구체적인 상황이나 시점을 고려하지 않고, 무조건 특정 행동을 금지한다. 이 맥락에서 다음과 같은 데이비드 흄의 주장에 주목할 필요가 있다. 그에 따르면 소유를 규제하는 모든 자연법은 물론이고 민법도 보편적이라고 한다.

그리고 이 법들은 오직 사례의 어떤 본질적인 상황들만을 고려할 뿐 당사자의 성격이나 그의 연고관계 혹은 어떤 특수한 결과를 고려하지 않는다고 한다. 보편적 · 추상적 성격의 법 규칙은 개개인들에게 목적과 수단의 선택을 위한 자율성을 보장한다. 자유의 법은 특정인에게 특정 임무와 기능 및 직위를 할당하고 명령하는 식이 아니다. 예를 들면 개인에게 직장 · 직위를 찾도록 맡기는 방식이다. 그리고 그런 법은 금지된 행동형태만 설정한다. 특정 행동양식만 금지함으로써 다른 사람이 침범해서는 안 되는 개개인의 보호 영역을 모든 사람에게 똑같이 제공한다.

보편적 규칙들을 통해서만 사회에서의 분산된 지식과 상이한 개인들의 행동이 효과적으로 조정될 수 있다. 사람들은 될 수 있는 대로 많은 지식을 이용할 수 있고, 될 수 있는 대로 많은 다양한 목적을 추구할 수 있다. 확장된 자생적 질서의 두드러진 특성은 사람들이 스스로 만들지 않은 규칙 아래에서 살 수 있고, 그런 규칙이 그들의 삶을 조정할 수 있다는 점이다. 시민을 국가의 목적을 위한 도구로 취급하는 것이 아니라 각자 고유한 인격을 가진 실체로 인정한다. 그런 종류의 법은 그 누구도 침범할 수 없는 영역을 설정하는 규칙이다. 서로 침범할 수 없는 경계와 자유로운 공간을 마련하는 규칙이 바로 법이다. 그 영역 내에서 시민은 안정적인 삶과 자유를 누릴 수 있다. 그리고 그런 행동 규칙들에 의해 개개인은 비로소 상호 간 대등한 관계를 가질 수 있다. 그러나 개인들이 동일한 보호 또는 자유 영역을 가지고 있다고 해도 그 결과는 평등하지 않다. 사람들의 인지능력, 선호, 취향 등이 제각기 상이하기 때문이다.

자생적 질서관은 19세기 초까지만 해도 경제학은 물론 법 이론에서 애덤 스미스의 '보이지 않는 손'으로 잘 알려져 있었다. 그러나 20세기

대부분의 기간 동안 자생적 질서의 원리는 대부분의 경제학자에게 큰 인기가 없었다. 리카르도의 전통에 따른 기술적인(technical) 경제학이 지배했기 때문이다. 그러나 스미스의 전통에 따른 경제학은 사회철학적이다.[6] 이 전통에 따른 경제학자들의 노력으로 20세기 말 이후부터 최근에 이르기까지 스스로 질서를 형성하는 자생적인 힘에 대한 관심이 확산되었다. 하지만 대다수 경제학자들은 스스로 질서가 형성된다는 논리에 대해 아직도 비관적이다. 자생적 질서의 원리조차 불필요하다거나 심지어 '보이지 않는 손' 개념마저 부인한다. 자생적 질서 개념은 법학계에서조차 지배적이지 못했다. 예를 들면 제러미 벤담(1748~1832)은 사익과 공익은 자생적으로 조화가 이루어질 수 없다고 믿었다. 그들끼리의 조화를 위해서는 불가피하게 국가의 입법이 필요하고, 입법의 목적은 다수의 행복이라는 것이 그의 믿음이었다. 그는 시장의 자생적 성장을 믿지 못했을 뿐만 아니라 법도 입법자의 의도적인 디자인의 결과로 생각했다. 법을 국가가 집단목표를 달성하기 위해 시민에게 내리는 지시와 명령 또는 주권자의 의지를 실현하기 위한 명령이라고 믿었다.

위대한 실용주의자 로스코 파운드(1870~1964)도 법을 인간 욕구를 충족하기 위한, 그리고 그 욕구들이 갈등할 때는 이들을 합리적으로 절충하기 위한 수단이라고 여겼다.[7] 법의 역할을 그런 식으로 이해하면 법은 명령에 지나지 않는다. 이런 대열에서 빼놓을 수 없는 인물은 시카고 대학의 리처드 포스너(1939~)다. 그에게 부의 극대화를 달성하는 것이 법의 목적이다. 법에 대한 그런 시각은 법이 자유, 정의, 인간다움 등 바

6) 라카디안 경제학과 스미시안 경제학의 구분은 Hutchison(1981) 참조

7) Barry(1987) 참조

람직한 가치의 실현이 아니라 규제, 의무, 명령과 같이 국가중심적인 사고에서 비롯된 것이다.

법의 역할은 그런 것이 아니다. 그것은 갈등하는 욕구들이 스스로 상호 간 조정되는 조건을 확립하는 데 있다. 그 조건은 자생적 질서의 기초가 되는 자유의 법이다. 그런 질서의 존재를 인정한다면 법과 경제학은 자유의 과학이어야 한다.

법의 도덕적 정당성

법 시스템에서 참된 법과 그렇지 않은 법을 구분할 도덕적 원칙은 매우 중요하다. 그 원칙으로서 로스바드를 중심으로 하는 자연법을 들 수 있다. 평가기준이 그 원칙에서 살아가는 사람들의 판단과는 독립적이다. 이런 의미에서 그 기준은 외생적이다. 왜냐하면 그 원칙이 철학자의 정신에서 나온 것이기 때문이다. 실정법을 중시하는 사람들처럼 법을 주권자의 의지(will)의 산물로 여겨서도 안 된다. 의지는 추구하고자 하는 구체적인 목적과 관련되어 있다. 인간행동은 추구하는 목적만이 아니라 행동의 옳고 그름을 판단하는 의견(opinion)에 의해서도 좌우되기 때문이다.[8] 법다움을 결정하는 원칙은 의지가 아니라 옳고 그름에 관

8) "인간행동을 결정하는 의지(will)는 구체적 목적을 전제한다. 구체적 목적이란 인간행동에서 생겨날 결과로, 이는 머릿속으로 미리 앞당겨서 예측된 것이다. 특수한 상황에서 그때그때마다 하나의 목적에 착수하려면 다양한 행동방식 중에서 적합하다고 여기는 것을 선택해야 한다. 목적 지향적 행동이란 여러 가지 행동방식 가운데 머릿속으로 따진 선택에 기반을

해 현행의 보편적 법 시스템에서 사는 사람들의 의견이다. 현행 시스템에서 의견은 특정한 행동을 보편적으로 금지하는 형태의 정의 규칙으로 나타난다.

따라서 어떤 규칙이 법으로서 정당성을 갖고 있는가를 테스트할 기준은 보편 · 추상 · 금지적 성격의 내용을 갖고, 기존의 보편적 법 시스템과 양립해야 한다는 것이다. 왜냐하면 규칙들이 서로 양립하여 하나의 시스템을 형성할 때 바람직한 효과가 발생할 수 있기 때문이다. 보편적 정의의 규칙은 어느 한 법에 대해 법다움을 가능하게 하는 원칙이다. 나아가 어느 한 법을 법답게 만드는 도덕성이다. 최소한의 도덕이란 바로 그런 행동 규칙이다. 이런 테스트는 사실상 자생적 질서로서 시장경제와 양립하는가와 관련된다.

일반적으로 법의 보편성 원칙의 역사는 칸트로부터 시작되었다고 믿고 있다. 그러나 하이에크에 의하면 칸트는 그 원칙을 데이비드 흄에게서 배웠다.[9] 흄이 법과 법의 지배를 다루는 『도덕원리의 탐구』에서 상세히 기술했다.[10] 바로 여기에서 칸트가 기본개념을 발견하여 이를 도덕의 일반이론에 적용한 것이 정언명령이다. 이것은 '내가 어떻게 행동해야 하는가?'에 대한 답이다. 이는 두 가지인데, 하나는 "너의 행동준칙이 항상 동시에 보편적 입법의 원리로 타당할 수 있도록 행동해야 한다"라

둔 행동이다. 그 목적이 달성되면 의지는 중단된다. 인간행동은 목적에 의해서만 결정되는 것이 아니라 투입될 행동을 선택하는 기준에 따라서도 결정된다. 인간은 특정한 행동방식을 싫어하거나 좋아하는 태도가 있다. 이는 의견(opinion)을 기반으로 한다. 이런 의견은 상대적으로 영구적이며, 특수한 목적과 독립적이다. 옳고 그름은 특히 특정행동을 보편적으로 금지하는 형태의 행동 규칙으로 구현된다."(Hoppmann, 1988: 380-381)

9) Hayek(1967: 117)

10) Hayek(1978: 77)

는 것이고, 다른 하나는 "타인을 수단으로서만이 아니라 목적 자체로도 취급해야 한다"라는 것이다.

보편적 · 추상적인 정의의 규칙은 법을 판단할 객관적 도덕이다. 우선, 법은 도덕과 내재적으로 연계되어 있다. 그런 정의의 규칙은 법의 법다움을 담보하기 위한 최소한의 도덕임과 동시에 절차적 기준이다. 둘째, 법은 장구한 역사적 선별 과정을 특징으로 하는 진화의 결과라는 인식이다. 법을 가능하게 만드는 도덕성은 진화적 과정에서 발견된 것이다.

자생적 질서를 위한 법은 사법

법의 성격과 관련하여 흥미로운 것은 노모스와 테시스의 구분이다.[11] 이 용어는 기원전 5~4세기에 그리스의 아테네에서 사용한 개념이다. 전자는 코스모스(cosmos)로서 자생적 사회질서의 기초가 되는 보편적 · 추상적 성격을 가진 정의의 규칙이다.[12] 정의의 규칙은 흄이 제기한 소유의 안정성, 동의에 의한 이전, 약속이행 등과 관련된 것이다. 물론 평화롭고 번영된 사회질서를 위해서는 그런 법만으로 충분하지 않

---

11) 이 구분은 영국의 정치철학자 마이클 오크숏(1901~1990)이 구분한 '법이 지배하는 사회'와 '목적이 지배하는 사회'의 구분과 동일하다.

12) 어떤 사람은 노모스(Nomos)를 제정된 법과 관습을 모두 포괄하는 말로 이해한다고 한다. 그러나 제정법은 '테시스(Thesis)'라는 별도의 용어가 있다.

다. 살인, 폭력, 노예 등을 금지하는 법도 필요하다. 그런 행동 규칙은 국가는 물론이고, 어떤 사적 조직이나 개인들도 침해할 수 없는 사적 영역, 즉 자유 영역을 설정한다. 다양한 사람이 서로 갈등에 빠지지 않고 그들 자신의 목적을 추구할 때 어떤 수단을 투입할 것인가를 알려주는 역할을 수행하는 것이 행동 규칙이다. 이는 개인의 목표와도 독립적이다. 예를 들면 도둑질을 하지 말라, 거짓 증언을 하지 말라 등이다.

그런 규칙은 사람이나 시점 또는 장소를 불문하고 언제나 적용된다. 개인들은 그런 규칙들의 테두리 내에서 타인들과 거래하며 권리와 의무관계가 생겨난다. 그들은 노동과 생산, 투자를 통해 재산을 축적한다. 이런 규칙을 지킬 때 공동목적과 독립적인 자생적 질서가 형성된다. 목적과 독립적인 성격의 정의 규칙에서 생겨나는 번영(효용)은 개별행동의 결과가 아니라 사회구성원 대다수가 지키는 전체 시스템에서 생겨난다. 평화와 질서는 타인의 소유에 대해 전적으로 개입하지 않은 결과로서 생겨나는 부수현상이다. 그러나 개별 시민의 특권을 인정하면 피해가 크다.

노모스와 달리 테시스는 특정한 사람에게 적용할 수 있거나 지배자의 목적에 봉사하는 규칙이다. 그런 규칙들은 모든 상품에 예외 없이 20%의 관세를 부과하는 것처럼 보편적일 수 있고, 많은 개별사례에 적용할 수 있다고 해도 특수한 명령이 될 수밖에 없다. 테시스는 어떤 특정한 집단목표를 달성하기 위한 수단이기 때문이다. 그런 규칙들은 조직(탁시스: taxis)을 운영하기 위한 수단이다. 물론 조직도 특수명령에 의해서만 운영되는 것이 아니라 보편적 규칙을 기초로 할 수 있다. 대표적인 예가 도로교통법이다. 도로에서는 누구든 붉은 신호등이 켜지면 정지해야 한다. 개인들의 행동이 보편적 규칙을 통해서만 제한된다면 그들은 윗사람이 접근할 수 없는 지식을 이용할 수 있다. 또 다른 예를 들면, 수만 명으로 구성된 자동차회사 같은 거대한 조직을 운영하기 위해서는 여러 가지 기능과 각각 그 기능을 행사할 자리가 필요하다. 그런 자리에 있는 사람들에게 광범위한 재량권을 부여함으로써 변화하는, 그리고 그들에게만 알려진 상황에 적응할 수 있다. 따라서 윗사람의 명령은 특수한 조치라기보다는 구체적이 아닌 보편적 · 추상적 지시의 형태를 가진다.

그러나 조직규칙은 다음과 같은 점에서 근본적인 차이가 있다. 첫째로 비록 조직규칙이 보편적인 성격이 있다고 해도 그 규칙은 개인들에게 명령을 통해 특정한 과제, 기능 그리고 목표가 할당된다는 것을 전제로 한다. 조직규칙은 대부분 특정한 책임을 지는 사람에게만 적용된다. 따라서 그것은 이런 의미에서 결코 보편적이거나 목적과 독립적일 수 없고, 언제나 사회구성원들이 수행할 역할을 배정하며, 과제나 목표를 미리 정하는 명령이 전제된다. 조직규칙은 개인들이 자기 자신의 위치를 발견해야 하고, 그 누구도 침범할 수 없는 보호된 영역을 정하는 추상적 질서의 자생적 형성에 기여하지 못한다.

중요한 공법의 예

공법은 사법과는 다른 성격의 법이라는 것을 명확히 하기 위해 몇몇 중요한 공법을 다루고자 한다.[13] 공법이 본래의 영역을 넘어서 사적 영역을 침범할 때, 다시 말하면 사법이 공법으로 전환되는 경우 야기되는 문제를 다룰 것이다.[14]

(1) 헌법

헌법은 특수한 권위를 부여하고 다른 법보다 더 큰 존중을 받는 법이기는 하지만, 공법의 범주에 속하는 대표적인 규칙일 뿐이다. 헌법은 두 가지 종류의 규칙으로 구성되어 있다.[15] 하나는 국가와 정부의 내적인 조직과 관련된 조직규칙(organizational rule)이다. 이는 결정을 내리고 자신의 목적을 위해 활동하는 조직의 내부를 통솔하는 규칙이다. 권력을 어떻게 분배하고 그런 권력을 누가 행사하는가의 문제, 즉 권력구조에 관한 문제를 다루는 것이 헌법의 조직규칙이다. 지배자(주권자)는 1인 또는 소수이거나 다수일 수 있다. 이상적인 조직규칙은 "대한민국의 주권은 국민에게 있고 모든 권력은 국민으로부터 나온다"라는 것을 천명한 헌법 제1조 제2항의 주권재민, 즉 국민 다수의 의지를 중시하는 민주정이다. 오늘날 한국 헌법을 비롯하여 독일, 스웨덴, 일본 등 대륙법 전통

13) 민경국(2007: 432-440)

14) Hayek(1983/2018: 218-233), 민경국(2007: 435-440)

15) 민경국2007: 435-437)

의 헌법 규칙들은 대부분 조직규칙들로 구성되어 있다. 조직규칙은 첫째로 내각제인지, 이원집정부제인지, 또는 입법 · 사법 · 행정의 삼권분립인지의 문제에서처럼 누가 어떤 권력을 행사하는가의 문제를 다룬다. 또한 다양한 문제를 결정하기 위한 의사결정 절차, 대표자의 선출 · 지명 방법을 규정한다. 명령의 순위를 정하고, 서로 다른 관료나 대표자들의 책임 영역 및 재량권의 범위 등을 규정하는 것도 조직규칙으로서 헌법의 중요한 역할이다. 둘째로 조직규칙은 정부의 권한에 속해 있는 자원들을 누가 어떤 방법으로 관리해야 할 것인지를 다룬다.

매우 중요함에도 권력구조의 문제보다 상대적으로 덜 관심을 끄는 것이 국가권력을 제한하는 규칙(limiting rule)이다. 이것은 정부의 권한 또는 정부조직의 활동을 제한하는 역할인데, 이것이야말로 헌법의 가장 중요한 역할이다. 누가 지배하든 지배자의 권력을 어떻게 제한해야 할 것인가의 문제를 다루는 것이 권력제한 규칙이다. 이상적인 제한규칙과 관련된 대표적인 예는 큰 시장과 작은 정부를 말하는 자유주의다. 정부의 활동을 제한하는 규칙은 국가가 무엇을 해도 좋은가의 문제를 다룬다. 이것은 국가권력이 넘어서는 안 될 경계선을 설정한다. 그런 경계선이 없으면 비대화되어 자의적으로 남용될 위험성이 야기된다. 위험성을 줄이기 위해서는 몇 가지 제도적 보완이 필요하다. 첫째로 '리바이어던 문제'를 해결하기 위해 권력을 제한하는 규칙이 필요하다. 그런 규칙이 없으면 정부의 활동 규모가 커지고, 그 결과 사적 영역이 축소된다. 이는 자유의 억압이다. 예를 들면 기본권으로서 자유권을 보장하는 조항이 대표적이다. 독일의 예에서처럼 적자예산의 한계를 헌법에 도입하는 것도 국가권력을 제한하는 중요한 헌법 조항이다. 둘째로 주인으로서의 국민과 대리인으로서의 대표자 사이에 '주인-대리인 문제'가 대두될 수 있다. 마치 의뢰인으로서의 환자와 대리인으로서의 의사 사이의 관계처럼 정치적 문제에 관해 주인인 유권자보다 비교적 더 많은 정보를 가진 대리인 정치가가 주인의 이익을 위해 사용하는 것이 아니라 대리인 자신의 이익을 위해 기회주의적으로 사용할 수 있다.

요컨대 민주주의의 이상은 정부기관의 권력을 누가 행사하는가의 문제와 관련되어 있다. 이것은 정부의 조직규칙을 통해 해결한다. 투표방법, 대표자 선출 방법, 의사결정 방법과 관련된 규칙이다. 이에 반해 자유주의의 이상은 권력의 제한에 초점을 맞춘다. 제한규칙은 정부의 권력을 효과적으로 제한하고 억제하는 방법의 문제를 다룬다. 한국 헌법의 권력배분에 관한 조직규칙은 매우 훌륭하다. 특히 민주헌법으로서 존중받을 만하다. 그러나 국가권력을 제한하는 헌법 규칙은 매우 부실하다. 특히 입법부의 입법을 제한하는 장치가 거의 없다. 오히려 경제와 복지 관련 헌법은 국가에 거의 무제한의 권력을 허용하고 있다. 그런 헌법은 인기영합적인 포퓰리스트들에게 훌륭한 놀이터를 제공할 뿐이다.

(2) 재정입법

1628년 권리청원과 1689년 권리장전에서 볼 수 있듯이 대의기구에 의한 입법이 처음으로 등장한 것은 재정 분야였다. 정부예산은 정부의 특정 기관들에 특정한 과제를 수행할 권한을 주는 행동계획일 뿐 정의의 규칙이 아니다. 예산은 특수한 목적과 관련된, 그리고 정부에 할당된 수단들이 사용되는 절차와 관련된 지침이다. 이런 지침의 성격이 두드러지게 등장하는 것이 예산지출 측면이다. 그런 지침을 승인하는 대의제 의회는 권력분립 개념으로서의 입법부가 아니라 행정부가 이행해야 할 지침을 주는 정부의 최고기관으로서 행동한다. 정부가 그런 지침에 따라 행동한다고 해도 다른 개인이나 기관과 마찬가지로 정의로운 행동규칙과 그에 따라 설정된 사적 영역은 존중해야 한다.

행정부에 대한 입법부의 지침도 법이라고 부른다는 이유로 그것이 모든 사람에게 적용되는 정의의 규칙을 대신하거나 수정할 수 있다는 믿음은 대단히 위험하다. 이것이 가장 두드러지게 나타나는 것이 예산세입 측면이다. 이 측면은 총수입에 관한 결정과 조세부담의 분배에 관한 결정으로 구분될 수 있다. 조세부담의 분배는 정의의 문제를 제기한다. 왜냐하면 소유에 대한 침해이기 때문이다. 이러한 부담의 분배는 결정된 지출의 특정 규모와 관계없이 적용되는 일반적인 정의의 규칙에 의해 제한되어야 한다. 이러한 행동 규칙은 지출을 결정하는 사람에 의해 변동될 수 없어야 하고, 따라서 이는 그에게 변동시킬 수 없는, 그래서 주어진 여건이어야 한다. 그런 보편적 정의에 합당한 조세규칙은 소득수준에 따라 차별적으로 부담하는 누진세 제도가 아니라 소득수준과 관련 없이 동일한 세율로 과세하는 비례세제도다.[16)]

그러나 특정한 해에 조세로 징수해야 할 전체 세입에 대한 결정은 경제적 상황에 좌우된다. 그래서 그런 세입 결정은 정의와 관련이 없는 특수한 결정이라는 것이 일반적 견해다. 그러나 스위스처럼 경제적 상황과 독립적인 세율의 최고한도를 규칙으로 제정하는 것도 의미가 있

16) Buchanan(1997)

다. 그렇지 않으면 정부가 쓸 예산액을 미리 정하고 세율을 자의적으로 높여 모든 사람의 소유가 침해될 위험성이 있기 때문이다. 정부의 예산 권력을 제한하기 위해서는 비례세제도와 함께 세율 자체의 인상도 제한해야 한다.

(3) 행정법

공법의 대표적인 것이 행정법이다.[17] 행정법은 그 적용대상에 따라 다양한 의미로 사용된다. 첫째, 행정법은 다양한 정부기관의 활동을 규정한다. 그것은 각 분야의 공무원에게 할당된 인적 및 물적 수단을 어떻게 사용해야 할 것인가를 결정하는 조직규칙이다. 둘째, 행정법은 공무원뿐만 아니라 행정기관들과 거래하는 사적 시민에게도 구속력이 있다. 정부가 시민에게 일반적인 용도로 제공하는, 예를 들면 공원 · 도로 · 공공장소 등의 시설과 다양한 서비스 이용을 통제하기 위해서는 일정한 규제가 필요하다. 도로나 공공장소에서의 행동은 개인적인 영역을 할당해서 규제될 수 없다. 다시 말하면 배타적 권리를 할당할 수 없다. 따라서 편의를 고려한 규제를 제정하는 수밖에 없다. 그런 규제들은 사람들을 차별하는 내용을 피하고 모두에게 똑같이 적용되어야 한다. 그러나 오른쪽 혹은 왼쪽 등으로 통행하라는 도로규칙과 같이 그런 규제는 정의의 규칙은 아니다. 규제 중 어떤 것들은 국가가 공급하는 공공시설과 서비스의 이용을 넘어서 '사적 영역'을 설정하는 보편적인 행동규칙을

17) 민경국(2007: 437-439)

보충하는 경우가 있다.[18] 이것이 입법부로부터 위임된 행정입법이다. 이것이 왜 필요한지에 대한 문제는 우리의 관심사가 아니다.[19] 중요한 것은 행정입법도 입법부의 입법 권력을 제한하는 것과 동일한 제한을 받아야 한다. 제한 없는 행정권은 독일 나치스의 전권위임법과 같이 독재를 부른다.

마지막 셋째로는 개인과 재산을 지배하는 행정 권력을 기술하기 위해 행정법을 사용하는 경우가 있다.[20] 행정법의 예로는 상품 · 서비스의 가격 · 수량 규제, 품질 규제 등을 들 수 있다. 흔히 '행정지도'라는 이름으로 공무원들이 나서서 경제주체들의 경제활동에 간여하는 것은 그런 행정법에서 나온 것이다.

국가가 개인들에게 공급하는 공공장소 또는 공공시설의 사용에 관한 규제들은 일반적 복지에 봉사하는 것이 목적이다. 따라서 특정 그룹에 편익을 주는 것이어서는 안 된다고 하더라도 특정한 결과를 지향하는 규칙들이라는 점에서, 그리고 교통규칙에서 드러나듯이 그런 규칙들은 이용자에게 특수한 지시 · 명령을 내릴 권력을 정부기관들에 허용한다는 점에서 자생적 질서의 기초가 되는 정의의 규칙과 완전히 다르다. 따라서 공공질서 유지를 위한 경찰력의 행사는 시민이 사적 영역에서만큼 많은 자유를 누릴 수 없다.

---

18) Hayek(1983/2018: 225)

19) 위임입법의 필요성에 대해 다음과 같이 말하기도 한다. "근대법치국가에서는 국민의 권리 · 의무에 관한 사항을 국회에서의 의결에 의한 입법 형식으로 정하는 것이 원칙이었으나, 사회적 · 경제적 · 기술적 발전에 따라 국회의원의 전문적 능력의 부족, 충분한 심의를 할 수 있는 시간적 여유의 부족, 또 시대 변천 속도와 법률 개정 속도의 차이라고 하는 점에서 행정권에 어느 정도의 입법권을 인정하여 유동적인 사회상태에 대응하는 것이 필요하게 되었다."

20) Hayek(1983/2018: 225)

각별히 주목할 것은 백화점, 공장, 극장 등 개인들이 상업적으로 제공한다고 해도 대중이 모이는 장소라면 어디든 공공장소로 여기는 경향이다. 이런 장소를 사용하는 사람들의 안전과 건강을 보장하려면 일반규칙들이 필요하다는 것은 의심의 여지가 없다. 그러나 이런 목적에서 재량을 행사할 경찰력이 필요한지는 불분명하다. 중요한 것은 법의 지배라는 기본적 이상에 따라 보편적 행동 규칙에 의존해야 한다는 것이다.[21)]

사법은 사익을, 공법은 공익을 위한 법인가

오늘날 사법과 공법에 대해 두 가지 잘못된 믿음이 지배하고 있다. 첫째, 공법이 근원적이고 독자적인 데 반해, 사법은 공법으로부터 도출된 부수적인 것이라는 믿음이다. 이런 믿음은 국가가 먼저이고 국가의 존재 때문에 사회가 존재한다는 것, 또는 모든 법은 국가로부터 나온 것이라는 국가주의 사상에서 비롯된 것이다. 그러나 그런 믿음은 절대 옳지 않다. 오히려 그 반대가 진실이다. 공법은 정부를 조직하기 위한 법이다. 그것은 사법을 실현하기 위해 도입된 것이다. 예컨대, 경찰조직, 법원조직 등은 계약을 집행하고 분쟁을 해결하며 개인의 재산과 생명을 보호하기 위해 공법을 통해 만든 국가조직이다. 정의의 규칙에 기초를

21) 생산기술이나 건축의 규제를 비롯하여 건강이나 안전의 확립과 관련된 법들, 그리고 노동안전법도 행정법의 재량에 의존하는 것보다 정의로운 행동 규칙에 의존할 수 있다(Hayek, 1983/2018: 226).

둔 사회의 기본구조는 빈번히 변동하는 국가구조(정부의 구조)로부터 전적으로 독립적이다. “국법은 소멸되지만 사법은 계속해서 존속한다”라는 독일의 법철학자 후버의 유명한 말은 사법의 중요성을 정확하게 지적한 경구다.[22] 이는 국가가 존재하기 전에 법이 있었다는 것, 또는 법은 제정법보다 오래되었다는 것을 말한다. 소유의 안정성, 동의에 의한 소유의 이전, 약속이행 같은 기본적인 법은 정부 이전에 존재했다.

둘째, 사법은 오로지 개인들의 이기심만을 충족하고 공익을 위한 것은 공법뿐이라는, 그래서 공법은 공공이익을 위한 법이고 사법은 사적인 이익을 도모하는 법이라는 속설이 지배하고 있다. 사법은 특정한 개인들의 복지를 증진하는 데 반해 공법만이 유일하게 사회구성원 전부의 복지에 봉사한다는 것이다. 이런 믿음의 뿌리는 로마 시대로부터 유래한다. 사법은 개인의 행복에 봉사하고, 공법은 로마 사람 전체의 행복을 겨냥한다는 것이다. 그러나 의도적으로 공동목적을 지향하는 행동만이 공동의 필요에 봉사한다는 주장은 틀렸다.

우리 모두에게 유익한 재화와 서비스, 나아가 보편적인 풍요를 안겨주는 것이 의도적인 공동의 행동을 통해서라기보다 사법을 기반으로 하는 자생적 질서라는 점은 애덤 스미스 이후 잘 알려진 사실이다(제2부의 도입부에 인용된 문구 참조). 풍요와 평화를 말하는 공공복리도 사법의 집행을 통해 실현될 것이라는 믿음이야말로 소중히 간직해야 할 것이다. 특히 주목할 것은 중세시대에는 스콜라학파가 그랬듯이 공익은 사법의 집행을 통해 얻는 정의와 평화로 이해되었을 것이라는 점이다.

22) Huber(1954: 4). 내용은 하이에크(Hayek, 1969: 213)에서 재인용

사법을 집행하기 위해서는 국가조직이 필요한데, 이를 위한 공법은 사법과 대립하는 것이 아니다. 따라서 공법과 사법은 필연적으로 서로 배반하는 것이 아니다. 자생적 질서를 보호하고 사법을 집행하는 데는 정부조직이 필요하기 때문이다. 국가의 권위는 사법의 존재 덕분이다. 따라서 사법은 모든 국가정책의 출발점이어야 한다. 도입하고자 하는 법이 정의로운가의 문제를 기존의 보편적 사법체제와 양립하는가의 여부에 달려 있게 하는 것도 바로 사법의 중요성을 강조한 것이다. 우리의 일상적인 풍요로운 삶을 가능하게 하는 자생적 질서의 기초를 유지할 경우에만 국가는 시민에게 비로소 복종을 요구할 수 있다. 우리가 어느 한 정부조직이 어떤 행동 규칙을 집행하는가를 알기 위해서는 공법을 보아야 한다고 해도 사법의 권위는 공법의 존재 때문이 아니라는 점을 인식해야 한다.

공법이 사법보다 도덕적으로 우위에 있다는 믿음이 생겨난 것도 흥미롭다. 시장경제에서 사익만을 추구하기 때문에, 예를 들면 자본 · 노동의 갈등, 불평등, 경제력 집중의 문제를 해결할 수 없다는 것이다. 시장경제에 대한 그런 시각 때문에 한국 헌법 제119조 제2항이 도입된 것이다.[23] 이 조항은 한국이 가야 할 경제체제는 '사회적 시장경제'라는 것을 말해준다. 균형 있는 국민경제의 성장 · 안정, 적정한 소득의 분배, 시장의 지배와 경제력의 남용 방지가 사실상 공익이다. 이런 공익은 보편적 이익이라는 의미에서 순수한 공익이라기보다는 편 가르기와 이에 따

23) 헌법 119조 ① 대한민국의 경제질서는 개인과 기업의 경제상의 자유와 창의를 존중함을 기본으로 한다. ② 국가는 균형 있는 국민경제의 성장 및 안정과 적정한 소득의 분배를 유지하고, 시장의 지배와 경제력의 남용을 방지하며, 경제주체 간의 조화를 통한 경제의 민주화를 위해 경제에 관한 규제와 조정을 할 수 있다.

른 편파적인 그룹 이익의 지배를 부른다. 공법이 사법을 괴롭히는 것이다. '분배적' 목표는 사법이 공법으로 전환되는 예다. 분배목표는 평등을 실현하기 위한 정책적 노력이다. 이런 노력의 입법이 '사회적' 입법, 복지국가의 입법이다.[24] 공법 우위 사상에서 비롯된 것이 '사법(私法)의 공법화(公法化)'다.

사법의 공법화는 19세기 독일에서 생겨나 영국과 미국을 비롯해 전 세계로 확산된 '사회정책'에서 비롯됐다. 정치적으로 대중의 인기를 끌었던 분배와 관련된 정책의 결과는 복지입법의 증가였다. 유명한 법철학자 구스타프 라트부르흐(1878~1949)는 그런 입법의 증가로 개인들이 스스로 결정하고 행동할 사적 영역이 축소되고 있음을 간파했다. 또한 공법이 사법을 대체하는 것은 정부의 분배적 목표 추구 때문이라고 인식했다.[25] 경제민주화라는 명분으로 도입한 각종 규제가 사법의 공법화를 초래하는 우리나라의 대표적 사례다. 대기업은 납품업체를 착취하는 악한이라는 전제에서 만들어진 하도급법도 같은 맥락이다. 이는 시장거래가 강압, 강제, 폭력이 없는 자발적 합의(갑을 관계가 아니라 수평적 관계)가 본질이라는 엄연한 사실을 망각한 제도다. 그 밖에도 대형마트 영업규제, 최저임금 인상 등 사법의 공법화 사례는 차고 넘친다. 사실상 사법의 공법화가 규제의 본질이다. 그 결과는 각처에 분산된 지식의 이용을 원활하게 하고 기업가정신의 활성화를 유도하는 열린 거대한 자생적 질서를 통치자의 편협한 지식에 의존하게 만든 폐쇄된 조직으로의 전환이었다.

---

24) Hayek(1969: 215)

25) Hayek(1983/2018: 230-231)

마지막으로 언급할 문제는 형법이 '공법'인가의 문제다. 형법은 공법이 아닌 사법에 속한다. 형법은 옳지 않은 행동이 무엇인가의 문제를 다루는 반면에 공법은 어떤 행동이 특수한 목적에 적합한가의 문제, 간단히 말해 사법은 정의(justice)의 문제를 다루고 공법은 편의(expediency)의 문제를 다룬다. 형법은 민법과 함께 자생적 질서의 기초가 되는 법이다. 따라서 형법은 사법으로 분류하는 것이 옳다고 본다.

법실증주의의 치명적 오류

실정법을 중시하는 사람들의 생각은 다양하지만, 한 가지 점에서 일치한다. 좋은 법, 나쁜 법을 판단하는 기준은 정의, 공정, 분배적 평등 같은 도덕적 가치와 분리되어야 한다는 믿음이 그것이다. 그런 분리는 법의 확실성을 위해서다. 만약에 판단기준이 도덕적이라면, 법다운 법은 이를 판단하는 주체의 주관적 판단에 좌우되어 법의 확실성이 상실된다고 목소리를 높인다.[26]

법실증주의를 대표하는 독일의 한스 켈젠과 그 추종자들은 정의롭다, 공정하다 등과 같은 도덕적 · 당위적 언어는 어떤 사실에 관한 정보도 없고 오로지 감정의 표현일 뿐이라고 믿었다. 법을 객관적으로 판단할 기준으로서 정의(正義)는 없다고 목소리를 높였던 인물이 한스 켈젠

26) Barry(1987: 83-89) 참조

이 아니던가! 정말로 정의란 없단 말인가? '정의란 이것이다'라고 말할 수 있는 사람은 아무도 없다. 이런 점에서 그는 옳다. 그러나 우리는 소극적으로 무엇이 정의롭지 않은가는 말할 수 있다. 예를 들면 강제, 폭력, 사기 등과 같이 불의의 행동이 없는 상태가 정의롭다. 자유와 마찬가지로 정의도 소극적이다. 뒤에 가서 자세히 설명하겠지만(제14장) 그런 불의는 객관적이다. 왜냐하면 그런 행동을 금지하는 법은 보편적인 적용이 가능하기 때문이다.

어쨌든 법실증주의는 법의 정당성을 주권자의 의지의 산물이라는 점에서 찾는다. 이로부터 입법자가 정한 것이면 무엇이든 법이라는 논리가 도출된다. 입법자를 국가라고 본다면 국가와 법을 동일시하는 그런 믿음은 치명적이다. 국가가 정했다면 악법도 법이라는 논리도 성립하기 때문이다. 국가는 어떤 제한도 받지도 않고 법을 제정할 수 있기 때문에 법위에 국가가 있다고 말할 수 있다. 전체주의를 옹호하는 결과가 초래된다. 국가는 자유로이 개인의 자유를 유린한다. 독일의 나치즘, 이탈리아의 파시즘 그리고 러시아의 볼셰비즘을 불러온 것이 법에 대한 실증주의적 인식이라는 것을 주지해야 한다.

법실증주의는 영국에서 위세를 떨쳤다. 토머스 홉스에서 유래해 제러미 벤담, 존 오스틴으로 이어진 법실증주의에 따르면 법을 주권자의 의지에 따른 명령이라는 의미로 이해했다. 주권자의 권력은 제한될 수 없다. 그는 최고의 입법자다. 어느 한 입법자의 권력을 제한하기 위해서는 또 다른 입법자가 필요하다. 이 입법자의 권력을 제한하려면 더 높은 입법자가 요구된다. 무한회귀를 중단하려면 어떤 제한도 받지 않는 최고의 권력을 가진 입법자, 즉 주권자가 필요하다.

주권자는 처음에는 군주였다가 나중에는 민주정치가 도입되면서 국민과 의회였다. 의회의 다수가 정한 것이면 무엇이든 법이다. 의회의 입법권력을 제한할 어떤 장치도 없기 때문이다. 법은 주권자의 의지의 산물이다. 주권자는 사실상 국가공직자다. 공직자와 시민은 지배와 예속의 관계다. 공직자는 강제를 이용하여 시민의 복종을 확보한다. 반면에 공직자는 아무에게도 복종하지 않는다. 그는 거만하게 시민을 대한다. 신분 위계에서 공직자는 우월적 계층인 것처럼 행동하고, 공포를 만들어 시민을 두렵게 하기도 한다. 그들은 법의 성격을 국가의 처벌에서 찾는다. '법을 온갖 종류의 공권력 행사와 동일시'한다.[27]

그러나 자유주의에서는 통치자라고 하더라도 권력이 엄격히 제한된다. 통치자나 시민은 신분상 평등하다. 그들은 동일한 법에 똑같이 적용받는다. 개인이 타인의 자유와 재산권을 존중하는 것과 동일하게 정부도 개인의 자유와 재산을 존중한다. 자유의 법은 결코 권위주의적이지도 않다. 법은 시민에게 거추장스러운 것이 아니라 사람들 간의 상호작용을 부드럽게 만든다. 이와는 달리 법실증주의는 법을 제도화된 권력으로 보고 있다. 법 규칙을 지시나 명령처럼 시민의 위에서 아래로 작동하는 일방통행적인 규범으로 인식한다. 법은 특정 목적을 달성하기 위한 명령이기 때문이다.

그러나 주지하다시피 법실증주의가 법과 도덕의 엄격한 분리를 옹호한다고 해서 반드시 법을 주권자의 명령으로 보는 것은 아니다. 그런 인식의 대표자는 허버트 하트다. 무엇이 법이어야 하는가의 문제에서

27) Fuller(1969/2016: 239)

그는 그 해답을 공동체가 수락한 권위적인 일련의 규칙에서 찾고 있다. 그 규칙을 '인정규칙(rules of recognition)'이라고 부른다. 이는 무엇이 법다운 법인가를 말해준다. 예를 들면 한국 헌법 제1조 2항의 국민주권과 제40조 국회에 속하는 입법권, 즉 의회가 원하는 것은 법이라는 규칙은 각각 인정규칙의 예에 해당한다. 헌법, 최고법원 또는 헌법재판소의 판결도 또 다른 인정규칙의 예다.

흔히 법치를 헌법에 따른 통치라고도 한다. 법의 정당성을 부여하는 인정규칙을 헌법에서 찾고 있기 때문이다. 그러나 헌법이 정당한 법의 원천이 될 수도 없고, 법을 헌법의 산물로 여기는 것도 문제다. 헌법은 공법의 한 부분일 뿐이다. 정부 권력을 분배하고 그 권력을 제한하는 헌법 규칙들은 엄밀한 의미에서 법이 아니다. 헌법은 자생적 질서로서 자유사회의 기초가 되는 정의의 규칙이 아니라 정부의 조직을 위한 규칙이다. 그럼에도 헌법은 가장 높은 종류의 법이라는 믿음이 지배한다. 헌법이 법의 원천이라는 이유에서다. 그러나 헌법은 다른 모든 법을 도출하는 원천이라기보다는 기존 법질서의 집행을 조직하기 위해 그 법질서 위에 세워놓은 상부구조일 뿐이다.[28] 불쾌하게 들릴지 모르겠지만, 헌법 자체도 결코 정의의 규칙이 될 수 없다. 공법이 정의의 규칙이 될 수 없는 것처럼 말이다.

자유주의 관점에서 보면 헌법 규칙 또는 인정규칙 자체는 정의의 규칙도 아니요, 법을 법답게 만드는 것도 아니다. 의도한 법이 법다운 법인지는 기존 정의의 규칙으로 구성되어 있는 사법체계 내에서 충돌 없

---

28) Hayek(1988/2018: 220)

이 일관된 것인가의 테스트 결과에 좌우된다. 헌법 규칙은 덧없이 변하는 반면, 사법은 영구적인 것임을 기억해야 한다.

자연권사상에 관하여

국가권력을 매우 우호적으로 취급하는 법실증주의에 대해 정면으로 도전한 것이 자연권사상이다. 이 사상은 법다운 법을 도출할 수 있는 객관적인 도덕규범의 존재를 인정한다. 대표적인 예가 로스바드와 그 추종자들의 자연권사상이다. 그것은 논리적으로 필연적이고도 보편타당한 권리, 즉 자연권이 있다는 전제에서 출발한다. 내 몸은 내 것이라는 자기소유의 원칙과 최초의 소유원칙(내 몸을 통해 발견한 것은 내 것이다)이라는 두 가지 원칙이다. 이 원칙으로부터 수천만 명이 사는 복잡한 사회의 재산권 구조 또는 법질서를 선험적으로 도출할 수 있다고 믿는다.[29] 그런 인식은 데카르트로부터 유래하여 유럽을 지배한 구성주의적 합리주의다. 이는 관련 사실이 어느 한 정신에 전부 알려져 있고, 그런 지식으로부터 모든 시대와 장소에 적용할 수 있는 올바른 사회질서를 도출할 수 있다는 믿음이다.

자연권은 선험적인 원칙에서 법을 도출하므로 자생적으로 형성된 안정적 시스템을 전복할 우려가 있다.[30] 예를 들면 응급 환자에 대한 진

29) Rothbard(1997: 60)

30) 자연법에 대한 비판은 민경국 『자유주의의 도덕관과 법사상』 참조

료 거부 금지, 낙태 금지, 일부다처의 금지, 노예의 금지 등은 자생적으로 생겨난 행동 규칙들이다. 그런데 자연권사상을 적용한다면, 내 몸은 내 것이라는 이유로 낙태 금지, 또는 자발적 합의라는 이유로 노예 금지나 일부다처제 금지 같은 행동규칙들을 파괴해야 할 것인가!

선험적인 원칙에서 법 시스템 전체를 흠결 없이 도출하는 것도 불가능하다. 우리는 이성을 통해 선험적으로 그럴 만한 원칙을 만들어낼 수 없다. 개별적인 사실에 관한 구조적 무지 때문이다. 예를 들면 재산권으로부터 소멸시효, 상속 등의 구체적 문제를 해결하기 위한 행동 규칙을 도출하기는 곤란하다. 경험적 지식이 없으면 약속이행의 도덕이 무엇을 의미하고, 그것이 어떤 효과를 야기할지 아무도 모른다. 복잡다기한 관행들에 관한 지식 없이는 계약관계를 맺을 때 인간행동을 안내하는 유용한 지침을 빠짐없이 창출해내기란 불가능에 가깝다. 계약관계에서는 상황에 따라 약속이행의 구체적인 내용이 달라질 수 있다. 일반 상품과 달리 건축물처럼 약속이행의 완전성을 파악하기 곤란한 재화가 있다. 노동조합의 파업으로 계약위반이 예상되는 경우도 허다하다. 그런 재화나 예견된 상황에서는 계약의무를 정상적인 경우와 달리 해석해야 할 것이다. 그러나 그와 관련된 법은 자연법적 원칙으로부터 선험적으로 도출할 수 없다. 따라서 개별적 · 구체적인 지식이나 개별사례에 대한 경험이 필요하다.

대부분의 법은 국가 또는 어느 한 철학자로부터 나오는 것이 아니라 비국가적 · 비(非)인적 제도로부터 나온다. 예를 들면 부족사회의 관습, 보통법의 재판관과 법원, 상인법정의 상인법 등이 그 예다. 합리주의적 자연법사상은 자생적으로 형성된 그런 법들이 왜 수 세기 동안 존속되어왔는지를 설명하기가 곤란하다. 그것들은 재판관들이 인위적으로 만든 것이 아니라 보편적으로 수용된 행동 규칙들을 찾아내어 특수사례에 적용한 결과다. 그런 법은 현실의 복잡성과 변화 속에서 행동한 인간의 수많은 역사적 경험을 반영한 것이다.

카를 슈미트 법사상의 치명적 오류

자생적 질서의 기초는 자유의 법이다. 법은 문화적 진화의 선물이다. 흥미로운 것은 차별적이고 구체적인, 특정한 목적을 내포한 행동규칙을 보편화 · 추상화하는 과정이 문화적 진화라는 사실이다. 그런데 이런 과정에 대해 정면으로 비판한 인물이 독일의 법철학자 카를 슈미트(1888~1985)다. 히틀러의 나치즘을 옹호한 그의 사상을 이 책에서 다루는 이유는 사람들이 그의 법사상에 대해 호의적인 태도를 보이고 있기 때문이다.[31] 그의 법사상의 핵심은 법은 보편화 · 추상화 과정, 즉 자생적 질서와 이에 합당한 법에 대한 규범적 사유 대신에 '구체적인 질서'와 이에 적합한 법 개념으로부터 발전되었다는 것이다. 구체적 질서란 조직

31) 『헌법과 정치』, 『정치적인 것의 개념』, 『정치적 낭만주의』 등 슈미트의 저서가 한글로 번역되었다. 특히 어떤 사람은 "경제적 자유주의자들은 정치를 '해결된' 것으로 전제한다. 그렇기에 정부의 개입이 없는 민간의 공급과 수요가 만나는 시장이 사회나 국가보다 우선적이라는 믿음을 수용하고 있다"라고 말하면서 슈미트의 "정치적인 것"을 소환해야 한다고 주장한다. 경제적 자유주의자들은 정치를 '해결된' 것으로 전제했다는 주장도 틀렸다. 왜냐하면 공공선택론과 헌법경제학의 발전은 국가를 분석의 대상에서 나온 학제라는 것을 모르고 하는 말이다.

질서다. 그러나 자생적 질서는 추상적 질서다. 그런데 구체적 질서와 같은 촉매 역할을 하는 것이 특정한 사안들을 결정하는 의사결정자의 의지라는 것이 슈미트의 인식이다. 그가 말하는 구체적인 질서란 특정한 구체적 목적을 달성하기 위해 계획하여 만든 조직을 말한다.

슈미트에게 법이란 입법자의 의사결정 산물, 즉 입법자의 의지 산물이다. 의사결정 자체를 중시하는 '결의주의(decisionism)'는 히틀러의 의지든 또는 누구의 의지든 입법자의 의지를 법의 원천으로 여긴다. 그것은 법의 내용을 묻지 않는다는 점에서 법실증주의와 다름없다. 그에게 법은 보편적 · 추상적인 정의의 규칙들로 구성된 것이 아니었다. 그에게 법은 정치적 목적을 위한 조직규칙이었다. 그 규칙은 사회구성원들을 정치적 목적을 위한 도구로 만든다. 개인들로 하여금 자유롭게 각자 자신의 지식을 동원하여 각자 자신이 정한 목적을 추구할 수 있게 하는 법이 아니다. 개인의 삶이 소수 입법자의 지식에 좌우된다. 법에 대한 슈미트의 그 같은 잘못된 이해 때문에 사회에는 스스로 질서를 잡아가는 강력한 힘이 있다는 사실을, 그리고 그때 법이 수행하는 역할, 즉 해서는 안 될 행동이 무엇인가에 대한 지식을 전달하는 역할을 사람들로 하여금 알 수 있게 하는 길이 차단되고 말았다.[32]

위험한 것은 슈미트의 정치관이다. 그는 정치적인 것을 적(敵)과 동지의 구분에서 찾고 있다. 그의 정치사회에서 사람들이 특수한 공동의 목표를 추구한다는 전제는 우리의 마음속에 들어 있는 야만성에서 비롯된 것이다. 하이에크가 정확하게 꼬집듯이[33] 열린 사회에서 공동의 목표

32) Hayek(1983/2018: 131)

33) 위의 책, 475-476쪽

를 중심으로 연대를 창출하는 방법은 결국 모든 정치를 적과 친구의 관계로 만들 수밖에 없다. 그리고 그런 방법이 모든 독재자가 효과적으로 이용한 방법이라는 것도 직시할 필요가 있다.

오늘날 우리에게 풍요를 가져다주는 열린 사회를 유지하기 위해서는 그런 공동의 목표에 따른 연대 방법을 포기하고 그 대신 자생적 질서에 의존해야 한다. 물론 자유로운 사회가 어떤 적에 의해 심각하게 위협받고 있는 경우를 제외하고 말이다. 어쨌든, 부족사회의 연대 방법을 적용하여 시민을 친구-적의 관계로 분할하고 강제적인 통합을 주장하는 슈미트는 지독히 비인간적이다. 『호모 루덴스』에서 "적은 나의 앞길을 가로막는 자, 그래서 파괴해야 마땅한 자"로 취급하는 슈미트를 "야만적이고 병리적인 망상"[34]에 빠졌다는 네덜란드의 역사학자 하위징아(1872~1945)의 비판은 정당하다고 본다. 그러나 법치를 기초로 하는 시장경제와 자유사회는 적을 친구로 만든다는 사실을 우리는 직시해야 한다. 시장경제를 카탈락시라고 부르는 이유다(163쪽 참조).

---

34) Huizinga(1938/2020: 404-405)

12.
자유와 법치주의

'법의 지배(the Rule of Law)' 또는 '법치주의'만큼 다양한 의미로 사용하여 그 진의(眞義)가 상실된 채 정치적 가이드로 기능할 수 없는 개념이 되어버린 예도 드물다. 그 개념적 혼란이 정치를 오도하여 인류를 문명의 길로 안내한 자유를 파괴했다. 예를 들면 헌법재판소는 1991년 사립학교법 제55조 등에 관한 위헌심판에서 "법치주의 아래에서는 국민의 기본권 제한은 반드시 법률에 의하여야 함"이라고 말하고 있다.[35] 법치주의를 '법률에 의한 통치'로 이해하고 있는 것이다. 성낙인 · 이정훈 교수는 '헌법에 의한 지배'를 법치로 이해하고 있다.[36] 입법은 헌법에 따라

---

35) 헌법재판소 판결(90헌가5). 또 헌법재판소가 이와 유사한 내용으로 사용하고 있는 판결문의 예를 보면 "조세법률주의는 조세법의 목적과 내용이 기본권 보장의 헌법이념에 부합되어야 한다는 실질적 적법절차를 요구하는 법치주의를 의미하는 바…"(2004헌바76).

36) 이정훈(2020)은 『조선일보』 2월 11일자 칼럼에서 다음과 같이 말하고 있다. "근현대적 의미에서 자유민주공화국의 진정한 '법치(rule of law)'는 헌법에 의한 지배를 뜻한다. 일시적으로 의회 다수파가 된 세력이 만드는 법은 반드시 헌법 틀 안에서 이뤄져야 한다." 성낙인 교수도 "성문헌법의 우위로 귀결된다"라고 말하여 헌법에 의한 지배를 법치로 이해하고 있다(성낙인, 2011: 249-250).

야 한다는 이유에서다. 심지어 임종훈 교수는 시민이 법을 지키지 않는 것을 '법치주의의 실종'이라고 비판함으로써 시민의 준법을 법치주의로 이해하고 있다.[37] 그 밖에도 법치를 다양한 의미로 사용하고 있지만, 주목할 것은 두 가지다. 첫째로 법치는 사회주의 또는 간섭주의와는 전혀 관련이 없다.[38] 그것과 뗄 수 없는 것이 자유주의다. 자유는 법치를 통해 실현된다. 두 번째로 무엇이 법이어야 하는가를 말해주는 원칙이 법치다. 하이에크는 이렇게 말했다. "법치주의는 법이 어떠해야 하는가에 관한 원칙이며, 특수한 법들이 지녀야 하는 일반적 속성에 관한 것이다. 이것은 오늘날 법치 개념이 모든 통치행위에서 나타나는 단순한 적법성의 요구와 혼동되기 때문에 중요한 것이다."[39] 그의 법치는 론 풀러의 '법의 내적 도덕성'과 같은 의미다. 이것은 '법이 법다우려면 갖추어야 할 조건', '법을 가능하게 하는 도덕성', '법의 법다움이라는 의미의 적법성'을 뜻한다.[40]

---

37) 임종훈(2009: 102)

38) 민경국(2016: 255-260)

39) Hayek(1960/1997 II: 19). 풀러도 "중요한 것은 법의 적법성이 아니라 법이 도덕적 힘을 갖기 위해서는 그것이 갖추어야 할 조건"이라고 말했다. 이에 관해서는 민경국(2016: 323) 참조

40) Fuller(1969/2015: 74)

법치는 자유를 실현하는 정치적 이상

법치주의의 정치적 이상이 부활하게 된 시대적 배경을 보면 자유주의와 불가분의 관계에 있음이 또렷하게 드러난다. 19세기 중반 이후 자유주의가 위험에 처해 있었다. 사회개혁을 요구하는 사회주의 운동 때문이었다. 그런 이념이 정치와 입법에 침투하여 사회복지 프로그램과 행정관료체제가 급진적으로 확장되어갔다. 당시 경제적 자유의 보루임과 동시에 정부의 행정권 · 입법권을 제한하고 있던 법관의 법, 즉 노모스가 입법으로 대체되었다. 이런 시기에 위협받고 있던 개인의 자유를 보호하기 위해 전통적인 법치주의를 잠에서 깨운 인물은 영국의 유명한 헌법학자 다이시(1835~1922)였다. 1885년 유명한 『헌법학 입문』 서문에서 그는 "법의 지배 원칙을 금과옥조로 여기던 전통은 지난 30년 동안 상당 부분 허물어진 인상이다"라고 개탄했다.[41] "법의 지배 원칙을 훼손하게 된 것은 다양한 사회정책을 위해 국가권력을 지지하는 입법부 때문"이라고도 지적했다.[42]

법치의 부활은 둘째로 사회주의의 확산과 이에 대한 하이에크의 반격에서 비롯되었다. 20세기 중반 무렵 전 세계가 사회주의에 경도되었다. 옛 소련과 동유럽은 사회주의의 계획경제로, 미국은 루스벨트 대통령과 케인스주의가, 그리고 독일은 히틀러의 통치하에 정치적으로나 경제적으로 매우 암울한 시기였다. 이런 시기에 하이에크는 법치주의를 정밀하게 재구성하여 부활시켰다. 1944년 유명한 『노예의 길』에서 그는

41) Dicey(1885/1993: 53iii)

42) 다이시에 관한 더욱 상세한 설명은 민경국(2016: 256-257) 참조

"법의 지배는 자유의 초석"이라고 선언했다. "법의 지배라는 위대한 원칙을 지키는 것이야말로 자유국가와 전제정부를 명료하게 구분하는 기준"이라고 말했다. 또한 법의 지배 원칙은 "자유의 수호자로서뿐만 아니라 자유의 법적 구현으로서 자유주의 시대의 가장 위대한 업적 가운데 하나"라고 강조했다.[43)]

1950년대 이후 사회주의 계획경제가 시들해지고 복지국가가 등장하기 시작했다. 이 시기에 하이에크가 발표한 것이 『자유의 헌법』(1960)이다. 다이시처럼 하이에크는 이 책에서 분배정의를 위한 입법은 법치주의를 훼손하고 개인의 자유를 유린한다는 것을 보여주었다.[44)] 그는 1973년 『법, 입법 그리고 자유』의 제1권 '규칙과 질서'에서 보통법(common law)은 개인의 자유와 재산을 효과적으로 보호한다는 것, 그리고 법치주의는 그것과 밀접한 관련성을 가지고 있다는 것을 보여주었다.[45)] 그는 시장경제는 법의 지배 원칙에 합당한 법질서를 기반으로 한다는 것을 보여주면서 법이론적 시각에서 시장경제에 접근했다.

마지막 세 번째는 사회주의의 몰락과 친시장 개혁의 확산이다. 이때 법치가 안겨주는 경제적 번영이 강조되고 있다. 이는 법치주의의 '새로운 시대'라고 말했다.[46)] 20세기 말에는 옛 소련과 동유럽의 사회주의가 몰락한 후, 체제 전환을 위해 법치주의를 내세웠다. 21세기 초부터 유럽이나 영 · 미에서 침체된 경제를 활성화해야 한다는 이유로 법치를 강

43) Hayek(1944/1997: 113, 126)

44) Hayek(1960/1997 II: 95-116)

45) Hayek(1983/2018: 제11장). 1973년에 쓴 제2권은 1983년 세 권의 책을 합본으로 발행함

46) Corcoran(2009)

조했다. 세계은행 같은 국제적인 원조기관이 아시아의 개발도상국가나 중국, 베트남, 아프리카 등의 저개발국, 개도국을 원조할 때, 그 원조를 법의 지배 프로그램의 수행과 연계시켰다. 법치주의를 통해 경제발전을 달성하려는 것은 자유주의와 시장경제의 확립을 통한 경제발전과 같다. 이런 의미에서 법치주의는 자유주의와 불가분의 관련이 있다.

다이시나 하이에크에게 법치주의는 반(反)자유주의에 대한 이념적 투쟁을 위한 무기였다. 그래서 그들은 철학적 · 이론적으로 법치주의를 심화 · 발전시키는 데 주력했다. 이에 반해 20세기 말 이후에는 흥미롭게도 법치주의가 개혁이나 체제 전환을 위한 실천적인 측면을 강조했다. 이는 자유와 재산을 강조한 종전의 법치주의와 다른 점이다. 자유주의가 경제발전과 밀접한 관련이 있다는 이론적 · 경험적 인식을 고려한다면, 법치주의와 경제발전을 연결해주는 것이 자유주의라는 것을 확인할 수 있다. 이것도 자유주의의 전통이 법치주의라는 점에서는 다르지 않다.

법치란 무엇인가? 다이시 이래 자유주의 진영에서 형성된 법치사상을 검토하면 법치를 구성하는 원칙을 찾을 수 있다. 그 원칙은 세 가지로 압축할 수 있다. 첫째는 자의적인 권력을 행사하는 것을 막기 위해 헌법을 통해 정부의 권력을 제한해야 한다는 것을 의미하는 입헌주의(Constitutionalism)다. 국가권력은 법을 통해 행사되므로[47] 법의 성격이 매우 중요하다.[48] 입법부가 정한 것이라고 해도 모두 법이라고 볼 수는 없다.

---

47) 엄밀히 말하면 법과 돈이다. 돈은 화폐정책, 조세정책(지출정책)과 관련되어 있다.

48) 그러나 헌법학자 허영 교수에게는 법치가 국가권력을 제한하기 위한 정치적 이상이 아니다. "국가권력을 제한하고 통제함으로써 자유와 권리를 보호하는 것이 법치주의가 아니라 (중

법이 '법'의 지위를 얻기 위한 조건이 필요하다. 그것은 법치의 두 번째 요소인 법의 보편성 원칙이다. 이는 법이 법답기 위해 갖추어야 할 원칙이다. 이 원칙을 충족하는 법을 집행하기 위해 적용되는 권력행사만 정당하다고 본다. 법치의 세 번째 의미는 공공정책의 원칙주의다. 이는 정부의 재량적 판단을 억제하기 위해 매우 중요하다. 이 같은 세 가지 원칙으로 구성된 법치주의는 시장경제와 불가분의 관계가 있다. 시장경제가 자생적 질서로서 기능할 수 있으려면 그런 법치원칙이 뒷받침되어야 한다.

법치는 국가권력을 제한하기 위한 헌법 장치

모든 독점이 그렇듯이 정치 권력의 독점도 위험하다. 정치 권력은 정부가 독점하고 있다. 정치 권력은 폭력을 포함하는 경우가 많다. 그래서 차라리 정부를 철폐하는 것이 좋다는 자유주의의 목소리도 들린다. 대표적인 인물이 머레이 로스바드다. 그는 정부가 할 수 있는 것은 시장이 더 잘할 수 있으므로, 또는 정부는 언제나 폭력과 연관되어 있고 이런 폭력의 사용은 비윤리적이므로 정부는 완전히 철폐되어야 한다고 주장한다.[49] 그러나 정부가 생겨나지 않고 아나키 상태가 지속될 수 있는가

략) 자유, 평등, 정의의 이념을 실현할 수 있도록 정치질서나 국가권력의 기능적 · 조직적 형태를 정하려는 것"이 바로 법치라고 주장한다(허영, 2001: 142).

49) 로스바드(2003/2013)는 국방 문제, 경찰 문제 등을 비롯하여 모든 정부 활동은 사적 영역에

의 문제가 제기된다. 그의 주장은 역사적 사실을 간과하고 있다. 오늘날 우리가 목격하는 모든 정부는 정부 없는 상태에서 생성되었다. 특정 집단이 폭력을 통해 세력을 확장하여 정부를 세운 것이다. 백제, 신라, 고구려 등이 모두 그렇다. 그리고 동서(東西)를 불문하고 정부가 없는 곳이 없다.

만약 정부가 없으면 누군가가 정부를 세웠을 것이다. 왜냐하면 권력, 소득, 권위 등과 같이 정부를 세우기에 충분한 인센티브가 있기 때문이다. 베트남과 옛 소련 정부가 해체되는 과정에서 폭력으로 거액의 돈을 받고 특정 기업의 재산을 보호하기 위해 마피아가 조직되었던 사실을 상기할 필요가 있다. 인류 역사에서 정부는 불가피한 존재다. 정부의 불가피성을 이론적인 관점에서 설명한 학자는 이미 잘 알려진 것처럼 로버트 노직이다. 그는 개인의 자유와 재산을 보호하기 위한 서비스를 공급하는 '보호회사(protection firms)' 가운데 하나가 어떻게 경쟁을 통해 국가가 되는가를 설명했다.[50] 이는 로스바드가 무정부 상태란 있을 수 없고 오히려 정부는 피할 수 없는 존재라는 것을 보여준 대표적 일반이론이다.[51] 존재하는 정부를 철폐할 수도 없다. 정부는 총과 칼, 교도소를 가지고 있는 유일한 집단이기 때문이다. 자유주의 정치철학자 나비슨이 지적했듯이, 정부는 시민이 누리지 못하는 매우 불평등한 권력을 향유

서 효과적으로 수행할 수 있다는 것을 상세히 설명하고 있다.

50) 이에 관해서는 민경국(2018: 98 이하)의 제1부 3장 '로버트 노직 자유주의의 유토피아' 참조

51) 아나키가 바람직한 상황이냐 아니냐의 문제를 떠나서 역사적 선례를 확정적 증거로 본다면, 정부 없는 사회는 존재하지 않는 것을 보여준 학자는 헝가리 출신의 자유주의 정치철학자 드 자사이(de Jasay, 1989)다. 세계의 모든 지역은 정부가 지배하고 있다는 것이다. 그래서 아나키는 현실적인 대안이 될 수 없다고 한다.

하고 있다.[52)]

국가를 철폐하고 아나키를 만들 힘 있는 자가 아무도 없다. 그래서 국가는 불가피하다는 것이 확실하다. 싫든 좋든 우리는 숙명적으로 국가의 존재를 받아들여야 한다. 따라서 지극히 현실적인 문제는 '정부를 철폐하여 아나키를 세우는 것'이 아니라 '어떻게 독점적인 정부 권력을 효과적으로 제한하여 시민의 자유와 재산을 보호할 것인가'다. 왜냐하면 정부의 권력을 제한하는 장치가 없으면 필연적으로 폭정을 야기하고 시민의 자유와 재산을 유린할 것이기 때문이다.

따라서 아리스토텔레스가 자신의 『정치학』에서 인간의 지배가 아니라 법의 지배를 말하고 있는 것도 정부의 권력을 제한하는 것이 법치주의를 구성하는 제1의 원칙이라는 믿음에서 비롯된 것이다. 17세기 영국에서 법의 지배 전통이 확립될 수 있었던 계기도 정부가 권력을 이용하여 경제를 통제하고, 이로써 시민의 자유와 재산을 침해하려고 했기 때문이다. 법의 지배 원칙을 구현한 권리청원(1625)이나 권리장전(1689)도 국가권력을 제한하여 시민의 자유를 보호하기 위한 것이었다. 그러나 헌법을 통한 국가권력의 제한을 의미하는 입헌주의 전통은 신고전파 후생경제학의 등장으로 단절되었다. 정부의 독점적 권력이 시민의 후생을 극대화하기 위해 행사된다고 여겼기 때문이다. 이는 플라톤 · 헤겔의 국가관을 전제한 것이 틀림없다. 그런 국가관은 국가는 지적으로 전지전능하고 도덕적으로 탁월하다는 전제를 깔고 있다. '이성국가'라는 말도 그래서 생겨났다. 그런 전제가 옳다면 국가권력을 제한하는 것이 불

---

52) Narveson(2002)

필요하다. 잘 알아서 스스로 억제할 것이기 때문이다. 그러나 뷰캐넌은 이 같은 전제를 신비적이고 '낭만적'이라고 보았다. 매우 현실적인 뷰캐넌은 시장에 참여하는 사람이나 정치가나 관료는 이기적이라는 행동 동기에서 차이가 없다고 한다. 그 같은 행동 동기를 전제하여 국가의 신비를 벗긴 것이 '공공선택론'이다. 하이에크도 플라톤 · 헤겔의 국가관을 '치명적 지적 자만'이라고 불렀다. 옛 소련이나 동유럽 사회주의 국가의 처절한 실패를 비롯하여 역사적으로 우리가 목격한 다양한 간섭주의 정책들의 참혹한 실패가 입증하듯이 그런 전지전능한 선의의 독재는 역사적으로 존재한 일이 없다.

정부의 권력을 제한하지 않으면 정부가 자신의 권력을 이용하여 시민의 자유와 재산을 유린하는 폭정으로 치닫는 것은 필연적이다. 정부 권력을 제한해야 한다는 입헌주의와 그 방법으로서 법치주의가 생겨난 것은 그래서다. 통치자의 자의나 기분에 따라 통치하는 인치가 아니라 이미 확립된 '법'을 통해 시민을 다스리라는 것이 전통적인 의미의 법치다. 중요한 것은 법치라고 말할 때의 '법의 개념'이다.

법이 법답기 위한 원칙

토머스 홉스, 존 오스틴, 제러미 벤담을 거쳐 20세기에는 한스 켈젠 등이 계승한 법실증주의처럼 모든 법을 입법자의 의지로 정의할 수 있는가? 입법부가 정한 법이면 무엇이든 법이라고 부르는 것만큼 웃기는 일은 없다. 이것은 순수한 동의어 반복이기 때문이다. 법실증주의야말로 법과 법의 지배를 타락시켰다. 이미 앞에서 설명했듯이 무엇을 법으로 인정할 것인가의 해답, 즉 승인규칙을 헌법에서 찾고, 헌법에 충실해야 한다고 주장한다. 그러나 헌법으로부터 법을 도출하기도 곤란하다. 헌법은 공법이고, 이로부터 사법을 도출하는 것은 모순이다. 헌법은 또한 서로 충돌하는 다양한 가치를 종합해놓은 문건이나 다름없다. 법다운 법은 어떤 속성이 있는가? 법치주의는 그런 속성과 관련되어 있다. 자유주의에서는 법치가 승인규칙의 역할을 한다.

흥미롭게도 론 풀러는 법을 만드는 데 실패한 여덟 가지 오류를 지적하면서 법이 법다움을 얻기 위해 충족해야 할 여덟 가지 조건을 제시했다.[53] 그중 중요한 것들에는 차별금지를 의미하는 일반성, 소급입법금지, 법의 공표, 법의 명확성 · 일관성 · 지속성 · 양립성 등이 있다.[54] 이 같은 특질들이 법이 법의 지위를 획득하기 위한 조건임과 동시에 법의 지배 개념에 의미를 부여해준다. 그런 목록은 풀러의 책 제목 『법의 도덕성』이 보여주는 바와 같이 법이 도덕성을 가질 수 있는 조건이라고 보아도 무방하다. 그런데 풀러보다 먼저 하이에크는 『자유의 헌법』(1960)에서 법의 지위를 얻기 위해 갖추어야 할 조건을 상세히 제시했다. 그 조건은 보편성, 추상성, 확실성으로 구성되어 있다.[55] 이런 성격을 동

---

53) 풀러(1964: Ch.4)는 법 현실을 관찰할 때 여덟 가지가 지켜지지 못하는 것을 발견했다. 여덟 가지 설명에 관해서는 민경국(2016: 325-334) 참조

54) 법의 명확성 · 일관성 · 지속성 · 양립성, 이 네 가지는 독일의 자유주의자였던 발터 오이켄이 중시한 경제정책 원칙이다.

55) 이탈리아의 유명한 법철학자였던 레오니는 그 원칙을 법의 '보편성(Universality)'이라고 부르고 있는데(Leoni, 1961), 몽펠랭 소사이어티의 회장도 지냈던 그는 일찍 세상을 떠났다. 그의 사상에 관해서는 민경국(2003: 159-176) 참조

시에 갖춘 행동 규칙을 도덕철학적 용어로 '정의로운 행동 규칙(rule of just conduct)'이라고 말한다. 그 같은 원칙을 갖춘 것만 법으로 인정하는 것이 법의 지배 원칙의 두 번째 의미다. 그 밖에도 확실성, 일관성, 안정성 등 다섯 가지 의미가 있다.

(1) 법의 보편성 조건

법은 차별 없이 보편적으로 적용될 수 있어야 한다. 법 앞의 평등을 의미하는 보편성 원칙은 최소한의 도덕이다. 이는 법 규칙이 개인과 사적 조직은 물론 정부에도 예외 없이 똑같이 적용되어야 한다는 원칙이다. 정부라고 예외가 될 수 없다. 그 누구도 법 위에 존재해서는 안 된다는 뜻이다. 즉 차별입법 금지, 특혜 · 특권 금지를 의미한다. 보편성 원칙은 정부가 특수이익을 위해 법을 정치적으로 조작하거나 자의적이 될 위험성으로부터 개인들을 보호하는 장치다.

보편성 원칙에 어긋나는 입법은 특정한 개인 · 기업을 겨냥한 입법이다. 특정인이나 기업을 염두에 두고 그들에게 일일이 지시하는 것은 일반성 원칙 위반이다. 이 원칙은 특수한 사례를 겨냥하여 세부적으로 일일이 지시하는 식의 입법을 피해야 한다는 원칙이다. 사건이 발생할 때마다 그 사건에 맞추어 법을 만드는 것은 개별사례를 위한 입법이다. 개별사례를 염두에 둔 입법은 특별법인데, 이는 법을 너무 복잡하고 일관성이 없게 만든다. 대표적인 예가 세월호법 등이다. 특별법은 입법을 정치화하고 관련 사람들을 특별히 우대할 우려가 있다. 특별입법 금지는 입법 권한의 남용을 막기 위해 필요하다. 법은 불특정 다수에게 적용

되어야 하므로 차별금지 특별입법을 무효로 선언하는 헌법 규정은 보편성 원칙을 위한 것이다.[56)]

보편성 조건이 중요한 것은 인식론적 이유 때문이다. 국가가 차별금지 원칙을 위반하여 자유를 차별적으로 허용하면, 누가 이 자유를 최선으로 사용할 수 있는가의 문제를 해결해야 한다. 우리는 누가 무엇을 잘하는지 알 수 없다. 따라서 모두에게 똑같이 자유를 허용하는 수밖에 없다.[57)]

(2) 법의 추상성 조건

이것은 법이 이를 통해 달성하고자 하는 구체적인 목표나 동기가 없어야 한다는 것을 말한다. 특정한 시간과 장소를 고려해서도 안 된다. 이 조건은 법에 장기적 성격을 갖게 한다.[58)] 그 같은 조건을 갖는 법은 특정의 행동 국면을 '당연히(per se)' 금지하는 내용으로 구성되어 있다. 그래서 선택의 자유와 혁신을 위한 여지가 크다.

처분적 법처럼 법이 시간적, 장소적 및 인적 등 구체적 상황을 고려하면, 차별성과 마찬가지로 동일한 지식 문제에 봉착한다. 법률을 구체적인 목적을 달성하기 위한 수단으로 이용할 수 있으려면 법률이 미치는 구체적인 효과를 알 수 있어야 한다. 그러나 이를 안다는 것은 불가능

---

56) 위의 책, 81쪽

57) 예컨대 어떤 기업에는 시장진입을 허용하고, 다른 어떤 기업에는 허용하지 않는 법은 일반성의 원칙에 위배된다.

58) 추상성은 장래에 불특정 다수의 사례와 불특정 다수에게 적용할 수 있어야 함을 뜻한다. 이런 의미에서 법은 장기적으로 적용되어야 한다(Hayek, 1960: 208).

하다. 따라서 법은 특수 목적을 위한 수단으로 이용할 수 없다. 법은 그래서 목적과 독립적이어야 한다. 법률은 어쩔 수 없이 당연히 금지적 성격을 가질 수밖에 없다. 금지할 행동의 예를 들면, 자유와 재산권을 침해하는 강제, 폭력, 사기 등 불의(不義)의 행동이다.

(3) 법의 확실성 조건

행동 규칙은 알려져 있어야 하고, 그 내용이 확실해야 한다. 법에 의해 금지되는 행동은 당사자들이 알 수 있고 확인할 수 있는 상황에만 좌우되어야 한다. 이 조건은 법의 안정성을 확보하기 위한 것이다. 확실성의 조건을 갖추고 있을 경우에만 개개인들은 타인들의 기대를 예상할 수 있고, 정부의 행동도 예측 가능하다. 그러나 그런 예측을 불가능하게 하는 법적 개념이 대단히 많다. 대표적인 예는 사회적 책임, 공공이익, 사회정의, 신의성실 원칙 또는 공정한 관행 등이다. 이는 사회에 대한 도덕적 의무를 개인들에게 요구하는 것인데, 그런 요구를 개인들이 충족하기가 불가능하다. 인간에게 자선적 동기가 부족하기 때문이 아니라 그런 개념이 개개인들에게 요구하는 의무가 무엇인가를 결코 알 수 없기 때문이다.

지식 문제 때문에 사회적 양심 역시 실천하기 힘든 개념이다. 이 개념은 개인들이 자신의 행동이 타인들에게 미치는 구체적인 결과를 알고 있다는 것, 그리고 인간의 행위는 어떤 규칙에 따르는 것이 아니라 구체적인 결과에 따라 안내되고 있다는 것을 전제한 개념이다. 더구나 그런 막연한 개념들의 사용이 증가하면 전체주의를 야기한다. 유럽사회에서 자유국가가 쇠퇴하고 전체주의가 등장하게 된 것은 막연한 개념들의 사용이 증가했기 때문이라는 사실을 직시할 필요가 있다.

(4) 법 시스템의 일관성

법 규칙들이 서로 모순되면 법적 · 도덕적 · 사회적으로 다양한 문제가 야기되므로 모순으로부터 자유로워야 한다는 원칙은 사소한 것 같지만 매우 중요하다. 우리는 "물을 건너가라. 그러나 물에 젖지는 말라"라는 것처럼 하나의 법질서 내에 존재하는 모순을 자주 접할 수 있다. 예를 들면, 선서한 약속은 모두 구속력이 있다는 원칙, 혹은 고리대금 약속 등은 따를 의무가 없다는 원리가 과거 교회법 시대에는 통용되었다. 그렇다면 선서하여 높은 이자를 주기로 한 약속에 대해 법원은 어떻게 처리하면 좋은지 알 수 없다. 또는 대형백화점 영업시간 제한, 주52시간제 등은 민법상 계약의 자유와 모순된다. 사기 · 기만 · 강제로 시장에서 벌어들인 것이 아닌 한, 그 돈은 내 것이라는 원칙과 모순되는 것이 재분배다.

이런 모순이 있으면 시민은 어떤 행동을 해야 할지 불명확하며, 자유로이 경제활동을 하기 곤란하다. 오늘날 법률의 모순은 네 가지 차원에서 생겨난다. 첫째로 법을 만드는 사람들의 지적 수준이 너무 낮아서 결과적으로 모순된 법을 만든다. 둘째로 일괄입법으로 인해 야기되는 경우가 있다. 서로 관련이 없는 수많은 입법 요소들이 하나의 법안으로 조합되는 것이다.[59] 법안들이 여당과 야당 사이에 투표교환 형식으로 통과되기도 한다. 이런 형태의 입법으로 법체계에는 법의 비일관성이 흔하게 존재한다. 셋째로는 앞에서 설명했듯이 사법(私法)의 공법화 현상에서 비롯된다. 이는 시장을 규제하는 행정법과 같은 속성이다. 입법의 모순이 생겨나는 마지막 네 번째는 사건이 발생할 때마다 그 사건에 맞추어 법을 만드는 경우, 즉 개별사례를 위한 입법에서도 일관성을 유지하기가 매우 어렵다. 왜냐하면 개별사례를 염두에 둔 입법에서 법의 변화가 어떻게 법 시스템 전체와 양립하게 되는지를 생각하지 않고 법을 제정하기 때문이다.[60]

(5) 법의 안정성

법의 안정성이라는 조건도 매우 중요하다. 법을 너무 자주 바꾸면 시민은 행동 안내자로서의 법을 진지하게 여기지 않는다.[61] 문재인 정부는 3년간 24번이나 세계적으로 기록할 만한 횟수로 부동산 정책을 바꿨다. 이런 정책변동은 사실상 정책이라고 볼 수 없다. 특히 경제법과 행정법에서 안정성은 매우 중요하다. 세율과 환경규제가 5년 내에 어떻게 변할 것인지를 예측할 수 없다면 기업들이 장기투자를 할 수 없다. 그리고

---

59) 수출입품목 90% 관세 철폐를 목적으로 하는 한중 자유무역 협정을 비준하고 무역을 통해 이익을 본 기업들에 '무역이득공유제'라는 명분으로 농어민지원 상생기금 1조 원을 조성하는 법이 대표적이다.

60) 그런 모순된 입법의 대표적인 것으로는 식료품, 약품 및 화장품에 관한 법인데, 공장 안으로 들어갈 조사관의 권리를 인정하면서 동시에 공장주는 그것을 허락하지 않음으로써 공장진입을 막을 권리를 정하는 경우를 들 수 있다.

61) Leoni(1961: 81), Fuller(1969/2015: 121)

빈번히 바꾸는 규제는 규칙이라고 볼 수 없다. 현재를 중시하게 만들어 시장참여자들의 시간선호를 높이는 결과를 초래한다. 그런 규제는 지속적인 경제적 번영을 불가능하게 만든다. 단기적으로 돈을 벌려고 하는 나머지 자본재 산업구조가 축소되고, 주로 소비재산업에만 투자가 치중된다. 면세점 허가처럼 한시적이라고 한다면 누가 장기적으로 투자할 것인가! 정치가들에게 정치적 어젠다를 실현하기 위한 수단으로서 단기적으로 작동하는 특별법은 매력적이다. 그들의 시간선호는 단기적이기 때문이다.

소급입법 금지도 개인의 소유와 권리의 안정성을 위해 매우 중요한 조건이다. 법이 행동을 안내하는 지침으로 작동하기 위해서는 시민이 아직 존재하지 않는 법에 영향을 받아서는 곤란하다. 그러나 정치가들에게는 소급적인 입법이 잘못을 수정하는 대신에 자신들의 이익을 증진하기 위해 이용할 이상적인 수단이다. 그런 입법은 법이 아니다. 내일 집행할 규칙으로 오늘의 행동을 지배한다는 것은 모순이기 때문이다. 예를 들면, 어제의 일에 대한 소추를 면제하기 위해 오늘 관대한 입법을 도입한다거나 입법을 통해 과거의 행동을 처벌하는 경우다. 소급입법의 금지가 반영하는 것은 법은 장래에 대해서만 효력이 발생해야 한다는 신념뿐만이 아니다. 형벌은 일반적으로 적용될 수 있는 규칙에 의해 부과되어야 한다는 믿음도 반영하고 있다. 계약상의 의무를 침해하는 법률은 제정할 수 없다. 부채를 탕감하는 법은 소급입법 금지원칙을 위반한 것이다.

소급은 대단히 유해하며, 억압적이고 정의롭지 못한 입법행위다. 민사사건을 다루기 위해서든 형사사건을 다루기 위해서든 그런 법률은 제정되어서는 안 된다.[62] 오늘 발생한 행위에 대해 내일 만들어질 규칙을 가지고 통치하겠다는 것이다. 과거의 행위를 구제하거나 처벌하기 위한 법률, 과거의 행동을 시정하기 위한 법률이 소급입법이다. 법실증주의자들은 사법판결의 소급적 효과에 대해 소홀히 여긴다. 그들은 입법부가 헌법에 금지조항이 없는 경우 새로운 법률을 소급해서 제정할 수 있다고 주장한다. 그러나 개인의 자유와 재산을 보호하고 법적 안정성을 누리려면 그런 소급입법은 금지해야 할 대상이다.

원칙에 따르는 공공정책

법치를 구성하는 마지막 원칙은 법치 원칙에 따르는 공공정책이다. 시민의 자유를 광범위하게 위협하는 정부의 자의성을 피하거나 최소한으로 줄이기 위한 방법은 국가의 행동을 미리 정한 규칙으로 묶어놓는 것이다.[63] 이것은 앞에서 논의한 입헌주의와 관련이 있다. '규칙 지향적' 정책은 시장경제의 분배적 또는 자원배분의 결과를 수정하거나 개선하기 위한 '결과 지향적' 정책과 다르다. 그 정책은 보편성 원칙에 따라 시장경제의 법적인 틀을 확립하는 데 초점을 맞춘다. 그래서 뷰캐넌은 법

62) 예외는 있다. 악의적 밀고자 문제에서는 소급입법이 필요하다. 악의적인 밀고자란 독재정부를 비판하는 사람들을 밀고하여 처벌받게 만든 사람이다. 이런 밀고자를 새로운 정부에서 어떻게 처벌해야 하는가와 관련된 문제다(풀러, 1969/2015: 337).

63) 밀턴 프리드먼의 규칙 지향적 통화정책이 대표적이다. 시장경제를 구성하는 원칙에 따른 정책도 마찬가지다. 사유재산 원칙, 계약 원칙, 그리고 책임 원칙 등도 그에 해당한다.

의 지배 원칙을 '원칙에 따른 정치'[64]라고 했고, 독일의 전후 프라이부르크학파를 창설한 오이켄은 그런 정책을 '질서정책'이라고 불렀다.

질서정책이란 인간이 자유로이 경제활동을 할 제도적 · 법적 틀을 만드는 정책이다. 이때 질서란 경쟁 질서 또는 자생적 질서를 말한다. 정부의 활동을 재량적인 판단에 맡기는 것이 아니라 그 활동을 미리 정한 원칙과 규칙에 묶어둠으로써 정부의 자의적인 활동을 제한할 수 있다. 규칙으로 명시화함으로써 정부의 활동이 정해진 범위를 벗어났는지, 권력을 남용했는지를 분명히 할 수 있다. 정부의 책임 여부를 확인하는 데도 도움이 된다. 정부 정책의 한계를 못박아두면 시민은 정부가 무엇을 할 것인지, 또는 적어도 무엇을 하지 않을 것인지를 확실히 예측할 수 있다. 그래서 그들은 안정적으로 장기적인 계획을 세우고 자신의 지식을 동원할 수 있다. 정책에 규칙성이 없으면 이슈가 생길 때마다 매번 결정을 내려야 한다. 대표적인 예가 케인스주의의 재량적인 통화정책이다. 규칙성이 없으면 시시각각으로 국가정책이 변동하고, 국가의 권력행사가 재량적이고 자의적이다. 그런 변동이 생겨난 이유는 정책에 원칙이 없기 때문이다. 공공정책이 규칙이 될 수 있으려면, 다시 말해 공공정책이 규칙 지향적이려면 사건이 발생할 때마다 그 사건에 맞추어 법을 만드는 일, 즉 개별사례를 위한 입법을 중단해야 한다. 원칙에 따른 공공정책의 대표적인 예는 밀턴 프리드먼의 준칙주의 통화정책이다. 공공정책은 법치 원칙에 따라야 한다. 법치란 인간이 자유로이 경제활동을 할 제도적 · 법적 틀을 개선하기 위한 원칙이다.

64) Buchanan/Congleton(1998). 원칙에 따른 정책으로는 통화준칙주의 정책을 들 수 있다.

법치의 도덕적 의미[65)]

법치 원칙은 법다운 법을 가능하게 하는 유서 깊은 정치적 원칙이다. 그러나 이 원칙은 단순히 '법을 잘 만드는 기술적인 것'을 의미할 뿐 어떤 도덕적 의미도 없다고 비판받는다. 정말로 그런가? 이는 치명적 오해다. 우선 주목할 것은 보편적이고도 정의로운 행동 규칙이라는 도덕철학적 개념을 법학적으로 해석한 것이 '법치'라는 것이다. 법치의 도덕적 의미는 첫째, 법치 원칙이 입법의 견제 장치라는 점이다. 이는 멋대로 법을 제정하는 것을 막는다. 입법부에서 정한 법은 무엇이든 법이라고 말하는 법실증주의에는 그런 견제 장치가 없다. '악법도 법'이라는 냉소적인 말이 생겨난 이유다.

법치 원칙의 정치적 이상(理想)을 존중하고 그에 따르면, 규칙망은 권력자의 통치행위를 제약하고 자의적인 권력행사를 막는다. 법치 원칙은 법이 국가의 일방적인 명령이 되는 것을 막아준다. 법치는 입법원칙으로서 의회의 입법을 안내한다. 그런 법치가 도덕적인 이유는 그것이 법다움을 위한 제약조건을 제공하기 때문이다. 법이 도덕적 차원을 획득할 수 있다는 의미에서 법은 '제도화된 권력'이라는 점과는 다르다. 그 원칙을 위반한 입법은 단순히 제도화된 권력일 뿐이다. 입법원칙으로서 법치를 충족하는 법 규칙은 지시 · 명령처럼 시민의 위에서 아래로 작동하는 일방통행적인 규범이 아니다.

둘째로 법치 원칙의 이상은 사회를 조직하기 위한 중립적 수단이라

---

65) 이 부분은 민경국(2016: 332-334)의 내용을 재구성한 것이다

기보다는 도덕적 기획이다. 입법 원칙들은 법이 '최소한의 도덕적 품질'을 갖게 한다. 예를 들면 보편성의 원칙은 사건이 발생할 때마다 특별법을 만드는 것을 금지할 뿐만 아니라 법적 특혜 차별을 억제하고 자의적 입법을 막는 보호장치다. 개별 명령이 아니라 일반준칙이므로 강자를 위한 특혜 규칙을 만들기도 어렵다. 법의 공정성을 담보하는 것이 입법 원칙이다. 법의 공표, 소급입법 금지, 법의 안정성 등은 시민에게 안심하고 장기적으로도 삶의 계획을 수립할 수 있는 여건을 마련해준다. 그런 특성의 법을 통해 비로소 기업들은 마음 놓고 장기적 투자를 할 수 있다. 그 원칙들을 존중하면 시민과 정부의 행동은 예측 가능하여 자유와 안정이 마련될 수 있다.

세 번째로 법치 원칙은 입법자와 시민 간의 상호관계에서 법이 만들어져야 한다는 것을 의미한다. 그것은 입법자와 시민 사이의 상호 과정, 시민끼리의 상호 과정이 야기되는 틀을 위한 필요충분조건이다. 정부에 대한 복종은 폭력을 통한 독재에 의해서도 확보될 수 있다. 그러나 법치를 충족하는 법에 대한 충성은 폭력과는 성격이 완전히 다르다. 즉, 입법자들과 시민 간에 상호존중을 기반으로 하는 상호관계에서 그것은 충실하게 확보될 수 있다. 입법자는 시민을 자율적 시민으로 존중해야 하고, 입법자도 자유로운 행위자로서 존중받는다. 그런 상호존중은 법치 원칙으로 표현된다. 그런 상호존중 없이 입법 원칙을 위반하면 시민은 법을 지켜야겠다는 의무감을 갖지 않는다. 법을 지키려는 충성심은 법이 법다워야 할 것을 요구한다. 법의 내적 도덕성을 존중하지 않으면 적법성이 약화되고, 법의 존중이 약화되며, 시민과 입법자의 상호 유대가 약화된다.

네 번째로 법의 목적을 인간 사이의 상호작용을 위한 기준선을 마련해주는 것이라고 전제하고 법 시스템에서 법이 효과적으로 작동하려면, 한편으로는 입법자와 시민 사이에, 다른 한편에서는 시민 사이에 서로 안정적 기대의 확립이 필요하다. 다시 말하면 입법자는 전체로서의 시민이 무엇을 법으로 수용하는가를 예상할 수 있어야 하고, 시민은 정부가 자신이 선언한 규칙을 지키리라고 기대할 수 있어야 한다. 법치주의의 입법 원칙은 시장 사람들이 서로 타협과 양보를 통해 자율적으로 그들의 계획과 행동을 용이하게 조정하는 법 생산을 가능하게 한다. 그런 기대가 실현되지 못하면, 제대로 작동하는 법 시스템이 될 수 없다. 동유럽 시스템이 붕괴한 것은 법 시스템 자체의 잘못 때문이다. 법치주의로서 입법원칙을 무시한 결과, 사회구조에 깊은 균열이 생기면서 사회적 상호작용의 바탕이 파괴되었다.[66]

마지막 다섯 번째로 법치에서 법을 만드는 권위는 입법자의 개인적 덕성, 카리스마, 웅변적인 힘, 또는 친절 · 우정 같은 그의 인격에 좌우되는 것이 아니다. 그것은 법이 법으로서 갖추어야 할 조건에 달려 있다. 입법자의 인격에 좌우되어 법의 권위를 인정하는 사람은 복지국가나 사회주의 성향을 가진 국가주의자들이다. 이에 반해 법의 권위를 법다운 법에서 찾는 사람들은 자율적 · 자립적 · 독립적이다. 엄격한 법치의 관점에서 볼 때 자생적 질서에서 사는 구성원들의 관계는 사실상 도덕적이다. 도덕적인 이유는 자제력을 가진 독립적이고 지적인 행위자로서 인간 상호 간 존중을 요구하기 때문이다.

66) Fuller(1969/2015: 47)

법치의 경제적 미덕

법치는 우리에게 경제적으로 무엇을 안겨주는가? 첫째, 입법자의 지식 문제를 해결해준다. 둘째, 시민의 지식 문제를 해결해준다. 셋째, 지대추구 동기를 약화시켜 번영으로 이끌어준다. 넷째, 경제적 번영을 안겨준다. 이것이 법치의 효용이다.

(1) 입법자의 지식 문제 해결

법치 원칙을 따르는 법은 특수한 목적이 없으며 탈목적적이다. 이런 의미에서 법은 특정한 집단적 목적을 위한 수단이 될 수 없다. 법치주의에서 법은 그 집행의 결과가 무엇이든 자유로이 생산과 투자, 거래할 수 있는 틀을 마련하는 것이다. 법이 특정한 목적을 달성하기 위한 수단적 역할을 할 경우, 법은 인간의 자율과 독립, 자립을 훼손하고 자유를 억압하는 시장규제다. 법을 통해 달성하려는 목적을 위한 수단으로 시민을 취급하기 때문이다. 집단적 목적을 위한 수단적 성격을 가진 법에서는 법이 초래하는 부정적 효과와 긍정적 효과를 견주어보는 비용-편익 분석을 통해 그 법의 정당성을 평가한다. 그러나 그런 평가에서는 극복하기가 불가능한 지식의 문제가 있다.

이상적인 결과를 얻기 위한 정책을 계획하기 위해서는 수많은 지식이 필요하다. 특히 시민의 선호, 생각, 재능, 그들이 제각기 처한 상황과 그런 상황에 대한 판단, 정책에 대한 태도 등과 같은 사실에 관한 지식이 필요하다. 그러나 이 같은 지식은 각처에 분산되어 존재하고, 그런 지식은 시시각각으로 변동되므로 어떤 정신이라고 해도 그것을 습득하여 제때 이용하기가 불가능하다. 규제가 번번이 실패하는 이유는 이 같은 지식 문제 때문이다. 사회주의가 망한 이유도 지식 문제였다는 것은 잘 알려진 사실이다.

그러나 법의 지배 원칙에 따른 정책은 그 같은 지식이 불필요하다. 정의롭지 못한 행동을 당연히(per se) 금지하기 때문이다. 따라서 우리의 구조적인 무지에 대한 적응이 법의 지배원칙이다. 오로지 노모스를 통해서만 사회 속에 분산되어 있는 지식을 조정할 수 있다. 목적과 결부된 행동 규칙들, 즉 테시스는 이런 기능이 불가능하다. 이에 대해 하이에크는 이렇게 말하고 있다.[67)]

> "우리는 구체적인 사실에 관한 지식이 제한되어 있어 추상적인 행동 규칙에 예속되어 행동을 조정하는 수밖에 없다. 지식의 제한 때문에 우연히 알게 된 제한된 개별적인 요인들을 기반으로 하여 매번 의사결정을 내릴 수 없다."

그러나 어떤 행동을 금지하는가의 문제, 다시 말하면 법의 옳음을 결정하는 문제는 남아 있다. 어떤 행동을 일반적으로 금지하여 개인의 자유를 최대로 확립하느냐의 문제는 단번에 해결할 수 있는 문제가 아니다. 그 문제는 끊임없는 담론의 대상이다. 정치적 · 사법적 · 학문적 담론의 과정을 거치면서 해결해야 할 문제다. 더구나 그런 담론은 오크

67) Hayek(1969: 54)

솟이 말하듯이 법 적용의 결과에 몰입하지 않은 도덕적 형태다. 해결책을 발견하기 위해 자유의 소중함을 염두에 두어야 할 것이다. 이런 자유의 존중을 염두에 둔 법의 개발은 열린 사회의 진화를 보장하는 법체계의 확립에 기여할 수 있다.

(2) 시민의 지식 문제 해결

법치에 따르는 법 규칙은 국가의 자의적인 공권력으로부터 개인들을 보호해준다. 국가가 강제하는 자의적 행사를 막아주므로 국가의 행동에 대한 예측이 가능하다. 국가가 멋대로 경제에 개입한다면, 경제주체들은 불안정하다. 언제, 어떤 식으로 국가가 경제에 개입할 것인지를 알 수 없기 때문이다. 그러나 법의 지배원칙에 따라 정부의 재량권이 억제되면, 정부의 행동이 예측 가능하기 때문에 개인들이나 그룹들 상호 간에, 또는 개인과 그룹 상호 간에 자발적인 협조와 공존이 가능하다.

정의의 규칙으로서 법 규칙은 개개인들의 '보호 영역'을 설정함으로써 그들의 신체 소유에 대해 국가는 물론 타인들의 침해를 막는다. 이 보호 영역 내에서 개인들은 자신의 인지능력에 기초하여 자신의 목적을 추구한다. 그러한 법은 추상적인 성격을 가지고 있어 개개인에게 다양한 목적을 추구할 수 있게 하고, 이들의 조정 또한 가능케 한다. 정의의 규칙에 의해 안내되는 자생적 질서에서는 개개인들에게 분산된 지식 사용이 가능하다. 비록 한 줌밖에는 안 될지라도 그들 각자가 지니고 있는 사실에 관한 지식을 이용할 수 있을 뿐만 아니라 타인들이 가진 현장 지식도 누구나 이용할 수 있다. 가격기구는 분산된 지식을 모아 필요한 모든 사람에게 전달한다. 더구나 정의의 규칙들, 그리고 이러한 테두리 내에서 형성되는 수많은 행동 규칙이 개인들의 행동에 관한 예측을 가능하게 한다.

(3) 법치는 지대추구 행동을 억제한다

법치주의는 차별을 금지하고 모든 사람에게 똑같이 법을 적용할 것을 요구한다. 따라서 법치주의 아래에 있는 정부는 어떤 차별적인 정책도 펼칠 수 없다. 예를 들면 특정한 산업을 보호하거나 특정한 그룹을 보호하는 정책은 법치주의 위반이다. 따라서 정부 인사들은 특혜를 받아 이권을 추구한다든가 또는 경쟁보다 국가로부터 보호를 받아서 이익을 얻으려는 동기가 약화된다. 특혜를 받거나 인 · 허가를 받기 위한 부패도 없다.

이익단체나 유권자들은 규제의 혜택을 받기 위해 정치적 영향력을 행사할 만한 어떤 동기도 발생하지 않는다. 차별적인 법, 특혜성을 가진 법의 경우에는 유리한 방향으로 규제가 작동되도록, 또는 불리한 방향으로 규제가 작동되도록 정치적 영향력을 행사하려는 동기가 매우 크다. 그러나 법치주의의 법 작동이나 집행에서는 이런 동기가 약화된다. 흥미로운 것은 정치적 경쟁이다. 법치주의가 실현되면, 정치적 경쟁에서 득표를 위한 전략으로서 차별적 · 단기적이거나 일관성이 없는 정책을 공급할 수도 없다. 법치주의 아래에서는 득표 전략으로서 유권자의 인기에 영합하는 포퓰리즘 정책도 억제될 수 있다. 정치가나 관료들은 보편적 이익의 관점에서 정책을 수립할 수 있다. 따라서 법치주의 아래에서는 시민, 정치가, 그리고 관료와 시민단체들의 이권 추구를 위한 비생산적 투자가 줄어들고, 그 대신 그들의 모든 역량이 생산적으로 투자될 수 있다.

(4) 경제적 번영을 불러오는 법치

법치주의의 미덕은 번영을 가져다준다는 점이다. 많은 학자들이 통계를 이용하여 법의 지배와 번영의 관계를 이해하려고 노력했다. 그들이 발견한 것은 법의 지배를 유지하는 것이 경제발전에 유리하다는 사실이다. 법의 지배가 인간개발에 미치는 영향을 통계적으로 파악한 연구에 따르면, 법치가 지켜지는 사회에서는 평균수명도 길어지고 건강을 위한 지출도 증가한다. 유아 사망률과 문맹자 수도 감소한다. 법의 지배는 정의로운 법을 통해 무엇보다 자유와 재산을 안정적으로 보호한다. 정부의 자의적인 계획이나 특권도 배제한다. 이런 제도적 틀 내에서 시민은 교환의 편익을 인식할 수 있고, 기업가정신을 활성화한다. 이런 기업가적 과정을 통해 경제가 번영한다. 벤저민 프리드먼이 적절히 지적했듯이, 자유경제를 통한 경제적 번영은 관용과 너그러움, 그리고 공정성 같은 도덕도 함양한다.[68] 질투심도 없어지고 예의범절, 직업윤리를 비롯하여 앞서가는 사람, 정직성, 소유의 존중 등 자본주의의 도덕적 품성(ethos)도 높아진다.

사회주의가 몰락한 근본적인 이유는 정부 권력을 제한하지 못했고,

---

68) Friedman(2006)

정치 권력이 자유와 재산을 유린할 정도로 비대해졌기 때문이다. 법의 지배 전통이 약하고 자의적인 정부 권력이 큰 라틴아메리카는 경제적으로도 빈약하다. 더구나 사회주의와 해방신학의 강력한 영향을 받았다. 법의 지배가 사유재산과 자유 대신에 사회정의 같은 집단주의로부터 받은 영향도 컸다. 그 결과는 경제침체와 정치적 불안이다.[69]

소결: 자유와 법의 관계

법과 자유의 관계에 관한 논쟁에서는 상이한 두 가지 정치철학이 존재한다. 그 하나가 바로 설계주의적 합리주의 정치철학이다. 이에 의하면 모든 법 규칙이나 그 밖의 행동 규칙들은 자유를 제한한다는 것이다. 심지어 종교적, 도덕적 그리고 전통적인 행동 규칙도 자유를 제한하는 것으로 간주한다.[70] 법(행동 규칙들)과 자유의 관계를 이같이 파악한다면, 시장경제 질서의 기초가 되는 행동 규칙들, 특히 사법 질서는 자유를 제한하는 것이므로 시장경제 질서의 기본적인 가치는 자유가 아닌 것으로 파악할 것이다. 다시 말하면 시장경제와 자유 사이에는 서로 갈등 관계가 존재하는 것으로 여길 것이다. 이와 같이 자유와 법의 관계를 갈등 관계로 파악하면, 자유의 완전한 실현은 사실상 법을 완전히 폐지

---

69) Zywicki(2003)

70) 밀은 전자의 세 가지 행동 규칙에 의한 자유의 제한을 "도덕적 강제"라고 말했다. 이에 관해서는 제1장에서 이미 설명했다.

해야 가능할 것이고, 따라서 경제 시스템이 자유경제가 되기 위해서는 모든 법을 철폐하는 수밖에 없을 것이다.[71] 그 결과는 질서가 아니라 혼란이다.

법과 자유의 갈등 관계를 어떻게 해결하는가? 공리주의는 편익 또는 효용이라는 개념을 도입하고 있다. 어느 한 법이 개인들 및 사회에 순효용을 가져다줄 경우에만 그 법은 정당성을 가지고 있는 것으로 간주한다. 법의 집행으로 인해 발생하는 자유의 손실이 그 법이 가져다주는 효용의 증가에 의해 상쇄될 경우에만 그 법은 정당성을 갖게 된다. 이때 효용은 사회정책적 또는 경제정책적인 구체적 목적들을 의미한다. 진화론적 합리주의 전통은 법이 자유를 위해 반드시 필요한 본질적인 조건으로 간주한다.

자유는 제멋대로 행동하는 상태가 아니다. 보편적인 정의로운 행동규칙들에 의해 국가는 물론, 타인들 또는 그룹들로부터 침해할 수 없는 행동 영역, 보호된 영역이 설정되어 있는 경우 개개인들의 자유로운 상태가 형성될 수 있다. 따라서 법과 자유는 양립한다. 법은 인간의 자유로운 질서다. 이때 법은 모든 형태의 법이 아니라 일반적 · 추상적 행동 규칙, 즉 정의로운 행동 규칙의 성격을 가진 법이다. 이러한 성격의 법은 사법이다. 사법은 일반적인 정의로운 행동 규칙들, 자유를 보장하는 행동 규칙의 성격을 구현한 것들이다. 이런 성격의 법 규칙들은 어떤 정치적 목적에서도 벗어나 독립적인 성격이 있다. 그래서 시장경제를 정치적 목적을 달성하기 위한 도구로 이용할 수 없다.

---

71) 설계주의적 합리주의를 법학에 적용하고, 법실증주의의 발전에 크게 기여한 벤담은 『입법론』에서 "법은 자유를 희생하지 않고서는 만들 수 없다"라고 말했다.

스코틀랜드의 도덕철학 전통에서 볼 때, 시장경제 질서는 법과 자유가 서로 조화 관계에 있는 질서다. 그러나 시장경제를 정치적 도구로 이용하기 위해 작성된 법과 자유는 양립될 수 없다. 그러한 법은 '처분적 법'으로서 개인들의 행동을 정치적 목적을 위한 도구로 간주한다. 처분적 법(설계주의적 법)은 특정의 정치적 목적을 달성하도록 개개인들의 행동을 특정한 방향으로, 즉 적극적으로 규정한다. 이러한 법은 조직을 위한 것이다. 자생적 질서를 조직으로 전환시키는 모든 법은 자유와 결코 양립될 수 없다.

13.
법과 경제학의 만남

인간행동은 행동 하나로 끝나지 않는다. 왜냐하면 타인들에게 영향을 미치기 때문이다. 인간의 삶은 서로 영향을 주고받는다. 어느 한 사람의 행동 결정은 타인들에게 영향을 미친다. 그 영향이 긍정적일 수 있다. 예를 들면 이웃집 주인이 멋진 정원을 가꾼다면 그것은 나에게도 좋은 영향을 미친다. 그러나 이웃이 항상 그런 좋은 영향을 미치는 것만은 아니다. 나쁜 영향도 미치게 마련이다. 층간소음, 매연, 연탄공장 등은 나의 생활에 부정적인 영향을 미친다. 이런 상황을 '침해'라고 말한다. 이런 종류의 '침해'는 경제학에서 '기술적 외부효과'로 정착되어 있다.

그러나 또 다른 부정적인 외부효과가 있다. 즉 어느 한 사람이나 그룹의 수요증가로 가격이 인상되어 다른 수요자의 지출을 늘리는 결과를 초래한다면, 이는 '경제학에서 금전적인 외부효과'라고 일컬어지고 있다. 금전적이라는 이유는 그 영향이 가격에 반영되기 때문이다. 가격에 반영되지 않는 기술적 외부효과는 타인들의 오염방출로 우리의 재산이나 생명에 직접 영향을 미치는 경우다. 가격에 전가될 수 없는, 오히려 가격의 생성조건이 없는 상황이다. 이때 법은 기술적 외부효과를 막아야 할 과제가 있다. 그런 과제를 수행하기 위한 법 원칙은 무엇인가?

층간소음 문제의 해법

예를 들면 빈번히 다음과 같은 사례를 만나게 된다. 철도회사가 먼저 열차를 운행하고 있었고 후에 농민이 경작을 시작했는데, 불씨로 인한 화재로 농민의 수확에 차질이 발생했다고 하자.[72] 물리적으로 보면 농민이 피해를 입었지만, 그것을 피해라고 할 수 있는가? 누가 그 피해에 대해 책임을 져야 할까? 이런 경우 "피해에 접근한 농민에게 책임이 있다" 또는 "농민이 이를 예견할 수 있으면서도 농사를 지었기 때문에 책임이 있다"라고 말한다.[73] 그런 예는 원인자가 피해자보다 공간을 먼저 소유한 경우다. 이는 어떤 소유가 정의로우냐의 문제를 말해주는 취득시효의 고전적인 법 원칙, 즉 정주(定住) 원칙의 적용이다. 이는 누구에게도 소유되지 않은 자산이 있다면 최초로 자리 잡은 사람이 주인이 된다는 뜻이다.

또 다른 대표적인 예는 아무도 살지 않는 넓은 공터에 일정한 정도의 소음을 내는 공항을 건설했다. 그런데 얼마 후 공항 주변에 주택회사

72) 이런 일은 현재 발생하는 사건이 아니라 과거 미국에서 빈번히 등장했다. 석탄을 태워 움직이는 열차가 밀을 재배하는 광막한 대지 사이로 불티를 내면서 지날 때, 밀밭에 화재가 났다.

73) 정기화(2019)

가 주택을 건설했다. 이 경우 주택회사가 그 소음에 대한 책임을 지는 것은 당연하다. 그러나 시간이 지남에 따라 비행기 이착륙 횟수가 늘어나 공항의 소음이 점차 늘어난다면 늘어난 만큼 공항이 책임지는 것이 법 감정이다. 열차 운행보다 나중에 농민이 경작하기 시작했으면, 불티로 인한 농작물 피해에 대한 책임은 농민이 지는 것이 정의롭다. 만약 농민이 경작을 시작했을 때보다 열차 운행 횟수가 늘어나 농민에게 주는 피해가 늘어났다면 늘어난 피해에 대한 책임이 철도회사에 있다는 것은 우리의 도덕 감정과 일치한다.

세탁소가 조용히 세탁업에 종사하고 있는데, 어느 날 철강공장이 세탁소 근처에 공장을 세워 매연을 내뿜기 시작했다고 하자. 이에 대한 책임은 철강공장에 있다. 위층의 소음으로 아래층에 피해를 주는 층간 소음의 경우에도 누가 먼저 이사를 왔느냐에 달려 있다. 그런 책임은 과실이 있든 없든 관련이 없다. 이는 엄격책임 원칙에 해당한다.

책임 원칙 중에는 과실책임 원칙이 있는데, 이 원칙의 핵심은 '이성적인 사람(reasonable man)'이라면 기울였을 주의를 다하지 못해서 타인에게 끼친 피해에 한해서만 책임을 진다는 것이다. 이 원칙의 문제는 두 가지다. 첫째로 '이성적인'이라는 개념의 뜻이 막연하고 주관적이라는 점이다. 둘째로 어느 한 사람이 주의 의무를 다했다고 판명되면 그의 행동으로 인해 타인의 재산이나 신체에 물리적 피해를 주었거나 우연히도 그가 그런 피해를 주었다고 해도 그를 처벌하지도 말아야 하고, 희생자에게는 어떤 보상도 없어야 한다. 따라서 엄격책임 원칙은 개인의 자유와 신체 그리고 재산권을 효과적으로 보호할 수 있다.

권리의 불안을 야기하는 로널드 코스의 해법

로널드 코스와 리처드 포스너는 외부효과(층간소음, 오염, 일조침해, 열차의 불티로 인한 농작물 피해, 가축에 의한 농작물 피해) 등과 같이[74] 재산을 침해하면 누가 그 피해에 대한 책임을 지며, 또는 누구에게 소음권 · 오염권 등을 부여하는 것이 사회적 후생 또는 경제성장의 극대화를 보장하는가를 따진다. 그런데 거래비용이 제로인 경우,[75] 누구에게 권리를 부여하든 극대화를 보장한다는 것이다. 이것이 '코스정리'로 알려진 유명한 명제다. 따라서 재판관은 비용-편익을 분석할 필요 없이 동전을 던지든가 추첨을 하든가 해서 어느 한쪽에 권리(또는 책임)를 부여하면 끝이다.[76] 다시 한번 강조하건대, 거래비용이 제로인 상황에서도 국가는 필요하다. 누군가에게 권리(또는 의무)를 부여해야 하기 때문이다. 흔히 당사자들 가운데 빈곤한 계층에게 국가가 새로운 권리를 줄 것을 제안하는 사람도 있다.

그러나 코스의 해법에는 문제가 있다. 예를 들면 피해자가 소음을 감당할 의무를 진다는 것은 정의감 또는 법 감정과 맞지 않는다. '코스정리'는 도덕적으로 가장 음험한 난센스 중 하나가 아닐 수 없다.[77] 그런 해법은 진화적으로 살아남을 수도 없었을 것이다. 자유주의 해법은 원

---

74) 일조권 분석에 대해서는 김정호(2016) 참조

75) 물건을 사고파는 데는 시간적 · 금전적 비용이 든다. 거래비용이란 거래할 파트너를 찾는 비용, 거래조건 등을 협상하는 비용, 그리고 계약대로 물건의 양도가 이루어졌는가를 확인하는 비용으로 구성되어 있다.

76) 예를 들면 담배 피울 권리는 흡연가에게, 흡연에서 생기는 담배 연기를 감당할 책임은 비흡연가에게 부여한다. 또는 그 반대로 깨끗한 공기를 마실 권리는 비흡연가에게, 흡연에서 생기는 담배 연기에 대한 책임은 흡연가에게 부여한다.

77) North(2002: 85)

인자에게 책임을 지게 하는 것이다.

코스 정리에 따르면 거래비용이 제로가 아니면, 권리(책임)를 누구에게 부여할 것인가를 판정해야 하는데, 이때는 비용-편익 분석이 필요하다. 예를 들면 열차 통행으로 생겨나는 경제적 편익과 열차 통행으로 야기되는 불티 때문에 농민이 당하는 농작물 피해를 합산한 순편익, 그리고 반대로 열차 운행을 제한하여 야기되는 경제적 손실과 불티 없이 농사지을 때의 경제적 이득을 합산한 결과를 비교하여 큰 편익을 주는 권리할당을 선택하는 것이다. 책임 또는 권리 부여에서 고전적 자유주의가 중시한 정주(定住) 원칙도 고려되지 않는다.

판단기준은 자원배분의 효율성 또는 경제성장 극대화다. 그 기준은 공리주의인데, 이 방식이 과연 개인의 자유와 재산권을 효과적으로 보호할 수 있는가? 열차의 불티로 인한 농작물 피해가 발생하는 경우를 보자. 거래비용이 존재하여 권리의 할당을 사회적 효용 또는 경제성장에 더 기여한다는 이유로 철도회사의 손을 들어주는 경우는 피해당한 농민의 권리를 존중하지 않은 결과다. 그 같은 입법이나 재판은 개인의 인격·재산·생명존중 같은 도덕감을 무력화시킨다. 정부에 의한 권리의 믿을 만한 보호와 집행이 없기 때문이다. 게다가 사회적 피해·편익을 계산하는 것도 쉽지 않다. 피해와 편익은 주관적이기 때문이다.

피해의 상호성이라는 개념도 틀렸다. 피해의 상호성이란 매연공장의 매연을 억제하면 공장에, 매연방출을 내버려두면 이웃에게 피해를 준다는 뜻이다. 어린아이 유괴의 경우를 보자. 국가가 유괴를 막으면 유괴범에게, 유괴범을 내버려두면 희생자에게 피해를 준다. 이것이 피해의 상호성이다. 피해의 상호성은 부작위(non-action)도 적극적인 행위, 즉 작위(action)만큼 목적의식적이라는 가정을 전제하여 작위와 부작위를 구분하지 못한 데서 생겨난 오해다.[78]

그러나 로스바드가 주장하고 있듯이[79] 부작위는 법률과 관계가 없다. 법의 역할에서는 누가 타인의 인격이나 재산 또는 건강과 자유를 침해했는가가 중요하다. 그 침해자를 찾아내어 그에게 책임을 지우는 것이 법의 역할이다. 부작위는 침해행동이라고 볼 수 없다. 상호성론은 우리의 상식적 원리 및 법 감정과도 일치하지 않는다.[80] 우리는 매연공장이 세탁소의 재산에 해를 끼쳤다고 서슴없이 말한다. 철도회사 열차의 불티로 농부의 소유물을 해쳤다고 말하는 데 주저하지 않는다. 층간소음도 위층의 소음으로 아래층에 피해를 준다.

국가가 유괴를 억제 · 제한하면 유괴범에게 피해를 준다. 유괴범을 내버려두면 희생자에게 피해를 준다. 이것이 피해의 상호성이라고 한다면 재판관은 각 당사자가 타인들에게 얼마나 피해를 주어도 좋은가를 밝혀내려 노력해야 하는데, 이때의 경제학은 탈가치판단의 경제학이 아니라 사악한 경제학이 된다.[81] 법의 변동에서 무시할 수 없는 요소가 바로 인간의 정의감 또는 법 감정이다.[82] 이를 무시하는 것은 법실증주의의 핵심이다. 법 감정 또는 정의감은 흄의 자연적 정의와 동일하다. 법이

78) Rizzo(1979: 77-78)

79) Rothbard(1979: 94)

80) 민경국(1997: 468-469)

81) North(2002: 82)

82) Hume(1980/2014: 제3권 115쪽)

사회에서 수락되려면 자연적 정의와 충돌해서는 안 된다.[83] 하이에크가 지적하고 있듯이 정의감과 법 감정은 인간이 특정의 행동 규칙에 대해 정의롭지 않다는 판단을 하게끔 인도한다. 그러나 그런 감정은 어감과 마찬가지로 언어로 표현되어 있지 않은 초의식적 행동 규칙이다.[84] 흥미롭게도 효율적이라는 이유로 부정적인 외부효과를 발생시킨 가해자에게 권리를 주고 피해자에게 피해를 감당할 의무를 부과하는 행동 규칙이 진화적 과정에서 생성될 것인지는 매우 의심스럽다. 다시 말하면 환경 오염자를 동시에 환경자원의 소유자로 만드는 그런 행동 규칙은 인위적인 간섭에 의하지 않고는 진화적 과정에서는 형성되지 않을 것이다.[85] 결론적으로, 모든 법적 관계에서 인간은 수단으로 환원되어서는 안 되며 목적 그 자체여야 한다는 원칙은 개인이 누려야 할 자유의 본질이다.

83) 물론 정의감과 법 감정이 자유주의와 상충하는 경우도 있을 수 있다. 따라서 재판관은 임의의 정의감이 정의로운 행동 규칙의 성격을 충족해야 할 뿐만 아니라 그것이 기존의 보편적 행동 규칙 시스템과 양립할 수 있게 해야 한다.

84) Hayek(1978: 45-47), 민경국(2007: 176, 258, 321)

85) Boudreaux(2005: 159). 포스너가 공장이 배출한 오염을 무시하는 관습이 생겨났다고 주장하는 데 대해 부드로는 다음과 같이 말했다. "보통법은 공장이 만들어낸 수질 오염으로부터 토지소유자를 보호하는 법 규칙을 발전시켰다. 실제로 보통법이 제정법보다 더 믿을 만하게 오염을 막아냈다."

법과 경제학 I: 어울리지 않는 만남

법경제학은 비용-편익 분석에 입각하여 법을 이해한다. 이것이 법과 경제학의 만남이다. 법학이 법의 외부에 있는 분야인 경제학에 전적으로 의존한다. 그래서 법의 이해에서 경제분석(비용-편익)이 주도권을 잡는다. 법경제학은 법학 내에서 연구된 법이 없다. 그래서 "법경제학은 '법이 없는 법이론'"이라는 독일의 유명한 법철학자 메스트메커의 비판은 전적으로 옳다.[86] 법이론이 불필요하기 때문에 법과대학은 없어도 되며 경제학만 배우면 된다. 헌법재판에서 법률가를 불필요하게 만든 것이 법경제학이다. 경제학이 직접 나서서 '이익의 충돌, 사익과 공익의 충돌을 해결하는' 해법을 찾기 때문이다.

다른 한편으로 법경제학은 시장이 없는 법이다. 시장이 수행해야 할 과제로서 효율적인 자원배분을 법이 미리 수행한다. 다시 말하면 효율적인 자원배분이 법 속에 이미 들어 있다. 즉, 경제질서가 독자적으로 수행할 과제를 법관이나 입법자로 구성된 국가가 수행한다. 법이 경제를 삼켜버린 것이다. 법과 독립적으로 작동하는 시장영역은 없다. 게다가 경제학을 수리나 계량에 매진하는 엔지니어로 만들었다. 이것이 법경제학이 철학적 기반이 없는 학문이라고 지적하는 시카고대학 여류철학자 마사 누스바움의 비판으로부터 자유롭지 못한 이유다.[87] 코스와 포스너에서 법과 경제학이 만남으로써 결국 법이론 없는 법과 시장 없는 법이 되고 말았다. 이는 기형적인 만남이다.

---

86) Mestmäcker(2007)

87) Nussbaum(2014), 민경국(2014)

더구나 비용-편익 분석은 용이한 일도 아니다. 법이 사회구성원들에게 미치는 편익과 피해를 재판관이 알아야 한다. 그러나 비용과 편익은 구성원 각자의 머릿속에 들어 있는 변수다. 말하자면 그들 각자의 주관적 판단의 산물이다. 재판관이나 입법자를 비롯하여 그 누구도 그런 비용 또는 편익을 아는 것은 불가능하다. 인간 이성의 한계란 바로 그런 지식의 문제를 말한다. 그러므로 지식의 문제에 대한 적응이 법치라는 것은 이미 앞 장에서 상세히 설명했다. 법치 원칙에 비추어서 임의의 행동 규칙이 법다운 법인가를 테스트할 때는 효과 분석을 필요로 하지 않는다.

헌법재판: 이익형량이냐 법치 원칙이냐

그럼에도 헌법재판소의 헌법재판이 이익형량에 의존하고 있는 것은 유감스러운 일이 아닐 수 없다. 이런 판결에 깔려 있는 전제는 공익과 사익은 필연적으로 충돌한다는 점이다. 헌법학자들도 공익과 사익 간의 이익형량에 비추어 헌법 판결이 어렵다는 것을 인정하면서도 포기할 수 없다고 한다. 공익과 사익의 필연적인 충돌이라는 이유에서다.[88]

우리가 주목할 것은 헌법 판결에서 공익과 사익 간의 이익형량은

88) 2019년 6월 한국헌법학자대회에서 행한 양건 교수의 기조 강연문 "전환시대의 헌법과 헌법학" 참조. 이 논문은 양건(2019)에 재수록

어려운 것이 아니라 아예 불가능하고, 또 불필요하다는 점이다.[89] 예를 들면 "재산권의 행사는 공공복리에 적합하도록 해야 한다"라고 규정한 헌법 제23조 제2항 같은 이익형량 모델은 헌법재판관이 무엇이 공익인가, 이를 어떻게 달성할 수 있는가를 완전히 알고 있다는 전제를 깔고 있다.[90] 이 전제는 치명적인 지적 자만에서 비롯된 것인데, 그런 자만은 사회주의 계획경제 또는 간섭주의의 실패가 입증하고 있다. 인간의 회피할 수 없는 지적 한계, 즉 인간 이성의 구조적인 치료 불가능한 무지가 그러한 실패를 불렀다는 것을 직시해야 한다. 앞에서 설명한 바와 같이 인간 이성의 그런 한계성에 대한 각성에서 노자는 무위사상과 자연사상을, 애덤 스미스는 보이지 않는 손의 원리를, 하이에크는 자생적 질서와 진화라는 쌍둥이 아이디어를 개발 · 발전시켰다.

이익형량은 지식의 문제 때문에 불가능함에도 '그것이 반드시 필요한가?'의 문제가 남아 있다. 공익과 사익은 필연적으로 충돌하는가의 문제다. 이런 충돌은 자유를 허용하면 만인에 대한 만인의 투쟁을 불러온다는 토머스 홉스, 제러미 벤담 전통의 사회관이다. 이 전통은 자생적 사회질서의 존재를 부정하고, 사회질서가 합리적이려면 목적의식을 가지고 사회를 계획하여 인위적으로 만들어야 한다는 계획사상에서 비롯된

89) 이 문제는 2019년 6월 한국헌법학자대회에서 행한 양건 교수의 기조 강연문 "전환시대의 헌법과 헌법학"(양건, 2019)에 대해 논평한 글(민경국, 2019a)에서 상세히 다루었다.

90) 헌법 제119조 제2항이 말해주듯이, 예를 들면 국민경제의 균형성장 · 안정, 분배정의 등이 공익의 후보자가 될 수 있다. 이런 공익을 달성하기 위한 수단도 문제다. 재산권의 행사가 무제한적이면 재산의 소유, 이용, 용익 그리고 처분에 대해 적절히 제한해야 한다는 것이다. 결과 지향적 공익 개념은 시장경제의 외부에서 시장경제가 달성하도록 부과된 것이므로 언제나 사익과 충돌한다. 이때 사익이란 오해의 소지가 매우 크다. 개인들의 자유로운 목적 추구 또는 자유로운 경제활동을 제약한다는 의미로 이해하는 것이 적합하다.

것이다. 자생적 질서는 이익의 갈등이 스스로 해결되어 결과적으로 이른바 공익이 내생적으로 달성되는 질서라는 것을 직시해야 한다. 자생적 질서를 통한 공익은 의도적으로 공익을 목표로 행동하는 것보다 비교할 수 없을 정도로 훨씬 더 쉽게 달성된다는 것을 주지할 필요가 있다.

그런데 시장 같은 자생적 질서가 그 같은 기능을 행사할 수 있으려면 이에 적합한 법질서가 필요하다. 정의로운 행동 규칙의 성격을 갖게 하는 법치 원칙에 따른 법질서, 즉 사법체계다. 헌법재판은 재판의 대상이 되는 법률이 법치 원칙과 양립하는가를 보여주는 것이다. 법치 원칙은 개인 차원에서는 물론 국가 차원에서 직면하는 인간 이성의 한계에 대한 적응이라는 것을 깨달아야 한다.

결론적으로 말해서 법과 경제학의 잘못된 만남은 법의 본질을, 충돌하는 이익들을 인위적으로 조정하는 데서 찾고 있기 때문이다. 법의 본질에 대한 그릇된 이해는 제10장에서 상세히 설명했듯이 법을 명령으로 이해하는 권위주의적 법인식을 초래했다. 그러나 본래 법의 역할은 서로 충돌하는 이해관계들을 직접 조정하는 데 있는 것이 아니라 그들이 스스로 조정하기 위한 조건으로서의 역할이다. 법과 경제학의 올바른 만남은 법의 본질에 대한 올바른 이해를 전제한다.

법과 경제학 II: 잘 어울리는 만남

법과 경제학의 잘못된 만남 대신에 제대로 된 만남이 필요한데, 경제학자와 법학자의 협력이 중요하다. 그런 만남은 오스트리아학파 혹은 독일의 질서자유주의가 제대로 주선한다. 경제학과 법학은 제각기 독자적 영역이 있다. 경제학은 애덤 스미스에게는 보이지 않는 손이 작동하는 원리를, 발터 오이켄에게는 경쟁 질서의 작동원리를, 하이에크에게는 자생적 질서의 원리를 규명하는 일이다. 경제학자는 개개인들의 자율적인 결정들이 어떻게 스스로 조화롭게 조정되는지, 조정된 결과로서 경제적 번영, 경기변동, 고용, 분배 등을 분석한다.

법학은 거래 질서에 필요한 법의 성격, 그리고 사법(私法)이란 무엇이고 어떤 역할을 하는가를 분석한다. 그런데 흥미롭게도 자생적 시장질서를 실제로 어떻게 달성할 수 있는가를 알기 위해서는 법학과 경제학의 지식이 융합되어야 한다. 법학과 경제학은 서로 독립적인 동시에 독자적 연구영역이 있지만, 시장질서를 현실에 적용하기 위해서는 서로를 필요로 한다. 법과 경제학이 상호의존적인 이유다. 상호의존성은 법과 시장질서는 서로 영향을 주고받는다는 사실을 넘어서 시장질서는 사법(민법과 형법)을 전제로 하고, 사법은 시장질서를 전제로 한다는 사실을 의미한다. 상호의존성은 시장경제에서는 법치국가를, 법치국가에서는 시장경제를 전제한다는 뜻이다. 국가질서와 경제질서를 연결하는 것이 법치다.

시장질서가 안정성을 갖고 지속적으로 유지되기 위해서는 사법만으로는 충분하지 않다. 이 밖에도 무수히 많은 행동 규칙들, 특히 '도덕적 기품(ethos)'이라고 부를 수 있는 신념과 태도가 필요하다. 예를 들면 계약을 충실히 지키는 태도에 대한 도덕적 시인, 소유와 소유권 존중을 높이 평가하는 심성, 타인들에게 미치는 피해에 대한 책임의식을 높이 평가하는 심성, 열심히 노력하는 자에 대한 존중심, 앞서가는 자들(혁신가)과 나보다 더 나은 실적을 공급하는 자들에 대한 존경심 등이 해당한다. 시장질서 및 자유사회를 유지하기 위해서는 이러한 도덕적 심성 이외에도 중요한 정신 태도가 또 있다. 자신과 자신의 가족을 책임지는 태도, 미래의 불확실성에 대한 낙관적인 태도, 위험부담과 소득 불균등에 대한 긍정적인 태도, 경쟁을 긍정적으로 바라보는 태도 등 시장경제에 대한 긍정적인 태도도 매우 중요하다. 시장사회에서 인간이 도덕적 기품을 내재화하여 가지고 있을 경우 시장은 안정적이고 번창할 수 있다. 이러한 기품이 결여되어 있는 상황에서는 시장질서에 필요한 법적 · 제도적 장치를 도입한다고 해도 유지되기가 매우 어렵다. 특히 우리가 주목하는 것은 시장경제의 기반이 되는 암묵적 행동 규칙이다. 이런 암묵적 규칙은 대부분 도덕적 기품으로 표현될 수 있다. 암묵적 행동 규칙이야말로 그 규모에 있어서나 그 역할에서 말로 표현되는 행동 규칙들보다 훨씬 큰 역할을 한다.

자유사회를 알 수 있으려면 법학뿐만 아니라 역사, 윤리, 과학철학, 심리학, 정치철학과 일반 철학도 알아야 한다. 스코틀랜드 계몽주의를 바탕으로 한 고전적 자유주의 전통이야말로 학제 융합성이 대단히 포괄적이다. 이 패러다임을 지속적으로 개선할 과제가 오늘을 사는 우리에게 있다. 그 과제는 경험의 주요 역할을 재생하고, 자유롭고 정의로운 사회를 가능하게 하는 가치의 발생과 적용에서 얻는 경험을 다루어야 할 것이다. 열린 사회의 한 부분을 차지하면서 열린 사회를 가능하게 하는 규칙들도 다양한 규범적 경험에 열려 있다. 이런 인식을 바탕으로 할 경우에만 개인의 자유와 재산, 생명을 지키는 과제를 충실히 수행할 자유의 법경제학이 가능하다.

14.
자유와 정의

"정의는 사회에서 제1의 덕목이다." 존 롤스의 『정의론』의 첫마디다. 정의의 개념은 없어서는 안 될 모든 법의 기초다. 그리고 그것은 법을 도덕적이게 만드는 개념이다. 누구나 정의로운 사회에서 살고 싶어 한다. 대부분의 사람은 정의란 다른 어떤 도덕적 덕목도 갖지 않은 특수한 의무적 힘이 있다고 생각한다. 플라톤의 『공화국』 이래 오늘날에 이르기까지 수많은 사상가가 정의의 개념을 이론화한 이유다. 하지만 유감스럽게도 해결된 정의의 개념은 없었다. 그 의미가 매우 다양할 뿐이었다. 정의와 관련하여 일치된 견해도 없었다.

정의의 개념을 더욱더 혼란스럽게 만든 것은 정치적 · 도덕적 가치로서 '사회정의'라는 사회주의적 개념의 등장이었다. 20세기 중반 이래 급진적인 사회 사상가들은 사회정의에 호소하여 사회정책과 경제정책을 정당화했다. 그 결과, 정의의 의미는 적정한 소득 · 부의 분배로 이해되었다. 그들이 찾으려고 한 것은 분배정책의 도덕적 정당성 여부를 판단하기 위한 기준이었다. 그 기준들은 공로, 욕구, 때로는 분배평등 같은 것이었다. 사람들은 사회정의가 진정한 정의일 뿐만 아니라 그것이 이상적인 정의로운 국가건설의 핵심이라는 믿음을 만들어냈다.

그러나 고전적 자유주의자들은 전통적으로 급진적이고 재분배적인 사회정의에 반대했다. 그렇다고 해도 적절히 표현된 정의의 개념까지 반대하지는 않았다. 우리는 일상생활에서 '정의' 또는 '불의'라는 말을 사용하지만, 그것은 바람직한 어떤 특정한 분배상황과 관련된 것은 아니다. 게임규칙과 같이 사회적 관례를 특징으로 하고, 그런 관례에 참여하는 개인들의 행동에만 적용되는 절차와 규칙을 지칭할 뿐이다.

정의는 분배가 아닌 절차다

자유사회와 관련된 정의는 공로, 욕구, 분배평등 같은 사회정의에서 말하는 분배상태와는 관련이 없다. 자유주의에게 정의는 의지나 이해관계, 감정의 문제도 아니다. 달리기 경주의 예를 보자. 공정한 달리기 경주는 선수가 성실하다든가, 친절하다든가 하는 도덕적인 이유에서 승리할 자격이 있는 경주가 아니다. 경제적 성공이나 아무도 먼저 뛰어나가는 사람도 없으며, 약이나 그 밖의 것들을 통해 불공정한 이점도 없는 시합이다. 그런 모든 것은 불의(不義)다. 게임이야말로 승자와 패자를 결정하는 순수한 절차다. 물론 절차적 정의에서 사회적 관행을 경기와 똑같다고 보지 않는다. 예를 들면 육상경기에서 다리에 쥐가 나서 도중에 실패하는 것은 공정성의 문제가 되지 않는다. 그런 사건은 사회정책의 문제다. 공정한 게임규칙의 테두리 내에서 생존할 수 없는 노약자, 결손 가정, 극빈자를 돕는 정책은 정의의 원칙에 의해 정당화될 수 없다. 그런 사람을 돕는 정책은 정의의 문제가 아니다.[91)]

개인들은 절차적 정의의 테두리 내에서 자신의 재주, 기술, 노력 그리고 각자 머릿속에 지닌 지식을 동원하여 시장에서 돈을 벌어들인다. 어떤 사람은 돈을 많이 벌고, 또 다른 사람은 적게 벌 수 있다. 그런 절차적 정의에 반대하는 것이 공정성학파다. 제아무리 절차적 정의를 엄격히 따른다고 해도 정의롭지 못한 결과를 부른다면 그 절차는 공정하지 못하다고 한다. 정의로운 분배 결과를 불러오는 절차가 공정한 절차인데, 모든 공정한 절차는 사회정의에 의해 평가되어야 한다는 것이 그 학파의 인식이다.

그러나 자유사회에서 정의는 사람들의 상호작용 과정의 결과로 등장하는 분배상황이 아니라 개인의 행동 성격과 관련된 것이다. 정의라는 말을 흔히 교환적 또는 상호적 정의라는 뜻으로 사용하기도 한다. 아리스토텔레스에서 기원한 이 말은 정의를 규정하는 데는 어색한 말이다. 기껏해야 그것은 어떤 보편적 규칙하에서 어떤 사람에게 갚을 은혜가 무엇인가를 보여주는 정의 개념이다. 그러나 그것은 바람직한 상태를 말하는 사회정의와 달리 행동과 관련된 정의 개념이다. 정의를 인간 행동과 관련된 것이라고 한다면 시장의 분배 결과를 정의롭다거나 정의롭지 않다거나 하는 식으로 평가할 수 없다. 시장에는 분배하는 사람이

91) 남자는 군대에 가고 여자는 군대에 징집되지 않는다. 이것이 불평등하다는 이유에서 국가공무원 시험에서 남자 응모자에게 가산점을 주는 제도도 정의롭지 못하다. 그런 제도는 남자에 대한 특혜이고, 타인들과의 경쟁관계를 왜곡하는 제도이기 때문이다. 군복무에 대한 보상은 국가공무원 시험과는 전혀 관련이 없다.

없기 때문이다. 시장의 분배 결과는 그 누구도 의도하지 않은 것, 인간 상호작용의 자생적 결과이기 때문이다. 그런 결과를 도덕적으로 평가하는 것은 시장을 생각하고 판단하여 분배하는 실체로 파악하는, 이른바 의인화의 오류에 해당한다. 불의냐 아니냐의 문제는 자연현상이나 인간의 의도하지 않은 자생적 현상에 적용하기가 곤란하다. 길거리에 놓인 돌에 걸려 부상을 당했을 때, 그 돌을 정의롭지 못하다고 말하는 것은 온당한 말의 사용이 아니다. 인간행동들의 의도하지 않은 결과에 정의 또는 불의라는 말을 사용하는 것도 마찬가지다. 어쨌든 자유사회에서 정의란 사람들이 삶을 영위하기 위해 타인들과 관계를 갖는데, 이때 지켜야 할 규칙과 관련되어 있다. 엄격한 절차적 정의는 절차를 규정하는 행동 규칙이 정의로워야 한다. 그런 규칙이 정의롭기 위해서는 어떤 조건을 갖추어야 하는가?

행동 규칙이 정의롭기 위해 갖추어야 할 조건

앞에서 자세히 설명했듯이(199쪽 참조) 내용에서나 적용에서 차별이 없어야 한다는 의미에서 규칙은 보편적이다. 이는 흔히 말하는 법 앞의 평등이다. 구체적 상황이나 추구하는 목적이나 의도로부터 독립적이라는, 그리고 특정한 종류의 행동방식을 금지한다는 의미에서 추상적인 성격을 지닌 행동 규칙이다. 어느 한 행동이 보편적 규칙을 위반했다면 그 행동은 불의라고 할 수 있다. 예를 들면 사기, 폭력 등 규칙에 금지된 행동을 했다면 이는 불의다. 소득재분배와 같이 특정한 목적을 내포한 규칙도 불의다.

보편성은 법 앞의 평등처럼 차별이 없어야 한다는 것을 의미하는데, 단순히 차별이 없다고 해서 정의로운 것은 아니다. 어느 한 규칙이 정의롭기 위해서는 그것만으로는 충분하지 않다. 정의롭지 못한 보편적 규칙은 쉽게 상상할 수 있다. 예를 들면 어느 한 지배자가 자기의 신민 전체를 펄펄 끓는 기름 가마솥에 집어넣고 마지막으로 자신도 가마솥에 몸을 던져 죽는다면, 모두가 예외 없이 죽는다. 그런 행동은 살인이라는 의미에서 불의다.[92] 모든 사람은 사유재산을 소유해서는 안 된다는 것도 보편성과 금지적 성격을 충족한다. 그 누구도 종교신앙을 가져서는 안 된다는 것도 보편적이다.

그러나 규칙이 정의로운지, 정의롭지 못한지 구분하기 위해서는 특정한 내용이 있어야 한다. 요컨대 막아야 할 불의는 소유를 의미하는 보호된 영역의 침범이다. 소유는 물질적인 것을 넘어서 개인의 자유, 이동의 자유, 경제적 자유 등도 포함한다. 자유와 재산을 침해하는 행동을 막는 것이 정의의 규칙이 해야 할 역할이다. 개인의 보호된 영역은 잘 알려져 있듯이 데이비드 흄의 '자연법의 3원칙'을 통해 설정된다.[93] 소유의 안정, 동의에 의한 이전, 그리고 약속이행, 이 세 가지 원칙을 반영하는 근본적인 법의 준수 없이는 사회가 유지되는 것이 불가능하다.[94]

법 시스템 전체는 세 가지 원칙을 확립하는 데 있다. 이는 '시장을

---

92) Barry(1979: 134)

93) Hume(1740/1998: 115)

94) 3원칙에 관한 자세한 설명에 관해서는 민경국(2018: 274-276) 참조

구성하는 원칙(발터 오이켄)'으로, 소유의 불가침성, 계약의 자유, 피해에 대한 보상의무 등으로 요약되는 사법(private law)의 기초다. 그런 규칙들을 공동으로 지키면 자유롭게 생산하고 교환하는 시장이 형성된다. 따라서 어느 한 행동 규칙이 정의롭기 위해서는 보편성-추상성을 가져야 할 뿐만 아니라 기존의 보편적 사법체계와 양립해야 한다(칸트의 내재적 비판).

소유가 없는 곳에는 정의도 없다

"소유가 없는 곳에는 자유도 없다"라는 리처드 파이프스의 유명한 말은 사적 소유를 허용하는 사회에서만 자유가 의미 있다는 뜻이다(79쪽 참조). 소유는 자유의 보루이면서 동시에 결과다. 소유는 마치 울타리 같은 것이다. 국가가 재분배 정책을 통해 소유에 부담을 주어서는 안 된다. 시장에서만 자유가 활짝 전개될 수 있다. 시간, 돈, 교육, 노력을 얼마만큼 어디에 투자할 것인가를 자유로이 결정할 수 있다. 사법(私法)질서의 범위를 넘어서는 규제를 가하면, 개인의 자유는 급진적으로 줄어든다. 사법 규칙이 모든 사람에게 차별 없이 적용되어 법적 평등이 실현되고, 사적 소유와 계약의 자유가 가능한 한 광범위하게 실현될 때 정의도 최고로 실현된다.

"소유가 없는 곳에는 정의도 없다"라는 주제에 대해서는 하이에크가 로크, 몽테스키외, 흄, 퍼거슨 등 17~18세기 유명한 학자들을 동원하여 설명했다.[95] 이들과 관련된 그의 논점을 재구성하여 소유가 자유는 물론이고 정의의 존재 이유라는 것을 설명할 것이다. 로크에 따르면 번영의 기초가 되는 개인 간의 평화적인 협력을 확립하려면 국가가 강제로 집행해야 할 정의는 사적 소유 없이는 있을 수 없다는 것이다. 이런 인식은 정의의 존재를 부정하는 법실증주의가 소유를 얼마나 유린하는 패러다임인가를 알 수 있다. 법경제학이나 미시경제학과 거시경제학에서 말하는 효율성이라는 경제적 가치는 어떤 도덕적 의미도 없다. 포스너는 스스로 정의의 존재를 부정한다.

로크가 개인주의의 핵심이 된 그런 인식을 갖게 된 것은 17세기 중반 영국과 네덜란드가 누리던 번영을 분석한 결과였다. "나는 생각한다. 고로 존재한다"라는 데카르트의 말에 비유하여 "나는 존재한다. 고로 소유한다"라고 말할 정도로 로크는 사적 소유를 중시했다. 불의는 사적 소유권의 위반과 침해로 여겼다. 불의를 막아서 그런 권리를 보호하는 것이 법의 역할이요, 국가의 제1 과제였다. 그런 과제를 성실하게 수행하지 못하는 정부는 혁명을 통해서라도 교체해야 한다고 역설했다.

그 후에 등장하여 상업정신과 문명, 도덕의 밀접한 관련을 설파한 인물이 몽테스키외였다. 그는 평화를 이끄는 것은 상업의 자연적 효과라고 목소리를 높였다. 상업정신은 인간에게 상냥함, 친절, 정직, 성실성 같은 도덕감정을 만들어낸다고도 했다. 유쾌한 행실을 보는 곳은 어디든 상업이 번창하고, 상업이 있는 곳이라면 어디든 즐거운 예의범절을 만난다고 설파했다.[96] 상업은 어디에서나 모든 나라의 예의범절에 관한

95) Hayek(1988/1996: 74-77)

96) Montesquieu(1748/2016: 20/1, 351)

지식을 확산시킨다는 것이다. 그는 북유럽의 야만인에게 문명과 상냥한 예의를 확산시킨 것도 상업정신이라고 믿었다.[97)]

소유와 정의의 밀접한 관련성을 주장한 역사적 인물로 데이비드 흄을 빼놓을 수 없다. "사적 소유의 채택이 문명의 시작"이라는 그의 탁월한 인식이 『인성론』 제3부의 도덕에 관한 논의를 장식하고 있다. 정의란 재산습득과 교환을 지배하는 보편적 규칙이다. 정의의 존재 때문에 자원의 희소성을 해결하는 평화로운 분업과 협력이 가능했다고 목소리를 높였다. 흄은 정의 혹은 타인의 소유에 대한 존중, 성실성, 의무적인 약속이행 등에 따른 판단에 의해 인간의 자연적 · 도덕적 본능을 억제하여 보편적 자유가 가능하다는 것을 인식한 최초의 인물이었다. 영국이 위대한 이유도 소유를 침해하는 정부 권력을 제한하려는 정치적 노력이 지속적으로 있어왔기 때문이라는 것도 흄의 탁월한 생각이었다.[98)] 소유가 자유의 조건이자 정의의 존재 이유라는 것은 분명하다. 18세기의 많은 사람도 소유를 모르는 사람은 노예와 같고, 그런 사람에게 정의와 불의의 구분은 의미가 없다는 것을 보여주려고 노력했다.

97) Hayek(1988/1996: 75)

98) 위의 책, 76쪽

정의의 역할은 불의를 제거하는 데 있다

정의의 규칙은 정의롭지 않은 행동을 예외 없이 당연히 금지하는 내용을 가지고 있다. 그래서 무엇이 정의로운가를 말해주는 적극적인 기준이 아니라 소극적 기준이다. 무엇이 불의(不義)의 행동인가를 말해주는 규칙이다. 많은 학자들이 법과 정의는 불의의 행동을 보편적으로 금지한다는 의미에서 소극적이라는 것을 입증한다. 아리스토텔레스는 법이란 사람들 사이에 불의가 있을 때 그들을 위해 존재한다고 말했다. 흥미로운 것은 애덤 스미스의 주장이다.

> "대부분의 경우 정의는 단지 소극적 덕성으로서 우리가 우리의 이웃을 해치지 못하도록 할 뿐이다. 이웃의 신체, 재산, 명예를 침해하지 않는 사람은 확실히 적극적 공로가 크지 않다. 그러나 그는 각별히 정의라고 부르는 모든 것의 규칙을 이행하고, 그의 동료가 그에게 억지로 하게 할 수 있거나 하지 않으면 처벌할 수 있는 모든 일을 한다. 조용히 앉아서 아무것도 하지 않아도 그는 정의의 모든 규칙을 다 이행할 수 있다."

이에 뒤질세라 스미스의 친구였던 애덤 퍼거슨도 도덕률의 소극성을 강조했다. 즉 "기본적인 도덕법은 우선적으로 인간의 행동에 적용되는데, 금지적인 것이어서 나쁜 짓을 범하는 것을 막는다. 정의는 내가 이웃을 해쳐서는 안 된다는 것 이상을 요구하지 않는다." 결국 사회생활의 기본적인 도덕성은 선행하라는 요구보다는 오로지 나쁜 짓을 하지 말라는 소극적 의무라는 것, 이것이 비정상이 아닌 매우 정상적이고 일반적인 믿음이라는 점을 직시할 필요가 있다.

자유의 철학에서 자유처럼 정의도 소극적인 이유가 있다. 우리가 아는 것은 정말로 얼마 되지 않는다. 하이에크의 말을 빌리면 사회 구석 구석에 흩어져 있는 전체 지식에 비하면 우리가 아는 것은 한 줌밖에 되지 않는다. 그래서 우리가 미리 정의로운 결정이 무엇인가를 말할 수 없는 이유는 그런 지식의 문제라는 불변적인 사실에 봉착하기 때문이다. 더구나 개인들의 혁신을 고려할 경우 지식의 문제는 더욱더 강화된다. 즉 누가 어디에서 어떤 혁신을 할 것인지를 알 수 없다. 적극적인 정의란 특정한 구체적인 상황을 지칭하는데, 이는 우리가 전부 알 수 없는 수많은 요인에 의해 결정된다. 자유와 평화가 소극적인 이유도 그런 지식의 문제 때문이다. 정의가 왜 소극적인가는 그 생성과 진화 과정을 보면 이해하기 쉽다.

정의의 규칙은 앞에서 이미 설명했듯이 시행착오 과정을 거쳐, 다시 말하면 장구한 선별적 진화 과정을 거쳐 형성된 것이다. 서로 얼굴을 알지 못하는 익명의 거대한 사회를 가능하게 하는 그런 규칙들은 특정한 행동을 지정 · 지시하는 내용의 것이 아니다. 그런 유형의 행동 규칙은 특정한 목적을 내포하고 있다. 행동 규칙의 진화는 바로 그런 목적을 추려내는 대신에 특정한 행동유형을 금지하는 소극적 성격을 갖는 행동 규칙을 선별했다. 따라서 '정의가 무엇인가?'보다는 '무엇이 불의인가?'를 더 잘 말할 수 있게 된 것이다. 예를 들면 정의감은 정의 규칙의 위반을 지적할 수 있지만, 말로 정의감을 표현하기는 쉽지 않다. 축구나 다른 경기에서 심판관 또는 선수들의 행동을 보고 '저런 행동은 불공정하다'

라고 지적할 수 있지만, 공정이 무엇인가를 말하기는 곤란하다. 범죄혐의가 없는 사람들을 구속한다거나, 정부를 비판하는 언론에 재갈을 물리고 이교도를 박해한다든지 하는 것은 용납할 수 없는 행동이다. 이는 정의로운 행동 규칙을 위반한 행동이기 때문이다. 자기 편에게는 관대한 판결을, 남의 편에게는 엄격한 판결을 내리는 것도 불의의 행동이다.

더구나 개인들의 특정행동을 지시하는 정부정책, 시장 과정의 결과를 수정하거나 개선하려는 모든 경제정책은 용납할 수 없는 행동이다. 예를 들면 '나의 삶, 책임지는 국가'라는 명분으로 정부가 개인의 삶에 개입하는 것, 복지를 위한 재분배정책 또는 특정한 정치적 목적(기술개발, 적정이윤)을 위해 경쟁구조를 만드는 정책 등도 정의로운 행동 규칙을 침해하는 정책이다. 모든 개인에게 소득수준과 관계 없이 기본소득을 보장하는 제도는 법 앞에서의 평등에는 적합하지만, 그 역시 정의로운 행동 규칙을 위반한 것이다. 개인의 자유와 재산권을 보호하는 것이 아니라 국가가 적극적으로 개인의 삶에 개입하기 때문이다.

정의와 법 앞의 평등

동양에서 법 앞의 평등을 최초로 선언한 인물은 관중(管仲, 720~645 B.C.)이다. 그는 통치자의 관할구역에 있는 모든 사람은 법 앞에 평등하다고 말했다. 유럽에서도 법 앞의 평등은 기원전부터 사람들의 입에 오르내렸다. 페리클레스의 추도문에는 "법은 사적인 차이가 있는 모든 사람에게 평등한 정의를 허용해야 한다"라고 기록되어 있다. 어쨌든 법 앞의 평등을 요구하는 것은 자유주의라는 사실에 주목해야 한다.[99] 예를 들면 존 로크는 『시민정부론』 제2장에서 "인간은 모두 종과 신분이 같은 채로 평등하게 태어나 자연이 주는 이점을 취하면서 살아가므로 누구도 남에게 예속되거나 종속되지 않고 동등해야 한다는 것은 자명한 사실이다"라고 말했다.[100] 법 앞에서의 평등은 신분사회를 극복하기 위한 투쟁의 역사에서 중요한 역할을 했다. 그것은 자유를 위한 투쟁의 큰 목표였다.[101] 그런 평등은 법 또는 행동 규칙의 평등성에 의해 보완된다. 즉, 법 앞의 평등은 법의 정립 · 집행 · 적용에 평등해야 한다는 원칙이다. 이는 민주정치가 아닌 자유주의의 기본원칙이다.

중요한 것은 평등 개념이다. 이를 정확하게 이해하려면 인간 본성의 끝없는 다양성, 개인의 현재적 또는 잠재적 능력이 사람마다 광범위하게 차이가 있다는 사실을 인정하는 것에서부터 시작해야 한다. 플라톤이 지적했듯이 그런 차이가 있는 사람들을 똑같게 만드는 것은 그들을 불평등하게 만드는 결과가 된다. 따라서 서로 다른 사람들을 평등하게 대우하는 것과 '그들을 똑같게 만드는 것'을 구분해야 한다. 후자는 법의 지배를 파괴하고 전체주의를 부른다. 그것은 동시에 개인들에 대한 불의다. 자유주의자들이 주장하는 평등은 서로 상이한 사람들을 똑같게 만드는 것이 아니다. 서로 다른 사람들을 평등하게 대우해야 한다는 것은 그들에게 똑같이 자유를 허용해야 한다는 뜻이다.

---

99) Kukathas(2003: 61)

100) Locke(1689/2012: 10)

101) Hayek(1960/1996 I: 149)

"부자를 위한 법과 가난한 사람을 위한 법이 따로따로 있어서는 안 된다"[102]는 것, "정말로 나는 영국에서 가장 가난한 사람도 가장 위대한 사람과 마찬가지의 삶을 살아야 한다고 생각한다"[103]라는 것 같은 표현은 모두 자유주의가 말하는 평등이다. 이는 "모든 국민이 강남에서 살 이유가 없다"라는 사회주의에 경도된 장하성의 말과 대조를 이룬다. 이는 인간에 대한 신분적 차별, 곧 신분사회를 뜻한다. 법 앞의 평등은 봉건적 신분사회 타파를 위한 지적 투쟁에서 자유주의와 장 자크 루소 전통의 민주주의자들이 사용한 공동의 무기였다. 법의 진화사상을 영국에 도입한 헨리 메인(1822~1888)은 신분사회에서 계약사회로 전환된 것이 인류문명의 특징이라고 말했다. 그러나 그런 전환은 인류문명의 발전 가운데 좁은 국면이다. 계약사회로의 전환만이 아니라 더욱 근원적이고 폭넓은 변화는 법 앞의 평등을 의미하는 평등사회로의 전환이었고, 이것이 문명의 길이었다.

법 앞의 평등이라고 해서 차별대우가 하나도 없어야 한다는 것은 아니다. 주지하다시피 어린아이는 미숙하므로 다르게 대우해야 한다. 예를 들면 어린아이는 일정한 연령 이하에서는 범죄로 소추되지 않는다. 지적장애인도 특별한 법적 대우를 받는다. 어느 한 나라에 정착할 권리가 없는 외국인에 대한 출입국은 그 나라의 시민과 다르게 대우한다. 약사, 의사 또는 변호사 같은 전문직은 누구나 종사할 수 없다. 국가가 일정한 수준의 전문지식을 가진 사람들에게만 허용하는 것은 평등대우

102) Bingham(2010/2013: 100)

103) 위의 책, 100쪽에서 재인용. 이 말은 17세기 중반 영국의 유명한 장군이었던 크롬웰 휘하의 어느 한 장교가 한 말이다.

원칙의 예외다. 그러나 그런 직종을 갖기 위해 성별, 출신 등과 관련 없이 필요한 지적 수준을 습득할 권리는 동등하다. 다른 한편 자격증제도가 직종에 종사하는 사람들의 독점 형성의 주요 요인이 될 위험성이 상존한다. 이런 위험성을 감안하여 법 앞에서의 평등의 중요성을 강조해야 한다.

법 앞의 평등은 자유에 도움이 되면서 자유를 파괴하지 않고 확보할 수 있는 유일한 평등이다. 그러나 자유사회에 대한 의구심에서 양건 교수는 "법 앞에 불평등한가? 왜?"라고 묻는다.[104] 그는 법 앞의 평등이라는 형식적 평등보다 실질적 평등을 중시한다. 이것이 서로 다른 인간을 동일하게 만든다는 것이다. 결과평등을 위한 정책으로서 '우대정책'은 좌파 정책 어젠다의 중요한 요소가 되었다. 그러나 우대정책은 역차별을 불러왔다. 예를 들면, 여성의 지위를 남성과 동등하게 만든다는 이유로 여성 채용에 가산점을 준다면 이는 남성을 불평등하게 대우하는 것과 같다. 이는 역차별이다. 소수인종 또는 성 소수자에 대한 우대정책도 실질적 평등에서 나온 것이다. 그런 우대정책이 우대받는 계층에게 불리한 영향을 미친다는 것을 직시할 필요가 있다. 빈곤층에 대한 우대정책이 오히려 빈곤층을 더욱 어렵게 만든다는 것은 이론적으로나 경험적으로 입증되었다. 예를 들면 국가에 의한 강제적 최저임금 인상은 이런 제도를 통해 보호하고자 하는 취약근로 계층에게 실업의 형태로 직접적인 영향을 미친다. 따라서 자유 속에서 생활하는 방식이 다른 체제 속에서 사는 방식보다 더 성공적이다.

---

104) 양건(2015)

공정으로서의 정의

자유를 파괴하지 않으면서 공정사회를 위한 정의는 무엇인가? '공정'이라는 가치의 뜻은 무엇인가? 우리는 공정이라는 적극적 의미 대신에 불공정이라는 소극적 의미를 찾는 것이 훨씬 편하다. '불공정'이란 차별이나 특혜 또는 특권이 없는 사회에 대한 정면 도전이다. 정의는 앞에서 이미 설명한 바와 같이 법의 내용에서나 적용에서 차별이 없어야 한다는 요구다. 이것이 자유와 충돌하지 않는 유일한 평등이다. 이런 평등은 "나와 내 편을 예외로 하지 말고 타인들과 똑같이 취급해야 한다"라는 이마누엘 칸트의 정언명령이다. 그에게 가장 사악한 것은 신분사회에서처럼 자기나 자기 편을 예외로 만드는 일이었다. 천민, 노예, 관존민비, 사농공상의 차별 등 우리는 신분의 차별 속에서 오랫동안 살았다. 우리가 차별에 대해 대단히 민감하게 반응하는 이유다. 그런 신분사회의 부당성을 비판하기 위한 주요 무기가 법 앞의 평등이었다.

법 앞의 평등을 위반하는 것은 비유적으로 말하면, '내로남불(내가 하면 로맨스요 남이 하면 불륜)'의 정치화다. 그런 정치화는 특정한 계층을 편애 · 차별하는 입법으로 구현된다. 차별입법 금지가 자유주의의 정치적 이상으로서 유서 깊은 법치(法治)가 아니던가. 가장 부도덕하고 나라답지 않은 나라는 시민을 내 편과 네 편으로 갈라 차별하는 국가다. 그런 차별이 사람들을 천민과 양반으로 가르는 신분사회만큼 악질적인 이유다. 내 편의 후생을 위해 다른 편을 수단으로 삼는 것은 정언명령의 위반이요 법 앞의 평등에 정면충돌이다.

요컨대 공정은 법 앞의 평등이다. 이런 평등이야말로 법치주의의 핵심 요소임과 동시에 자생적 시장질서의 법적 기반이다. 이는 특정한 그룹이나 지역, 또는 산업에 특권이나 특혜를 부여하여 차별해서는 안 된다는 것이다. 시장사회는 누구든 가리지 않고 분업과 교환 과정에 통합하는 사회다. 빈부, 출신, 인종, 이념, 종교 따위는 분업과 교환에는 관계없다. 그래서 누구와도 통합이 가능하다. 심지어 적(敵)도 친구로 만든다는 의미에서 앞에서 설명했듯이 시장사회는 '카탈락시(catallaxy)'다(163, 268쪽 참조). 이는 상생과 통합을 표현하는 새로운 개념이다.

공정이라는 도덕적 가치는 자생적 시장질서의 법적 기초일 뿐만 아니라 가격의 상벌(賞罰) 기능을 통해서도 실현되고 있다. 즉, 가격은 잘못한 행동에 대해서는 사회경제적 지위의 높고 낮음에 관계없이 그 잘못의 경중에 따라 차별 없이 엄격히 처벌한다. 시장사회에서 가격의 처벌 메커니즘은 '특별사면(赦免)' 같은 특혜나 특권과는 전혀 관련이 없다. 이와 같이 시장질서의 공정성은 법적 기초와 가격의 처벌 메커니즘을 통해 실현되고 있지만, 그 대신에 분배의 불평등은 용인된다. 문화적 진화의 묘미가 아니고 무엇인가!

시장사회는 결과적 불평등을 야기하는 대신에 소비패턴의 평등을 불러오는 것도 진화의 또 다른 묘미다. 시장사회에는 소비패턴의 평준화 메커니즘이 작동한다. 이는 처음에 사치재였던 것이 나중에는 값싸고 질 좋은 보편적 상품으로 전환되는 과정이다. 처음에는 비싸서 상류층만 소비한다. 그러나 기업들은 이윤 증대를 위해 이 사치재의 품질을 개선하고 값도 싸게 공급하여 소비 계층을 확대하려고 한다. 결국, 낮아진 값 때문에 저소득층도 사용할 수 있다. 저소득층은 비록 애초의 사치재를 뒤늦게 이용하지만, 값싸고 질 좋은 상품을 이용할 수 있다. 이와 같이 상품

사용에서 평준화가 이루어진다. 얼마나 시장경제가 공정한가!

소득불평등은 소비패턴의 평준화를 가능하게 하는 기능을 수행한다는 것에 주목할 필요가 있다. 소득불평등이란 높은 소득을 올릴 기회가 다양하다는 것을 말해준다. 개개인들이 이런 기회를 포착하여 자신의 기회로 만들어가는 과정에서 자신의 소득은 물론이요, 저소득층의 소득도 높아간다. 소득불평등의 순기능이다.

15.
분배정의의 치명적 문제

사회정의를 옹호하는 사람들이 가장 민감하게 생각하는 것이 분배의 평등이다. 주목할 만한 가치 있는 것은 왜 분배가 평등해야 하는가의 문제다. 1789년 프랑스 인권선언 제1조에서 선언한 것처럼 "인간은 평등하게 태어났다"라는 이유에서 평등분배를 옹호하는 것이 일반적이다. 정말로 인간은 평등하게 태어났는가? 우리는 이 질문에 대한 답을 생물학에 의존할 수밖에 없다.

평등한 분배가 사회정의일 수 없는 이유

미국의 생화학자 로저 윌리암스는 "모든 신생아는 똑같게 태어났는가?"라는 문제에서 출발한다. 그에 따르면 인간의 생물학적 기초는 개인마다 끝없이 다양하다. 개인의 능력이나 잠재력의 차이가 매우 폭넓다는 것은 인류의 가장 특징적인 현상이다. 진화는 모든 종류의 피조물 가운데 인류를 가장 상이하게 만들었다.[105] 중요한 것은 "개인마다 독특하고 그래서 개인마다 가치가 있다"라는 점이다. 우리 사이의 차이가 중요하지 않다면, 그리고 쉽게 소멸시킬 수 있다면 자유도 그리 중요하지 않으며, 개인의 존중사상도 중요하지 않다. "개인의 독특성, 개인의 가치 그리고 자유는 함께 흥하고 망한다."[106] 인간은 태어날 때부터 평등한 것이 아니다. 그리고 신생아는 본성과 양육의 결과로서 개인의 고유한 특성을 개발할 상이한 자질을 가지고 있다.

그럼에도 개인의 능력은 운(運)에 의해 결정되므로 개인의 능력은 공유재여야 한다는 존 롤스의 주장은 개인의 독특성과 개인 각자의 고유한 가치를 무시하는 발언이 아닐 수 없다. 이런 발언은 개인의 존엄성과 자유를 유린하는 비인간적이고 잔인하게 들린다.

우리 모두 평등하게 창조되었다는 1789년 프랑스 인권선언은 옳지 않다.[107] 인간이 타고날 때부터 개별적 고유성을 가지고 있다면 그런 고유성을 인정하는 것이 옳다. 그 인정이 개인들에게 평등한 자유를 보장하는 것이다. 버지니아 권리청원에서처럼 "모든 인간은 똑같이 자유롭고 독립적이다"라고 말하는 것이 옳다. 다른 말로 하면 인간은 동일하지 않고서도 평등하게 자유로울 수 있다.

---

105) 타고날 때부터 능력이 상이하다는 주장은 '현대 인류학의 아버지'라고 불리는 프란츠 보아츠의 인식과 다르다. 그는 모든 인종은 유사한 지적 능력을 가지고 있지만, 그 차이는 문화에 기인한다고 한다(Foster, 2014: 229).

106) Williams(1979: 36). 하이에크에서 재인용(Hayek, 1960/1996 I: 151)

107) Williams(1979: 24)

공로주의는 효율성과 자유를 침해한다

사회정의를 요구하는 사람들은 공로에 따른 분배가 정의로운 사회라고 목소리를 높인다. 개인의 소득 차이가 생산활동에 투입되는 노력, 능력, 성실성, 좋은 동기 등 공로(功勞)의 차이에 상응해야 한다는 게 아리스토텔레스의 '공로원칙'에 따른 '공로주의(meritocracy)'다.[108] 미국의 유명한 사회학자 윌리엄 섬너를 비롯한 19세기 보수주의자들은 보상은 공로에 비례한다는 원칙을 자유사회 도덕의 본질이라고까지 말했다. 공로주의는 산출(성과)이 아니라 노력, 노동과 같이 투입이 분배를 결정하는 원칙이다. 같은 양의 빵을 만드는데, 한 빵집 주인은 열심히 노력했고, 다른 빵집 주인은 놀면서 빵을 만들었다면 열심히 빵을 구워 만든 빵집 주인의 보수가 많아야 한다. 이런 분배원칙은 생산을 위한 투입 지향적 원칙이다. 비록 실패했지만 생산하는 의도가 훌륭했다든가, 비록 성공하지 못했지만 그래도 행동은 옳았다든가, 아니면 추구하고자 하는 목표가 남다르게 훌륭하다든가 등의 공로를 기반으로 보수가 결정된다. 이런 공로원칙에 따르면 부동산투자로 인한 높은 이득, 금융소득, 지대소득 등은 노력 없이 받는 불로소득이라는 이유로 인정될 수 없다. 부도덕한 사람은 상속을 받을 자격이 없다. 팝가수의 높은 소득도 반대한다. 노력 없는 보상, 도덕적 공로가 없는 보상은 정당성이 없다는 것이 공로원칙이다.

---

108) 이를 능력주의라고 표현한다. 그러나 이는 잘못된 것이다. 공로의 일반적 표현은 이렇다. 열심히 노력했다, 어려운 일을 해냈다, 가상(嘉賞)하다, 능력껏 성실하게 했다, 정신을 집중해서 해낸 일이다, 위험을 무릅쓰고 해냈다, 어려운 처지에도 해냈다.

우선 주목할 것은 공로가 분배를 결정하는 것이 타당하냐의 문제다. 공로원칙을 기초로 하는 소득분배를 달성하려면, 개인의 노력, 성실성, 개인이 추구하는 목표의 도덕적 가치 등을 평가할 누군가가 있어야 한다. 노력, 성실성, 좋은 동기 · 목적을 통해 생산되는 재화와 서비스를 소비할 사람들이거나 아니면 수요와 관련이 없는 정부가 평가해야 할 것이다.[109] 그러나 소비자는 재화의 생산에 투입된 사람들의 노력, 성실성, 동기, 목적에는 관심도 없고, 또 그런 투입을 알고 평가하는 것도 불가능하다. 정부도 수많은 생산참여자의 공로를 알고 평가하는 것은 불가능하고 기껏해야 주관적일 뿐이다.

따라서 주목할 것은 공로원칙이 원시사회의 유물이라는 사실이다. 지도자의 명령과 지시에 따라 수렵 · 채집을 통해 삶을 영위하던 시기에 중요시하던 가치였다. 그룹성원들은 공동의 목적을 위해 헌신했다. 그런 사회에서는 집단의 목표달성에 구성원들이 얼마나 기여했는가를 알 수 있다. 사회가 점차 소규모에서 대규모로 변화됨에 따라 공로평가의 인식론적 어려움이 급진적으로 증가했을 뿐만 아니라 공로와 성과가 균열이 발생한다는 것을 인식했다. 공로 자체가 중요한 것이 아니라는 믿음이 점차 커져갔다.

문화적 진화는 인간의 본능을 충족하는 공로원칙을 성과원칙으로 교체하는 일이었다. 이런 교체로 인해 개인들의 보수는 이들의 공로에 대한 평가가 아니라 그들이 생산한 재화와 서비스에 대한 수요자의 평가에 좌우되었다. 그런 교체는 자유와 이를 바탕으로 하는 시장질서를

109) 그 정부가 다수의 지지를 받은 경우가 있다. 그렇다고 해도 평가의 주체는 국가다.

인류에게 안겨준 문화적 진화의 선물이었다. 이것이 진화의 묘미다. 어느 한 사람의 활동이 쉽든 어렵든 이제 시장은 그러한 활동이 타인들에게 어떤 중요성을 갖느냐 하는 것만을 고려할 뿐이다. 예컨대 어떤 한 활동에 대해 한 사람은 천재적인 재능을 가지고 있고, 다른 한 사람은 온갖 훈련과 노력에 의해 그와 동일한 질을 가진 활동을 한다고 해도 시장은 그들의 활동을 천재적 재능 자체라든가 또는 훈련과 노력 그 자체로 받아들이지 않는다. 즉, 개인적인 공로를 고려하지 않는다. 그들의 활동이 타인들에게 주는 가치만을 평가할 뿐이다. '방탄소년단' 또는 '트로트의 여왕 장윤정'이 가수로서 인기를 끄는 것은 그들의 재능이나 노력 자체가 아니라 그들의 노래나 노랫말 또는 춤이 다른 사람들에게 공감을 주었기 때문이다. 공감을 얻기 위해 온갖 노력과 재주, 능력을 동원했다고 하더라도 성과만이 평가의 대상이다.

따라서 공로원칙이 아닌 성과원칙에 따라 소득이 결정되는 사회가 정의사회다. 이런 사회야말로 규칙을 기초로 하는 정의관, 즉 정의로운 행동 규칙을 통해 개인들의 상호작용을 안내하는 사회다. 그러나 아직도 인간은 본능적 소망을 충족하는 낭만적인 공로원칙을 버리지 못하고 있다. 어렵고 불쾌한 작업 또는 위험한 일에 대한 낮은 노임은 불공정한 보상이라고 비판한다. 소유와 가치에 관한 원시적 마인드는 매니저와 노동자의 격차는 불공정하고, 경영자보다 노동자가 더 큰 가치에 기여한다는 논지를 지원하고 있다. 그런 인식은 기업에 높은 과세나 규제를 가하기 위해 자주 이용된다. 마르크스주의는 노동가치론에 따라 자본소유를 착취라고 믿었다.

마이클 샌델이 착각한 것

마이클 샌델은 최근의 저서 『공정하다는 착각』에서 개인의 소득의 차이가 생산활동에 투입되는 노력, 능력 등의 공로(功勞)의 차이에 상응해야 한다는 '공로주의(meritocracy)'를 공정하다고 믿는 것은 착각이라고 주장했다.[110] 그는 자유사회의 분배가 노력이나 능력에 따라 분배된다고 믿는 듯하다. 그러나 이는 틀렸다. 시장은 생산을 위한 투입, 즉 공로(merit)와는 관계없이 투입의 결과에 대한 수많은 소비자의 판단에 의해 개인의 보수가 결정된다는 것은 이미 앞에서 설명했다. 그들의 판단을 통해 가치가 결정된다. 타고난 재주, 능력, 노력 그 자체는 의미가 없다. 그는 가치와 공로를 구분하지 못하고 있다. 자유시장에서 개인의 소득은 그의 공급이 수요자들에게 주는 가치에 비례한다는 '성과원칙'은 카를 멩거 이래 자유주의의 현대적 버전이다.[111] 샌델을 중심으로 하는 좌파는 그런 버전을 재분배 옹호론을 차단하기 위한 이론적 전략이라고 비판한다. 그러나 좌파의 그런 비판도 틀렸다. 이는 앞에서 설명한 문화적 진화의 묘미를 이해하지 못한 데서 오는 착각이다. 생산에 투입한 뭇사람의 공로에 관한 소비자의 불가피한 무지(無知)를 극복할 방법이 공로원칙 대신에 성과 원칙이다.

개인의 경제적 성공은 노력이나 능력 이외에도 우리가 전부 헤아릴 수 없이 많은 요인, 특히 운(運) 탓이다. 부잣집에서 태어난 것, 타고난 능력도 운이다. 좋은 대학, 좋은 직장에 들어가는 것, 투자에 성공하는 상

---

110) Meritocracy를 능력주의로 번역하는 것은 잘못이다.

111) 민경국(2014: 144-149)

당 부분은 운이다. '불로소득'이어서 운에 의한 소득 격차는 참을 수 없다는 게 좌파의 목소리다. 그러나 운의 영향이 적든 크든 거의 모든 부분에 작동한다. 불로소득을 잡아내는 것은 불가능하다. 경제적 성공이 얼마나 운에 의해 결정되는가를 안다면 개인의 성과주의에 따른 엄격한 분배가 가능하다. 로스바드도 『인간, 경제, 국가』에서 경제적 성공에 운이 작용하여 이른바 불로소득이 생겨나지만, 운의 영향을 미리 알 길이 없다고 개탄했다.

그러나 운이 자동적으로 성공과 연계되는 것은 아니다. 운을 기회로 만드는 것, 실패를 성공의 기회로 만드는 것은 기업가적 정신이다. 이는 샌델이 보지 못한 것이다. 운이 가져다준 기회를 포착하고 수요자들에게 주는 가치를 개발하는 것이 기업가정신이다. 지금은 은퇴한 '은반의 여왕' 김연아가 성공한 것도 그의 재능을 알아내고 계발해 시장성을 최대화한 기업가정신 때문이다. 그러나 그런 성공도 예측 불가능한 상황, 즉 운에 좌우된다. 나약한 인간의 삶에 운은 필연적으로 따라다닌다. 운도 소비자를 통해 평가받는다. 자유시장에서 운 좋은 사람은 복권에 당첨되거나 길거리에서 돈을 주운 사람과는 전적으로 다르다. 소비자에게 가치를 부여하는 운이어서 부자가 된 것이다. 이런 점도 샌델이 보지 못했다.

운에 좌우되는 실패, 누가 책임지나

마이클 샌델은 재능 있는 사람들이 정상에 오르는 사회는 나쁘다고 한다. 성공한 엘리트들이 실패한 사람들을 무능하고 게으른 사람이라고 경멸한다는 이유에서다. 패자는 자긍심, 자신감을 상실한다고 한다. 그러나 개인의 성공은 운(運)에도 좌우된다는 이유에서 부자는 겸손해야 한다는 말도 아끼지 않는다. 그러나 공로주의가 권세가의 거드름을 조장한다는 것은 샌델보다 훨씬 먼저 자유주의자들이 깨달았다. 예컨대, 자유주의의 거두 하이에크는 70년 전에 공로주의가 지배하는 사회에서 실패한 사람은 열등감에 사로잡히고 타인의 성공에 대한 질투와 원한에 사무친 나머지 사회가 불안정하다고 설파했다. 부자의 겸손도 강조했다.

요컨대, 자유시장은 실력사회도, 운만이 지배하는 사회도 아니다. 운만이 지배하는 사회는 성실과 노력의 의미가 없어지고 냉소주의가 만연해 퇴폐적이 된다. 공로 · 실력만이 지배하는 세계에서 실패한 자들은 무능, 나태 등의 사회적 낙인으로 자괴감에 견디기 어려울 것이다. 다행스럽게도 시장경제는 그런 퇴행적이고 불안한 세계로 진화하지 않았다. 실패를 운의 탓으로 돌릴 수 있기에 패자는 스스로를 위로할 수 있고 타인들도 낙인찍기보다 "너는 능력도 있고 열심히 했지만 운이 없어 실패한 거야. 더 분발해!"라는 식으로 패자를 위로할 여지도 크다. 실력보다 우연 때문에 생겨나는 불평등은 참아내기가 더 쉽다는 밀턴 프리드먼의 주장을 새겨들을 필요가 있다.

개인의 성공이 얼마만큼 실력 또는 운에 의한 것인지는 알 수 없다. 자유사회에서 부자, 권세가들이 거드름을 피우지 말고 늘 겸손해야 하는 이유다. 자유사회에서 성공이나 실패가 운에 의해 결정되는 부분이 있다면 책임문제는 어떻게 해결해야 하는가? 이 문제는 의지의 자유를 가지고는 해결할 수 없다. 책임원칙과 자유의지와 관련하여 제8장에서 설명했듯이(198쪽 참조) 자유의지는 존재하지 않는다. 따라서 책임 문제는 교육적 차원에서 다루어야 한다. 즉, 개인의 성공과 실패가 운에 의해 결정된다고 해서 책임이 감소하는 게 아니다. 스스로 책임진다는 믿음이 중요한 이유는 운에만 기대지 말고 신중하게 투자를 선택하고 자기 일에 열정을 쏟도록 하는 교육적 기능 때문이다. 개인의 성공 중에서 얼마나 실력 또는 운의 탓인가를 알 수 없다. 오히려 알 수 없는 것이 다행스러울 수도 있다. 부자와 권세가는 그것을 모르기에 자유사회에서 자신의 성공에 대해 거드름 부리지 말고 늘 겸손해야 한다. 그렇다고 부자에게 재분배의 도덕적 의무가 있다는 말은 결코 아니다.

밀턴 프리드먼의 자본주의윤리는 틀렸다

마르크스처럼 밀턴 프리드먼도 자본주의의 분배윤리를 누구나 자신과 자신이 사용하는 수단을 가지고 생산한 만큼 받을 자격이 있다는 원칙이라고 이해했다.[112] 생산에 따른 분배가 윤리적으로 공정하다는 것이다. 그러나 그런 시각은 첫째로 이미 앞에서 설명한 바와 같이 능력과

112) 더구나 기업가는 생산에 아무런 역할도 하지 않았다는 이유에서 이윤은 착취라는 마르크스 시각의 분배윤리의 전제가 아닌가!

가치를 구분하지 못한 공로주의의 오류로부터 자유롭지 못하다. 둘째로 자본주의의 핵심 요체인 기업가정신을 무시한 것이다. 기업가정신은 기업가의 상상력과 창조성에서 나오는 '기민성'이다. 이것은 새로운 기술, 새로운 재화 등 새로운 지식을 발견하는 정신이다. 기업가정신은 새로운 이윤기회를 포착하는 프로정신을 뜻한다.[113] 기업가정신은 특수한 인간만이 가지고 있는 것이 아니라 소비자든 노동자든 누구나 보유하는 정신이라는 것이 기업가 정신론을 개발한 미국 뉴욕대 교수인 이스라엘 커즈너의 생각이다. 기업가정신을 엘리트의 정신이라고 믿었던 슘페터와 달리 그는 그런 정신을 보편화했다.

시장이 균형이 아닌 과정인 이유는 알려져 있지 않은 이윤기회와 혁신거리를 찾는 기업가정신 때문이다. 노동과 생산수단을 이용하여 특정한 재화를 생산하기 위해서는 먼저 그 재화의 생산이 시장성을, 다시 말하면 이윤기회가 있다는 것을 발견했어야 한다. 그런 발견이 없었으면 생산 자체가 성립할 수 없다. 기업가 이윤은 새로운 것을 발견한 대가다. 특정한 재화의 생산이 장차 이익을 가져오리라는 기업가적 발견과 비전이 없으면 노동의 투입과 함께 그 재화의 생산은 불가능하다. 그래서 생산된 재화는 기업가에 속하고, 그 재화에서 계약 노임을 뺀 이윤은 당연히 생산의 발견자인 기업가에게 속한다.

113) 이런 정신이야말로 창조적 건설이며, 슘페터가 말한 '창조적 파괴'가 아니라고 주장했다. 자동차의 도입이 마차산업의 파괴가 아니라 마차산업에 대한 과도한 자원배분을 개선시켰기 때문이라는 이유에서다.

기회의 평등 vs. 기회의 극대화

누구나 승리할 기회가 똑같아야 한다는 것을 요구하는 '기회균등'이라는 슬로건은 공무원에 임명될 기회 또는 국가시설의 이용 기회와 관련해서 고전적 자유주의가 사용한 정치적 요구였다.[114] 그런 기회는 사실상 귀족계급의 독점이었기 때문이다. 그런데 언제부터인가 유감스럽게도 그 개념은 국가 영역을 넘어서 사적 사회로까지 확대 · 적용되기 시작했다. 기회의 평등은 오늘날에는 자유로운 시장질서에 호감을 가진 보수파 사람들뿐만 아니라 카를 포퍼, 존 롤스, 로널드 드워킨 등 반(反)시장철학자들로부터도 갈채와 지지를 받고 있다. 사회주의 프레임에 걸린 보수파는 결과평등은 실현 가능한 목표가 될 수 없다는 이유에서, 반(反)시장론자들은 개인의 자유는 기회의 불평등을 야기한다는 이유에서 기회의 평등을 주장한다. 한국 헌법 전문에도 "정치 · 경제 · 사회 · 문화 모든 영역에서 각인의 기회를 균등히 할 것"을 선언하고 있다.

기회평등은 출발선을 똑같게 만드는 것을 의미한다. 출발선의 평등이 사회정의의 목적이라고 목소리를 높인다. 그런 목소리는 우리가 스냅 사진처럼 정지된 상태에서 살고 있다는 오해에서 비롯된 것이다. 우리의 삶은 늘 지속적인 여행 과정에 있다. 출발선이란 존재할 수 없다. 그런데 만약 현재를 출발선으로 만든다면 어떤 한 사람의 현재 위치는 그의 노력과 통찰의 결과임과 동시에 과거 일련의 사건들의 결과다. 따라서 사람들의 장래 기회를 평준화하려면 그들이 습득한 이점들을 전부

---

114) Hayek(1983/2018: 385)

박탈해야 한다.[115] 예를 들면 정부는 각 사람이 가진 고유한 유전적 구조와 그들이 처한 환경을 통제해야 할 것이고, 모든 사람에게 최소한 등가의 기회를 제공하려고 노력해야 할 것이다. 그런 노력은 다시 말하면, 정부가 한 사람 한 사람의 후생에 영향을 미칠 수 있는 모든 상황을 통제할 때까지 지속되어야 할 것이다. 따라서 '기회균등'이라는 구호가 일견 제아무리 매혹적으로 들린다고 하더라도 그것은 전적으로 꿈같은 이념이 되고, 구체적으로 이를 실현하려는 어떠한 노력도 일종의 악몽을 초래하기 쉽다. 모든 사람의 기회를 똑같이 만드는 것이 목적이 될 수 없는 이유다. 하이에크가 말하는 것처럼 좋은 사회는 모든 사람의 기회를 될 수 있는 대로 크게 향상시키는 것을 보장하는 사회다. 법의 목적은 모든 사람의 기회를 똑같이 개선하는 데 있다. 기회의 평등이 아니라 기회의 극대화다.

그런 기회는 계급이나 출신가족, 지역, 종교 등에서 독립적이어야 한다. 예를 들면 어떤 사람은 부모 덕에 스펙 쌓아 뒷문으로 대학 가고, 로스쿨 가고, 의전원 가서 판검사 되고 의사가 되지만, 이는 출신가족으로부터의 독립적인 길이 아니다. 부자나 가난한 자나 누구든 의사, 판검사가 되는 사회가 정의로운 사회다. 이는 누구나 정치적 · 사회적 · 경제적 신분과는 별개로 평등하게 취급되는 사회다. 이런 평등은 자유롭고 평등한 인간을 차별해서는 안 된다는 법 앞의 평등 원칙에 의해 보장된다. 이런 원칙에 저촉된 전형적인 예가 로스쿨이다. 흔히 말하는 "개천에서 용 난다"라는 속설을 옛이야기로 만든 것이 바로 로스쿨 제도다. 부

115) De Jasay(2008: 148-149)

모의 사회적 위치에 좌우되는 편법적인 스펙 제도도 그런 정의의 원칙에 저촉된다. 이런 제도들은 과거 봉건적 신분사회로 가는 길이다. 요컨대 정부가 공급해야 할 시설물을 넘어서 자생적 사회질서에까지 기회균등을 실현하는 노력은 자생적 질서를 조직으로 바꾸려는 것이다. 이는 시민을 노예로 만드는 대단히 위험한 작업이다.

법치주의를 부정하는 사회정의

사회정의는 소규모 그룹의 도덕적 감정에서 유래된 것이다. 소규모 그룹은 앞에서 이미 설명한 바와 같이 개인들이 서로를 알고 있는 사회다. 이러한 사회의 도덕적 감정은 '연대'다. 이는 구성원들이 각자 그 그룹의 다른 구성원들에 대해 적극적인 의무를 지니고 있고, 이들의 욕구에 자신의 행동을 적응시켜야 한다는 원칙이다. 이러한 원칙은 원시사회를 지배한 조직을 위한 질서원칙이었다. 300~400만 년 동안 인류는 이러한 도덕적 감정을 지니면서 조직 속에서 살아왔다. 그렇기 때문에 소규모 그룹의 도덕적 감정과 조직사고는 인간의 본능에 각인되어 있다. 소규모 그룹에서 각 구성원은 다른 구성원들의 욕구와 상황을 알 수 있었고, 따라서 그들의 행동을 다른 구성원들의 욕구와 상황에 적응시킬 수 있었다. 그러나 거대한 사회, 열린 사회에서는 상황이 전적으로 다르다. 이런 사회의 도덕규범은 '정직성 규범체계'다. 이러한 사회에서 인간이 살아가는 방법은 원시적인 소규모의 닫힌 사회, 즉 자연적 질서에서 그들이 살았던 방법과는 완전히 다르다. 그들은 '연대 규범체계' 대신에 계약의 충실성을 인정하고, 타인들의 소유를 존중하며, 타인들에게 가한 피해에 대해 그리고 자신의 행위에 대해 스스로 책임을 지며, 또한 타인들의 노력과 실적을 높이 평가하는 도덕적 심성 속에서 생활한다. 이런 도덕적 심성은 시장질서의 안정과 유지를 위한 불가분의 요소다.

그들은 원시사회에서처럼 추장이나 지도자의 명령에 따라 사는 것이 아니라 정직성 규범체계에서, 즉 추상적인 행동 규칙에서 스스로 자신의 목적을 설정하고 자신의 지식을 이용하면서, 그리고 스스로 책임지면서 생활한다. 인간은 이런 도덕체계를 기초로 하는 거대한 자생적 질서 속에서 알고 있는 타인들의 알려진 욕구와 상황에 자신들의 행동을 적응시키는 것이 아니라 모르는 사람들의 알려져 있지 않은 욕구와 상황에 적응한다. 이런 적응에 필요한 지식은 앞에서 언급한 바와 같이 다양한 추상적인 행동 규칙들과 가격체계에 의해 전달된다. 거대한 열린 사회에 소규모의 폐쇄된 사회의 도덕규범으로부터 기원한 사회정의를 실현시키려는 노력은 원시사회로의 회귀를 의미하고, 따라서 그것은 시장질서 및 거대한 사회의 기초가 되는 도덕규범을 파괴할 뿐 필연적으로 실패할 운명에 처해 있다. 사실상 사회정의는 본능적인 감정을 충족시키기 위한 그룹들, 예컨대 가정, 친지, 취미 그룹, 동창생 그룹, 지연적 그룹들 또는 그 밖의 종교 그룹이나 사회단체 등과 같이 특정의 공동목표를 달성하기 위한 조직들 내에서만 적용될 수 있다. 그러나 이런 조직들을 비롯하여 결사, 클럽, 그룹의 자발적인 형성은 오로지 자유로운 사회에서만 가능하다. 인간은 이러한 소규모 그룹, 즉 자연적 질서에 소속되기를 희망한다. 그리고 스스로 선택한 친구들과 반려자들에 대한 적극적인 의무와 책임을 흔쾌히 담당하려고 한다. 이런 가능성은 자유사회에서만 존재한다. 인간은 자유사회에서 그 같은 소규모 그룹에 자진하여 소속하고, 이로써 자신의 원시적인 본능을 충족한다.

그런데 도덕적인 책임을 법으로 정하여 강제하려는 것이 사회정의의 핵심이다. 그런 법은 차별적인 법일 뿐 보편적인 정의로운 행동 규칙이 아니다. 따라서 그것은 '법 아래에서의 자유의 시스템'과 정면충돌한다. 그뿐만 아니라 자유로운 사회의 도덕적 품성은 물론 사회정의의 기초가 되는, 그리고 소규모 사회의 기초가 되는 연대 모럴도 파괴한다. 요컨대 사회정의는 자신의 도덕적 품성을 파괴하고, 스스로의 기반을 붕괴시킨다. 사회정의에 대한 의무는 거대한 열린 사회에서는 선한 인간의 징표도 아니고 도덕적 양심의 잣대도 결코 아니다. 그것은 소규모 사회에서나 적용될 의무일 뿐이다. 도덕주의자들은 사회정의에 입각한 사회국가 또는 복지국가를 문명의 척도로 간주한다. 그들은 그런 국가를 '문명화된 국가' 또는 '이성국가'라고 부른다. 그러나 오히려 원시국가일 뿐이다. 그 같은 국가는 정의로운 국가가 아니라 불의의 국가다. 사회정의를 기반으로 하는 사회는 목적이 지배하는 사회이며, 법이 지배하는 사회가 아니다. 그러므로 그런 사회에서 개인들은 특정한 그룹을 위해 규제, 재분배, 이전지출의 형태로 희생당한다. 그렇다고 자유주의가 빈곤 문제에 둔감한 것은 아니다.

문화적 진화의 두 가지 묘미

자유와 평등은 그 원천부터 상이할 뿐만 아니라 서로 갈등하는 관계다. 따라서 모든 사람을 똑같게 만드는 평등 실현은 "기본적인 자유와 개인 존중의 이상을 훼손하며, 우리의 삶을 무의미하게 만든다."[116] 그리고 진화가 인류를 상이하게 만들었다는 사실에 비추어본다면 인류가 분배적 평등이 아닌 자유의 길로 가는 것은 필연일지도 모른다. 그리고 자유의 결과로서 불평등에 대한 불만을 완화시킨 것은 신분, 성별, 출신, 빈부 등과 관계없이 인간을 똑같이 대우한다는 것을 의미하는 법 앞의 평등 또는 평등한 자유였다. 이것이 문화적 진화의 묘미다. 분배평등에 대한 본능적인 선호를 억누르고 법 앞의 평등을 진화적으로 선택했다.

분배의 평등 대신에 일부일처제의 등장도 문화적 진화의 묘미다. 어떻게 해서 이런 진화가 이루어졌는가를 보기 위해 인류가 진화적으로 적응한 석기시대의 환경을 살펴볼 필요가 있다. 당시에는 소규모 그룹 속에서 수렵과 채집으로 살아갔다. 한 사람이 더 가지면 다른 사람은 적게 가질 수밖에 없는 제로섬 사회였다. 배우자를 하나 더 가지면 다른 사람들은 적게 갖거나 일생을 배우자 없이 살아가야 하는 비참한 처지에 빠질 수도 있었다. 질투심의 원천은 원시사회에서 형성된 본능이다. 질투심은 평등분배를 불러오는 심리적 태도다. 질투심이 강력하게 작용한 것은 남성들에 대한 배우자의 불평등한 분배였다. 소득분배의 불평등은 상대적으로 참아낼 수 있었다. 그러나 배우자의 불평등분배는 참아내기

---

116) 위의 책, 152쪽. 하이에크에서 재인용(Hayek, 1960/1996 I: 151)

힘들었다. 그런 불평등이 극심하여 후손을 가질 기회도 없이 독신으로 산다는 것은 상상할 수 없었다. '가진 자'에 대한 증오심은 배우자 도둑질을 넘어서 가진 자를 살해하는 등 사회가 몹시 불안정했다. 이런 끊임없는 갈등에서 선택적 적응의 결과로 일부일처제가 형성되었다. 문화적 진화는 결과평등에 대한 본능적인 선호를 억압했다. 일부일처제와 자유의 평등을 의미하는 법 앞의 평등, 이 두 가지 평등이 자유가 야기하는 소득불평등에 대한 불만을 완화했다. 원시사회의 공로원칙에서 열린 사회의 성과원칙으로 진화한 것, 그리고 시장경제에서 경제적 성공을 운과 공로주의 사이에서 결정되도록 한 것도 문화적 진화의 묘미가 아닐 수 없다.

소결: 하이에크와 롤스, 누가 옳은가!

어떤 이념이든 서민층을 홀대하는 이념은 옳은 이념이 아니다. 흔히 자유주의는 서민을 홀대하는 이념이라고 오해한다. 정말로 그런가? 프리드리히 하이에크와 존 롤스를 비교해보자. 세계적으로 유명한 여류 철학자 마사 누스바움에 따르면 롤스는 존 스튜어트 밀 이래 가장 위대한 철학자였다. 복지를 분배정의와 연결하여 복지국가를 철학적으로 뒷받침한 것이 롤스의 사상이었다. 자유시장이 '서민층'에 매우 불리한 체제라는 것이 그의 시장관이었다. 그는 경제적 자유를 등한시한 대표적 인물이었다. 그에게는 사유재산제도 절대적이지 않았다. 그에게 분배의 평등은 추정원칙이다. 분배평등에서 벗어나려면 충분한 이유가 있어야 한다는 것이다. 평등하게 분배하되, 서민층의 삶을 더욱더 개선해주는 한 분배의 불평등도 허용한다는 차등원칙이 그의 분배정의다.

영국의 유명한 『이코노미스트』지(誌)가 20세기 가장 위대한 자유의 대변인이라고 칭송한 하이에크는 경제적 자유를 중시했다. 경제적 자유 없이는 시민적 자유도 없다고 생각했다. 그는 시장의 분배 결과에 대해 정의 또는 불의라는 도덕적 판단을 할 수 없다고 한다. 왜 그럴까? 지당하게도 그런 도덕적 판단을 위해서는 시장에 분배하는 인격적 실체가 있어야 한다. 그러나 시장에는 분배하는 실체가 없다. 각 개인의 소득은 상호작용 과정에 참여하는 각자가 자신의 노력, 선호, 능력, 운 등에 의해 벌어들인 것이다. 즉, 시장에서 소득분배는 자생적으로 형성된다. 시장의 분배 결과에 대한 도덕적 판단은 시장이 분배하는 인격체라는 의인화의 오류를 범한 것이다.

그렇다고 롤스가 서민층('최소수혜자')이라고 말한 취약근로계층을 하이에크가 홀대한 것은 결코 아니다. 보편적 · 추상적 정의의 규칙을 기반으로 하는 자유시장만이 서민층의 삶을 개선할 수 있다고 믿었다. 혼자의 힘으로는 생계를 유지할 능력이 없는 사람들에게는 최소한의 생계를 유지하도록 돌보는 것이 국가의 중요한 서비스 기능이라고 여겼다. 하이에크와 롤스의 정책적 콘셉트 중에서 누구의 것이 서민층의 삶을 더 잘 보호할 수 있는가? 사유재산의 중요성을 인식하지 못한 것은 롤스 사상의 치명적인 결함이었다. 사유재산이 허용되는 사회만이 경제적 번영은 물론이요, 시민적 자유도 번성한다는 것을 보여준 인물이 하이에크였다.

경제학자 폴 새뮤얼슨처럼 롤스는 사유재산제가 인정되지 않는 사회주의도 번영할 수 있다고 믿었다. 그런 믿음이 틀렸다는 것을 또렷하게 입증한 것이 1989년 베를린 장벽의 붕괴였다. 사회주의 계획경제는 불가능하고 망한다고 주장한 인물이 하이에크가 아니던가. 분배적 복지 확대를 통해 서민층의 삶을 개선하려고 한 롤스의 노력이 성공했는가? 주지하다시피 그의 열정을 가장 충실하게 반영한 것은 1970~1980년대 유럽의 복지확대였다. 관대한 실업급여, 친노동정책, 병가휴가, 연금, 의료보험 그리고 조세부담, 정부지출과 부채의 증가 등 정부를 통해 분배적 복지를 향상시키려고 했다. 그러나 실패하고 말았다. 독일, 스웨덴 등 유럽사회가 10% 이상의 고실업, 2% 내외의 저성장을 기록했다. 빈곤층의 증가가 복지국가의 결과였다. 빈곤층을 빈곤으로부터 탈출시키지도 못했다.

복지국가가 처참한 실패로 끝나자 1990년대 이후 본격적으로 친(親)시장개혁을 시작했다. 스웨덴은 복지의 수혜수준과 기간을 대폭 줄였다. 연금, 의료도 부분적으로 민영화했다. 정부지출 부채를 줄이고, 법인세도 대폭 낮추었으며, 부유세는 철폐했다. 독일도 실업자의 권리 축소, 실업수당 기간 축소, 각종 산업보조금 폐지 등 개혁을 단행했다. 정부지출을 줄였으며, 법인세도 대폭 인하했다. 그런 개혁은 성공적이었다.[117] 이런 성과로 빈곤층도 줄었고, 소득은 늘었다.

롤스가 중시한 서민층의 복지향상은 하이에크가 중시한 경제적 자유를 통해서만 가능하다는 것이 입증되는 순간이었다. 빈곤층을 위한

117) 실업은 1990년대 11%에서 2010년대 5% 내외로 감소했다. 경제도 3% 내외로 성장했다.

최선의 정책은 경제자유의 확대라는 하이에크의 주장은 적중했다. 경제자유가 많은 나라일수록 빈곤층의 소득도 증가한다는 그의 탁월한 인식도 통계적으로 입증되었다. 따라서 서민층의 삶을 개선하는 한 불평등은 허용해야 한다는 것을 요구하는 롤스의 유명한 차등원칙은 자유시장의 분배가 정의롭다는 것을 오히려 입증한 셈이다. 이것이야말로 자유주의가 사회주의보다 서민층을 더 잘 보호한다는 것을 말해준다.

제5부

자유와 정치

"21세기 미국인은 민주적 선거를 통해 나타나는 국민의 의지를 실현하기 위해 정부의 적절한 기능이 있다는 의미에서 정부를 민주주의라고 생각한다. 이런 생각은 미국을 건국한 사람들의 비전과 상당히 다르다. 이들은 의도적으로 민주적 압력을 받지 않도록 정부를 기획했다. 정부의 역할은 개인의 자유와 권리를 보호하는 것이었다. 개인의 자유에 가장 큰 위협은 정부 자체라고 생각했다. 그래서 그들은 헌법에 의해 각별히 허용한 활동만 수행하도록 헌법을 통한 제한된 권력을 가진 정부를 고안했다."

-랜덜 홀콤[1)]

"그들(몽테스키외와 미국 헌법의 틀을 만든 사람들)이 주로 지향한 것은 개인적 자유에 제도적 안전판을 제공하는 것이었고, 신봉한 장치는 권력분립이었다. 우리가 입법, 사법 그리고 행정 사이의 권력분립이라고 알고 있는 형태로는 아직 달성하지 못했다."

-프리드리히 하이에크[2)]

---

1) Holcombe(2019: xxi)

2) Hayek(1983/2018: 29)

16.
자유와 민주주의

민주주의는 자유를 지킬 수 있는 체제인가? 민주주의는 자유에 대해 어떤 의미를 갖는가? '민주'라는 말이 너무 다양한 뜻으로 사용되어 우리를 혼란스럽게 하고 있다. 사람들은 분배, 복지 같은 국가의 목적은 '민주적'이고, 감세나 규제 완화 등은 '비민주'라고 부른다. 민주는 평등분배 또는 복지확대와 같이 정부가 추구할 목표가 되었다. 우리를 더욱 더 혼란스럽게 하는 것은 자유와 민주를 혼용해서 사용한다는 점이다. 헌법학자 장영수는 "자유가 민주에 이미 포함되어 있다"라고 한다.[3] 자유가 민주이고 민주가 자유라고 목소리를 높이는 사람도 있다.[4]

---

3) "우리 헌법은 민주주의 안에 자유와 평등, 인권을 모두 담고 있습니다. (중략) 그러면 굳이 자유라는 단어를 떼어내도 헌법상 민주주의가 달라지지 않는다는 것이죠. 그러면 저는 그 주장에 거꾸로 묻습니다." 이것은 미래한국 긴급좌담 "자유민주주의 위기(상)"에서 장영수가 한 말이다(2018.5.24).

4) 정치철학에서는 "민주 없이 자유 없고, 자유 없이 민주 없다"라는 주장을 '자유민주주의'의 핵심내용으로 여기고 있다. 대한민국 헌법의 '자유민주적 기본질서' 역시 자유의 내용을 다수의 합의에서 구하고, 민주의 완성을 위해 개인의 자유를 보호하려는 자유민주주의적 이상을 지향한다(김성호, 2011). 이 주장은 물론 틀렸다.

영국의 정치철학자 래스키는 "참정권은 자유의 핵심이다. 그것을 박탈당한 시민은 자유롭지 못하다"라고 주장했다.[5] 그런 주장은 '정치적 자유'에서 자유라는 말 때문에 자유주의와 민주주의를 동일시하게 했다. 이런 인식에 사로잡힌 사람들에게 자유의 이상은 민주적 행동이 지향해야 할 원칙이 아니다. 민주주의가 창출하는 모든 조건은 자유의 조건이기 때문이다. 용어의 혼란스러운 오용은 토머스 홉스, 장 자크 루소 등 프랑스 계몽주의의 교조적 민주주의에서 비롯된 것인데, 그런 오용은 위험한 정치적 귀결을 초래한다.

벵자맹 콩스탕: 고대 자유 vs. 현대 자유

자유와 민주의 그런 오용을 개탄한 인물이 18세기 중엽 프랑스의 정치철학자 몽테스키외(1689~1755)다. 그는 "사람들은 민주주의에서 거의 원하는 대로 행동하는 것처럼 가장 자유로운 듯이 보였고, 그런 권력은 자유와 혼용하여 사용되었다"라고 개탄했다.[6] 100년 뒤 프랑스의 정치철학자 벵자맹 콩스탕(1767~1830)은 고대의 자유와 현대의 자유로 구분하고 전자를 '공적 자유', 후자를 '사적 자유'라고 불렀다. 공적 자유란 집단적 의사결정에 참여할 권리(정치적 자유)였다. 사적 자유란 누구나 법에만 예속될 권리, 개인이나 다수의 자의에 의해 체포 · 구금을 당하지

5) Laski(1948: 6)

6) Montesquieu(1748/2016: 11/2, 177). 원래의 한글판 번역을 필자가 약간 가필했다.

않을 권리, 살해당하지 않을 권리, 부당한 처우를 받지 않을 권리다. 그리고 의견을 말하고 직업을 선택 · 행사할 권리, 소유를 처분할 권리, 허락받지 않고 이동할 권리, 타인들과 연합할 권리 등의 자유를 현대적 자유로 분류했다. 그가 두 가지 자유를 엄격히 구분하려고 한 이유는 루소의 영향을 받은 1789년 프랑스혁명 이래 민주주의를 중시하고 개인의 자유를 경시하는 사조가 지배했기 때문이다.

콩스탕은 두 가지 자유의 갈등을 분명히 보았다. 그리스에서는 공적인 일에 행사되는 주권과 사적 영역에서의 노예가 공존한다고 개탄했다.[7] 아테네를 제외하고 고대인에게는 개인의 자유와 권리 개념이 없었다.[8] 개인은 법의 보호를 받기보다는 오히려 집단결정에 좌우되는 '다모클레스의 칼(Sword of Damocles)' 밑에서 살아가야 했다.[9] 소크라테스가 사형을 당한 것도 민주주의 체제였기 때문이다. 신을 모독했고 젊은 청년의 정신을 타락시켰다는 죄목으로 기소되어 배심원들의 평결을 통해 형장의 이슬로 사라졌다. 그를 고발한 것은 민주정의 권력자 아뉘토스의

7) 시민으로서 개인은 평화와 전쟁을 결정함과 동시에 노예로서의 사적 관계에서는 그의 모든 행동을 제한 · 감시 · 억압받는다. "집단의 구성원으로서 개인은 그의 행정관과 윗사람들을 심문 · 해고 · 저주하거나 거지로 만들고 추방하거나 사형선고를 내릴 수 있다. 집단의 신하로서 개인은 자신이 속한 공동체 전체의 자의적인 의지에 의해 자신의 신분과 특권이 박탈되고 추방되거나 심지어 죽음을 당한다."(위의 강연문 참조)

8) "인간은 말하자면 기어와 톱니바퀴가 법에 의해 규제되는 기계다."(위의 강연문 참조)

9) 다모클레스는 기원전 4세기 독재자 디오니시오스 2세의 측근이었는데, 디오니시오스는 그를 호화로운 연회에 초대하여 한 가닥의 말총에 매달린 칼 아래에 앉혔다. 독재자의 권좌가 '언제 떨어져 내릴지 모르는 칼 밑에 있는 것처럼 항상 위기와 불안 속에 유지되고 있다'라는 것을 가르쳐주기 위해서였다. 이 일화는 로마의 명연설가 키케로에 의해 인용되어 유명해졌고, 위기일발의 상황을 강조할 때 '다모클레스의 칼'이라는 말을 속담처럼 사용하기 시작했다. 미국 대통령 존 케네디가 연설 중 '우연히 일어날 수 있는 핵전쟁의 위험'을 경고하기 위해 '다모클레스의 칼' 이야기를 인용하여 더욱 유명해졌다.

기획에 의한 것이었다. 그가 민주 대신에 자유가 지배하는 사회에서 살았더라면 사형당하지 않았을 것이다. 민주 대신에 자유가 인류를 지배했더라면 소크라테스가 자신의 죽음 앞에서 말한 대로 무죄가 밝혀지고, 그의 죽음을 통해 문명의 진보가 이뤄졌을 것이다.

어쨌든 정치적 자유, 즉 국민이 자신의 정부를 선택하고 입법 과정과 행정부 통제에 참여할 권리는 자유 개념을 집단에 적용한 집단적 자유다. 정치질서에 진입할 자유가 있다고 해서 사람들이 제각기 강제가 없는 상태로서의 자유를 향유한다는 보장이 없다. 집단적 의사결정이 빈번히 개인의 자유를 침해하는 결과를 초래하기 때문이다. 우리는 수백만 명이 투표를 통해 폭정에 완전히 예속되는 역사적 사건들을 목격했다. 1930년대 독일의 나치즘과 미국의 루스벨트 대통령의 뉴딜정책을 통한 간섭주의, 2010년대 베네수엘라의 경제를 초토화시킨 사회주의도 대중의 선거를 통한 정치참여의 산물이다.

역사적 사례가 보여주는 것은 보통 · 비밀선거를 통해 집권 · 재집권을 결정하는 제도적 장치로, 민주주의가 철저히 지켜진다고 해도 그 결과는 전체주의가 될 수 있다는 사실이다. 히틀러를 비롯하여 그런 전체주의는 보통 · 비밀선거를 통해 선출되었고, 그래서 그들의 정부는 민주 정부이지만 그들의 정책은 히틀러의 민족사회주의(나치즘)와 뉴딜 정책에서 볼 수 있듯이 자유를 유린하는 전체주의 정책이었다. 오늘날 싱가포르나 홍콩(2020년 초 보안법이 실시되기 이전)에서처럼 주민이 정치적 자유를 누리지 못해도 그들은 매우 자유롭다. 스위스에서는 1960년대에 여성의 투표권이 도입되었지만, 여성의 개인적 자유가 제한되었다는 보도는 없다. 미국에서 살아가는 외국인이나 젊은이들이 투표권이 없고,

정치적 자유가 없다고 해서 그들이 개인의 자유를 누리지 못하는 것은 아니다.

강제가 없는 상태로서의 자유를 공적 권력과 공적 입법 과정에 적극적으로 참여하는 것과 동일시할 수 없다. 정치적 참여 그리고 개인의 자유(강제가 없는 상태)는 인간이 갖게 되는 상이한 성격의 조건이다. 다시 말하면, 그런 상이한 조건을 기술하기 위해 '자유'라는 동일한 용어를 사용한다고 해서 그들이 동일하다거나 서로 대체할 수 있다는 뜻이 결코 아니라는 점을 직시해야 할 것이다. 개인의 자유와 정치적 자유의 차이, 즉 자유주의와 민주주의의 차이는 그들 각각의 반대를 생각하면 더욱 또렷하게 드러난다. 자유주의의 반대는 전체주의이고, 민주주의의 반대는 권위주의다.[10] 따라서 자유국가는 반드시 민주국가일 필요가 없다. 싱가포르는 권위주의 정부만 있을 뿐 정기적 선거나 선거를 통한 입법부의 구성 또는 입법권을 가진 의회도 없다. 싱가포르는 통치자를 선거로 뽑는 제도가 없어서 권위주의 정부가 나라를 이끌었다. 권위주의라고 해도 자유주의 원칙에 따라 법도 정하고, 정책도 펼칠 수 있다. 보통법 전통에 따라 법은 입법부의 산물이 아니다. 법을 발견하는 절차로서 재판 과정의 산물이다. 그럼에도 그들은 시장개혁과 개방정책을 특징으로 하는 자유자본주의를 지향하는 정책을 폈다. 오히려 보통법이 제정법보다 자유와 재산을 더 잘 보호한다.

10) Hayek(1960/1996 I: 178)

국가권력의 내용 vs. 국가권력의 원천

'민주주의'라는 정치적 개념이 모호한 의미로 사용되는 경우가 많다. 그러나 그것이 통치의 방법, 즉 다수의 지배를 가리키는 것이라고 한다면 그것은 분명히 자유주의와는 다른 문제와 결부되어 있다. 자유주의는 법이 무엇이어야 하는가에 관한 원칙이다. 그 원칙은 사적 자치, 사법과 공법의 엄격한 구분, 그리고 법치 원칙이다. 그런 원칙과 대비할 때 공리주의는 행복원칙, 사회주의는 분배원칙이다. 그러나 민주주의는 무엇이 법이어야 할 것인지를, 간단히 말해서 법을 결정하는 방식 또는 법의 원천을 말해주는 교리다. 이는 1인 독재자, 과두체제 또는 다수의 합의일 수 있다. 민주주의는 다수가 원하는 것이면 무엇이든 법이 된다는 원칙이다.

자유주의는 의사결정 방법으로 다수의 지배를 인정하지만, 그것을 의사결정의 옳음을 말해주는 권위로 받아들이지는 않는다. 다수의 결정이라고 해도 결정된 것이 특혜 또는 특권을 부여한다거나, 다수가 추구하는 정치적 목적을 위한 것이라면, 간단히 말해 법치 원칙에 어긋나면 이는 법이 아니다. 자유주의는 특정 원칙들, 예컨대 사적 자치, 법치 원칙을 준수하도록 다수를 설득하는 데 그 목표가 있다. 교조적 민주주의에서는 다수가 원한다면 좋은 것으로 간주하기에 충분한 근거가 된다. 다수의 의지는 법이 무엇인지뿐만 아니라 좋은 법이 무엇인지도 결정한다.[11] 다수의 의지 결과는 법이면서 정의로 여긴다. 민주주의는 다수

11) Hayek(1960/1996 I: 178)

의 권력이 어떻게 이용되어야 하는지, 혹은 어떻게 투표해야 하는지, 또는 무엇이 바람직한지에 대한 질문에 답을 할 수 없다.[12] 그 대신에 민주 이념은 공권력을 누가 행사해야 하는가의 문제를 다룬다. 다시 말하면 민주정치는 국가권력의 원천을 중시한다. 공권력이 누구에게 속하는가, 누구로부터 나와야 하는가를 다룰 뿐이다. 그 원천이 국민 다수의 찬성이다. 주권재민 사상은 권력의 원천을 표현한 대표적 개념이다. 민주 이념의 공공영역은 무엇이어야 하는가, 즉 국가권력의 내용이 무엇이어야 하는가의 문제와는 관련이 없다.

그러나 바로 그 문제를 다루는 것이 자유주의다. 국민주권도 절대적일 수 없다는, 그리고 국가가 간섭할 수 없는 개인의 권리가 있다는 원칙이 자유주의라는 점을 주지해야 한다. 그러나 민주정치란 무엇을 정당한 국가권력으로 승인해야 할 것인가를 결정하는 절차에 관한 원칙이다. 법에 대한 민주주의 인식은 법의 내용을 묻지 않고 법을 입법자의 의지로 여기는 법실증주의와도 상통한다. 모든 법을 인간 의지의 의도적인 명령으로 파악하는 것이 법실증주의다. 이 법사상은 자생적으로 형성되는 규칙의 존재를 부정한다. 존재를 인정한다고 해도 그런 규칙은 국가권력에 의한 승인이 필요하다. 그러나 그런 존재의 중요성을 인정하는 것이 자유주의다. 자생적으로 형성된 암묵적인 행동 규칙은 재판이나 법을 찾는 입법기관에 매우 중요하다.

12) 위의 책, 180쪽

국가권력의 제한 vs. 국가권력의 구조

법 앞의 평등은 모든 사람이 법을 만드는 데도 동일한 몫을 가져야 마땅하다는 요구 또는 국가행위가 필요하면, 그 결정이 다수에 의해 이루어져야 한다는 점에서 자유주의와 민주주의는 입장이 일치한다. 그러나 그들의 관심사는 전적으로 다르다.

첫째로 자유주의의 관심사는 민주 정부든 1인 체제 또는 과두체제든 모든 통치에 수반되는 강압적 권력을 제한하는 문제를 다룬다. 왜 국가권력을 제한해야 하는가? 국가는 강제권을 독점한 조직이다. 국가의 권력제한은 자유의 전제조건임과 동시에 공포가 없는 안정의 전제조건이다. 권력을 쥐고 있는 모든 사람은 권력에 제한이 없으면 남용한다. 이런 점은 전통적인 자유주의자들이 가장 우려한 문제다. 국가권력의 제한을 위한 방식은 사적 영역의 확립임과 동시에 공공부문의 제한이다.

그러나 교조적 민주주의는 권력구조의 문제, 누가 지배하느냐의 문

〈표 3〉 자유주의와 민주주의 비교

	자유주의	민주주의
자유	개인의 자유	정치적 자유(참정권, 공무담임권)
국가권력	국가권력의 제한 어떻게 권력을 행사하는가?	국가권력의 구조(원천) 누가 권력을 행사하는가?
지배 방법	법의 지배 (보편적 · 추상적 성격의 법)	다수의 지배
국가 과제	작은 정부(정부 역할의 엄격한 제한)	큰 정부(정부 역할에 한계가 없음)
법	법의 내용(보편적 · 추상적)	다수의 입법자가 정한 것
민주주의	제한적 민주주의	무제한적 민주주의

제를 다룬다. 1인 체제, 과두체제, 그리고 다수의 지배체제인 민주체제 가운데 가장 이상적인 정치체제가 민주주의다. 민주제에서 권력의 원천은 국민이다. 국민이라는 총체가 통치의 주체다. 민주주의를 기반으로 하는 헌법이 '민주헌법'이다. 대통령제, 내각제, 또는 정치권에서 개헌과 관련해서 자주 거론된 분권형 대통령제, 의회의 구성 방법, 대통령이나 그 밖의 정치적 인물의 선거제도, 헌법재판소의 구성, 정당조직에 관한 헌법 조항, 투표권에 관한 조항도 권력구조에 해당한다. 즉, 권력을 행사하는 국가기관의 내적 구조와 관련되어 있다.

둘째로 민주적 결정에 근거할 국가행위의 범위에 대해 그 둘은 서로 다르다. 교조적 민주주의는 될 수 있는 대로 많은 쟁점이 집단적으로 결정되는 것이 바람직하다고 여긴다. 민주주의에서는 국가과제의 범위와 관련하여 명확한 한계가 없다. 다수는 어떤 권력을 가지며 어떻게 행사해야 할지를 스스로 결정할 권리를 소유하고 있다고 믿는 것이 교조적 민주주의다. 따라서 다수가 무제한의 권력을 가지고 있다.

그러나 자유주의자는 다수결에 의해 결정될 사안들의 범위에 명확한 한계가 있다고 믿는다. 얼마만큼 제한하는가는 자유주의자들마다 서로 다르다. 가장 극단적인 자유주의자인 머레이 로스바드와 한스 헤르만 호페는 국가권력을 제한하는 차원을 넘어서 국가 역할의 정당성 자체를 부정한다. 무정부주의자들이 추구하는 이상은 국가가 없는 민간인만이 사는 사법사회다. 하이에크, 미제스 등의 시장주의자들은 국가는 악이지만 평화로운 협력이 가능하기 위해서는 보편적이고 정의로운 행동 규칙을 강제로 집행할 국가가 필요하다고 역설한다. 특히 그 한계를 설정하는 것이 법의 지배, 사법과 공법의 구분 등이다. 사법사회(private law society)의 기초가 되는 법은 정의로운 행동 규칙의 성격을 가진 법이다. 어느 한 법이 적법절차를 거쳤다고 해도 그것이 정의의 규칙으로 구성된 사법체계와 양립하지 않으면 법이라고 볼 수 없다. 정의의 규칙에 해당하는 법은 다수의 '의견(opinion; Meinung)'을 통해 확보될 수 있다. 발터 오이켄을 중심으로 하는 독일의 질서자유주의는 경쟁질서 확립을 국가의 중요한 과제로 여긴다.

자유주의는 국가의 강제 기능 외에도 보편적 편익을 주는 공공재화의 생산, 전염병 퇴치, 도로교통, 화재예방을 위한 방어벽 설치 또는 지진 대비 같은 안전을 위한 건설규제, 금융감독 그리고 최소생활수준의 유지 등 서비스 기능을 중시하지만 그 기능도 엄격히 제한한다. 국가의 과제가 될 수 있으면 적어야 한다는 것을 요구하는 최소국가도 중요하지만, 더 중요한 것은 질(質)이며 국가활동의 규모가 아니다.

셋째로 민주주의에서 민주 정부의 권력행사는 일시적인 다수의 의지(will; Wille)에 의한 것이므로 다수의 결정이 권위가 없다. 다수의 권력행사는 단기적 사고에서 나오는 '이해관계의 정치'다. 자유주의에서 개인들의 단기적인 이해관계는 개인들이 스스로 결정할 문제다. 자유주의자는 어떤 권력이든 장기적 원칙에 따라 제한되는 것이 옳다고 믿는다. 일시적인 다수의지의 합의가 아니라 공동의 원칙에 대한 폭넓은 합의에 기초하므로 다수의 결정이 권위를 갖는다. 다수의 권력행사는 '원칙의 정치'다.[13] 원칙의 정치에서는 '애로의 불가능 정리'가 적용되기 어렵다. 노벨경제학상 수상자인 애로(K. Arrow)가 발견한 불가능 정리란 상이

13) 이해관계의 정치(politics by interests)와 원칙의 정치(politics by principles)는 뷰캐넌으로부터 나온 개념이다(Buchanan/Congleton, 1997).

한 다수가 선택할 3개 이상의 대안이 존재하면 일관된 다수의 대안을 찾는 것은 불가능하다는 것을 뜻한다. 그러나 대안들이 장기적으로 통용될, 그리고 보편적 편익을 주는 원칙과 관련성이 클수록 일관된 다수의 합의가 존재할 가능이 커진다.

목적으로서의 민주주의: 교조적 민주주의

국가행동이 필요한 경우에는 그 결정이 다수에 의해 이루어져야 한다는 원칙이 민주정치의 진정한 뜻이다. 다수의 찬성에 의해 정부를 구성해야 한다는 믿음이다. 그러나 사람들은 좋은 것은 모두 '민주'이고, 나쁜 것은 '비(非)민주'라고 말한다. 해고를 어렵게 하는 정책은 '민주'이고, 노동시장을 유연하게 만드는 정책은 '비민주'라고 불렀다. 복지확대는 '민주'이고, 복지축소는 '비민주'라고 목소리를 높였다. 요컨대 포퓰리즘에 따른 정책목표를 '민주'라고 불렀다. 그러다가 이제 정치적 다툼에서는 민주와 반(反)민주로 편 가르기 하면서 좌익세력을 민주세력이라고 칭찬하고 우파는 반민주세력이라는 낙인을 찍었다. 1960년대 이래 좌파가 힘을 받기 시작할 당시, 예를 들면 독일의 빌리 브란트 수상을 비롯하여 좌익정치인들은 '더 많은 민주주의!'를 외쳤다. 한국 사회에서는 김대중 대통령의 '민주주의와 시장경제의 병행발전'이라는 말 속에 '더 많은 민주주의'라는 슬로건이 들어 있었다. 민주를 입에 달고 다니던 세력이 오늘날 대한민국을 지배하고 있다.

'민주'라는 찬사의 언어에는 민주란 항상 좋은 것이므로 민주가 확장된다면 우리에게 늘 이익이 된다는 전제가 깔려 있다. 민주주의 확대가 진정으로 유익한가? 그렇지 않다는 사실을 보여주기 위해 더 많은 민주주의, 즉 민주주의를 확대하는 방향을 하이에크와 함께 두 가지로 구분한다면,[14)] 하나는 투표권을 가진 사람들의 범위를 확대하는 것이다. 다른 하나는 민주적 절차에 의해 결정되는 사안을 확대하는 것이다. 어느 측면을 확장하든, 민주주의가 국가권력을 견제하는 것이 아니라 오히려 확대시켜서 자유을 위협하는 절대적 요인으로 작용했다.

(1) 유권자 범위의 확대

유권자의 범위를 줄이는 것을 '제한적 민주주의'라고 부정적으로 보는 것이 일반적이다. 확대가 좋다는 믿음을 강력하게 주장한 인물은 존 스튜어트 밀이었다. 그에 의하면 지배자와 피지배자 사이의 이익을 일치시키기 위해서는 선거권을 확대해야 하며, 가능하다면 보통선거권을 확립해야 한다고 주장했다. 법 앞의 평등은 정치참여의 차별성을 특징으로 하는 귀족 · 봉건사회에 대한 민주주의자들의 비판적 무기였다. 그들이 싸워 얻은 것이 보통선거다.

그러나 그런 원칙은 반드시 모든 성인 남녀가 똑같이 투표권을 가져야 한다는 것을 요구한다고 할 수 없다. 40세 이상의 사람, 도시농촌 자가소유자, 30세 이상 여성, 소득이 있는 자, 비문맹자, 스위스에서처럼

---

14) Hayek(1960/1996 I: 181)

남성만이, 세대주 또는 납세자만이 투표권을 갖는다고 해서 이는 그 원칙의 침해라고 볼 수 없다. 뷰캐넌이 제안했듯이 정부의 모든 공무원은 대통령 선거나 의회 대표자 투표에서 배제하자는 주장도 설득력이 있다. 그들은 첫째로 공무원으로서 늘어난 예산지출을 통해 편익을, 두 번째로 시민으로서 그들은 공공재 이용에서 편익을 얻을 수 있다는 이유에서다. 요컨대 어떤 기본 원칙에 근거해서 보편적인 성인 참정권을 정당화하는 것이 아니다. 그런 참정권은 순전히 편의에 따른 것이라는 점을 염두에 두어야 한다. 현재 한국에서 천문학적 비용을 들여서 실시하는 재외국민 투표권 제도가 민주주의를 개선하는 제도인지는 매우 의심스럽다. 비록 장기체류하는 자국민이라고 해도 마찬가지다. 재외국민 가운데 납세자가 아닌 사람도 많다.

어쨌든 영국, 프랑스, 미국 등 여러 나라는 19세기 초이래 지속적으로 보편적 선거권을 확대했다. 그 결과 20세기 초 이래 정부지출증대를 비롯하여 국가의 경제개입 증가를 초래했다. 보편적 선거권의 확대는 사회적 기본권(복지권)의 확대를 불러와 리바이어던의 살을 찌우는 데 중요한 역할을 했다.

(2) 공적 영역의 확대

더 많은 민주주의라는 구호는 공적 영역의 확대를 의미한다. 이런 교조적 민주주의에는 몇 가지 특징이 있다. 첫째, 될 수 있는 대로 많은 쟁점이 집단적으로 결정되는 것이 바람직하다고 여긴다. 다수의 의지에 의해 조종 · 통제되는 공적 영역이 많을수록 우리에게 늘 이익이 된다는 믿음이 교조적 민주의 특징이다. 다수의 국민이 결정하면 국가권력을 제한해서도 안 되고 제한하면 오히려 경제에 피해를 줄 뿐이라는 새로운 믿음이 생겨난 것이다. 이런 믿음 때문에 '정부권력은 제한되어야 한다'라는 유서 깊은 헌정주의가 유명무실해졌다.

둘째로 다수의 의지, 다수가 결정한 것이면 그것은 절대적이고 진리이고 법이고 정의라고 여긴다. 주권 개념이 말해주듯이, 다수의 의지에 그 같은 도덕적 권위를 부여하는 것이 교조적 민주주의다. 이는 받아들이기 어렵다. 오늘날과 같이 거대한 열린 사회에서 통일된 다수의 의지가 존재하는가의 문제다. 오늘날 우리가 사는 사회는 구성원들이 상이한 인지와 목적을 가진 다원적 사회다. 그래서 다수의 의지는 허구일 뿐이다. 자유주의는 다수의 지배를 인정하지만, 이를 옳음을 말해주는 권위로 받아들이지는 않는다. 다수의 결정이라고 해도 결정된 것이 경제활동의 규제, 재분배 또는 특정 그룹에 대한 지원과 육성 등은 차별적으로 대우하거나 특혜 또는 특을 부여하는 것이므로 이는 옳음의 정책이 될 수 없다. 자유주의는 예컨대 사적 자치, 법치 원칙을 준수하도록 다수를 설득하는 데 그 목표가 있다.

마지막 셋째로 '민주적'이라는 용어가 평등주의적 정책, 친(親)노동정책, 복지정책, '내 삶을 책임지는 국가' 등과 같은 정책목표를 기술하기 위해 사용되었고, 그런 목표를 위해 사용되는 공권력을 민주적이라고 말한다. 대기업, 부자, 자본가 등 강자는 억제하고, 중소상공인, 소액주주, 노동자 등 약자는 보호 · 지원한다는 경제민주화 정책도 정책목표를 기술하기 위해 '민주주의'라는 말을 사용한다. 자유주의는 그런 입법은 법으로 취급하지 않는다. 자유와 재산권을 유린하고 그 결과 평화와 번영을 갉아 먹기 때문이다.

더 많은 민주주의란 결국 공공부문의 확대를 말한다. 다수가 정하면 얼마든지 확대할 수 있다. 그러나 공공영역의 확대가 항상 좋다고 주장할 수 없다. 좋고 나쁨은 집단결정 이외의 다른 근거에 의해 판단되어야 한다. 그 근거는 자유의 이념이다. 이는 민주주의를 통해 달성해야 할 목표다. 민주는 궁극적이고 절대적인 가치가 아니다. 민주는 수단이므로 원칙이라기보다는 편의의 문제다. 따라서 민주주의는 편의에 따라 제한되어야 한다.

앞에서 설명한 바와 같이 많은 사람은 민주 속에 자유를 내포하고 있다든가, 또는 자유가 민주이고 민주가 자유라고 인식하고 민주주의로 가는 길을 자유로 가는 길이라고 여겼다. 이런 인식은 일시적인 수단으로서의 민주와 궁극적인 목적으로서의 자유를 혼동한 것이다. 민주주의는 입법이나 행정 같은 정치적 결정에 도달하기 위한 특정한 유형의 제도일 뿐 결코 목적이 될 수 없다.

교조적 민주주의에는 국민주권 사상이 깔려 있다

교조적 민주주의에는 루소 전통의 국민주권 사상이 깔려 있다. 주권이란 집단적 문제들을 최종적으로 결정하는 최고의 절대적 권력이다. 그런 주권은 국민에게 있다. 국민의 의지가 최고이자 최종의 권력이다. 따라서 다수의 의지에 따른 지배는 무제한이며, 그 제한도 불가능하다는 것을 의미한다. 그렇지 않으면 주권개념과 모순이다. 이는 국민 다수가 원하는 것은 무엇이든 법이고 정의이고 진리라는 것을 뜻한다. 이에 대한 반대는 금기로 취급한다. 이것이 민주주의가 독재로 가는 길이다.

주권재민은 시민은 지배자이면서 피지배자라는 뜻, 그리고 스스로 정한 법에 예속하는 것이 자유라는 적극적 의미의 뜻을 지니고 있다. 주권 개념은 계획경제사상이라는 점에 주목할 필요가 있다. 국민주권은 국민이 스스로 법을 정하고 이에 스스로 예속되는 것을 이상으로 여긴다. 국민은 주인이자 동시에 하인이라는 뜻이다. 이것이 의미하는 바는 인간 스스로 법을 만들었기에 사회질서의 유지가 가능하다고 믿고, 인위적으로 계획된 질서를 중시하는 사상이다. 그러나 사회질서가 가능한 것은 인간이 스스로 법을 만들었기 때문이 아니라 그들이 스스로 정한 것이 아닌, 다시 말하면 장구한 역사적 과정에서 수 세대에 걸친 시행·착오 과정을 통해 형성된 행동 규칙을 공동으로 준수하기 때문이다. 행동 규칙으로 표현된 공동의 원칙들, 예를 들면 법의 지배다. 공동으로 지키는 그런 원칙들에 의해 다수의 권력이 제한되는, 그리고 그것을 넘어서면 어떤 권력도 정당하지 못하다.

교조적 민주주의는 편 가르기가 필연이다

주권 개념은 통일된 의지(will) 또는 목표순위에서 법과 제도를 도출하려는 논리적 구조물이다. 그런데 하나의 통일된 의지는 원시적인 부족사회처럼 소규모 사회에서나 존재할 뿐 거대한 사회에서 그런 의지는 존재하지 않는다. 거대한 사회는 개인들이 추구하는 목적이 다원적이라는 이유에서다. 이런 다원적인 목적들에도 거대한 열린 사회에 특정한 정치적 목적(의도)을 실현하는 것은 열린 자생적 사회질서를 폐쇄적인 조직으로 전환된다.

그런데 이런 전환을 위한 정책은 재분배정책, 경제규제, 육성 · 지원정책과 같이 차별적이고 일관성도 없는 단기적 성격이다. 그래서 생겨나는 것이 집권층에게 적과 친구의 등장이다. 네 편 내 편으로 편 가르기를 통해 내 편은 지원하고 네 편은 규제나 비난의 대상으로 삼는다. 집권층이 어떤 유권자층을 적(敵) 또는 동지로 편 가르기할 것인가는 집권 · 재집권에 유리한가에 달려 있다. 이런 편 가르기와 관련하여 흥미로운 것은 이미 앞에서 법사상과 관련하여 논의한 바와 같이(제10장), 카를 슈미트의 "정치적인 것"의 개념이 말해주는 적과 동지의 구분이다. 다원적인 열린 사회에서 공동의 목표를 중심으로 연대를 창출하는 방법은 결국 모든 정치를 적과 친구의 관계로 만들 수밖에 없다. 그런 방법이 포퓰리스트들을 비롯하여 모든 독재자가 효과적으로 이용한 방법이라는 것도 직시할 필요가 있다.

민주주의 이론은 인구가 매우 적은 고대사회를 전제로 하여 개발되어 매우 복잡다기하고, 이질적이고, 다원적인 현대사회의 변화된 구조를 반영하는 데 큰 어려움을 겪고 있다. 아무리 독단적인 민주주의 옹호자라고 해도 민주주의의 모든 확장을 좋다고 주장해서는 안 된다. 불가능은 불가능으로 끝난다. 민주주의를 아무리 강력하게 옹호한다고 하더라도 그것이 결코 궁극적 또는 절대적 가치는 아니다. 그것은 수단으로서의 가치 이상은 아니다. 국민주권은 제한이 없다는 믿음이 파괴적으로 작동한 대표적인 예가 프랑스혁명이다. 로베스피에르의 공포정치, '테러의 통치'가 1793년부터 지배했다. 개인의 자유를 증진하는 방향으로 혁명을 이끌려는 노력이 실패하게 된 결정적인 요인은 모든 권력이 국민의 손에 있는 이상 그 권력의 남용을 막을 어떤 장치도 불필요하게 되었다는 믿음이었고, 이 믿음을 창출한 것이 프랑스혁명이었다.

그러나 민주주의를 제한하지 않으면 합법적 선거를 통해 정부가 독재로 흐르게 마련이다. 프랑스혁명이 일어난 지 100년 뒤 허버트 스펜서가 우려한 것은 왕의 권리를 의회의 권리로 교체한다고 해서 자유가 보장될 수 없다는 점이었다. 주권재민이란 왕이 가지고 있던 모든 권력을 국민의 손을 거쳐 의회의 손에 쥐어주는 것을 말한다. 그 결과는 여자를 남자로, 남자를 여자로 만드는 것 이외에는 모든 것을 할 자격을 부여받은 입법 만능주의를 불렀다. 그럼에도 의회의 신성한 권리 때문에 입법과잉을 문제로 여길 수도 없었다. 이것이야말로 의회의 독재 또는 다수당의 독재이고, 이는 1당독재나 다름이 없다.

적(敵)으로 낙인찍히거나 적폐로 몰린 반대파가 집권하면 현재의 집권층에 대해 다양한 방식으로 보복할 것이다. 무제한적 민주주의는 보복의 연속을 초래한다. 보복을 막아내기 위해 수단과 방법을 모색한다. 모색 과정에서 교조적 민주주의자들은 통상적인 도덕적 가치들을 무시해버리고 민주화라는 이름 또는 국민이라는 이름으로 부도덕한 수단과 방법을 정당화하면서 말이다. 이런 보복을 두려워한 나머지 현 집권층은 정권 교체를 막기 위해 사기, 기만, 조작, 허위 등 각종 부정선거를 저지를 우려가 있다. 정권교체를 막기 위한 언론탄압은 독재의 감초다. 변경하기 어려운 각종 제도를 도입하여 정권을 잃더라고 해도 보복하지 못하도록 막으려고 한다. 보복을 막기 위한 최후의 방법은 선거를 없애 버리는 것이다. 이제 더 이상 거칠 것이 없다. 결과는 전체주의의 1인 또는 1당독재다.

그럼에도 왜 민주주의인가

민주주의는 버릴 수 없는 수단적 가치가 있다. 여기에는 똑같이 중요한 세 가지 논점이 있다. 첫째로 논쟁적인 의견들 가운데 결국에 가서 하나만을 관철해야 한다면 끝까지 싸우기보다는 찬성 수를 계산하여 결정하는 것이 비용이 덜 든다. 루트비히 폰 미제스에게 민주주의는 평화적 정권교체를 위한 수단이다. 카를 포퍼도 폭력 없이 정권을 바꿀 수 있는 통치 형태는 민주주의이고, 반대는 독재라고 말한다. 민주주의는 "지지표를 둘러싼 자유로운 경쟁"이라는 포퍼의 말은 그래서 정곡을 찌른다.

두 번째로 민주주의는 사람들이 노력하여 자신의 복지를 누릴 수 있는 자유로운 영역을 다른 정부 형태보다 더 잘 확립할 수 있다. 즉, 권력이 상대적으로 덜 남용된다. 남용되면 이에 피해를 당한 사람들이 그런 권력을 철회할 수 있기 때문이다.[15] 그러나 이는 순박한 주장이다. 오

15) 우리는 민주주의에 대한 이 같은 긍정적인 믿음을 '빈곤의 경제학'으로 유명한 노벨경제학상 수상자 아마르티아 센에게서 찾을 수 있다. 그는 빈곤과 기아를 해소하기 위한 필수요건

늘날 21세기 민주주의의 특성은 자유를 유린할 뿐만 아니라 심지어 민주적 선거를 통해 선출된 지도자가 적법한 절차를 거쳐 민주주의를 소멸시키고 있다는 점이다. 예를 들면 베네수엘라의 차베스 대통령이 전형적이다. 그는 다수의 지지를 앞세워 야당에 대한 탄압, 언론통제 등을 통해 독재를 구축해갔다. 차베스의 뒤를 이은 마두로 대통령도 의심스러운 선거를 통해 집권하여 민주주의의 싹을 도려냈다.

세 번째 논거는 민주제도의 존재가 공적 업무를 이해하려는 보통의 지적 수준에 미치는 영향에 관한 것이다. 배우고 가르치는 과정이 민주다. 민주 정부는 다른 정부와 달리 정치적 쟁점에 대한 대중의 이해를 개선하고 넓혀주는 장점이 있다. 토크빌이 주장하듯이 민주주의는 다수를 교육하는 유일하고도 효과적인 방법이다.[16] 이런 점이 엘리트가 지배하는 정부 형태와 다른 점이다. 하이에크는 『자유헌정론』 제7장 '다수의 지배'에서 민주주의의 학습 과정을 논의하고 있는데, 그 논의는 매력적이다.[17] 이를 요약하면, 애초부터 정부를 통제하는 다수의 견해가 있는 것이 아니다. 진화적인 관점에서 볼 때 모든 견해는 한 사람에게서 나와 그것이 점차 확산되어 다수의 견해가 된다. 다수의 견해가 될 수 있으려면 개인들의 의견이 형성되는 영역의 존재가 필요하다. 민주주의는 언론 · 토론의 자유와 분리할 수 없다는 데 폭넓은 합의가 있다. 하이에크는 여론 형성 과정의 개방성이 중요한 제도적 환경이라고 목소리를 높

을 민주주의라고 믿고 있으나 이런 인식에는 한계가 있다.

16) 또한 토크빌은 그의 저작에서 민주주의에 대한 끈질긴 비난에 맞서 그 원리의 특징과 적극적인 수용 사이에 존재하는 혼란스러운 대립을 설명해준다. 이 책의 집필이 끝날 무렵 필자는 서병훈 교수로부터 『민주주의: 밀과 토크빌』을 받았다.

17) Hayek(1960/1995: 185-198)

였다. 민주가 자유이고 자유가 민주라는 혼란의 극치도 그래서 생겨난 것이라고 볼 수 있다. 그러나 두 가지 가치는 상이하다.

하이에크는 "가장 현명하고 개명한 자의 손에 권력을 쥐어주는 것이 민주주의가 아니라는 점"을 강조했다. 승자는 일정 기간 동안 가장 많은 지지자를 확보함으로써 더욱 우월한 힘을 보여줄 뿐 그 이상의 어떤 의미도 없다. 따라서 소수가 다수에 승복하는 이유는 그들이 현명하거나 전적으로 옳기 때문이 아니라 자신들이 소수이기 때문이다. 그래서 다수는 겸손해야 할 필요가 있다. 그리고 소수에 대해 관용을 베풀어야 한다. 진정한 민주주의에서 승복은 잠정적일 뿐이다. 소수가 다수가 될 가능성 때문이다. 하이에크의 이런 시각은 루소의 주권재민과 정반대다. 주권재민의 교조적 민주주의에는 의견 형성 과정으로서의 민주주의는 설 자리가 없다. 다수의 결정은 진리요 법이요 정의라고 믿는 것이 교조적 민주주의다. 주권자의 다수 견해는 절대적이다. 그러나 진정한 민주주의에서는 다수의 견해를 존중하면서도 다수의 지혜에 대해 항상 의구심을 가질 수 있다.

결론적으로 입법이나 정책은 다수의 견해를 따라야 한다거나 사회는 다수의 견해에 충실한 것이 더 좋다는 생각은 문명이 성장해온 원리와 맞지 않는다. 그런 생각을 일반적으로 수용한다면 우리를 기다리는 것은 필시 문명의 쇠퇴라는 최악의 상황이다. 문명은 항상 다수가 정한 것과 다른 방식으로 행동하는 소수로부터 생겨난 것이다. 문명의 발전은 소수가 다수를 설득하는 데서 나온다. 하이에크는 민주주의의 중요성에 대한 세 번째 논거를 가장 강한 것으로 여기고 있다. 그 논거는 누가 최선으로 이해할 수 있는가를 아무도 말할 수 없는 문제에 대한 해법이 집단적 의사결정이라는 점이다. 그러므로 민주주의에서 정치가의 과제는 다수의 견해가 무엇인가를 찾는 일이지 언젠가 먼 미래에 다수의 견해가 될 새로운 아이디어를 유포하는 것이 아니다.[18] 이에 반해 철학자나 과학자의 과제는 아직 다수의 눈에 들어오지 않은 새로운 목표, 문제, 세상을 보는 새로운 관점들을 보여주는 것이다.[19] 그런 과제는 다수가 지지하든 반대하든 인기와는 관련이 없다. 정치가는 다수라는 의미에서 선택한다. 하이에크는 "정치가 가능성의 기술이라면 정치철학은 불가능하게 보이는 것을 정치적으로 가능하게 하는 기술이다"라고 주장한다.[20] 정치철학자는 자신의 과제를 수행하기 위해 실증주의에 갇혀서는 안 된다. 정치철학자는 사실의 문제에만 한정하고 상충하는 가치들 사이에서 결단을 내리는 것을 두려워한다면 그의 사명을 다할 수 없다.[21] 정치철학자는 자신에게 옳다고 보이는 가치를 옹호할 태세가 되어 있어야 한다.

---

18) 하이에크(1960/1996 I: 196)는 "그 시대의 당장의 문제에 몰두하는 실무자는 사회의 복잡한 질서의 다양한 부분 내에서 모든 관계를 연구할 관심도 그리고 시간도 없다. 그는 (중략) 다른 사람들이 연구하고 작성해서 그에게 제시한 정치이론이나 원칙들을 선택할 뿐이다"라고 했다.

19) 위의 책, 197쪽. 하이에크는 국가철학이나 경제학이 정치적 의사결정에 미치는 영향이 결코 작지 않다는 케인스의 주장을 전적으로 인정한다(위의 책, 194쪽, 각주 14). "자신이 어떤 지적인 영향으로부터 완전히 벗어나 있다고 믿는 실무자도 대개 어떤 경제학자의 노예다. 경제 및 정치철학 분야에서 25세나 30세가 넘어서 새로운 이론에 영향을 받는 사람은 소수다. 그래서 공무원이나 정치가 또는 선동가가 이용하는 이념들은 일반적으로 전적으로 새로운 것은 아니다."

20) 위의 책, 197쪽

21) 위의 책, 198쪽

민주주의가 존립할 수 있으려면

스티븐 래비츠키와 대니얼 지블렛은 합법적 수단에 의해 민주주의가 파괴되고 있다고 주장한다. 민주주의 전복 시도는 의회나 법원의 승인을 받았다는 점에서 합법적이다.[22] 독일 히틀러의 나치즘이 그렇게 했다. 베네수엘라, 폴란드에서도 민주주의가 독재의 길을 승인했다.

민주주의에 제한이 없어 민주주의가 스스로 붕괴되는 과정이다. 민주주의 붕괴는 일본계 미국의 정치사학자 프란시스 후쿠야마의 낙관적인 예측을 빗나가게 했다. 이미 잘 알려져 있듯이 그는 『역사의 종언』(1992)에서 동유럽과 옛 소련이 사회주의의 붕괴로 유일하게 민주주의만 존립 가능하게 되었다고 주장했다. 민주주의가 자신의 권력을 제한하는 것을 싫어하거나 완강히 거부하는 논리, 이것이 민주주의 자체를 파괴한다. 이런 인식은 슘페터에게서도 찾을 수 있다. 그는 반세기 전에 『자본주의, 사회주의, 민주주의』(1950)에서 민주주의는 자신을 붕괴시키는 씨앗을 기르고 있다고 주장했다. 몰락의 원인은 민주주의가 사람들에게 자유에 대한 반대투표를 허용하는 데 있다는 것이다. 사람들은 번영을 가능하게 하는 체제를 유지하기보다는 정부를 회유하여 특혜를 얻어 내려는 성향이 강하다. 지대추구론이 말해주듯이 경쟁을 통해 기업을 운영하기보다는 정치에 영향을 미쳐서 이익을 얻는 것이 훨씬 유리하다고 판단하는 경우 후자의 길을 택한다.

공수처법, 5.18왜곡금지법, 그리고 경제규제법 등 민주주의가 저렇

22) 스티븐 래비츠키/대니얼 지블렛(2018: 11)

게 안하무인 격으로 날뛰면서 개인의 자유를 유린하는 것을 하이에크가 보았다면, 저런 체제는 스스로 붕괴되어 전체주의를 불러들일 것이라고, 그래도 민주주의가 쓸모가 있기에 잘 고치고 다듬어서 이용해야 한다고 주장했을 것이다. 민주주의가 교조적으로 변하여 '더 많은 민주주의'라는 목적이 되었기 때문이다. 민주주의를 통해 국가권력이 무제한으로 행사되어도 무방하다는 교조가 생겨난 것이다. 교조적 민주 사상이 민주주의를 전체주의로 이끄는 데 중요한 역할을 했다.

그러나 그런 교조주의가 생겨나기 전에는 국가의 권력은 제한되어야 한다는 믿음이 강력하게 작용했다. 국가권력의 제한은 자유의 전제조건이자 동시에 공포가 없는 안정의 전제조건이라는 이유에서다. 그뿐만 아니라 그것은 역시 민주주의도 효과적으로 작동하기 위한 조건이라는 것이 자유주의자의 믿음이다. 민주주의가 지적 자만에 빠져서 자신의 권력을 제한하는 것을 싫어하거나 완강히 거부하는 논리, 이것이 민주주의 자체를 파괴한다.

민주주의는 다수의 지배를 의미한다. 그러나 다수에게도 개인과 똑같이 지식과 행동에 한계가 있다. 그래서 다수의 권력도 될 수 있는 대로 줄여야 한다. 제한된 테두리 내에서만 다수가 정부의 행동을 진정으로 지시 · 통제할 수 있다. 선출된 정부는 선해서 국리민복을 위해 애쓸 것이라는 낭만적인 믿음을 가진 사람들, 그리고 그런 정부가 전능하다고 믿고 다수가 원하는 모든 것을 지지하는 사람들이 민주주의의 타락을 부추긴다. 다수의 지지를 받았다는 이유로 정부는 도덕적으로나 지적으로 최선의 인물이라는 자만도 민주주의를 스스로 붕괴하게 만든다.

민주주의가 살아남으려면 우리는 무엇을 해야 할까? 슘페터에 의하면 정치적 리더(예를 들면 대통령)를 선출하기 위한 경쟁이 격화될 우려가 있다고 한다. 그런 경쟁을 완화하는 것이 민주주의를 살리는 길이라는 것이다. 그래서 정치적 경쟁에 도덕적 요소를 도입하고 있다. 중용, 관용, 교육, 민주적 과정에 대한 존중, 타협 등을 포함하는 도덕적 · 지적 품성을 가진 시민(정치인으로서 또는 유권자로서의 시민)이 요구된다고 한다. 그러나 그런 엘리트가 지적 · 도덕적 자만에 빠질 우려가 있다.

따라서 민주주의를 살리기 위해서는 첫째로 민주주의는 정의이고 법이고 진리라는 자만을 버려야 한다. 그런 자만에서 비롯된 것이 교조적 민주주의다. 한 번도 경험하지 못한 세상을 만들겠다는 자만심은 선험적 지혜에 대해 주제넘게 아는 체하거나 국리민복에 헌신이라도 하는 척하는 등 지적 자만과 야누스적 위선으로 이어져 수많은 시민에게 참을 수 없는 고통을 안겨준다. 정부도 지적 한계가 있고 그 한계를 넘으면 유익하지 못하다는 사실을 망각할 때 민주주의는 위태로워지고 독재체제가 필연이다. 민주주의를 구출하기 위한 둘째 조건은 우리가 우리의 삶에서 전적으로 의존하는 것은 다수의 합의를 통해 계획해서 만든 질서가 아니라 인간이 저변에서 행동하는 과정에서 저절로 형성된 시장질서라는 사실을 인정해야 한다는 점이다. 그런 사실들을 인정하지 않고 국민주권에 얽매이면 그 누구도 의도하지 않았음에도 민주주의는 소멸한다.

민주질서가 작동하기 위한 마지막 세 번째 조건은 구성원 대부분이 일치된 기본원칙을 의미하는 바람직한 공동의 사회질서관이 있어야 한다는 점이다. 그것이 자생적 사회질서에 대한 믿음이다. 자유주의 시각에서 볼 때 기본원칙은 정부보다 시장 시스템이 훨씬 우월하다는 통찰,

그리고 번영을 위한 시장의 기능역량을 보장하기 위해서는 보편 · 추상적 성격의 정의로운 행동규칙이 중요하다는 인식이다. 그 같은 행동규칙으로 구성된 법에 따라 통치해야 한다는 것을 의미하는 법의 지배가 제1의 원칙이다. 이런 원칙을 통해 다수의 권력, 즉 국가권력을 제한해야 한다. 다시 말하면 제한 없는(unlimited) 민주주의를 제한된(limited) 민주주의로 전환해야 한다. 법의 지배 전통을 제대로 모르고서는 그 누구도 통치의 민주적 기구를 성공적으로 운영하거나 보존하는 데 성공할 것이라고 기대할 이유가 거의 없다. 자유주의자야말로 사실상 교조적 민주주의자보다 민주주의에 훨씬 우호적인 친구다. 그는 민주주의가 작동 가능하게 하는 조건들을 수호하는 데 관심이 있기 때문이다.

17.
주권재민 사상의 치명적 오류

주권재민을 가장 잘 표현한 것은 한국 헌법 제1조 제2항이다. 동 조항은 "대한민국의 주권은 국민에게 있고 모든 권력은 국민으로부터 나온다"라고 선언하고 있다. 각국 헌법을 들여다보면 국민주권을 선언한 헌법은 흔하지 않다. 여기에는 중국 헌법, 프랑스 헌법, 독일의 바이마르 헌법, 러시아 헌법 등이 있다. 미국, 독일, 일본 등의 헌법에는 주권재민 조항이 없다.

주권이라는 개념도 매우 중요하다. 네이버 백과사전에 따르면, 주권이란 "국가의 의사를 최종적으로 결정하는 권력. 대내적으로는 최고의 절대적 힘을 가지고, 대외적으로는 자주적 독립성을 가진다"라고 정의하고 있다. 그러나 역사적으로 민주주의 자체를 위태롭게 만든 것이 주권 개념이라는 것을 주지할 필요가 있다.

루소의 국민주권론

주권론은 국가권력을 어떻게 제한하는가를 말하는 것이 아니라 국가권력의 원천을 말한다. 주권 개념은 중세까지만 해도 존재하지 않았다. 당시 군주의 권력은 군주 개인의 권력이었고, 공적 권력으로 인정되지 않았다. 다시 말하면 국가는 사유재산이었다. 공적 권력기관으로서 국가라는 개념이 형성되기 시작한 것은 분권적인 중세사회의 붕괴와 함께 중앙집권적 국가가 형성되면서부터였다. 국가독점의 폭력에 대한 정당성이 확립되면서 국가주권 개념이 등장했다. 주권사상은 근대 정치사상의 특징이라고 볼 수 있다.

그 등장에 결정적인 역할을 한 인물이 프랑스의 정치철학자 장 보댕(1530~1596)이다. 그는 주권은 나눌 수 없는, 그리고 영구적이고 절대적인 최고 권력이라고 일성(一聲)을 터뜨렸다. 그것은 1인 또는 단일 인간, 그룹에 필연적으로 집중되어야 한다는 것이다. 지배자의 특권은 어떤 다른 개인의 동의 없이도 신민이 지킬 법을 정하는 것이다. 주권론을 정당화하기 위해 고안된 것이 사회계약사상이다. 홉스는 만인에 대해 만인이 투쟁하는 자연 상태에서 어떻게 인간이 각성하여 이성을 통해 절대국가를 확립하는가를 기술하고 있다. 국가는 사회보다 앞선다는 점을 강조하기 위해 그런 상태를 상정했다. 법과 도덕은 국가로부터 나오는 것이 정당하다는 것이다.

어쨌든 홉스에게는 국가가 없어도 사회가 성립한다는 자생적 질서에 대한 생각이 전혀 없었다. 그에게 자유는 사적 소유 또는 타고난 권리, 즉 천부인권 같은 자연권에 속한다는 생각이 없었다. 국가가 법과 제도를 만들어 강력하게 자연 상태의 투쟁을 종식해야 비로소 사회가 성립한다는 것이었다. 국가는 법의 원천이다. 이런 사상의 현실적 실현이 보호무역과 국가의 경제 간섭을 옹호한 중상주의의 등장이다. 그런데 주권이 1인 또는 소수에 있다는 국가주권론 대신에 국민에게 있다는 국민주권론을 제창한 인물이 장 자크 루소(1712~1778)다. 『사회계약론』(1761)에서 그는 국가권력의 정통성 근거, 또는 법의 근거를 '국민의 의지(will)'에서 찾았다.[23] 국민주권은 일반의지의 실행이다. 국민주권은 국민이 국가의 지주(支柱)요 대표자임을 말한다. 오늘날 헌법을 가진 국가의 기본 원칙이 된 루소의 국민주권은 국민이 최고의 권력자이자 정치적 정당성의 원천이다. 루소에게 민주주의의 본질은 일반의지였다. 이는 공동체의 공동선, 즉 강한 국가에 의해 수행될 국가목적이다. 사람들이 공동이익을 증진하는 법을 스스로 정하여 이기심을 억제함으로써 비로소 자유롭다는 것이 루소의 믿음이었다.

주권자의 의지는 절대적이고 분할할 수도, 양도할 수도 없다. 공동체 구성원들은 최고 권력으로서 주권을 갖는다. 그들은 신분상 평등하다. 지배자와 피지배자가 동일하다. 스스로 지배할 법을 스스로 만들기 때문이다. 루소는 의회대표제를 거부함에도 대표제를 구상했지만, 이는 오로지 위탁받은 자일 뿐 국민의 대표자는 아니라고 보았다. 입법부는 결코 최종적인 결정을 내릴 수 없다. 대표자는 유권자의 위탁과 지시에 구속되기 때문이다. 그들에 의해 대표자는 언제든지 소환될 수 있다. 루소는 명령적 위임을 강조했다. 다시 말하면 국회의원은 유권자의 지시

23) 국가권력의 정통성 근거를 "군주 혹은 귀족, 또는 다른 어떠한 부문에 있지도 않고 전체로서의 국민에 있다"라는 의미로 사용한다. 이에 대해서는 http://theology.ac.kr/data 참조

에 엄격히 구속되어 있다. 위탁받은 사람들이 결정한 법은 국민투표에 의해 승인을 받아야 한다.[24] 루소에게 이상적인 민주는 권력분립이 없는, 그리고 대표제가 없는 직접민주다. 개개인은 일반의지의 주도 아래 있다.

루소와 프랑스혁명

루소가 프랑스혁명에 얼마나 영향을 미쳤는가에 대한 논의는 다양하다. 그러나 분명한 것은 프랑스 인권선언[25]이 보여주는 바는 주권재민 사상과 일반의지다. 그의 사상은 집단주의적이다. 개인은 다수의 권력에 완전히 예속되어 있다. 반면에 국민의 일부로서 개인은 정치 참여를 통해 다른 모든 개인에 대한 지배력을 갖는다. 개인은 스스로 지배자면서 동시에 피지배자다. 루소는 이것을 진정한 자유로 여겼다. 이는 개인은 사심을 버리고 공동의 목적을 의미하는 공공선에 희생하는 것이 자유라는 뜻이다. 그런 희생이야말로 높은 자아의 실현이며, 이것은 토머스 힐 그린이 말하는 적극적 자유다(제1부 제1장 참조). 콩스탕이 말한 대로 고대의 자유로서 집단적 권력행사에 적극적이고 지속적인 참여를 의미하는 정치적 자유였다. 이는 고대 그리스 민주주의에서 처음으로 등

24) 명령적 위임과 달리 자유위임에서는 국회의원이 유권자의 지시에 구속받지 않는다.

25) 제3조: 모든 주권의 근원은 본질적으로 국민에게 있다. 어떤 단체나 어떤 개인도 명백히 국민에게서 유래하지 않은 권력을 행사할 수 없다. 제6조: 법은 일반의지의 표현이다.

장했고, 로마공화국에서 실행되었다. 주권재민과 일반의지를 기반으로 한 국민국가는 군주제보다 더 억압적이고 절대적이었다. 거기에 민족주의가 가미되면, 히틀러의 나치즘 같은 강력한 전체주의 독재로 흘러간다.[26]

루소의 영향을 받은 것은 국민국가의 민족주의 외에 사회주의도 해당한다. 국민국가는 마르크스가 말한 '계급의식'이라는 호전적이고 탐욕적인 집단주의 정신을 불렀다. 민족주의는 국제적 갈등을 불렀고, 계급의식은 국내 계급갈등의 촉매가 되어 프랑스혁명으로 이어졌다. 프랑스혁명에 미친 루소의 영향은 이것으로 끝난 것이 아니다. 그의 영향은 평등주의 개혁이다. 평등주의 패거리들은 빈곤자를 위한다는 명분으로 권력을 장악하여 사유재산을 철폐하고 평등분배를 위해 프랑스의 부를 장악했다. 이런 개혁 과정에서 개인의 인권은 무시되었다. 프랑스는 꿀벌집단과 동일했다. 개인은 공공선이라는 집단적 목표를 위해 동원되는 일벌이나 일개미에 지나지 않는다. 더욱더 중요한 것은 개인들이 자신의 인권이 유린되고 있음에도 이를 받아들이겠다는 의지도 강화시켰다는 점이다. 그들은 권력이 지방분권적 그리고 헌법적으로 제한된 정부의 손보다는 인민의 손에 있기를 원했다. 그 결과는 공포와 폭정이었다.

국가를 일반의지의 구현으로 보고, 국민주권은 제한이 없다는 믿음은 파괴적으로 작동했다. 프랑스혁명을 이끈 로베스피에르의 공포정치, '테러의 통치'가 1793년부터 지배했다. 이 공포정치야말로 러시아혁명

---

26) 따라서 프랑스혁명과 미국혁명을 동일하게 보는 것은 잘못이다. 전자는 인간이성을 신뢰한 프랑스 계몽주의에 속하고, 민중의 참정권을 중시했다. 후자는 자유를 얻기 위한 혁명이었다. 이는 스코틀랜드 계몽주의에 속한다.

부터 중국의 문화혁명을 거쳐 캄보디아의 폴 포트에 이르기까지 일련의 역사적 사건의 시초였다. 그런 인민민주주의는 스스로 민주주의를 파괴하는 길로 접어들었다. 유럽은 그런 나라들과는 차이가 있는 방향으로 발전했다. 유럽도 민주적이었지만 본질적으로 무제한적 정부를 탄생시키는 결과를 초래했다. 개인의 자유를 증진하는 방향으로 혁명을 이끌려는 노력이 실패하게 된 결정적인 요인은 모든 권력이 국민의 손에 있는 이상 권력의 남용을 막을 어떤 장치도 불필요하게 되었다는 믿음이었고, 이런 믿음을 창출 · 확산시킨 것이 프랑스혁명이었다. 그러나 민주주의를 제한하지 않으면 합법적 선거를 통해 정부가 독재로 흐르게 마련이다. 프랑스혁명이 일어난 지 100년 뒤 허버트 스펜서가 우려한 것은 왕의 권리를 의회의 권리로 교체한다고 해서 자유가 보장될 수 없다는 점이었다. 주권재민이란 왕이 가지고 있던 모든 권력을 국민의 손을 거쳐 의회의 손에 쥐어주는 것을 말한다. 의회의 신성한 권리 때문에 입법 과잉을 문제로 여길 수도 없었다.

국민주권은 설계주의의 계획사상을 전제한다

국민주권 개념은 국민의 다수가 원하는 것이면 무엇이든 수행할 권리가 있다는 생각과 밀접한 관련이 있다. 그런 생각의 취약점은 최종권력은 다수에게 있는 것이 아니라 무제한적 권력, 즉 주권 자체에 있다는 것이다. 주권 개념은 모든 사회제도는 인간 의지를 실현하기 위한 계획된 산물이라는 설계주의적 해석의 결과다. 그러나 사실은 그렇지 않다. 오늘날과 같이 거대한 사회는 그들의 '의지'의 산물이 아니라 그들이 무엇이 옳거나 그른가에 관해 결정할 때 의식하지 않고서도 공동의 행동 규칙을 따랐던 결과다. 그런 규칙에 관한 공동의 의견이 없었으면 결코 확장된 열린 사회는 가능하지 않았을 것이다. 최고의 권력이라고 해서 그것이 무제한이어야 할 필연성은 없다. 모든 권력은 결국 무엇이 옳은가 그른가에 관한 인간의 의견(opinion)에 기인한 것이기 때문이다.

주권 개념은 통일된 의지(will)에서 법과 제도를 도출하려는 논리적 구조의 결과다. 그런데 하나의 통일된 의지는 원시적인 부족사회처럼 소규모 사회에서나 존재할 뿐 거대한 사회에서 그런 의지는 존재하지 않는다. 자유사회에서는 다수의 권력을 비롯하여 모든 권력은 제한되어 있다는 것을 전제한다. 따라서 문제는 이런저런 권력을 누가 가지고 있는가가 아니라 그런 권력의 기초가 존재하는가다. 자유사회에서 모든 권력의 기초는 국민의 의지가 아니라 정의의 규칙에 관한 합의된 의견이다. 16세기와 17세기 합리주의가 개발한 절대주의 사상과 민주주의가 등장하기 전에는 서구사회에서 어느 누구도 무제한적인 권력을 요구하지 않았다.

주권재민 사상은 옳고 그름에 관한 사회구성원들의 '의견'과 어떤 알려진 구체적인 목적들을 달성하겠다는 '의지'를 구분하지 못하고 오히려 다수의 의지를 강조한다. 전자가 법의 기초가 되어야 함에도 이들을 구분하지 않아서 사법과 공법을 구분하지 못하고, 다수의 의지를 강조함으로써 사회질서를 '목적이 지배하는 사회'로 만든다. 모든 법은 다수 의지의 산물이고, 또한 그런 산물이어야 한다는 사상은 그렇지 않은 법들, 즉 진화적으로 형성된 법들을 비롯하여 모든 행동 규칙을 비민주적인 것으로 간주한다. 이들은 개혁의 대상이다. 그러나 다수의 의지란 존재하지 않는다. 다원적인 사회에서 다수의 의견과 달리 구체적인 목표들 또는 이들의 순위와 관련하여 다수의 합의, 즉 다수의 의지를 달성한다는 것은 불가능하다.

주권재민과 권력집중

루소의 이상은 주권재민 사상이다. 지배자와 피지배자가 동일하다. 법을 만들고 집행하는 권리가 주권자인 국민에게 있다. 왕이 갖고 있던 권력 전체를 국민에게 준 것이다. 국민이 주권자다. 주권은 양도가 불가능하다. 주권을 대표할 수도 없다. 루소의 이상적 민주주의가 직접민주인 이유다. 자유는 나눌 수 있지만, 권력의 나눔은 불가능하다는 것이다. 그래서 권력분립도 당치도 않다. 루소에게 정당한 정치 권력의 기초는 모든 사람의 일반의지에 기초하는 것이지 군주적 원칙에 기초한 것이 아니다. 그의 사회계약은 모두가 주인이면서 동시에 하인인 사회를 가능하게 한다. 이는 그들을 법의 주체이자 객체로 만든다. 루소는 이런 기초 민주주의의 구조를 통해서만 자유와 평등이 실현될 수 있다고 믿었다. 그러나 민주주의에서 국민이 직접 지배하고 법을 만들고 국민이 행정을 담당하고 재판관을 대신해서 재판한다면 민주도 부패하고 자유도 없다. 토크빌은 이렇게 말했다.

"어느 한 개인이나 당파가 부당한 대우를 받으면 누구에게 호소할 수 있을까? 여론에 호소하면 여론도 다수에 의해 좌우된다. 입법부에 호소하자면 입법부도 다수를 대표하여 묵시적으로 다수에 복종한다. 행정부에 호소한다면 행정권도 다수에 의해 임명되어 다수의 수중에서 소극적 도구의 역할을 한다. … 배심원은 다수에게 사법사건을 청취할 권리를 부여한 것에 지나지 않는다. 일부 주들에서는 재판관도 다수에 의해 선출된다. 그러나 당신이 불평하는 조치들이 아무리 부당하고 불합리하다고 해도 당신은 가능한 한 그것에 복종해야 한다."[27]

그래서 일찍이 몽테스키외는 권력분립을 반대하는 루소의 주권재민을 싫어했다. 주권재민 사상이 얼마나 위험한가는 기존 질서의 무자비한 파괴와 자유의 파괴를 불러온 프랑스혁명이 또렷하게 말해준다.

---

27) Tocqueville(1849/1995: 338)

18.
삼권분립은 실패했다

자유를 확립 · 유지하기 위한 정치제도가 삼권분립이다. 이 제도는 국가권력을 그 기능적 성격에 따라 입법권, 행정권, 사법권으로 삼분하고, 이들 권력을 각기 입법부, 행정부와 사법부에 부속시키는 원리다.[28] 이 원리는 '개인의 자유를 보호하기 위한' 유서 깊은 제도다.[29] 존 로크와 몽테스키외 이후 수백 년 동안 이념적 그리고 정치적 논쟁 과정을 통해 권력분립제도가 형성된 것이다. 오늘날에는 그런 제도를 헌정론에서 가장 뛰어난 것으로 여긴다. 그것은 개인의 자유의 진화와 함께 자유를 보호하기 위한 제도로서 문화적 진화의 선물이다. 이는 진화의 백미(白眉)가 아닐 수 없다. 인류의 뿌리였던 시기의 원시적 마인드로는 감히 생각할 수 없는 자유, 보편적 · 추상적 성격의 정의 규칙, 법치 등 자유를 제도적으로 확립 · 유지하기 위한 제도 가운데 하나가 삼권분립이다.

그러나 본래 개인의 자유를 확립하여 이를 보장하기 위한 권력분립

28) 권력분립이 반드시 기능적 성격에 따른 것만이 아니다. 수평적 분립에서만 그렇다.

29) Hayek(1983/2018: 29)

은 유감스럽게도 오늘날 실패했다. 그것은 자유를 보장하기는커녕 간섭주의 · 사회주의로 이끌어가고 있다. 삼권분립에 고장이 난 것이다. 자유를 보호하기 위한 권력분립은 실패한 것이 틀림없다. 개인의 자유를 확립 · 보장하기는 고사하고 권력의 집중과 자유의 유린을 조장하는 데 기여하는 제도가 되었다. 왜 실패했는가! 이 실패를 극복하기 위해 어떤 제도적 개혁이 필요한가의 문제는 매우 흥미롭다. 본래 자유주의자들이 염두에 두었던 삼권분립의 구성원리를 설명한다.

삼권분립의 구성원리

삼권분립은 세 가지 차원에서 의미가 있다. 국가권력을 제한하여 개인의 자유를 지키는 것이 첫 번째 의미다. 두 번째는 국가의 기능적 효율성이다. 이는 입법, 행정, 사법 등의 권력행사를 각각 누구에게 맡기는 것이 효율적인가에 따라 결정된다. 그리고 마지막 세 번째는 책임원칙이다. 예를 들면 행정부는 내각제에서는 의회에 대해, 대통령제에서는 국민에 대해 책임을 진다.

(1) 국가권력의 제한

멀리 올라갈 필요 없이 미국의 '건국의 아버지'라고 불리는 제임스 매디슨을 보자. 그는 유명한 『페더랄리스트 페이퍼』 제47장에서 권력분립의 원리를 '자유로운 정부의 신성한 원칙'이며, 제51장에서는 인간의 수중에 있는 모든 권력은 남용되기 쉽다고 말했다.[30)]

> "야심에는 야심으로 대항해야 한다. 개인의 이해관계는 그의 직책의 헌법적 권리와 결부되어야 한다. 정부의 권력남용을 억제하기 위해 이러한 제도들이 필요한 것은 인간본성에 대한 불신에서 비롯되는 것이다. 그러나 인간본성에 대한 가장 큰 불신이 바로 그 정부 자체가 아닌가? 인간이 천사라면 어떤 정부도 불필요하다. 또한 천사가 인간을 통치한다면 정부에 대한 내적 혹은 외적 통제도 불필요하다. 인간에 대한 인간을 관리하는 정부를 구성할 경우 정부는 우선 피지배자를 통솔할 수 있어야 한다. 그러고는 스스로를 통제해야 할 의무가 있다."

모든 사람은 권력의 제한이 없으면 권력을 남용하기 마련이라는 믿음이 권력분립론의 바탕에 깔려 있다. 인간본성에 대한 가장 큰 불신이 바로 정부 자체라는, 그래서 국가권력을 제한해야 한다는 매디슨의 주장은 전적으로 옳다. 그는 국가는 천사가 아니라고 목소리를 높였다. 국가를 선의의 독재자로 여긴 낭만주의를 잠재웠다. 낭만주의적 국가관은 정부 관료들을 자신의 이익을 버리고 국리민복에 헌신하는 사람들로 묘사했다. 매디슨에게 이성국가(理性國家)란 하나의 허구로 보였다.

매디슨의 전통을 이어받아 국가의 탈신비화에 기여한 것이 제임스

---

30) Hamilton/Madson/Jay(1995: 300)

뷰캐넌 전통의 공공선택론이었다. 국가의 신비함을 벗겨보니 국가도, 구체적으로 말해 정부 사람들도 권력을 탐하고 제것 챙기는 데 급급한 보통 사람들과 똑같다는 것이었다. 그는 그들의 권력을 제한하지 않으면 권력을 확대하거나 남용할 위험성이 매우 크다고 우려했다. 그런 위험성을 막기 위해 어떤 제도적 장치가 필요한가에 대한 연구 프로그램이 '헌법경제학'이다.[31)]

그런데 천사가 지배한다면 국가권력을 제한할 필요가 없을까? 천사는 전지전능하지 않음에도 전지전능을 자만할 위험성이 우려되기 때문이다. 매디슨 전통의 공동선택론은 정부 사람들의 행동 동기만 문제로 여기고 있다. 그러나 인간행동을 결정하는 것은 수단에 관한 지식이다. 전통적인 국가철학에서 국가는 국리민복이 무엇이고 이를 달성할 수단은 무엇인가를 안다는 전제에서 출발했다. 그러나 이것이야말로 전형적인 설계 또는 구성주의다. 이는 인간이 사회 밖에 서서 전체 사회에 관한 관점에서 사회를 이해하고 이를 재구성할 수 있다는 믿음이다. 이성에는 한계가 없다는 뜻이다. 그러나 진이성은 오히려 사회 속에서 형성된다. 인간은 스스로 사회 밖으로 끌어낼 힘이 없다, 이는 마치 인간이 자신의 정수리를 잡고 스스로 늪에서 들어 올릴 수 없는 것과 일치한다.

오늘날의 정부는 선한 척하면서 권력을 남용할 뿐만 아니라 하이에크의 유명한 저서의 제목 『치명적 자만』이 말해주듯, 전지전능한 척하면서 시민의 삶도 계획하려고 든다. 그러나 정부 사람들은 시민 각각의 생각, 견해, 선호 등과 그들이 제각기 처한 상황에 관한 구체적인 지식을

---

31) 헌법경제학의 방법론, 등장배경, 과제 등에 관한 자세한 설명은 민경국(1993) 참조

갖는 것을 극복하기 불가능한 지적 한계에 부딪힌다.

정신이론에 따르면 인간 두뇌는 자기 스스로 완전히 아는 것은 불가능하다. 하물며 수백 수천만 명 정신의 상호작용을 구체적으로 아는 것은 더더욱 불가능하다. 시민의 활동에 대한 정부 사람들의 통제가 원천적으로 불가능한 이유다. 그런 불가능을 입증한 것이 사회주의의 거대한 실패다. 정부는 전지전능하다는 전제다. 동서고금을 막론하고 모든 인간에게 불변적인 것은 인간이성에는 한계가 있다는 사실이다. 누구나 그런 한계를 갖고 있다는 점에서 모든 인간은 평등하다.

노자(老子)는 "인간이성의 한계에 대한 각성에서 무위(無爲)사상"을 발전시켰다. 소크라테스는 인간 스스로 자신의 무지(無知)를 깨닫는 것이 지혜의 출발점이라는 것을 강조했다. 이 전통을 계승한 것이 데이비드 흄, 애덤 스미스 등이 확립한 스코틀랜드 계몽주의였다. 이 전통의 현대적 거두 하이에크는 인간은 누구나 무지하다는 사실에 입각해서 노자의 무위사상 같은 '자생적 질서'를 발전시켰다. 그에게 인간은 무엇을 모르는지(unknown ignorance)조차 모를 만큼 인간의 무지는 무한대다. 아는 것은 겨우 한 줌밖에 되지 못한다.

"경험이 보여주고 있듯이 권력을 가진 모든 사람은 그것을 남용하기 마련이다. 민주정체든, 귀족정체든, 군주정체든 권세가는 모두 그렇다"라는 것이 권력분립론의 창시자였던 몽테스키외의 말이다. "역사상 가장 위대한 독재자 중에는 가장 공정한 방식으로 통치를 시작한 사람이 많았지만, 그것은 시작할 때뿐이고, 결국 권력은 심장과 오성을 모두 부패시켰다"라는 보수주의자 에드먼드 버크의 말도 제한 없는 국가권력이 얼마나 두려운가를 말해준다. 그래서 필요한 것이 권력을 제한할 제도적 안전장치다. 귀족주의도 권력의 제한이 없으면 부자유한 사회다. 주권재민의 민주주의도 제한이 없으면 부패하고 스스로 붕괴한다. 권력을 원죄라고 불평하는 것은 정치사상의 역사만큼이나 오래된 것이다. 가장 선하거나 진지한 사람도 무책임한 권력의 지위에 오르면 가장 악한 사람으로 바뀌어 치명적 자만에 빠질 수밖에 없다.

자유는 절제된 정부에서만 가능하다. 공적 부분을 제한해야 할 뿐만 아니라 동시에 제한된 공적 영역에서 권력행사를 제한해야 한다. 권력을 남용하지 않을 경우에만 자유가 존립할 수 있다. 권력을 제한할 제도적 안전장치가 필요한 이유다. 주권재민의 민주주의나 귀족주의도 국가권력의 제한이 없으면 자유롭지 못한 사회다. 예를 들면 칸트가 지지한 것은 엄격한 삼권분립이었다. 즉 입법권은 국민의 대표자인 의회만이, 행정은 행정부만이, 그리고 사법은 사법부만이 담당한다는 의미에서 권력분립이 엄격하다. 그는 입법자 노릇을 하는 정부를 독재라고 목소리를 높였다. "입법자가 동시에 집행자(정부)가 될 수 없는 이유는 정부가 법 아래에 있기 때문이다."[32] 의회는 법과 재정을 통해 행정부의 자의적 권력행사를 예방한다. 칸트의 말을 빌리면, 의회는 정부를 법 아래에 놓는다. 의회는 정부의 법 집행을 감시하고 장관이 법에서 이탈하지 못하도록, 또는 법을 제대로 집행하도록 강제하고 위반할 때는 책임을 묻는 등 처벌적이고 억압적인 영향력을 행사한다.

32) Kant(1797/2015: 266)

(2) 효율성과 분업

입법 · 행정 · 사법 등과 같이 기능에 따라 권력을 분립하는데, 이런 권력분립의 의미는 '권력행사의 효율성'을 증진하기 위한 분업의 원리에 있다.[33] 어떤 국가권력을 다수, 소수 혹은 1인에 부여하는 것이 적합한가는 '효율성'을 기준으로 평가한다. 왜 입법은 직접민주가 아닌 간접민주인 대의제에 맡겨야 하는가? 몽테스키외를 비롯하여 콩스탕이 고대의 자유와 현대적 자유의 구분에서 지적했듯이 거대한 사회에서 직접민주는 물리적으로 불가능하다.[34] 이 대목에서 눈여겨봐야 할 점은 의회민주주의는 원칙이 아니라 편의의 문제라는 것이다. 그래서 의회주의를 주장한다고 해서 국민투표의 필요성을 부정하는 것은 아니다.[35] 헌법개정처럼 중요한 문제는 일회성으로 직접민주를 통해 해결할 수 있다. 그러나 일상적인 입법의 문제는 결코 직접민주의 대상이 아니다. 결론적으로 말해 모든 국민이 참여하는 직접민주가 아닌 간접민주, 즉 대의제 민주가 효율적이다. 주목할 것은 의회민주 또는 대의제는 원칙이 아니라 편의다. 일반 국민은 행정업무를 다루기에 적합하지 않다. 집행권(행정권)의 행사는 의회보다는 직업 관료로 구성된 행정부가 적합하다. 막스 베버의 전통에 따르면 관료는 주어진 정치적 목적을 실현하기 위한 수단이다. 공식적인 규칙들에 의해 관료들의 권리와 의무가 정확히 규

33) 윤명선(2007: 5)

34) 직접민주 방식의 국민입법은 거대한 사회에서는 물리적으로 불가능할뿐더러 관련 문제에서 '국민 전체의 합의'를 보기도 불가능하다는 몽테스키외의 인식에 관해서는 Montesquieu (1748/2016: 11/6: 182) 참조

35) 뷰캐넌은 주인-대리인 문제에서 생겨나는 외부비용과 타인들을 설득하는 데 따르는 의사결정 비용을 고려하여 적합한 대의제 문제를 해결하고 있다(Buchanan/Tullock, 1962: 45-64). 이에 관해서는 민경국(1993: 79-83) 참조

정되어 있다. 관료의 내부구조는 계층적 · 수직적이다. 관료들은 선거에 의해 선출되는 것이 아니라 전문적인 자질을 기초로 계약에 의해 직무에 채용된다. 그들은 직업인이다. 이상과 같은 특징을 가진 이념형적인 관료는 주어진 정치적 목적을 실현하기 위한 가장 효율적인 수단이다. 집행권을 부여하기에 적합한 기관은 행정부다.[36)]

(3) 책임

삼권분립의 세 번째 의미는 책임이다. 의회는 정부의 법 집행을 통제하고 장관이 법에서 이탈하지 못하도록, 또는 법을 제대로 집행하도록 하고, 위반할 때는 책임을 묻는 등 처벌에 있어 억압적인 영향력을 행사한다. 책임론과 관련하여 주목할 것은 우선 내각제다. 첫째로 의회가 정부 또는 내각의 조각과 감독권을 갖는다. 둘째, 정부(내각)는 의회에서 다수 의석을 점유하는 정당 또는 연립정당이 조직하고, 정부는 의회에 대해 책임을 진다. 의회가 정부에 대한 불신임 의결을 한 때는 정부는 사직하거나 국가원수에게 의회의 해산을 요청하여 다시 선거를 해야 한다. 셋째, 국가원수인 대통령은 단지 직위만을 가질 뿐 실권이 없다. 이런 제도를 시행 중인 국가는 독일, 영국, 싱가포르 등이다.

이에 반해 대통령제에서는 첫째로 대통령은 국가원수이자 행정부의 수반이다. 대통령은 행정권을 총괄하고, 육 · 해 · 공 삼군을 통솔한다. 둘째로 행정기관과 입법기관이 상호 독립되어 있다. 소위 입법기관

---

36) 민경국(1993a: 181)

인 의회의 의원은 행정업무를 겸임할 수 없다. 그리고 행정기관의 행정관리도 의원을 겸임할 수 없다. 셋째로 당선된 대통령이 행정부를 조직한다. 미국은 역사적으로 가장 먼저, 그리고 일관되게 대통령제를 시행한 전형적인 국가다. 멕시코, 브라질, 아르헨티나, 이집트, 인도네시아 등의 국가도 대통령제를 시행하고 있다. 한국은 국회의원의 입각을 허용하는 내각제적 요소가 가미된 대통령제다.

중요한 것은 내각제와 대통령제 중 어떤 정치체제가 자유와 번영에 더 크게 기여할 수 있는가의 문제다. 내각제를 가진 나라든 대통령 중심제든 경제적 자유를 보호하는 데는 중요하지 않다. 왜냐하면 내각제냐 대통령 중심제냐의 문제는 권력을 제한하는 문제가 아니라 권력을 조직하는 권력구조의 문제일 뿐이기 때문이다. 중요한 것은 공식적 제도든 비공식적 제도든 제도를 통해 입법권력을 효과적으로 제한해야 한다는 점이다.

법의 지배를 통한 입법권의 제한

'입법'이라는 용어는 역사적으로 권력분립과 밀접한 관련이 있다. 권력분립이 처음 발표되었을 때 입법이라는 말이 비로소 일반화되었다. 권력분립의 발단은 절대적 권력을 쥐고 있던 왕으로부터 국가권력을 의회로 이동하는 사건이었다. 이동의 역사적 사건은 찰스 1세 시절, 절대군주의 권한을 의회로 이전하여 왕권을 제한하고 자유권을 확립한 권리청원(1628),[37] 그리고 의원선거의 자유와 의회 내에서 언론의 자유 등을 보장하는 권리장전(1689)[38]에 주목할 필요가 있다.

그런데 눈여겨보아야 할 것은 입법이라고 할 때의 법 개념이다. 입법부가 정한 것은 무엇이든 법이라고 생각한 것은 아니었다. 입법은 법의 지배와 연결되어 있었다. 법의 지배는 입법부가 모든 사인(私人)과 정부를 동등하게 구속하는 정의로운 행동 규칙만 제정할 수 있게 하는 원칙이었다.

17세기 입법 개념을 명확하게 이해하기 위해서는 먼저 법 개념을 분명히 할 필요가 있다. 입법부가 정한 것이면 모두 법이라고 불러야 한다면 '입법'이라는 용어는 공허하고 법 개념도 같은 말의 반복이라는 의미에서 순환적이다. 만들어져야 할 법은 모든 사람을 동일하게 구속하며, 그 누구도 통상적인 절차로부터 면제되지 않는다는 원칙을 통해 입법부의 입법권을 제한하는 일이다. 권력분립에서 입법의 이런 제한은 권력분립의 창시자에 속하는 존 로크에서 또렷하게 볼 수 있다. 그는 시민의 재산과 권리를 보호하기 위해 '이권분립', 즉 입법권과 집행권(즉, 사법 기능)의 엄격한 분리를 통해 "권력을 장악하려는 인간본성의 야욕"[39]을

37) 주지하다시피 그 내용은 의회의 동의 없이는 어떠한 과세나 공채도 강제되지 않는다는 것, 법에 의하지 않고는 누구도 체포 · 구금되지 않는다는 것, 민간인의 군법에 의한 재판은 금지한다는 것, 의회의 동의 없이 사유재산의 박탈을 금지하며, 각종 자유권을 보장한다는 것 등이었다. 이 청원은 "영국인 고래의 자유와 권리를 확보하려는" 데서 나온 것이었지만, 역사적으로 보면 주권이 국왕으로부터 의회로 옮겨지는 첫걸음이 되었다.

38) 지나친 보석금이나 벌금 및 형벌(刑罰)의 금지 등을 비롯하여 국민의 자유로운 청원권의 보장, 의원선거의 자유 보장, 의회에서의 언론 자유의 보장 등 권력분립의 한 축으로서 의회활동의 기본이 되는 자유의 확립도 권리장전의 특징이다.

39) 이부하(2016: 4)

억제하려고 했다. 입법권은 "특정한 방법으로 행사되어야 하며, 그 권한을 행사하는 자는 보편적 규칙들만 만들어야 한다"라는 것이 로크의 믿음이었다.[40] 사건이 생길 때마다 법을 바꾸는 것이 아니라 선포되어 확립된 법에 의해 개별 사건을 다룬다. 이런 견해는 18세기 영국에서 지배적인 견해로 인정되었다.

권력 집중과 독재를 막아야 할 필요성을 절감하면서 왕의 절대적 권력을 어떻게 효과적으로 제한할 수 있는가를 고민한 인물이 프랑스의 정치철학자 몽테스키외(1689~1755)였다. 그가 눈길을 돌린 것은 영국이었다. 오랫동안 영국에 체류하면서 영국의 헌정질서를 관찰하여 모국에 적합하다고 여겨지는 혼합헌법적 권력분립 모델을 고안했다. 그는 『법의 정신』 제11편 제6장[41]에서 국가권력을 기능적 관점에서 입법 · 사법 · 행정으로 분류하고 세 가지 국가권력을 국왕, 귀족, 국민에게 배분하는 권력분립을 제안했다. 권력분립 모델은 칸트 전통의 엄격한 권력분립이라기보다는[42] 권력분배의 성격이 강하다.

우리의 주목을 끄는 것은 국민의회와 귀족의회의 존재다.[43] 그들은 자신들의 견해를 서로 독립적으로 입법 · 행정 · 사법에 표현할 수 있고,[44] 동시에 서로 독립된 양원제로 인해 하나의 의회만 존재한다면 의회의 의결 대부분은 소수인 귀족들을 희생시켜 극단적인 경우 다수의 국민

---

40) 이에 관해서는 Hayek(1983/2018: 213) 참조

41) Montesquieu(1748/2016: 179-189)

42) 칸트의 권력분립에 관해서는 민경국(2018: 180) 참조

43) 몽테스키외의 삼권분립론에 관한 상세한 설명에 대해서는 민경국(2018: 414-425), 권력분립 도표는 424쪽 참조

44) Riklin(1989: 429)

이 소수의 귀족을 노예로 만들 위험성을 피할 수 있으리라고 믿었다. 간단히 말해 삼권분립에서 몽테스키외가 염두에 두었던 것은 국민의회와 귀족의회가 서로 견제하면, 자유를 보장하는 보편적인 입법이 가능하다고 보았다.

요컨대 법치는 입법부의 입법, 사법부의 판결 그리고 행정부의 집행 등 세 권력을 제한하는 역할을 한다. 그래서 기능에 따른 권력분립은 자유를 위한 필요조건이다. 그러나 이것만으로는 자유를 보장할 수 없다. 입법을 제한하는 법치가 마련될 때 비로소 자유를 보호하는 삼권분립이 가능하다. 그래서 법치는 자유를 보호하기 위한 삼권분립의 충분조건이다. 따라서 기능적 분립과 법치는 서로 분리할 수 없다는 점을 주지해야 한다. 이것이 고전적 자유주의자들이 염원한 법치가 삼권분립에서 수행할 역할이었다. 법치라는 정치적 이상은 자유주의의 핵심 요소다. 삼권분립은 결코 민주주의의 요체가 아니다. 그러나 유감스럽게도 오늘날 삼권분립은 완전히 다른 방식으로 전환되었다.

삼권분립의 실패는 법치의 무력화 때문

오늘날 입법부는 의회민주주의의 표상이다. 권력분립론이 생겨난 초기에는 입법부는 행정부를 통제하는 역할을 하는 대의제 의회를 지칭했다. 그때 입법부가 만든 것은 개인의 재산을 건드리는 조세 문제를 제외하고는 정의의 법이 아니라 정부에 대한 명령이었다. 이는 정부에 물적 · 인적 자원을 할당하는 일과 할당된 자원의 이용에 관한 지시와 감독으로 구성되었다.[45] 행정부는 입법부의 결정을 이행하는 과제만 가지고 있었다. 이는 규칙의 집행을 의미하는 것이 아니라 입법부가 내린 명령을 집행하는 것이다. 정의로운 행동 규칙으로서 법은 법원의 판결을 통해 형성되었다. 그 판결을 집행하는 것은 행정부였다. 그렇게 하다가 입법부는 명실상부하게 입법 기능까지 담당하게 되었다.

그런 길을 암묵적으로 터놓은 것은 몽테스키외의 권력분립이었다. 그는 입법부의 기능은 정의로운 행동 규칙의 성격을 지닌 법, 즉 보편적 법을 찾는 데 있다는 점을 권력분립에 포함하지 않았다. 국민의회와 귀족의회로 구분된 양원제의 도입은 암묵적으로 보편적 입법을 목적으로 하고 있었다. 교조적 민주주의가 확산됨에 따라 흥미롭게도 동일한 의회가 두 가지 상이한 성격의 과제를 장악하는 사태도 벌어졌다. 국민의 대표가 모든 개인과 국가기관들을 동등하게 구속하는 "정의로운 행동 규칙을 제정하는 일을 넘어서 정부에 할당할 재정적 · 물적 · 인적 수단과 서비스 공급에 대한 결정까지" 장악하게 되었다.

18세기에서 19세기 초까지만 해도 입법부가 정한 법은 행정부로 가는 것이 아니라 법원으로 넘겨졌다. 그런 법은 행정부가 이행하는 것이 아니다. 사법으로서 정의의 법은 행정부가 아닌 사법부가 이행할 성격의 법이다. 개별 사건들에 대한 소송이 제기되었을 때 비로소 법정에서 정의로운 행동 규칙을 적용하여 판결한다. 법원의 판결은 누가 집행하는가? 그 집행은 입법부로부터 인적 · 물적 자원을 지정받은 행정부

45) 이런 의미에서 뷰캐넌의 의회를 '입법부'라고 불렀다. 이에 관해서는 민경국(1993) 참조

의 과제다. 그리고 그 과제의 집행을 통제할 과제는 입법부가 가지고 있었다.[46] 그러나 의회가 법을 제정하는 권력을 획득하게 되면서 입법부는 명실상부하게 되었다. 입법부의 입법권은 정의로운 행동 규칙에 의해 강력하게 제한되었다. 입법권을 법치와 연결한 것이다. 이에 따라 입법부는 모든 사적 인간과 정부를 동등하게 구속하는 정의로운 행동 규칙만을 제정할 수 있었다. 정부는 엄격하게 법 아래에 있었다. 권력분립이 법치와 분리할 수 없는 통일된 하나가 되는 순간이었다.

그러나 법 아래에서의 정부와 입법에서 말하는 법 개념은 엄청난 변화를 겪는다. 그런 변화를 초래한 요인은 두 가지다. 첫째로 민주주의를 의미하는 국민주권 사상이 권력분립에 침투했다. 이에 따르면 주권자로서 국민이 원하면, 그리고 국민을 대표하는 대통령과 의회의 다수가 정한 것이면 무엇이든 법이어야 한다는 믿음이 확산되었다. 주권이란 국가의 의사를 최종적으로 결정할 권력을 말한다. 따라서 국민이나 그 대표인 의회의 권력을 어떤 도덕적인 이유로 제한하는 것은 주권이라는 개념의 모순이다. 그런 이유로 권력분립과 한 덩어리였던 법치를 걷어차버렸다. 이로써 자유를 보호하기 위한 유서 깊은 제도는 내용을 전부 갉아 먹힌 빈껍데기가 되었다.

권력분립을 형해화한 두 번째 요인은 19세기 중반 제러미 벤담과 제임스 밀 등이 주도한 정치적인 지적 운동인 철학적 급진파의 등장이었다. 급진파가 지향한 것은 행복원리에 따른 개혁이었다. 곡물법 폐지

46) 행정부에는 예산, 외교, 안보, 군통수권 등 입법부와 독립적인 과제도 있었다. 이 후자의 과제는 입법부와 행정부 간의 타협의 산물이었다. 입법부는 입법과 관련하여 독립성을, 그 대신에 행정부는 행정과 관련된 부문에 대해 독립성을 가져야 한다는 것이었다. 아마도 이런 조건을 가장 잘 반영한 것이 몽테스키외의 권력분립이라고 볼 수 있다.

를 비롯해 보통 · 비밀선거의 도입을 주장했다. 제러미 벤담은 입법에 전권을 주어야 한다고 믿었다. 그렇게 하는 것이 '최고헌정의 의지'를 실현하는 것일 뿐만 아니라 "국가구성원들의 이익과 안전을 더 잘 증진시켜준다"라고 강조했다. 그리고 "입법에 대한 어떤 제한도 행복의 원칙과 모순된다"[47]라고 목소리를 높였다. 만들면 무엇이든 법이 된다는 뜻에서 그것은 바로 다름 아닌 입법만능주의다. 그는 '차티스트 운동'에 가담하여 선거법 개정을 통해 의회주의의 발전에 크게 기여했지만, 입법을 제한하는 법치를 제거함으로써 삼권분립을 유명무실하게 만들어 자유주의 역사에 큰 오점을 남겼다.

민주주의야말로 벤담이 대변하는 다수의 행복을 보장한다는 이유에서 의회의 중요성을 강조하고 보통 · 비밀선거와 주기적 선거를 중시했다. 그리고 의회의 무제한적 권력을 허용한다. 민주주의와 관련해서 벤담의 공리사상은 주권재민 사상과 같다. 그뿐만 아니라 입법에 전권을 허용해야 한다는 주장과 주권재민 사상은 인간의 이성을 통해 이상사회를 만들어낼 수 있다는 데카르트 전통의 설계주의적 합리주의의 미신을 전제로 하고 있다.

47) Bentham(1843: 190), Hayek(1983/2018: 261)에서 재인용

권력분립 실패의 결과는 국가권력의 확대

입법의 한계를 설정하는 법치를 내쳐버림으로써 이제 정부는 법 아래에 있는 것이 아니다. 의회에서 만들어지는 법은 이제 사법부가 아닌 정부로 간다. 법의 집행자는 사법부가 아니라 정부다. 예를 들면 입법부가 최저임금제, 경제민주화법 등을 제정하면 이 법을 이행하는 주체는 정부다. 의회에서 정한 것이면 정부는 어떤 행동이든 취할 자유가 있다. 원래 의회는 정부의 제왕적 권력을 통제하고, 될 수 있는 대로 줄이려고 했다. 이것이 삼권분립의 취지였다. 그러나 전권을 가진 의회는 정부 권력을 통제하는 것이 아니라 정부 권력을 확대해왔다. 전권을 가진 의회가 정한 입법이 많을수록 정부 활동의 규모는 더 커지고, 그 결과 개인의 자유는 위축된다. 다수를 차지하는 의회와 정부의 상호 간 지지를 통해 정부의 규모는 커지고 민간 영역은 줄어든다.

교조적 민주주의가 확산됨에 따라 흥미롭게도 동일한 의회가 두 가지 상이한 성격의 과제를 장악하는 사태도 벌어졌다. 국민의 대표가 모든 개인과 국가기관들을 동등하게 구속하는 "정의로운 행동 규칙을 제정하는 일을 넘어서 정부에 할당할 재정적 · 물적 · 인적 수단과 서비스 공급에 대한 결정까지" 장악하게 되었다. 법을 정하는 의회가 동시에 행정부에 명령을 발하는 권한도 갖게 되었다. 예를 들면 세법을 정하는 의회가 동시에 정부에 어떤 공공재를 산출할 것인가를 명령하는 권한도 갖게 된 것이다.

그 결과는 치명적이다. 입법기관이 현재 당면한 목적을 달성하는 데 가장 적합하게 보이는 법, 즉 처분적 법을 제정하게 되었다. 이는 유서 깊은 법 지배의 종말을 초래하게 되었다. 사법의 공법화 현상이다. '자유의 보호벽'이 허물어지게 되었다. 왜냐하면 진정한 의미의 입법보다 차별적 · 편파적 · 정치적 목적을 위해 임의로 처분적 법을 만들 관심과 의욕이 급증하기 때문이다. 그 치명적 결과는 보편적 법을 제정하는 입법부가 지닌 '최고 권력의 도덕적 정당성'의 상실이다.

자유를 보호하는 권력분립의 개선방향

삼권분립을 어떻게 개선하는 것이 효과적으로 자유를 확립 · 보존할 수 있는가? 그 개선책으로는 하이에크의 양원제가 매력적이다.[48] 이는 법의 지배원칙에 합당한 법만 제정하는 역할을 담당하는 입법의회와 공공재의 생산을 전문적으로 다루는 정부의회다. 이 양원을 비롯하여 행정부와 사법부를 구속하는 기본조항을 헌법에 도입할 것을 요구한다. 그 조항에 명문화할 내용은 무엇이 법이 될 수 있는가에 관한 것이다. 이는 자유를 보장하는 정의로운 행동규칙을 의미하는 법이다.

헌법의 기본조항 내용은 자생적 질서의 기초가 되는 법의 성격, 즉 법의 지배 원칙을 명문화한 것이다. 이 기본조항은 흔히 말하는 기본권 조항이라고 불러도 무방하다. 기본권은 '누구나 보편적 · 추상적인 정의로운 법을 위반하지 않는 한 어떤 강제도 받지 않을 권리가 있다'라는 내

48) 민경국(2003: 59 이하), 민경국(2007: 471-534)

용이다. 이런 기본권은 일반적으로 현대사회의 헌법에서 흔히 목격할 수 있는 기본권 목록과 전적으로 다르다. 기본권 목록에는 양심의 자유, 출판의 자유, 통신비밀의 자유, 영업의 자유, 언론의 자유 등 다양한 자유권을 기본권으로 열거하고 있다.[49)]

흥미로운 것은 입법의회의 구성이다. 입법의회는 정당이나 이익단체, 관료 또는 그 밖의 집단의 영향으로부터 완전히 독립적이어야 한다. 따라서 정당, 이익단체, 행정관료 출신 또는 정부의회 출신은 입법의회 구성원이 될 수 없다. 구성원 자격의 나이와 구성원 선출을 위한 투표권의 연령제한도 뒤따른다.[50)] 이런 흥미로운 구성 문제는 여기에서 생략하기로 한다.

정부의회는 정부의 서비스 기능을 감시 · 감독하는 역할을 한다. 하이에크는 국가의 서비스 기능으로서 도로, 항만 같은 공공시설의 마련 및 관리, 생활능력이 없는 계층에 대한 최소한의 생활보장, 보통교육을 위한 재정지원, 위생시설 · 공공시설에 대한 건강 · 안전관리 등과 관련된 공법 문제와 정부의 물적 · 인적 자원의 이용을 통제한다. 정부의 서비스 기능을 위한 공법을 정하는 일을 맡긴다. 현재 우리가 가지고 있는 의회와 유사하다.

의회의 이중구조는 몽테스키외의 혼합헌법과 비교할 때 연성혼합헌법이다.[51)] 하이에크의 양원제에서 입법권은 오로지 상원으로서의 입

---

49) 헌법은 중요한 자유를 열거하고 난 다음에 단서로서 열거되지 아니한 권리라고 해서 경시되지 않는다고 말하고 있다. 그러나 그럼에도 한국 헌법은 열거주의라고 볼 수 있다. 왜냐하면 헌법을 개정할 때마다 열거된 권리목록이 길어졌기 때문이다.

50) Hayek(1983/2018: 633 이하), 민경국(2003: 59-60), 민경국(2018: 516-523)

51) 상세한 비교에 관해서는 민경국(2018: 523-525) 참조

법의회만이 가지고 있는 데 반해 몽테스키외의 경우 국민의회나 귀족의회는 모두 입법권을 가지고 있다. 세법만 국민의회에 맡기고 귀족의회는 세법에 대한 비토권만 가진다.

하이에크의 설명을 종합하면, 입법의회는 정치적으로 독립된 원로원형태로서 자생적으로 형성된 일종의 '자연적 귀족'으로 구성되는 상원이라 볼 수 있다. 자연적 귀족이란 빌헬름 뢰프케가 말한 것처럼 어떤 지역사회나 연령층에는 각기 사람들로부터 믿음과 존경을 받는, 그래서 사람들의 본보기가 되는 명사(名士) 그룹이 형성된다. 자생적으로 형성된 리더십이라고 할 수 있다. 그런 인물을 투표로 선출하여 입법의회의 구성원으로 만들자는 것이 하이에크의 의도였다. 그러나 반드시 양원제가 필요한가에 대해서는 의견이 분분하다. 기존 의회의 입법 기능을 정의로운 행동 규칙에 합당한 법을 찾아내는 데 국한하는 장치만 제도화하는 것으로 충분하다는 견해가 있다. 그 장치가 하이에크처럼 헌법에 법다운 법의 조건을 명시하는 기본조항의 도입이다.

흥미로운 것은 제임스 뷰캐넌의 헌법사상이다. 필자는 1993년 『헌법경제론』과 2018년 『국가란 무엇인가』에서 그의 사상을 상세히 다루었다.[52] 뷰캐넌은 의회제도를 바꾸지 않고 헌법에 차별입법 · 정책에 대한 금지조항을, 다시 말하면 법과 정책의 보편성원칙(법치원칙)을 헌법에 도입할 것을 제안하고 있다. 그런 헌법체제에서는 차별정책 같은 정책을 추진할 수 없을 것이라는 이유에서다. 뷰캐넌이 관심을 갖고 있었던 것은 균형예산 원칙이다. 그는 이 원칙도 헌법에 도입할 것을 강력히 주

52) 하이에크와 뷰캐넌의 헌법사상을 비교한 것은 민경국(1993) 참조

장한다. 이것은 정부의 적자와 이에 따른 정부부채의 증가를 제한하기 위한 재정헌법이다. 적자예산을 제한 없이 허용하고 있는 것이 현실이다. 민주주의에는 적자증가의 씨앗이 내장되어 있다. 정부의 부채가 재정건전성을 우려할 정도로 급격히 늘어나고 있는 것은 그래서다. '적자 속에 민주주의'라는 말은 정곡을 찌른다.

뷰캐넌이 굳이 재정준칙을 법 대신 헌법에 도입해야 한다고 주장하는 이유는 정부가 자신의 행동을 제한하는 규칙을 스스로 만들게 한다면 정부 자신에게 유리한 준칙 내용과 적용 시기를 정하거나 설사 현행 재정준칙이 법제화되어 있다고 해도 필요하면 언제나 재정준칙을 정부에 유리하게 바꾸거나 제거해버릴 우려가 있기 때문이다. 하이에크와 뷰캐넌이 의도하는 것은 법의 정치화, 경제정책의 정치화를 막아내려는 데 있다. 그런 정치화는 이해관계의 정치이기 때문이다. 그 대신에 원칙의 정치를 위해 필요한 것이 원칙의 헌법 도입이다.

자유와 헌정주의

하이에크나 뷰캐넌에게 중요한 것은 헌법이다. 헌법은 각종 법률과 규제 등과 같은 공식적 제도의 형성을 위한 집단적인 의사결정, 즉 정치질서의 기초다. 헌법이 중요한 이유는 입법부에 경제에 대한 계획과 규제를 위한 입법권력을 광범위하게 허용하는 헌법 아래에서는 시민의 자유와 재산을 침해하는 법률 생산이 빈번해질 것이기 때문이다. 이 같은 헌법은 자유와 번영을 위한 헌법이라고 볼 수 없다. 국가헌법은 정치와 경제, 사회, 문화의 진화에 중요한 영향을 미친다. 국가헌법이 잘못되어 있으면, 정치질서도 왜곡되고 문화질서도 왜곡된다.

첫 단추를 잘못 잠그면 모든 단추 잠그기가 뒤틀리듯이, 국가헌법이 잘못되면 모두가 뒤틀린다. 사람들은 정치실패나 민주주의실패라는 말을 자주 사용한다. 엄격히 말한다면 그 말은 옳지 않다. 그런 실패의 원인이 잘못된 헌법에 있다고 한다면 그런 실패는 '헌법실패(constitutional failure)'라고 말하는 것이 옳다. 오늘날 민주주의가 혁명이 아니라 합법적인 방법으로 붕괴된다는 목소리가 높다. 민주주의가 스스로를 붕괴시키고 있다는 것이다. 그 원인은 민주적 의사결정을 제한하는 헌법의 부실에 기인한 것으로 봐야 한다. 삼권분립의 실패원인도 입법권을 제한하는 헌법이 부실하기 때문이다. 이런 상황에 대해 하이에크는 '무제한적 민주주의', 뷰캐넌은 '헌법적 혼란'이라고 진단했다. 헌법에 잘못이 있다는 것이다. 국가권력을 제한하는 장치가 없다는 것이다.

헌법학자들은 헌정주의를 현행 헌법에 따라 법을 제정하는 것이라고 여기고 있다. 그러나 이는 잘못된 해석이다. 헌정주의는 정부의 권력을 제한해야 한다는 자유주의 전통의 개념이다. 개인의 자유와 재산을 보호하기 위해 헌법을 통해 정부행동을 효과적으로 제한해야 할 필요성을 강조한 것이 헌정주의다.[53] 인간사회의 지속적인 번영은 자유를 지키는 헌법을 갖느냐에 좌우된다. 칸트는 이렇게 말했다.

---

53) "한 가지 중요한 특질이 있는데, 그것은 정부를 법적으로 제한하는 것이다. 그것은 자의적인 지배와 반대개념이다."(McIiwan, 1958) Hayek(1973: 145)에서 인용

"헌법을 만드는 사람들이 도덕적인 사람들이어서 그것이 좋은 헌법일 것이라고 기대해서는 안 된다. 오히려 좋은 헌법이 있으므로 도덕적인 사람들로 이루어진 사회를 기대할 수 있다."[54)]

그러니까 헌정주의의 실현은 용이한 것도 아니지만 불가능한 영역도 아니다. 하이에크의 주장대로 어느 한 사회가 무제한적 민주를 치유하기 위해 헌정주의를 도입하여 성공한다면 다른 나라들이 모방할 것이다. 모방을 통해 국가권력을 제한하는 헌법이 국제적으로 확산될 것이다. 2000년대에 이미 스위스에서는 연방조세율의 상한선을, 독일에서는 예산적자 제한 규칙을 헌법에 도입했다. 헌법을 통한 자유의 실현 이외에 다른 방도란 없다.

54) 이는 풀러(Fuller, 1969/2015: 217)가 인용한 칸트를 재인용한 것이다.

맺는말: 자유와 자유주의의 미래

경제사를 전공한 어느 노(老)교수에게 "한국의 자유주의를 어떻게 보십니까?"라고 물어본 일이 있다. 이름을 대면 거의 누구나 알 수 있을 만큼 유명한 그 노교수의 대답은 이랬다. "한국에 무슨 자유주의가 있나요? 전부 수입한 것뿐이죠." 나는 이런 대답은 결코 옳지 않다고 믿는다. 문화적 진화는 모방에 의한 선택적 적응이고, 문화의 수입은 진화의 핵심인 모방이나 다름없다. 게다가 사상들이 범지구적으로 서로 주고받는 상황에서 오늘날 고유한 사상 또는 고유한 문화란 있을 수 없다.[1] 사상과 이념의 국제적인 주고받음은 오래전의 일이다. 사회철학자 이한구가 그의 유명한 저서 『문명의 융합』(2019)에서 보여주는 것처럼 그런 주고받음을 촉진한 것은 정보기술을 이용한 세계화다. 세계화 속에서 문화의 창조라는 것도 문화의 융합을 통한 것이 아닐 수 없다.

"자유, 법치가 서구의 가치인가? 그들은 동양의 가치가 될 수 없는가? 한국 사회에서 자유주의가 이룩한 성과는 무엇인가?" 이런 질문들

1) 이에 관해서는 문화의 확산 문제를 다룬 이한구(2019) 참조. 그는 문명의 범국제적 융합을 말한다. 문명의 충돌이 아니라 문명의 융합을 강조한다.

에 대해 사람들은 과연 어떻게 대답할까? 아마도 "성과는 무슨!", "한국은 자유주의의 불모지인데…"라고 답하는 사람이 적지 않을 것이다. 이런 사람은 내가 이 책에서 서술한 자유론을 일종의 지적 장난이라고 말하면서 한국의 고유한 체제를 개발해야 한다고 주장할 것이다. 그러나 그런 주장을 하는 사람들이 제안하는 것을 보면 기껏해야 자유주의와 사회주의를 절충한 사회적 자유주의 또는 공동체자유주의다. 아니면 '따뜻한 보수주의'다. 이들은 '둥근 네모'라는 표현처럼 모순된 사회체제다. 자유와 번영 그리고 사회적 평화를 해친다는 의미에서 모순된 체제는 항상 역기능적이라는 점을 직시할 필요가 있다. 국가권력을 효과적으로 제한할 어떤 원칙도 제시하지 못하고 오히려 리바이어던을 불러들이기 때문이다.

한국 사회가 자유의 불모지라고 한다면, 자립심이나 책임감 등 자유의 정신이 결여되어 풍성한 문명이 자라날 수는 없다는 것은 분명하다. 그러나 그런 정신이 없다면 그것을 일깨우는 것이 자유주의자의 제일 과제라는 것을 주지해야 한다. 그런 과제야말로 자유 체제가 할 일이지 통제 체제가 할 일은 아니다. 그러나 이론적으로 볼 때나 한국 사회의 역사를 통해 볼 때, 이 글에서 전개한 우리의 '자유론'이 한국 사회와 그렇게 멀리 떨어진 이념이라고는 보지 않는다.

자유론과 한국 사회

우리의 자유론이 전제한 자유 사회는 수십 명 또는 수백 명이 사는 원시사회처럼 사실상 사회주의의 정치이론이 다루고 있는 소규모 사회가 아니라[2] 서로 상이한 지식을 동원하여 서로 다른 목표를 추구하는 다양한 사람이 사는 대규모의 열린 사회다. 이는 국제적으로까지 분업과 협동이 확장된 질서다. 바로 이런 사회야말로 한국 사회가 아닌가! 그럼에도 한편으로 확장된 열린 사회와는 어울릴 수 없는 일이 한국 사회에서 벌어지고 있다. 한국 사회는 상당히 많은 부분에서 정부의 계획과 규제를 통해 조종 · 통제되고 있다. 그러나 다른 한편에서는 규제의 틈새기, 즉 "좁은 회랑"에는 자유가 있다.[3] 이를 통해 형성되는 사회질서는 자생적 성격을 지니고 있다. 우리 일상생활의 상당 부분을 자생적 시장질서에 의존해서 살아간다. 그래서 우리의 자유론은 한국 사회와 멀리 떨어져 있는 이론이 아니다.

한국 사회는 거대한 익명의 사회이므로 계획과 규제의 대상이 될 수도 없다. 성공적인 계획과 규제를 위해서는 정부 사람들이 전지전능해야 한다. 그러나 이는 허구다. 인간이성의 한계 때문이다. 이 한계는 아시아인이든 서구인이든 또는 한국인이든 보편적 현상이다. 인간은 무엇을 모르는지조차 모를 정도로 그의 무지는 한이 없다. 그런데 개인의 자유의 조건은 인간이성의 한계를, 즉 불가피한 무지를 인정하는 것이

2) 사회주의의 도덕적 가치는 소규모 도덕에 해당한다(제3부 참조). 따라서 사회주의의 정치철학은 사실상 소규모 사회를 다루는 것과 마찬가지다.

3) 에쓰모글루 /로빈슨(2020)

다. 이런 전제에서 출발하는 것이 우리의 자유론이다. 전지전능한 인간이 사는 세상에서 자유는 존재 의미가 없다. 이 같은 인식론적 관점에서만 보아도 우리의 자유론은 결코 한국인(韓國人)과 멀리 있지 않다. 그런 인식론적 전제 때문에 우리의 자유론은 스코틀랜드 전통을 계승한 것이다. 이런 전통의 우수성은 다른 패러다임과 비교함으로써 분명히 드러난다.

(1) 자연권사상과 대비

인간이성의 한계라는 전제에서 출발하는 우리의 자유론은 우선 자연권이론과 다르다. 자연권이론은 인간이성에는 한계가 없다고 전제한다. 이성을 통해 보편적 원칙과 이에 따른 도덕을 찾아 사회를 인위적으로 구성할 수 있다고 믿는다. 이런 믿음은 사회주의 계획경제 사상과 별로 차이가 없다. 자연권이론은 사회와 개인의 관계와 관련해서도 비현실적이다. 사회적 환경과 전통으로부터 독립된 인간을 전제하기 때문이다. 전제된 인간은 비역사적이고 비현실적이다.[4] 자연권사상이 한국 사회에 맞지 않는 이유다. 인간은 타인들의 지식을 통해 안내받을 필요가 있는 영장동물이다. 타인들과의 소통을 필요로 하는 것은 인간이다. 그 소통장치가 시장질서다. 시장참여자들은 시장을 통해 현명해진다. 그래서 이성의 역량은 제도의 산물이라는 말이 옳다. 제도의 존재로 비로소 인간은 현명해진다.

---

4) 그런 인간상을 전제한 이념은 가짜 개인주의다. 이에 관해서는 Hayek(1954/1996: 제1장) 참조. 그는 이 책 제1장에서 진짜 개인주의와 가짜 개인주의를 매우 상세히 다루고 있다.

바로 이런 현실적 인간을 전제하는 것이 스코틀랜드 계몽주의 전통을 계승하는 우리의 자유론이다. 인간은 자신이 태어난 제도적 환경의 산물이다. 인간이성은 제한되어 있지만, 그렇다고 이를 슬퍼하지도 않고 또한 통제할 수 없는 영향으로부터 자유로운 세상을 염원하지도 않는다. 지식이 분산되어 있고 상황에 고유하고 암묵적인 지식의 세상에서 도덕규칙, 관습, 관행 같은 제도들은 자생적 사회질서의 등장을 위해 필연적이다. 인간은 사회적 산물이다. 우리는 우리 자신에 의해 의식적으로 구성된 산물이 아니라는 것을 인정해야 한다. 사회도 과정인 만큼 인간도 '됨으로(becoming; werden)'의 과정이다.

(2) 보수주의와 대비

우리의 자유론은 인식론적 관점에서 보수주의에 가깝다고 할 수 있다. 보수주의도 인간이성의 한계를 인정하기 때문이다. 그러나 전통적인 제도에 얽매인 나머지 개혁의 방향을 판단할 원칙을 제공하지 않고 있다. 원칙이 없어 실용이나 편의에 빠질 우려가 있는 이념이다. 필요하면 언제나 자유를 버리고 자유주의와는 어울리지도 않는 상생경제, 따뜻한 보수 등으로 좌파의 색깔을 덧칠하는 것은 그래서다.[5] 미국 보수당 출신 대통령이었던 리처드 닉슨은 1970년대 국가개입이 한창이던 시기에 케인스주의를 수용하면서 "우리는 모두 케인스주의자"라고 말한 것

5) 자유에 대한 그런 태도는 한국 보수에만 해당하는 것은 아니다. 유럽 대륙과 영 · 미에서도 쉽게 목격할 수 있다. 보수정치를 연구하는 학자들은 특히 영국의 보수당이 살아남은 이유를 그들의 이념적 유연성에서 찾는데, '이념적 유연성'이란 자유의 원칙을 도구처럼 취급한다는 의미다.

도 보수주의에게 자유는 이념적 원칙이 아니었기 때문이다.

보수주의 철학은 국가의 과제 범위와 국가권력을 제한하는 문제를 다루지 않고 있다. 지도층의 도덕성을 강조하는 플라톤의 철인(哲人) 정치논리 때문이다. 잘난 사람이 지배하면 만사형통이라고 믿는 것이 보수철학의 결함이다. 우리의 자유론은 통치자가 철인이든 다수든 권력을 남용하거나 악용할 우려 때문에 늘 국가활동과 국가권력의 제한에 역점을 둔다.[6]

보수주의와 관련하여 흥미로운 것은 영국의 마거릿 대처와 미국의 로널드 레이건 정부다. 정부활동의 범위와 권력을 제한하는 데 정책 목표를 둔 정부라는 의미에서 흔히 이 두 정부를 자유주의라고 말한다. 그래서 보수주의를 자유주의와 동일시하는 경향이 생겨났다. 그러나 그런 동일시는 틀렸다. 그들은 자유의 철학 대신에 민주주의 철학을 전제했기 때문이다. 예를 들면 레이건과 대처 시대에 추구한 예산절약은 여론이 원했기 때문이지 미국 정부의 바탕에 깔려 있는 철학인 자유 때문이 아니었다. 레이건 대통령과 대처 수상의 모든 정책은 민주라는 다수의 의지에 좌우되었다.

한국에서도 보수주의를 자유시장 및 자유(민주)주의와 동일시하고 있다. 그런 체제가 한국의 전통이라는 이유에서다. 보수에는 그런 가치들이 한국의 전통이 아니라면 그들을 수용할 수 없다는 뜻이 내포되어 있다. 자유를 원칙이 아닌 일종의 편의로서 수용하는 것과 같은 맥락이다. 그러나 우리의 자유론에서 자유와 자유주의 이상은 원칙이다. 이는

6) 현승윤(2005)의 『보수와 진보를 넘어서』를 읽으면 자유가 훤히 보인다.

무조건적이다. 한국 사회에 필요한 것은 편의로서의 자유가 아닌 원칙으로서의 자유다. 자유가 원칙으로 수용되지 않으면 언제든지 국가의 역할과 국가권력이 증가할 위험성을 안고 살아야 한다.

(3) 공동체주의와 대비

공동체를 중시하는 이념으로서 공동체주의는 공동체의 존재 때문에 인간이 존재할 수 있다는 전제에서 출발한다. 공동체는 우리를 키워준다. 우리에게 정체성을 부여하는 것도, 우리에게 공동의 가치와 목표에 대한 이해를 부여하는 것도 공동체다. 공동체주의는 인간의 선택을 구속하는 그 무엇이 선택행위 이전에 존재하고 있다고 생각한다. 공동체가 고유하게 가지고 있는, 구성원 전부가 지켜야 할 공동의 도덕적 가치와 목표, 공동의 역사 등이 그것이다. 그것은 선택의 대상이 될 수 없고, 오히려 그들이 선택의 행위를 안내하고 조종한다.

사회와 인간의 관계에 관한 공동체주의의 시각은 우리의 자유론과 흡사하다. 예를 들면 인간의 선택을 구속하는 그 무엇이 선택행위 이전에 존재하고 있다는 믿음은 우리의 자유론도 전제한다. 선택을 제한하는 것은 행동규칙이다. 중요한 것은 행동규칙의 종류다. 나눔, 유대감, 공동체에 대한 의무감과 애착심 등과 같이 공동체의 기초가 되는 행동규칙은 공동으로 달성할 구체적인 목표를 내포하고 있다. 공동체 구성원들은 각자에게 부여된 목적에 헌신한다. 공동체주의는 원시사회에 대한 낭만의 표현이다. 그런 낭만을 현실에 적용한다면, 이는 거대한 열린 사회를 소규모의 닫힌 사회로 전환하는 것이다. 과거로 되돌아갈 것을 요구하는 콘셉트가 공동체주의다. 공동체주의에는 국가권력과 공공영역을 제한하는 방법이 없다. 국가의 선행에 의존하는 사회에서는 자유가 대단히 위태롭다.

행동 규칙들이 문화적 진화 과정에서 목적이나 의무가 점차 추상화되고, 다른 한편으로 우리와 그들을 구분하여 차별 또는 편애하던 것을 지양하는 보편화의 방향으로 변화되었다. 공동체를 위한 공동목표 · 의무 대신에 개인들은 보편 · 추상적 성격의 행동 규칙을 지키면서 자신의 목적을 위해 자신의 지식을 이용할 수 있게 된 것이다. 그들은 풍요를 누리면서 자생적 시장질서를 통해 자신들의 삶을 살아간다. 오늘날의 사회를 공동체라고 해도 인간관계는 공동체주의가 말하는 가족처럼 두텁지 않고 매우 느슨하다. 우리의 자유론은 공동체주의보다 우리 사회가 전개되는 방향에 훨씬 더 잘 어울릴 수 있다. 자생적 시장경제는 국가의 자의적인 강제를 막아내는 데도 매우 효과적이다.

(4) 한국 역사와의 대비

이론적으로뿐만 아니라 역사적으로도 우리의 자유론은 한국 사회에 적합하다. 한국의 발전 경로가 자유에 있기 때문이다. 한국에서 자유주의가 성취한 것이 무엇인가를 묻는다면 나는 강제의 화신을 철폐한 것, 또는 강제를 제도화한 노예제의 철폐라고 서슴없이 답할 수 있다. 노예란 주인의 강제에 예속된 신분이다. 노예는 '개인'으로서 더 이상 인간이 아니다. 그런 노예제를 철폐한 것은 매우 인상적이다. 자유주의는 왕과 사대부 귀족의 특권, 남녀차별, 양반 · 상민의 신분 차별에 대항해서 성공적으로 싸웠다. 신분이 아닌 능력 위주의 공무원 선발도 자유주의가 승리한 결과다. 이 모든 것은 시장의 힘을 강화하는 길이었다. 언론의 자유를 옹호하고 감시와 검열을 억제하는 길을 터놓은 것도 자유주의였다. 자유무역을 옹호하고 중상주의 같은 보호주의를 반대했다. 개인의 자유와 소유의 소중함을 옹호하면서 국가권력이 확대하는 것에 반대한 것도 자유주의였다.

한국전쟁에서 젊은이들이 참전하여 싸웠던 것도 조국(祖國)이 아닌 자유를 위해서였다. 공산주의는 우리 모두를 국가의 노예로 만드는 체제다. 그런 체제의 지배를 막아내고 내 땅을 가지고 내가 하고 싶은 것을 행하는 자유를 위한 전쟁 참여였다. 조국을 위해 싸운 전쟁이라면 16개국이 왜 참전했는가를 충분히 설명할 수 없다. 4.19학생운동, 5.18광주민주화운동도 개인의 자유가 목적이었다.[7] 특히 후자는 자유를 위한 저항권의 행사였다.[8] 자유의 조건으로서 사법(私法), 즉 민법과 형법에 대한 신성함과 존엄성도 대단히 컸다. 사람들은 돈벌이를 위해 시골에서 서울로, 대도시로 몰렸다. 직업 선택과 이주의 자유가 왕성했다. 은행의 발전과 소유의 안정성으로 인해 대출로 장사하거나 회사를 만드는 것도 자유로웠다.[9] 사람들이 심지어 포장마차를 세워놓고도 장사할 수 있는 경제적 자유가 주어지면서 눈부신 성과를 거두었다. 정부가 나섰기 때

7) 서울대학교 문리대 4.19 선언문 참조

8) 정태호(2000) 참조. 나는 5.18민주화운동이라는 말보다 5.18자유화가 옳다고 믿는다.

9) 조선총독부가 1910년부터 1918년까지 실시한 토지조사사업은 국가가 증명하여 토지소유자가 누구인가를 명확히 할 수 있게 되었고, "소유권이 법적인 보호를 받게 되면서 지주들은 은행에서 토지를 담보로 자금을 빌려 지주경영을 확대하기 쉽게 되었다."(김재호, 2016: 243)

문에 경제가 발전한 것이 아니라 정부가 나섰음에도 경제가 발전한 것이다. 적자예산을 금기로 여겼던 것도 정부였다. 한국의 경제발전은 환율현실화, 낮은 조세 등 자유의 정책에서 비롯된 것이었다.[10] 정부가 미끼를 던져 원하는 방향으로 사람들의 행동을 돌리게 하는 '차별화정책'이 한국경제의 지속적 발전을 가져왔다는 보수주의의 주장도 반쯤 틀린 것이 아니라 완전히 틀렸다. 차별화정책도 평등화정책만큼 단기적인 정책이나 다름이 없는 계획경제적 발상일 뿐 시장논리가 결코 아니다. 그런 정책은 리바이어던을 부르는 또 다른 국가주의 논리다. 이런 정책이 한국경제의 지속적인 발전을 이끈 것이 아니었다. 뜻하지 않게 주어진 자유의 틈새기 및 자유를 위한 규제개혁이 경제적 번영이라는 크나큰 행운으로 이어졌다.[11] 심지어 고속도로 건설의 성공도 노예의 덕이 아니라 개인들이 스스로 판단하고 스스로 결정할 다소 여유로운 자유회랑이 있었기 때문이다. 그 회랑을 될 수 있는 대로 넓혀 더 많은 민주주의 대신에 더 많은 자유를 확보하는 것이 자유주의자의 역할이다.

요컨대 지난 70년 동안 빈번히 리바이어던이라는 거대한 국가권력이 개인의 자유를 억압했지만, 그런 억압 속에서도 한국 사회가 자유의 비교적 좁은 길로 질주했다. 한국 사회의 경로는 자유의 길이었기에 우리의 자유론은 한국 사회에 적합하다. 그러나 보수화나 좌경화의 움직임은 역사의 되돌림이요 노예의 길이다.

---

10) 유정호(2004)

11) 이 맥락에서 주목할 것은 제5공화국 시대 김재익 청와대 경제수석의 업적을 빼놓을 수 없다. 1980년대 미국과 영국에 레이건과 대처가 있었다면, 한국에는 김재익이 있었다(남덕우, 2003).

자유주의자의 과제

개인의 자유와 국가권력의 갈등, 또는 사회와 리바이어던이 각각 자기 영역의 확대를 위한 경쟁은 끝나지 않는 영원한 전쟁이다.[12] 자유주의자들과 자유의 친구들은 이성의 겸손, 관용, 개인주의, 평등 그리고 자유를 옹호하면서 동시에 홉스의 리바이어던과 끝없이 싸워 그에 족쇄를 채워야 한다. 족쇄 채우기의 주도권은 자유주의자에게 있다. 홉스를 추종하고 국가권력의 확대를 원하는 사람들은 리바이어던을 전지전능하고 천사와 같이 선한 실체로 이해하지만, 자유주의자들에게 그것은 시민의 피와 땀을 먹고사는 거대한 괴물이다. 그런 괴물을 중심으로 하는 "정치사회는 자신이 약속한 평화와 풍요의 시대로 시민을 안내하는 데 실패했다. 강제정부는 강제의 수준과 퍼주기 약속의 정도에 비례하여 실패했다."[13]

시장사회를 없애버리고 개인들을 전체주의의 한 부속품으로 전락시키는 파시즘도 평화와 번영은 고사하고 빈곤, 증오, 분노, 허위, 조작이 난무하는 홉스의 자연 상태를 불러올 뿐이다. 자유, 법치, 제한된 정부의 법적 제도와 관용, 인내심, 정직성, 지적 · 도덕적 겸손, 앞서가는 사람에 대한 존중 등 자유의 에토스(ethos)로 구성된 자유주의의 장래는 인간의 "본능적 사회성"에 달려 있다. 이는 인간의 문화적 초사회성(ultrasociality)을 가로막기 때문이다.[14] 인간의 초사회성 비밀은 본능이 아

---

12) 대런 애쓰모글루/제임스 로빈슨(2020: 760)은 "리바이어던 vs. 시장"을 말한다.

13) Boaz(2015: 365)

14) 장대익(2018)은 인간의 초사회성을 말하지만, 그 사회성은 본능에 기인한다. 그러나 인류의

닌 문화적 진화의 선물인 자유의 원리, 즉 법치정신에 있다.

유감스럽게도 한국 사회는 법치정신과 자유의 에토스에 상대적으로 취약한 반면 본능적 사회성은 강하다. 리바이어던이 들어올 법치국가의 앞문이 활짝 열릴 위험성이 매우 큰 이유다. 그게 열려 있으면 리바이어던이 뒷문이나 창문 또는 지하로 몰래 기어들어올 필요가 없다. 그게 앞문으로 들어와 유유히 자유를 억압하는 것이 현실이 될 수도 있다. 그래서 법치국가의 든든한 문지기로서 헌신할 과제가 자유주의자에게 있다.

초사회성은 본능적으로 이미 규정된 것은 아니다. 본능의 지시에 따랐다고 한다면 인간의 사회성은 소규모의 사회에 머물렀을 것이다. 인간의 초사회성은 문화적 진화의 선물로서 시장을 갖게 된 것이다. 예를 들면 시장을 통한 사회성은 서울에 있는 상품소비자가 칠레의 알지도 못하는 농산물 생산자와도 가격을 통해 비언어적으로 소통하는 것을 가능하게 했다.

참고문헌

김비환(2020). 「마이클 오크숏: 시민결사와 법의 지배」. 김비환 외. 『현대정치의 위기와 비전』. 아카넷.

김상용(2015). 『자연법론과 법정책』. 피앤씨미디어.

김재호(2016). 『대체로 무해한 한국사』. 생각의 힘.

김학주(2007). 『노자와 도가사상』. 명문당.

김행범(2018). 「뷰캐넌의 헌정이론과 정치철학」. 『제도와 경제』 vol. 12, no. 3.

남덕우 · 강경식 · 사공일 외 공저(2003). 『80년대 경제개혁과 김재익수석』. 삼성경제연구소.

노르베르토 보비오(1992). 황주홍 역. 『자유주의와 민주주의』. 문학과 지성사.

노자(2018). 무공(無空) 역. 『도덕경』. 좋은 땅.

노자/김학주(2000). 김학주 역. 『노자』. 을유문화사.

대런 애쓰모글루/제임스 로빈슨(2020). 장경덕 역. 『좁은 회랑』. 시공사.

로빈 던바/클라이브 갬블(2016). 이달리 역. 『사회성: 두뇌 진화의 비밀을 푸는 열쇠』. 처음북스.

민경국(2019a). 「헌법재판: 이익형량 대신에 법의 지배원칙」. 『헌법학연구』 vol. 25, no. 2.

______(2018). 『국가란 무엇인가』. 북앤피플.

______(2016). 『자유주의의 도덕관과 법사상』. 북코리아.

______(2014). 『경제사상사 여행 』. 21세기북스.

______(2014a). 『자유민주주의란 무엇인가?』. 백년동안.

______(2007). 『자유의 길: 하이에크의 자유주의 사상연구』. 한울.

______(1993). 『헌법경제론: 진화론적 자유주의 시각에서 본 계약론적 입헌주의』. 강원대학교 출판부.

_____(1993a). 『신정치경제학』. 도서출판 석정.

볼프강 캐스팅(2006). 전지선 역. 『홉스』. 인간사랑.

서병훈(1996). 「共同善 自由主義: 토마스 힐 그린의 정치사상」. 『한국정치학회보』 29(4).

_____(2020). 『민주주의: 밀과 토크빌』. 아카넷.

송민(2001). 「'自由'의 의미 확대」, 『새국어생활』 제11권 제1호(2001년 봄).

스티븐 래비츠키/대니얼 지블렛(2018). 박세연 역. 『어떻게 민주주의는 무너지는가』. 어크로스.

야마구치 슈(2018). 김윤경 옮김. 『철학은 어떻게 삶의 무기가 되는가』. 다산북스.

양건(2015). 『법 앞에 불평등한가? 왜?: 법철학 · 법사회학 산책』. 법문사.

_____(2019). 「전환시대의 헌법과 헌법학」. 『헌법학연구』 vol. 25, no. 2.

오병선(2019). 「밀의 자유론과 해악의 원리」. 자유주의연구회 월례포럼 발표논문. 자유기업원 홈페이지(www.cfe.org).

유발 하라리(2015). 김명주 역. 『호모데우스』. 김영사.

유정호(2004). 『관치청산 시장경제만이 살길이다』. 책세상.

윤명선(2007). 「권력분립원리에 관한 재조명」. 『미국헌법연구』 18(2).

이부하(2016). 「권력분립원리의 재고찰」. 『법학논고』(경북대학교 법학연구원) vol. 55.

이승훈(2019). 「개인 자유와 공동협력: 자유의 허용과 제한」. 제23차 자유주의연구회 월례포럼 발제문.

이한구(2019). 『문명의 융합』. 철학과현실사.

장대익(2018). 『울트라 소셜: 사피엔스에 새겨진 '초사회성의 비밀'』. 후만니스트.

전주희 · 이종현 외(2018). 『국가를 생각하다』. 나름북스.

현승윤(2005). 『보수 · 진보의 논쟁을 넘어서』. 삼성경제연구소.

Aarøe, L., & Petersen, M. B. (2014). "Crowding out culture: Scandinavians and Americans agree on social welfare in the face of deservingness cues." The Journal of Politics, 76(3).

Acton, Lord (1895). A Lecture on the Study of History.

Balcerowicz, L. (2018). "Economic Freedom: Fundamentally Important and the Most Attacked" ORDO Volume 69.

Barkow, H. / Cosmides, L. / Tooby, J. (1992). The Adapted Mind, New York.

Bastiat, F. (1848/2014). Selected Essays on Political Economy. 이 중에서 발췌 번역한 한글판 김정호 역. 『법』. 자유기업원.

Beaulier, S. A. / Prychitco, D. (2006). "Disagreement over the emergence of private property rights". Review of Austrian Economics 19.

Beck, N. /Witt, U. (2019). "Austrian Economics and the Evolutionary Paradigm", Studies in Logic Grammar Rhetoric 57(70).

Berreby, D. (2005/2007). Us and Them: Understanding Your Tribal Mind. 정준형 역. 『우리와 그들, 무리짓기에 대한 착각』. 에코리브르.

Bethell, T. (1998). The Noblest Triumph, New York.

Bingham, T. (2010/2013). The Rule of Law, 김기창 역. 『법의 지배』. 이음.

Boaz, D. (2015). The Libertarian Mind, New York.

Boyer, P. / M. B. Petersen (2018). "Folk-economic beliefs: An evolutionary cognitive model." Behavioral and Brain Science.

Buchanan, J. M. / V. Vanberg (2002). Constitutional Implications of Radical Subjectivism. The Review of Austrian Economics volume 15.

Buchanan, J. M. (1993). "How can constitutions be designed so that politicians who seek to serve 'public interest' can survive and prosper?" Constitutional Political Economy vol. 4. No 1.

_____(1976). The Limits of Liberty: Between Anarchy and Leviathan, Chicago.

_____ / Tullock, G. (1962/2013). The Calculus of Consent. 한글판 『합의의 계산』. 지만지.

_____(1982). 노공균 · 박재홍 공역. 『경제학자는 무엇을 해야 하는가』. 영지문화사.

Burke, T. P. (1994). No Harm: Ethical Principles for a Free Market, New York.

Calabresi, S. / Berghausen, M. E. (2012). "The Rise and Fall of the Separation of Powers", Northwestern University Law Review Vol. 106, No. 2.

Campagna, R. (2003). Benjamin Constant: Eine Einfuhrung, Parerga.

Choi Young Back/Yong J. Yoon (2016). "Liberalism in Korea," Eco Journal Watch, January.

Chu, A. (2020). Political Tribes. 김승진 역. 『정치적 부족주의』. 부키.

Clark, J. P. (1983). "On Taoism and Politics", Journal of Chinese Philosophy vol. 1.

Corcoran, J. (2009). "A New Era for the Rule of Law: Economic Development and Rule of Law" Law Council of Australia at POLA www.lawcouncil.asn.au.

Constant, B. (1819). "The Liberty of Ancients Compared with that of Moderns" https://oll.libertyfund.org/titles/2251

Dicey, A. (1885/1993). Introduction to the Study of the Law of the Constitution. 안경환 · 김종철 역. 『헌법학 입문』. 경세원.

Dunbar, R. (1998). "social brain hypothesis," Evolutionary Anthropology 6.

Dawkins, R. (1976/1992). The Selfish Gene. 최기철 역. 『이기적 유전자』. 동아출판사.

Eucken, W(1952/1992). Grundsätze der Wirtschaftspolitik, Tübingen.

Foster, P. (2014). Why we Bite the Invisible Hand, Toronto.

Friedman, B. (2006). Moral Consequences of Economic Growth, London.

Fuller, L. (1968/2015). Morality of Law. 박은정 역. 『법의 도덕성』. 서울대학교 출판문화원.

Fukuyama, F. (2014). Political Order and Political Decay.

Gifford, A. (2007). "The Knowledge Problem, Determinism, and The Sensory Order" Review. of Austrian Economics vol. 20.

Goschke, Th. (2008). "Der bedingte Wille," G. Roth / K. J. Grun(Hg). Das Gehirn und seine Freiheit, Göttingen.

Green, T. H. (1960). Lectures on the Principles of Political Obligation. London: Groβ, S. W.//Pitsoulis, A. (2009). "Ist Freiheit als negative Freiheit ausreichend bestimmt?" ORDO Bd.60.

Hamilton, A. / J. Madison / J. Jay (1995). 김동영 역. 『페더랄리스트 페이퍼』. 한울아카데미.

Hayek, F. A. (1960/1996). Constitutional of Liberty. 김균 역. 『자유헌정론』 I, II. 자유기업원.

_____(1983/2018). Law, Legislation and Liberty. 민경국 · 서병훈 · 박종운 공역. 『법, 입법 그리고 자유』. 자유기업원.

_____(1952/1997). Individualism and Economic Order. 박상수 역. 『개인주의와 경제질서』. 자유기업원.

_____(1954/2002). The Sensory Order. 민경국 역. 『감각적 질서』. 자유기업원.

Hermens, A. F. (1963). "Dynamics of Proportional Representation", in H. Eckstein(ed) Compararive Politics, New York.

Heuβ, E. (1981). "Wie man Sozialwissenschaften nicht betreiben soll" ORDO. Bd. 32.

Hirschleifer, J. (1990). "Privacy: Its Origin, Function, and Future". in: The Journal of Legal Studies. vol 9.

Hobbes, Th(1651/1965) Hobbes's Leviathan, Oxford.

Holcombe, R. G. (2019). Liberty in Peril, Independent Institute.

Horwitz, S. (1992). "Monetary Exchange as an Extra-linguistic Social Communication Process," Review of Social Economy vol. 50, no 2.

Huizinga, J. (1954). Geschichte und Kultur, Stuttgart.

_____(1938/2020). Homo Ludens. 이종인 역. 『호모루덴스』. 연암서가.

Irwin, W. (2016). "Minimal State Taoism," Reason Papers 38.

Kukathas, Ch. (2003). "Ethical Pluralism from a Classical Liberal Perspective," R. Madsen/ T. Strong(ed.) Ethikon Series in Comparative Ethics, Princeton.

Locke, J. (1690/2012). 남경태 역. 『시민정부론』. 효형출판.

MacCallum, G. (1967). "Negative and Positive Freedom", The Philosophical Review vol. 76 No. 3.

McCloskey(2019/2020) Why Liberalism Works 홍지수 역. 『트루 리버럴리즘』. 7분의언덕.

McCormick, K. (1999). "Sima Qian and Adam Smith," Pacific Economic Review Vol. 4 No. 1.

McElroy, W. (1998). "Origin of Toleration, The Freeman": Ideas on Liberty Vol. 48, No. 6.

Mandeville, B. (1704/2010). The Fable of the Bees: Or, Private Vices, Publick Benefits, 최윤재 역. 『꿀벌의 우화: 개인의 악덕, 사회의 이익』. 문예출판사.

Mestmaecker, E-J. (1981). "Vom Burgerkrieg als Utopie". ORDO. Bd 32.

Mill, J. S. (1859/2011). On Libery. 최요한 역. 『자유론』. 홍신문화사.

Montesquieu (1748/2016). L'Esprit des Lois. 하재홍 역. 『법의 정신』. 동서문화사.

North, D.C (1992) "Institutions, Ideology, and Economic performance", Cato Journal Vol. 11. No. 3.

Oakeshott, M. (1990). On Human Conduct. Oxford: Clarendon Press.

_____(1991). "The rule of law". In: Oakeshott M On History and Other Essays. Indianapolis.

Pettit, Ph. (1997/2012). Republicanism. 박준혁 역. 『신공화주의』. 나남.

Raphael, D. D. (1990). Problems of Political Philosophy, London.

Rasmussen, D. / D. Den Uyl (1991). Liberty and Nature: An Aristotelian Defence of Liberal Order La Salle, Ill.

Ridley, M. (1996/2000). The Origins of Virtue. 신장섭 역. 『이타적 유전자』. 사이언스북스.

Riklin,A.(1989)."Montesquieus freiheitliches Staatsmodell. Die Identitaet von Machtteilung und Mischverfassung," Politische Vierteljahresheft vol. 30, no. 3.

Rothbard, M. (2003/2013). For a New Liberty. 권기봉 · 정연교 · 정혜영 · 한학성 역. 『새로운 자유를 찾아서』. 한국문화사.

______(1995). Economic Thought Before Adam Smith: An Austrian Perspective on the History of Economic Thought. Volume I.

______(1998/2016). Ethics of Liberty. 전용덕 · 이승모 역. 『자유의 윤리』. 피앤씨미디어.

Rubin, P. H. (2014). "Emporiophobia (Fear of Markets): Cooperation or Competition?" Southern Economic Journal, 80(4).

Sahlins, E. (1972/2014). Stone Age Economics. 박충환 역. 『석기시대 경제학』. 한울.

Sartori, G. (1976). Liberty and Law, Institute for Human Studies, California.

Schumpeter, J.A. (1942). Capitalism, Socialism, and Democracy, New York.

Seabright, P (2010/2019). The Company of Strangers. 김경영 역. 『낯선 사람들과의 동행』. 공작기계.

Sen, A. (1999/2013). Development as Freedom. 김원기 역. 『자유로서의 발전』. 갈라파고스.

Smith, G. H. (2013). The System of Liberty, Cato Institute Cambridge.

Threet, D. (2018). "Mill's Social Pressure Puzzle," Social Theory and Practice Vol. 44, No. 4.

Maloberti, S. N. (2015). "Rawls and Bleeding Heart Libertarianism How Well Do They Mix?," The Independent Review, v. 19, n. 4.

Waal, de. F. (1998/2004). Chimpanzee Politics. London. 한글판 장대익 · 황상익 역. 『침팬지 폴리틱스』. 바다출판사.

Willhoite, F. H. (1976). "Primates and Political Authority: A Biobehavioral Perspective," The American Political Science Review Vol. 70, No. 4.

Williams, R. J. (1979). Free and Unequal: The Biological Basis of Individual Liberty, Indianapolis.

Witt, U. (2009). "Propositions about novelty," Journal of Economic Behavior & Organization 70.

______(1987). Individualistische Grundlagen der Evolutorischen Ökonomik, Tübingen.

Young, L. (1996). "The Tao of Markets: Sima Qian and the Invisible Hand," Pacific Economic Review 1: 2.

Zywicki, T. (2003). "The Rule of Law, Freedom, and Prosperity," in. Supreme Court Economic Review Vol 10.

찾아보기

ㄴ

ㅂ

ㅇ

ㅊ

ㅋ

ㅌ

ㅍ

ㅎ